Folgende Hilfen bietet dir deutsch ideen in den Randspalten:

TIPP

Zur Veranschaulichung könnt ihr auch Diagramme und Schaubilder nutzen.

TIPP

Hier gibt es Tipps oder Ideen, die weiterführen.

Stimmen die Formen von Konjunktiv I und Indikativ überein, benutzt man den **Konjunktiv II** oder die Umschreibung mit *würde*.

Hinweiskasten

Das Merkwissen ist hier ganz kurz gefasst.
Im Hinweiskasten stehen auch Begriffserläuterungen.

METHODE

Stummes Schreibgespräch
In einem Schreibgespräch werden neue Inhalte zu einem vereinbarten Thema in einer Gruppe schreibend gesammelt und geklärt.

Methodenkasten

An manchen Stellen findest du zusätzlich zu den Erklärungen im **Methodenlexikon** noch einen Methodenkasten in der Randspalte, der die anzuwendende Methode kurz erklärt.

Verweise

Szenisches Spiel/Rollenspiel → S. 84 ff.

Diese Verweise führen in ein Kapitel, in dem dieses Thema ausführlich behandelt wird.

Extra Lesen: Balladen → S. 166 ff.

Verweist auf die zusätzlichen Texte im Teil „Extra Lesen“

M Feedback geben → S. 284

Verweist auf das Methodenlexikon im Nachschlagen. Hier ist die Methode ausführlich erklärt.

M Berichten und Beschreiben → S. 271

Diese Verweise führen zum Merkwissen des gesamten Kapitels.

M Extra Merkwissen → S. 270

Auch auf den Seiten „Extra Kompetenzen“ gibt es Verweise ins Merkwissen.

Inhalt

Kompetenzen

Methoden lernen

Sprechen, Zuhören, Schreiben

Inhalt	Kompetenzen

Lesen – Umgang mit Texten und Medien

Moderne Zeiten – Gedichte

Am Meer und im Moor – Balladen

Bittersüße Schokolade – Sachtexte

Informationsflut – Medien

Sprache und Sprachgebrauch untersuchen

Sport extrem – Extremsport – Rechtschreibung und Zeichensetzung

Inhalt | Kompetenzen

Zum Bild:
Jurte in der Mongolei

„Liebes Publikum …“
Methoden lernen

Jurte Nomadenzelt in Mittelasien

Jurtenkreis

Eine gerade Anzahl von Spielerinnen und Spielern bildet einen Kreis. Alle schauen nach innen. Fast Schulter an Schulter stehend fassen sich alle an den Händen. Nun wird abgezählt: 1 – 2 – 1 – 2 … Auf ein Kommando lehnen sich die Spieler 1 nach innen und die Spieler 2 nach außen. Achtet darauf, dass der Körper angespannt ist und die Füße fest am Boden stehen bleiben! Versucht, eine stabile Lage zu bekommen, indem jeder dem Nachbarn festen Halt gibt. Wenn die „Konstruktion“ der Jurte stabil genug ist, kann der Versuch unternommen werden, zurück in die Ausgangslage zu gelangen und die Lage innen/außen zu wechseln, ohne dabei die Hände zu lösen.

Aufstehen!

Marionettenspiel

Ihr seid alle Marionetten. Jeder Spieler nimmt folgende Haltung ein: Beine hüftbreit öffnen, leicht in die Knie gehen, auf beiden Beinen stehen, Arme hängen lassen, Rücken und Kopf gerade halten.

Ein Spielleiter gibt Anweisungen für die Bewegung der Marionetten, z. B.: „Der Puppenspieler zieht am Faden der linken Hand, am rechten Knie ...“

Die „Marionetten“ folgen den Anweisungen des Spielleiters und führen die einzelnen Bewegungen so aus, als würden sie durch das Ziehen und Lockern der Fäden erreicht.

Auf dem Floß

Jeder stellt sich vor, dass er in festem Stand auf einem kleinen Floß steht, das von den Wellen bewegt wird. Die Wellen kommen von vorn, von links oder rechts, von hinten. Die Bewegung der Wellen geht von einer leichten Dünung über stärkeren Wellengang bis hin zu sehr hohen Wellen und wieder zurück. Jeder versucht, durch seine Körperbewegung die Wellen auszugleichen.

Bücherträger

Jeder legt sich ein etwas größeres Buch auf den Kopf und versucht damit, ganz entspannt und locker zu stehen, im Klassenzimmer herumzugehen, sich zu setzen und wieder aufzustehen.

Von 100 auf 0 – endlich entspannen ...

Setze dich aufrecht hin. Mache eine Faust, beuge den Arm und spanne ihn fest an. Zeige richtig die Muskeln, ohne dich zu verkrampfen. Diesen Zustand nennen wir „Spannung 100“. Lasse nun die Spannung nach, etwa auf 80 Prozent, dann auf 60, schließlich auf 40. Merkst du den Spannungsunterschied in den Armmuskeln? Nun nochmals auf 100, halte fünf Sekunden die Spannung, entspanne dann auf 0. Der Arm sinkt herab. Arm und Hand sind nun ganz locker, weich und entspannt.

TIPP

Im Kapitel „Theater, Theater“ findet ihr weitere Übungen zum Stehen und Auftreten vor anderen. S. 84 ff.

Brrr!

Stellt euch mit leicht gegrätschten Beinen hin, die Hände baumeln locker. Schüttelt sie nun ganz locker, als ob ihr Wassertropfen abschütteln würdet. Schüttelt jetzt fester, sodass sich auch die Unter- und Oberarme mitbewegen. Schüttelt nun den Oberkörper wie ein tropfnasser Hund!

1. Führt diese Übungen im Klassenzimmer durch.

Vor anderen auftreten: Faustregeln
- offene Körperhaltung
- unnötiges „Hampeln" vermeiden
- möglichst frei sprechen
- ...

Beim Vortrag: Allein ...

1. Beschreibt die auf den Fotos dargestellte Körperhaltung und ihre Wirkung auf die Zuhörer.
2. Worauf solltet ihr beim Auftreten vor anderen achten? Formuliert Faustregeln und schreibt sie auf.

... in der Gruppe

3. Beschreibt das Auftreten der beiden Zweiergruppen vor der Klasse.
4. Könnt ihr an den Bildern erkennen, ob sich die Gruppen für ihre Präsentation gut vorbereitet haben?
5. Worauf muss man achten, wenn man gemeinsam vor anderen auftritt? Ergänzt eure Liste der Faustregeln.
6. Übt nacheinander das Auftreten vor anderen allein oder zu zweit:
   - vor ein Publikum treten,
   - 15 Sekunden stehen bleiben,
   - sich verbeugen und an den Platz zurückkehren.

Stegreifreden

Kleine Übungen können euch dabei helfen, mit Lampenfieber umzugehen und die Sprechangst zu überwinden. Die Vorbereitungszeit für die Rede ist ganz kurz, dann geht jeder nach vorne und beginnt. Hier ein paar Anregungen:

Nonsens-Rede

- Der Montag soll abgeschafft werden!
- Eierköpfen ist brutal, denn …
- Essen und Zähneputzen sollte man gleichzeitig machen, denn …
- Im Bus müssen alle im Schneidersitz sitzen.
- Rasenmähen – eine Grasquälerei!
- Bücher sollen nur noch in Spiegelschrift geschrieben werden!

Merkwürdige Gesetze

Manche Gesetze sind durchaus fragwürdig. Daher ist es wichtig, den Mitbürgern ihre Notwendigkeit darzulegen und zu begründen:

- Wer einen Elefanten an einer Parkuhr abstellt, muss in die Parkuhr Geld einwerfen.
- Es ist verboten, auf einer Giraffe sitzend zu angeln.
- Beim Rückwärtsgehen durch die Straßen der Stadt darf man nicht pfeifen.
- Es ist nicht erlaubt, einem Kaninchen einen Kaugummi anzubieten.
- Nach Sonnenuntergang ist es verboten, in kurzen Hosen auf einem Pferd zu reiten.

Preisverleihung

- Der Schulleiter/die Schulleiterin überreicht einen Fantasiepreis für besondere Leistungen beim Schuheputzen.
- In der Ferienfreizeit wird der Oscar an das fantasievollste Kind überreicht.
- Der Trainer ehrt den Torwart, der die meisten Tore kassiert hat.
- Die Schulsprecherin verleiht den SV-Preis an die Klasse, die am meisten Kuchen gegessen hat.
- Ein Werbefachmann preist sein neuestes Fensterwisch-Set an, das für besondere Haltbarkeit ausgezeichnet wurde.
- Der Schulleiter/die Schulleiterin bedankt sich mit einem Pokal bei dem Lehrer, der seinen Unterricht nur noch nachts durchführt.

7. Suche dir ein Thema aus, bereite dich zwei Minuten darauf vor und halte dann die Stegreifrede:
   - Jede Rede muss eine Begrüßung enthalten (z. B. *Liebe Zuhörer …*).
   - Jede Rede endet mit einem Schlusssatz (z. B. *Vielen Dank für eure Aufmerksamkeit …*).
   - Am Ende der Rede bleibt der Redner kurz stehen und empfängt den Applaus des Publikums.

8. Gebt euch anschließend ein Feedback zu eurem Auftreten vor der Klasse. Bezieht dabei eure „Faustregeln" mit ein.

TIPP

Ihr könnt die Stegreifreden auch zu zweit halten: Einer spricht die Begrüßung und nennt einige Argumente, dann übernimmt der andere, nennt weitere Argumente und beendet die Rede.

Aktion: Saubere Schule

Zur Vorbereitung eines Vortrags sammelt man zunächst Ideen und Informationen. Dann werden diese strukturiert, indem man sie unter Oberbegriffe ordnet. Zur Gliederung eines Vortrags kann man verschiedene Techniken einsetzen, die einem beim Vortragen als Wegweiser und Gedächtnisstütze dienen, z. B. eine Mindmap oder einen Stichwortzettel.

Mindmap

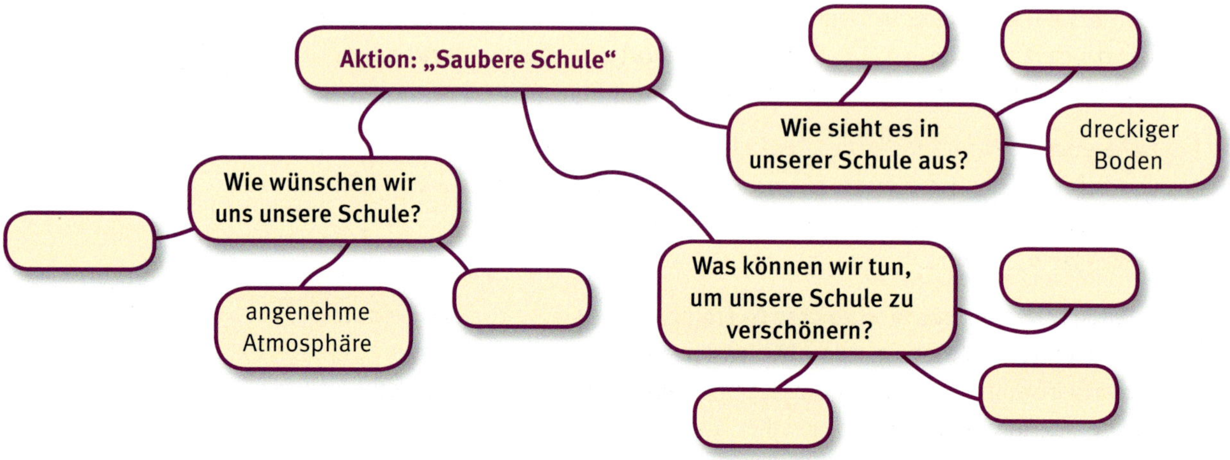

Stichwortzettel

I. Einstieg
Erlebnis: Neulich bin ich wieder ...

II. Hauptteil
1. So sieht es im Moment in unserer Schule aus
   - Essensreste und andere Abfälle auf allen Gängen ...
2. Wünsche und Vorstellungen
   - Jede Klasse sollte verantwortlich sein für ...
3. Konkrete Maßnahmen
   - Pro Problembereich eine Planungsgruppe bilden
   - Einen Wettbewerb ausschreiben ...

III. Schluss
Bitte um tatkräftige Unterstützung

TIPP

Beachte beim Anfertigen einer Mindmap oder eines Stichwortzettels:
- Blätter bzw. Karteikarten nur einseitig beschriften
- Farben/Symbole benutzen, um Zusammenhänge hervorzuheben
- Wichtige Begriffe durch Textmarker oder Unterstreichungen kennzeichnen

1. Wähle eine der Gliederungsmöglichkeiten aus, übertrage sie auf ein Blatt oder auf Karteikarten und ergänze sie.
2. Bereitet in Gruppen auf dieselbe Weise einen Vortrag zu einem der nachfolgenden Themen vor:
   - Wir wollen in unserer Schule Streitschlichter einsetzen!
   - Endlich ein Partyabend für die 7. Klassen!
   - Schulausflug diesmal ins Spaßbad!
   - Wir wollen einen Spendenlauf durchführen!

M Mindmap → S. 286
M Stichwortzettel → S. 287

Einen Vortrag beginnen ...

A „Die Jugend soll mehr Sport treiben.“ Dieses fordern Ärzte immer wieder. Deshalb möchte ich heute für einen Sporttag an unserer Schule werben ...

B Wusstet ihr, dass in fast allen unseren Nachbarschulen eine Stufendisco durchgeführt wird? Nur an unserer Schule gibt es das noch nicht ...

C Das Thema meines Vortrags lautet: „Streitschlichter an unserer Schule“. Ich beginne damit, dass ...

D Gestern habe ich mitbekommen, wie sich zwei Schüler in der großen Pause furchtbar gezofft haben. Dieses Erlebnis passt gut zu meinem Vortrag. Ich finde, wir brauchen Streitschlichter an unserer Schule ...

E Ich habe euch hier meine Grundausrüstung zum Schnorcheln mitgebracht: Maske, Schnorchel und Flossen. Damit will ich euch zeigen, dass man gar nicht viel dazu braucht, um in der Projektwoche gemeinsam für das Jugendschnorchelabzeichen zu trainieren ...

F Liebe Mitschülerinnen und Mitschüler, ich bin genervt! An unserer Schule sieht es aus wie im Schweinestall. Damit mir keiner vorwerfen kann, dass ich übertreibe, habe ich in den letzten Tagen ein paar Fotos in der Schule gemacht. Die zeige ich euch jetzt mal ...

Möglichkeiten der Redeeinleitung:

1 direkter, informierender Einstieg ins Thema
2 Frage an die Zuhörer
3 aktueller Anlass
4 Provokation
5 Demonstrationen oder Anschauungsobjekte
6 Zitat

3. Ordnet die abgedruckten Redeanfänge den Möglichkeiten der Redeeinleitung zu und beschreibt ihre Wirkung auf die Zuhörer.
4. Entwerft verschiedene Anfänge für euren vorbereiteten Vortrag zu einem der Themen auf der Vorseite.

Einen Vortrag beenden ...

A Jetzt habe ich alles Wichtige gesagt. Vielen Dank für eure Aufmerksamkeit.

B Ich komme noch einmal auf das Zitat zurück, das ich am Anfang erwähnt habe: „Die Jugend soll mehr Sport treiben.“ Also tut was!

C Natürlich gäbe es noch weitere Aspekte zu diesem Thema, aber dafür ist hier leider keine Zeit mehr ...

D Zusammenfassend kann man also festhalten, dass ...

E Damit bin ich am Ende meines Vortrags. Gibt es Fragen?

5. Beurteilt die vorgeschlagenen Redeschlüsse und gestaltet den aus, den ihr für euren Vortrag für geeignet haltet.

Einen Vortrag vorbereiten → S. 289 M

Zwei Folien

Beispiel 1

Wir wollen an unserer Schule einen „Weltladen“ einrichten!

I. Einleitung
An vielen Schulen gibt es sie schon – warum nicht auch bei uns?

II. Hauptteil

1. Was ist ein „Weltladen“?
   - Definition des Begriffs
     Alle Produkte im Weltladen sind nicht nur von besonderer Qualität, sondern sie stammen alle aus Fairem Handel. Das bedeutet: Ihre Erzeuger erhalten faire Preise, die ihnen ein Leben in Würde ermöglichen.
   - Erfahrungen aus anderen Schulen
2. Vorteile für die Schule
   - Schaffung eines breiten Kaufangebots (Schokolade, Snacks, Gewürze, Tee, Dekoartikel, Kleidung usw.)
   - Unterstützung der Erzeuger in der „Dritten Welt“
   - Änderung des Kaufverhaltens
   - Berufserfahrungen sammeln
3. Ideen zur Umsetzung an unserer Schule
   - Weltladen vor Ort kontaktieren
   - Experten einladen
   - Praktikum im Weltladen
   - Handbuch für Weltläden besorgen
   - Unterstützung von Lehrern und Eltern erbitten

III. Schluss
Aufruf zum Handeln!

Beispiel 2

Logo der Weltläden

Weltladen
Fachgeschäft für Fairen Handel

Verbreitung von Weltläden in Deutschland

Jahr	geschätzte Zahl von Weltläden in der Bundesrepublik Deutschland
1987	350
1995	700
2004	800
2007	836

Beispiel für einen Weltladen

1. Beschreibt die beiden Folien:
   - Wie unterscheiden sie sich?
   - Wie können sie bei einem Vortrag eingesetzt werden?
   - Welche Vor- oder Nachteile haben sie?
2. Entwerft eine Folie für euren vorbereiteten Vortrag.

M Einen Vortrag halten → S. 289

Zwei Vorträge

Fabian steht mit Karteikarten in der Hand vor der Tafel und schaut in die Klasse. Nach einer kurzen Pause beginnt er seinen Vortrag zum Thema „Mobbing“:

1 Das Thema, das ich euch vorstellen möchte, lautet „Mobbing“. Ich habe es gewählt, weil ich letzte Woche ein schlimmes Beispiel in der Parallelklasse mitbekommen habe. Aber davon später mehr. *(Pause)* Bei meinem Vortrag werde ich zunächst auf das Wort *Mobbing* eingehen, dann werde ich zwei Beispiele aus unserer Schule für Mobbing anführen und einige Möglichkeiten aufzeigen, wie ihr euch dagegen wehren könnt. Zum Schluss werde ich euch noch kurz das „Streitschlichtermodell“ vorstellen, das es ab nächstem Schuljahr an unserer Schule geben soll. Dazu werde ich euch einen Ausschnitt auf Kassette vorspielen. *(Pause)* Ich komme nun zum ersten Punkt *(schaltet OP mit Folie an)*: „Mobbing“ – woher kommt das Wort eigentlich? …

Stephanies Thema lautet: „Ein besonderer Wochenendtipp“. Sie beginnt so:

2 Also, äh, *(Pause, Blick auf das Redemanuskript)* O.K., Wochenendtipps, steht ja an der Tafel. Äh, ja, also, zum Wochenende kann ich eigentlich nur sagen, dass ich mich super auf das Wochenende freue, ähm *(Pause, Blick nach unten)*, weil nämlich wir fahren für drei Tage in die Eifel und wollen super Party machen. Ähm, ja, *(Pause)* eigentlich war ich nicht so sicher, weil meine Mutter nicht so gut drauf war, ähm *(Pause, Blick nach unten)*, aber das war dann kein Problem. Äh, sprech ich zu schnell *(kurzer Blick zum Publikum)*? Mir tut nämlich schon der Mund weh *(Blick nach unten)*. Äh, jetzt habe ich gerade voll den Aussetzer. *(Blick auf das Redemanuskript)* Äh, ich weiß jetzt gerade nicht mehr, was ich sagen wollte *(fuchtelt mit den Armen herum)*. Äh, O.K., jetzt fällt es mir wieder ein *(lehnt sich über den Tisch)*. Ich freue mich schon auf das Ende dieser Stunde, ja, weil, echt der Tag heute war anstrengend. Erst Mathe, dann Bio …

Checkliste: Einen Vortrag halten

- **Inhalt**
  - Einstieg
  - roter Faden
  - Verständlichkeit
  - Anschaulichkeit
  - Wichtiges hervorheben
- **Redetechnik**
  - frei sprechen
  - deutlich und laut sprechen
  - vollständige Sätze
  - Lebendigkeit
  - Zuhörerkontakt
  - Körperhaltung
- **Medien/Präsentation**
  - Tafel
  - Folie/Plakat
  - Hörbeispiel
  - Gegenstand

1. Vergleicht die beiden Ausschnitte: Wie wird jeweils das Thema inhaltlich gefüllt und wie wird es sprachlich gestaltet?
2. Welche Tipps zum Auftreten und Reden vor anderen wurden in den beiden Reden berücksichtigt bzw. vernachlässigt? Ihr könnt euch an der nebenstehenden Checkliste orientieren.
3. Tragt eure vorbereiteten Vorträge vor und gebt den Rednerinnen und Rednern eine Rückmeldung. Orientiert euch dabei an der Checkliste.

TIPP

Zur Beobachtung der Vorträge könnt ihr die Beobachtungsbögen auf S. 18 nutzen.

Einen Vortrag halten → S. 289 M

Zwei Beobachtungsbögen

Während eines Vortrags achten die Beobachter genau darauf, was der Redner / die Rednerin sagt und macht. Dabei kann man einen Beobachtungsbogen ausfüllen.

1

Was nehme ich wahr?	Wie wirkt das auf mich?	Wie reagiere ich?
sehr schnelles und hastiges Reden, bricht Sätze ab	nervös, …	komme nicht mit, werde unruhig
zu viele Bewegungen mit den Händen	…	achte nur noch auf die Bewegungen
ab und zu Pausen gemacht	überlegt und sicher	kann mir gut Notizen machen
liest vom Blatt ab	einschläfernd, ermüdend	…
bringt mehrere Beispiele	…	interessiert, neugierig
schaut die Zuhörer an, lächelt auch einmal	offen, freundlich, angenehm	…

2

Vortrag von: ______________________

Bewertung	+	o	–
Körperhaltung			
Gestik/Mimik			
Blickkontakt zu den Zuhörern			
deutliche Aussprache			
Pausen beim Sprechen			
freies Sprechen			
verständliche Wortwahl			
verständliche Sätze			
Gliederung des Vortrags			
Nachvollziehbarkeit des Inhalts / der Beispiele			

Das hat mir bei deinem Vortrag besonders gut gefallen: ______________________

____

Das kannst du beim nächsten Mal besser machen: ______________________

____

1. Wendet diese Beobachtungsbögen bei euren Vorträgen an.
2. Diskutiert, welche Vor- oder Nachteile die einzelnen Bögen haben und wie ihr als Beobachter mit ihnen zurechtkommt.

Mündliches Feedback

Statt eines schriftlichen Beobachtungsbogens kann man einem Redner auch mündlich eine Rückmeldung zu dem Inhalt seines Vortrages und zu seinem Vortragsstil geben. Dieses Feedback kann dabei helfen, das nächste Mal Fehler zu vermeiden.
Stell dir vor, du hörst nach deinem Vortrag solche Äußerungen:

Du hast deine Gedanken sehr klar gegliedert. ▪ Deine Mindmap fand ich bescheuert. ▪ Die Beispiele waren klasse! Gut ausgewählt. ▪ Ich fand's ätzend langweilig. ▪ Ich hätte mir zwischendurch eine kleine Redepause gewünscht. ▪ Das war ja vielleicht ein Drunter und Drüber! ▪ Du standest da wie ein Ochs am Berg, der nicht wusste, wohin er gehen soll. ▪ Mir ist aufgefallen, dass du fast ganz frei gesprochen hast. ▪ Du hast immer so drum herumgeredet. ▪ Wenn du immer nur alles abliest, kann ich das ja gleich selber nachlesen. ▪ Also zeichnen kannst du wirklich nicht gerade toll, diese Skizze da an der Tafel, naja ...

Eine einfache Form des Feedbacks:
- Was war gut?
- Was war noch nicht so gut?
- Was habe ich vom Redner gelernt?

3. Welche Äußerungen empfindest du als hilfreich, welche weniger? Welche sind verletzend?
4. Formuliere die problematischen Feedbacks so um, dass sie für den Redner hilfreich sind.

Feedback (engl.)
Rückmeldung

Feedback-Experimente

A Einer in der Gruppe trägt etwas vor, z. B. ein Lied, eine kurze Rede, ein Gedicht ... Am Ende des Vortrags gibt jeder Zuhörer ein Feedback, indem er mindestens zwei der folgenden Satzanfänge vervollständigt:
- Mir gefällt an dir ...
- Du kannst gut ...
- Ich finde gut, dass du ...
- Ich habe vermisst, dass du ...
- Kannst du beim nächsten Mal versuchen ...

B Jeder in der Gruppe interviewt drei Gruppenmitglieder zu folgenden Themengebieten und macht sich Notizen dazu: Essen, Sport, Schulfächer, Tiere, Freundschaft. Anschließend werden zu jedem Gruppenmitglied die Ergebnisse der Interviewer vorgetragen. Wem gelingt es am besten, die Vorlieben, Stärken und Schwächen der vorgestellten Person darzustellen?

5. Führt die Experimente reihum in kleinen Gruppen durch.
6. Erstellt eine Liste mit Regeln, an die sich jeder hält, wenn ihr den Vortrag eines anderen kommentiert.

Feedback geben → S. 284 M
Methoden lernen → S. 268 f. M

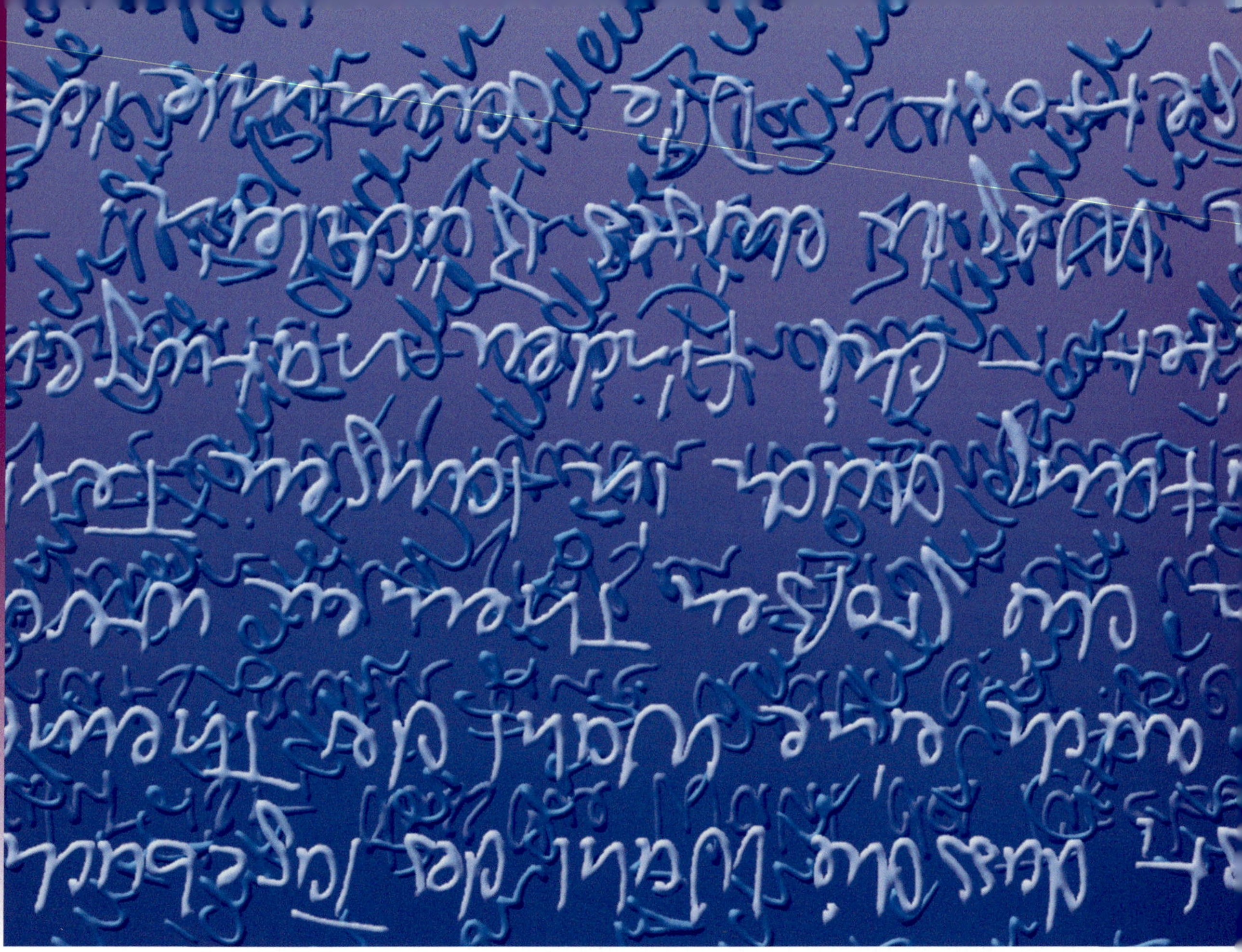

Vom weißen Blatt zum Text
Schreiben lernen

Ein Akrostichon

Sitze hier am Tisch und kritzle
Comicgleiche Chaosbilder.
Heute kommt kein Geistesblitz,
Ratlos starre ich aufs Blatt.
Erst ein Blick nach draußen hilft mir:
In einer Ecke unten im Hof, da, schau!
Braunbuschig, sanftäugig, quirlig:
Ein Eichhörnchen beim Spiel.
Nanu, da kommt der fette Kater – oje …

Sagen kann ich es dir nicht,
Chatten ist mir zu banal.
Heute sollst du Post bekommen,
Richtig schön auf Briefpapier.
Endlich ist es still im Haus und
Im Rhythmus meines Bleistifts
Bildet sich ein Wörterteppich,
Ein gewebtes Stück von mir.
Nimm es dir und: schreibe mir!

Akrostichon ein Gedicht als Wortspiel, bei dem die Anfangsbuchstaben der Verse hintereinandergereiht einen Namen oder ein sinnvolles Wort bilden (hier: SCHREIBEN)

- Gestalte ein Akrostichon zu einem der Wörter *Schreiben, weißes Blatt, Text* oder zu einem anderen Wort, das mit dem Thema Schreiben zu tun hat.

Schreiberfahrungen

Schreibanfänge und Schriftproben

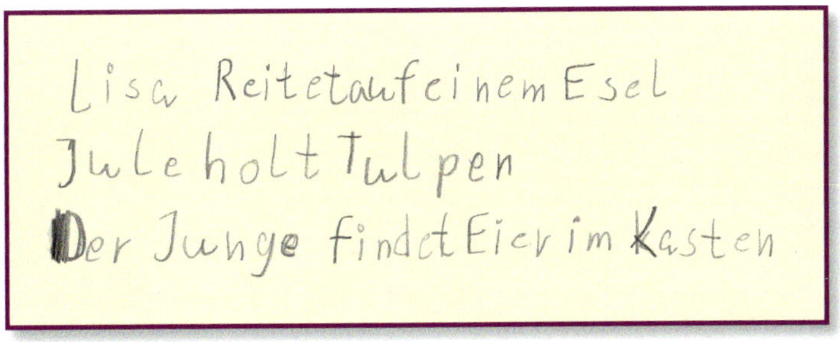

A Schreibe mit deiner schreibungeübten Hand deinen vollständigen Namen auf ein Blatt Papier. Schreibe dann darunter mit deiner gewohnten Schreibhand erneut deinen Namen in deiner heutigen Schrift. Vergleiche die beiden Schriftproben und notiere, was du feststellst.

B Versuche, dich an erste Schreibversuche zu Beginn deiner Schulzeit zu erinnern: Bilder, Gedanken, Gefühle. Notiere dazu Stichworte.

C Erinnere dich an Schreibsituationen im ersten Jahr im Gymnasium: Verbindest du mit ihnen angenehme oder unangenehme Gefühle? Notiere.

D Suche einen Text aus, den du im Verlauf des letzten oder diesen Schuljahres im Deutschunterricht geschrieben hast. Wie lautete die Schreibaufgabe? Notiere sie.

E „Schön schreiben", „flüssig schreiben", „lesbar schreiben": Was heißt das eigentlich? Notiere deine Gedanken dazu.

1. Führe diese Anregungen nacheinander für dich allein durch.
2. Setzt euch dann zu viert zusammen: Tauscht eure Notizen aus und sprecht über eure bisherigen positiven und negativen Erfahrungen mit dem Schreiben.

Schreiben – mal so, mal so

Assoziationen hervorrufen
etwas gedanklich miteinander in Verbindung bringen

1. Welche Assoziationen rufen diese Situationen bei euch hervor?

Schreiben in der Klasse – Schreiben für sich allein

A Ich schreibe nicht gerne Tests, besonders wenn sie nicht angekündigt waren. Selbst wenn ich es vorher geahnt habe, dass ein Test kommt, ich auch dafür gelernt habe, fühle ich mich ganz schön unter Druck gesetzt. Und dann muss ich alles ja immer so schnell hinschreiben, weil die Zeit knapp bemessen ist. Ich kann dann gar nicht in Ruhe nachdenken. Werde immer nervöser. Kriege dann überhaupt nichts mehr aufs Blatt. Immer dieses Gefühl, nicht fertig zu werden. Das ist so ein stressiges Schreiben! Ich bin mehr damit beschäftigt, über das Fertigwerden nachzudenken als über den Inhalt.

B Ich schreibe gerne, wenn ich in meinem Zimmer sitze und niemand mich stört. Ich kann zwischendurch die Gedanken einfach so kommen lassen, kann Pausen machen. Am liebsten schreibe ich Geschichten. Möglichst witzige. Manchmal kann ich gar nicht so schnell schreiben, wie mir gute Ideen kommen. Wenn ich fertig bin und den Text jemandem vorlesen kann, merke ich auf einmal, dass einiges überhaupt nicht so klingt, wie ich mir das im Kopf ausgemalt habe. Ich spüre beim Hören ganz genau, was noch besser ausgedrückt werden kann. Dann macht mir auch das Überarbeiten Spaß.

2. Wie wird die Schreibsituation in den Texten A und B jeweils vom Schreibenden empfunden?
3. Verfasse einen kurzen Text, der eine Schreibsituation darstellt, die du kennst bzw. die für dich typisch ist.

Schreiben ist wie ...

- ... ein Spaziergang im Kopf.
- ... Kochen – ohne zu wissen, wie es schmeckt.
- ... in Schubladen stöbern und Altes neu entdecken.
- ... eine anstrengende Kletterpartie.
- ... ein Schmetterling, der sich langsam entfaltet.
- ... mit Wasserfarben malen.

1. Finde weitere Vergleiche, die zum Ausdruck bringen, was Schreiben für dich ist.
2. Suche dir einen Vergleich aus und gestalte ihn in einem kurzen Text. Hier ist ein Beispiel zu dem Vergleich mit den Wasserfarben:

Bei Wasserfarben kann man ja nicht viel verbessern. Nur muss man aufpassen, dass die Farben nicht ineinanderlaufen. Ich schreibe auch gern schnell, wenn das Thema mich interessiert. Mir macht es Spaß, schöne Wörter zu finden – die sind wie Farben, die man entweder leicht oder kräftig mit dem Pinsel aufträgt. Und wie Farben kann man auch Wörter mischen, dann entstehen neue Wörter.

Ich schreibe, weil ...

Ich schreibe, weil ich meinen Gedanken eine klare Form geben möchte.
Ich schreibe, weil ich Unangenehmes loswerden will.
Ich schreibe, weil ich mit anderen in Kontakt bleiben will.
Ich schreibe, weil ich damit Erlebtes festhalten kann.
Ich schreibe, weil es mir beim Behalten von wichtigen Dingen hilft.
Ich schreibe, weil ich gerne Geschichten erzählen möchte.
Ich schreibe, weil ich besser im Schreiben werden will.
Ich schreibe, weil ...

3. Füge weitere Sätze hinzu.

Zum Bild:
Afro: *Untitled*, 1956

„Das Anfangen fällt mir immer schwer.“
Herta Müller

Stummes Schreibgespräch

„Wozu überhaupt eine leserliche Handschrift lernen? Es gibt schließlich den Computer.“

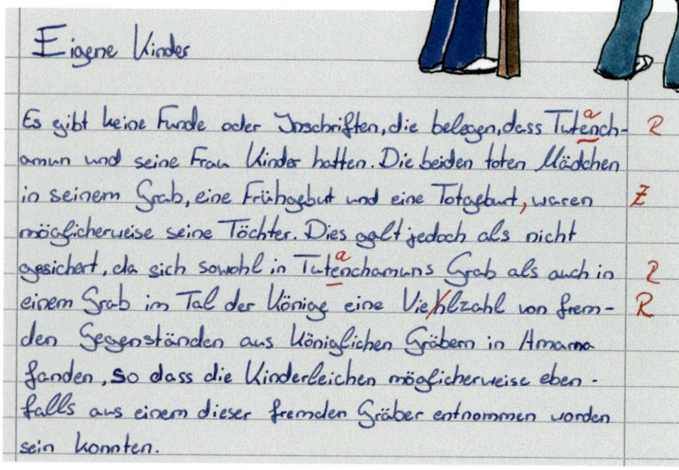

Eigene Kinder

Es gibt keine Funde oder Inschriften, die belegen, dass Tutenchamun und seine Frau Kinder hatten. Die beiden toten Mädchen in seinem Grab, eine Frühgeburt und eine Totgeburt, waren möglicherweise seine Töchter. Dies gilt jedoch als nicht gesichert, da sich sowohl in Tutenchamuns Grab als auch in einem Grab im Tal der Könige eine Vielzahl von fremden Gegenständen aus königlichen Gräbern in Amarna fanden, so dass die Kinderleichen möglicherweise ebenfalls aus einem dieser fremden Gräber entnommen worden sein konnten.

„Schreiben kann man oder man kann es eben nicht.“

METHODE

Stummes Schreibgespräch
In einem Schreibgespräch werden neue Inhalte zu einem vereinbarten Thema in einer Gruppe schreibend gesammelt und geklärt.

Anleitung
- In vier Gruppen mit sechs bis acht Teilnehmern werden auf einer Tischreihe Papierbahnen ausgelegt, auf die Impulskarten zum Thema „Schreiben“ geklebt sind. Zwischen den Karten muss genügend Abstand sein.
- Die Teilnehmer gehen nun mit Stiften um den Tisch herum und äußern sich schriftlich spontan zu den Bildern, Kommentaren oder Fragen.
- Auf diese Stellungnahmen kann jeder wieder reagieren und weitere Gesichtspunkte hinzufügen. Auch Fragen sind möglich.
- Während des Schreibgesprächs wird nur mit dem Stift „gesprochen“.

TIPP

Im Hintergrund kann leise Musik zu hören sein. Das Schreibgespräch endet nach 20 Minuten.

1. Führt das Schreibgespräch in den Gruppen durch.
2. Markiert danach mit Klebepunkten einzelne Beiträge, über die ihr anschließend in eurer Gruppe sprecht.
3. Überlegt euch, welche neuen Gesichtspunkte ihr über das Schreiben gewinnen konntet, und stellt eure Erkenntnisse in einem kurzen Vortrag den anderen vor.

M Stummes Schreibgespräch → S. 288

Schreibmomente

Ich über mich

- Ein guter Tag beginnt mit ...
- Die Zeit vergesse ich, wenn ...
- Es bringt mich auf die Palme ...
- Ich würde nicht noch einmal ...
- Musik macht mich ...
- Sehr gerne würde ich einmal ...
- Mich beunruhigt manchmal ...
- Meine Stärken liegen ...

1. Vervollständige die Sätze.
2. Ergänze weitere Äußerungen, die dich charakterisieren.
3. Wähle einen Satz aus und schreibe einen kleinen Text über dich.

Brief an eine imaginäre Person

imaginär nur ausgedacht, nicht wirklich

Lieber Moritz,

erinnerst du dich, wie ich loslachen musste, als du mir gesagt hast, dass du manchmal Tagebuch schreibst? Dein Satz „Du glaubst es vielleicht nicht, aber es hilft" ist mir aber im Kopf hängen geblieben. Und stell dir vor, auch ich schreibe nun. – In letzter Zeit sind ziemlich blöde Sachen in der Schule passiert, die mich richtig fertiggemacht haben. Dann habe ich ein halb volles Heft gefunden, die vollen Seiten rausgerissen, mich hingesetzt und einfach drauflosgeschrieben. Ja, das Heft ist jetzt mein Notizbuch für allerlei Gedanken, die mich beschäftigen. Ich habe es immer in meinem Rucksack. Du hattest recht mit deinem Satz.

4. Schreibe einen Brief an eine erdachte befreundete Person über dich oder eine Situation, die dich beschäftigt.
5. Schreibe nun in der Rolle des Briefadressaten eine Antwort an dich selbst.
6. Lies beide Briefe: Welche Erfahrungen machst du dabei?

Ich saß und saß ...

Gestern war es wieder einmal so weit: Nichts, buchstäblich nichts fiel mir ein. Ich saß am Schreibtisch und blickte auf das hoffnungslos leere, das nichtssagende weiße Papier – und kein Satz, kein Wort, geschweige denn eine Idee wollte sich einstellen. Ich saß und saß, ich las dieses und jenes, was mir vielleicht auf die Sprünge helfen könnte ...

7. Versetze dich in die Situation des/der Schreibenden und führe den Text fort, oder beginne ganz neu und schreibe über eine Situation, in der du schreiben solltest und dir das nicht gelingen wollte.

Schreibprozess

Redaktionskonferenz

Redakteur jemand, der für eine Zeitung oder Zeitschrift, für Rundfunk oder Fernsehen Beiträge auswählt, bearbeitet oder selbst schreibt

Redaktion die Arbeit der Redakteure; das Herausgeben von Texten

Die Redakteure der Schülerzeitung „Punktum“ haben die 7. Klassen gebeten, über die abgeschlossenen Projekttage zu berichten. Rebecca und Daniel aus der 7c haben einen Text zu dem Projekt „Unsere Cafeteria“ abgegeben. Sie hatten eine Woche Zeit zum Schreiben. In der Redaktionskonferenz wird diskutiert, ob er in der nächsten Ausgabe abgedruckt werden soll.

Unsere Cafeteria – zum Wohlfühlen schön?

Das muss einfach besser werden. Das meiste kommt zwar gut an, aber manches geht eben nicht, wie z. B. das durchgeweichte Müsli. Da muss man sich mal bessere Gedanken machen, was die anderen alles so futtern wollen.

Bei den Getränken sind wir echt einverstanden, aber nach den Sommerferien müssen die Esssorten ausgewechselt werden. Ansonsten läuft alles wie geschmiert. Mal sehn, ob wir das mit dem Open Air-Kino auch noch hinkriegen, wenn jetzt schon das mit der Cafeteria so gut geplant ist. Die Arbeit der Cafeteria-Gruppe an den Projekttagen war sehr ergiebig. Sie sollten sich Gedanken machen, was verbessert werden könnte und wie. Da könnt ihr sehn, dass Projekttage auch was Sinnvolles sind. Die hatten z. B. die Idee von Teams aus den 7. und 8. Klassen, die dafür sorgen sollen, dass sich die gestressten Schülerinnen und Schüler in der Cafeteria wohlfühlen. Jeder Monat sollen z. B. neue Teams gebildet werden, die z. B. die Dekoration übernehmen, die Getränkelisten festlegen und einen Essplan erstellen. In dem Projekt haben sie sich in verschiedene Gruppen geteilt. Jede war für einen anderen Teil zur Verschönerung zuständig. Eine Gruppe hat alle Meckerpunkte gesammelt und dann verschiedenen Bereichen zugeordnet. Ein Punkt war z. B. die Qualität des Essangebots. Eine Gruppe war für den Haushalt und die Finanzen zuständig. Es fehlt dringend Geld, um mehr Geschirr zu kaufen, damit dann noch mehr Leute was verspeisen können. Dass der Raum eigentlich viel zu klein ist, sieht jedes Baby. Damit befasste sich eine weitere Gruppe. Wir finden das echt doof, dass der Raumnot keiner Herr wird. Hier besteht doch echter Handlungsbedarf. Wir rufen darum die Verantwortlichen in der Stadt auf, sich auch mal ein Bild vor Ort zu machen. Das Cafeteria-Team serviert dann seine berühmten Hotdogs!

TIPP

Für die Spielszene könnt ihr auch die Anmerkungen aus der Textlupe (nächste Seite) verwenden.

1. Dieser Text wurde in der Redaktionskonferenz abgelehnt. Nenne mögliche Gründe dafür.
2. Spielt die Redaktionskonferenz mit drei oder vier Personen als Kurzszene.

M Redaktionskonferenz → S. 286

Die Textlupe

Anleitung

In einer Gruppe von drei bis fünf Schülern geht zusammen mit jedem Schülertext ein Kommentarzettel herum, auf dem ihr Lob, Kritik und Verbesserungsvorschläge notiert. Wer fertig ist oder wem nichts mehr einfällt, der reicht das Blatt gemeinsam mit dem Text an den rechten Nachbarn weiter.

Drei Schüler haben auf den Kommentarzettel diese Anmerkungen zu Rebeccas und Daniels Bericht über das Projekt „Unsere Cafeteria“ notiert:

Das hat mir gut gefallen!	**Hier fällt mir etwas auf!** **Hier habe ich noch Fragen!** **Hier stört mich etwas!**	**Meine Tipps!** **Meine Vorschläge!**
Schlusssatz: Das mit den Hotdogs *Jakob*	Grammatikfehler (z. B.: Z. 4, 12, 15) Rechtschreibfehler (Z. 6) *Jakob*	Ihr solltet Wiederholungen vermeiden (Z. 12 f., ...). *Jakob*
Die Überschrift, vor allem das Fragezeichen! *Agathe*	Das ist stellenweise kein Bericht, ihr gebt hier eure eigene Meinung wieder. *Agathe*	Schaut euch den Aufbau noch einmal genauer an! *Agathe*
Hinweis auf Untergruppen zur Problemlösung *Daniel*	Worum geht es hier: um Projekttage, Open-Air-Kino oder die Cafeteria? *Daniel*	Entscheidet euch für ein Thema! Nennt das Wesentliche! *Daniel*
...	...	...

METHODE

Textlupe
Dies ist eine Form der gegenseitigen schriftlichen Rückmeldung zu geschriebenen Texten in einer Gruppe. Ihr kommentiert, wie die einzelnen Texte von anderen auf euch gewirkt haben, was euch daran gefallen hat, was unklar geblieben ist. Der Verfasser erhält auf diese Weise Anregungen, wie er seinen Text verbessern kann.

3. Stimmst du mit den Anmerkungen überein? Füge weitere hinzu.
4. Wähle einen selbst geschriebenen Text aus, für den du eine Kommentierung wünschst.
5. Suche dir drei Partner, die ebenfalls Rückmeldung für ihren Text wünschen, und führt gemeinsam die Textlupe durch.
6. Überarbeite danach deinen Text mithilfe der Kommentierungen.

Schreiben lernen → S. 269 M
Textlupe → S. 288 M

Ich bin da!
Miteinander sprechen und argumentieren

Falsch gelaufen

Stellt euch die folgende Situation vor: Ihr seid mit euren Eltern zu einer großen Familienfeier eingeladen, die in einem Hotel stattfinden soll, in dem ihr noch nie wart. Ihr seid spät dran und lauft in das Hotel. Dort seht ihr ein Schild „Geschlossene Gesellschaft" und stürmt durch die Tür – die Gesellschaft ist jedoch eine ganz fremde …

Ein Stuhl ist noch frei – alle schauen …

Versetzt euch in eine solche Situation und bezieht das Bild oben mit ein:
- Wie würdet ihr euch verhalten?
- Was verrät die Körpersprache?

Zum Bild:
Michael Sowa:
Die Einladung, 1990

Hier stehe ich …

1. Untersucht, wie in einem Gespräch der Körper mitspricht: Beschreibt die Körperhaltung, Gestik und Mimik und deutet anschließend die Sprache des Körpers.
2. Setzt euch in Vierergruppen zusammen. Nehmt jeweils die folgenden Haltungen ein. Wie zeigt ihr durch eure Körpersprache eure Haltung?

- Jemand ist selbstbewusst.
- Jemand fühlt sich beim Sprechen nicht wohl.
- Jemand ist ärgerlich.
- Jemand versteht eine/n Freund/in und hört aufmerksam zu.
- Jemand möchte auch etwas sagen, kommt aber nicht zu Wort und wird ungeduldig.

Die Stimme steht oft in einem engen Zusammenhang mit der Stimmung eines Menschen.

Miteinander sprechen und argumentieren → S. 270 M

Gesprächsregeln

Ein Problem mit Sven

Da sie ein Problem mit ihrem Freund Sven hat, möchte die jüngere Schwester mit ihrer älteren Schwester darüber reden. Im Folgenden findest du zwei Gespräche (A und B) der Schwestern.

A

JÜNGERE SCHWESTER Hast du mal Zeit für mich?
ÄLTERE SCHWESTER Was ist denn?
JÜNGERE SCHWESTER Ich habe Stress mit Sven.
ÄLTERE SCHWESTER Das soll es geben. Mach dir nichts draus, die Typen sind sowieso alle komisch.
JÜNGERE SCHWESTER Das kann ich nicht. Ich find den so süß.
ÄLTERE SCHWESTER Ach, lass den doch. – Und außerdem muss ich jetzt weg.

B

JÜNGERE SCHWESTER Hast du mal Zeit für mich?
ÄLTERE SCHWESTER Na klar! Was gibt's?
JÜNGERE SCHWESTER Ich habe Stress mit Sven.
ÄLTERE SCHWESTER Ach, ich hab immer gedacht, ihr versteht euch so gut. Sag mal …
JÜNGERE SCHWESTER Ja, das stimmt schon. Aber in letzter Zeit ist er so komisch.
ÄLTERE SCHWESTER Wieso „komisch"?
JÜNGERE SCHWESTER Er redet kaum mit mir. Als ich ihm gestern den Vorschlag machte, wir könnten mal wieder ins Kino gehen, wollte er nicht. Und vorletzte Woche hatte er auch schon keine Lust.
ÄLTERE SCHWESTER Hast du ihn schon gefragt, was er hat?
JÜNGERE SCHWESTER Ne!
ÄLTERE SCHWESTER Vielleicht hat sein Verhalten ja gar nichts mit dir zu tun. Vielleicht hat er Probleme in der Schule und Angst, dass er nicht versetzt wird. – Versuch doch mal, mit ihm zu reden.
JÜNGERE SCHWESTER Meinst du? Ich versuch's mal.

TIPP

Oft ist es hilfreich, wenn du dich vergewisserst, dass du dein Gegenüber richtig verstanden hast: *Meinst du es so …?*

1. Vergleiche beide Gespräche: Was stellst du fest?
2. Spielt folgende Situation:
   Eine Mitschülerin oder ein Mitschüler hat schon wieder nicht ihre oder seine Hausaufgaben und möchte deshalb in der großen Pause abschreiben. – Spielt diese Situation zweimal: einmal mit misslingender, einmal mit gelingender Kommunikation.
3. Diejenigen, die nicht spielen, beobachten. Worauf müsst ihr achten?

Szenisches Spiel/Rollenspiel → S. 84 ff.
M Miteinander sprechen und argumentieren → S. 270

Habe ich dich verstanden?

Verstehendes oder aktives Zuhören ist eine Methode, mit der ihr die Bedürfnisse des Gesprächspartners ergründen und genau auf ihn eingehen könnt. Dazu ist es notwendig, dem Partner nicht nur konzentriert zuzuhören, sondern zu versuchen, „zwischen seinen Sätzen zu hören“ und das Gehörte anschließend mit eigenen Worten wiederzugeben.

So kann der Partner spüren, dass der andere ihm wirklich zuhört und Interesse an seinem Befinden und seiner Sicht der Dinge hat.

Dadurch können Missverständnisse vermieden werden. Auch kann es dem Partner helfen, sein Problem und mögliche Lösungsansätze klarer zu sehen.

Sprachgestus und Vorgehensweise	Zweck
A Ermuntern *nicht widersprechen* *vorerst allgemeine Zustimmung signalisieren*	■ Interesse bekunden ■ Einfühlen in die Situation ■ zu weiteren Ausführungen anregen
B Wiederholen *die vom Partner verwendeten Wörter wiederholen*	■ Informationen (Personen, Begriffe, Vorgänge) in Erinnerung rufen
C Neu formulieren *den Hauptgedanken neu formulieren*	■ zeigen, dass die Fakten verstanden wurden ■ zeigen, dass echtes Zuhören stattfindet
D Gefühle ansprechen *spiegeln: die vermuteten Gefühle des anderen verbalisieren*	■ Verständnis für die Empfindungen des anderen zeigen
E Bündeln *Gedanken und Gefühle noch einmal gebündelt neu formulieren, reflektieren und zusammenfassen*	■ gegen Ende des Gesprächs wichtige Gedanken und Informationen zusammenfassen ■ eine Grundlage für die weitere Diskussion oder Lösungsvorschläge schaffen

Beispielkärtchen

- „Habe ich dich richtig verstanden? – Du glaubst, dass …“

- „Wenn ich dich richtig verstanden habe, wolltest du damit zum Ausdruck bringen …“
- „Sind das die Punkte, die dir wichtig sind: 1. …, 2. …?“
- „Folgende Aspekte scheinen mir die wichtigsten zu sein: …“

- „Das kann ich gut verstehen …“
- „Das ist in der Tat eine belastende Situation …“

- „Du warst also ziemlich sauer, als …“
- „Und das hat dich sehr verletzt …“

- „Du sagtest vorhin, deine Ziele seien …“
- „Das Problem entstand also, nachdem …“

1. Ordnet die Beispielkärtchen passend in die Zeilen der Tabelle (A–E) ein.
2. Probiert das verstehende Zuhören abwechselnd aus: Spielt noch einmal die Situation *Abschreiben der Hausaufgaben*. Vergleicht das Gespräch dann mit dem vorherigen Gesprächsverlauf und -ergebnis.

Ärger miteinander

Auf die Frage, in welchen Situationen es Ärger und Streit geben kann, antworteten Schülerinnen und Schüler einer 7. Klasse Folgendes:

- Wenn ich mit meiner Schwester darüber streite, wer aufräumen soll.
- Wenn ich mit einer schlechten Note nach Hause komme.
- Wenn ich meiner Freundin etwas vertraulich sage und sie es weitererzählt.
- Wenn nur ich mit dem Hund spazieren gehen soll.
- Wenn ich im Verein beim Tischtennis verliere.
- Wenn ich Musik üben soll und keine Lust habe.
- Wenn ich in meinem Zimmer die Musik laut aufdrehe.
- Wenn mein Bruder und ich gleichzeitig Computer spielen wollen.

1. Kennt ihr auch diese Probleme? Welche fallen euch noch ein?
2. Wähle ein Beispiel aus und überlege genau, warum das Problem oder der Streit entsteht. Schreibe deine Gedanken auf.

Gesprächsfetzen

In meinem Zimmer kann ich die Musik so laut aufdrehen, wie ich will.

Ich kann dir das Taschengeld nicht erhöhen.

Mutter hat gesagt, du sollst beim Aufräumen helfen. Gestern habe ich es allein gemacht.

Ich werde dir nie mehr etwas anvertrauen. Du erzählst ja doch alles gleich weiter.

Man muss auch verlieren können. Beim nächsten Spiel gewinnst du wieder.

Was wird bloß deine Musiklehrerin sagen, wenn du nicht geübt hast?

3. Ordne die Gesprächsfetzen den obigen Beispielsituationen zu. Wer könnte was sagen?
4. Entwirf mit einem von dir ausgewählten Gesprächsfetzen ein Gespräch, das den Streit widerspiegelt und ihn am Schluss löst.
5. Diskutiert eure Gesprächsentwürfe: Welche Lösungsmöglichkeiten gibt es?

„Jetzt bin ich dran!“

SONJA Hallo, Jan, können Marion und ich mit dem Computer spielen? Du darfst in einer Stunde wieder spielen, da muss Marion sowieso nach Hause.

JAN Nein, jetzt spiele ich. Immer wenn ich mit dem Computer spiele, kommt ihr und wollt spielen. Das ist mein Computer, nicht deiner.

SONJA Stimmt gar nicht. Papa hat ihn uns beiden gekauft.

JAN Jetzt spiele aber ich, nachher habe ich keine Zeit mehr.

SONJA Fragen wir doch Papa.

JAN Warum denn? Papa weiß es doch sowieso nicht mehr.

SONJA Das glaube ich nicht. Ich frage ihn trotzdem.

JAN Dann tu es doch!

...

„Warum immer ich?“

NICLAS Immer muss ich mit dem Hund spazieren gehen.

MUTTER Du wolltest ihn doch unbedingt haben.

NICLAS Ja, aber das war vor vier Jahren. Und Linda wollte ihn doch genauso haben. Die ganze letzte Woche bin ich mit Kenzo spazieren gegangen. Warum immer ich?

LINDA Mit meinem gebrochenen Arm kann ich die Leine nicht so gut halten.

NICLAS Ha, ha, du hast doch nur einen Arm gebrochen. Mit dem anderen kannst du ihn wohl halten.

LINDA Eben nicht. Du weißt doch, wie Kenzo immer zieht. Soll ich mir auch den anderen Arm noch brechen?

MUTTER Wenn ihr euch nicht einigen könnt, geben wir Kenzo eben in ein Tierheim.

...

6. Führt die Gespräche so fort, dass am Schluss der Streit gelöst wird.

7. Entwerft selbst Streitgespräche und probiert verschiedene Lösungsmöglichkeiten aus.

Streit in der Klasse

Die Mädchen der Clique um Silke und Anna befinden sich seit Wochen im Kleinkrieg mit der Gruppe um Carina. Wenn die Schülerinnen und Schüler morgens in die Klasse kommen, sind die Stühle mit persönlichen Beleidigungen beschmiert. Auch hässliche SMS-Nachrichten werden verschickt: Der einen Gruppe passen das Auftreten und die Kleidung der anderen Gruppe nicht. Die Stimmung in der Klasse ist seit Wochen auf dem Tiefpunkt.

Der Klassenlehrer schlägt vor, die Streitschlichter einzubeziehen. So werden Lukas und Susanne, die nicht zu den beiden Gruppen gehören, in die Klasse eingeladen, um ihre Arbeit und ihr Angebot vorzustellen. Sie geben folgende Informationen:

Streitschlichter können helfen

„Streitschlichtung durch Schüler" ist ein Verfahren, das vor allem in Schulen der USA erprobt wurde und seit einigen Jahren auch in Deutschland zur friedlichen Beilegung von Schüler-Schüler-Konflikten eingesetzt wird.

Die Streitschlichter werden in mehrtägigen Kursen ausgebildet und lernen dabei u. a. Folgendes:

- Vertrauen gewinnen
- Fakten zur Konfliktentstehung sammeln
- Aktiv zuhören und konstruktiv fragen
- Aufgebrachte Gefühle beruhigen
- Gesprächsnotizen machen
- Kritische Punkte festhalten
- Als Team zusammenarbeiten
- Selbstbewusst auftreten
- Gesprächsregeln einhalten
- Übereinkünfte erzielen
- Übereinkünfte verbalisieren und protokollieren

1. Findet heraus, ob es an eurer Schule bereits Streitschlichter gibt. Nehmt Kontakt zu ihnen auf und informiert euch über ihre Erfahrungen.

TIPP

Falls es noch keine Streitschlichter gibt, überlegt euch gemeinsam ein Streitschlichter-System für eure Klasse.

Die Phasen der Schlichtung

1. Einleitung
Vertraulichkeit zusichern, Regeln erklären, Ziel verdeutlichen, Einverständnis einholen

2. Sichtweisen der einzelnen Konfliktparteien
Standpunkte vortragen, spiegeln und zusammenfassen, Reihenfolge der strittigen Punkte besprechen

3. Konflikterhellung
Nachfragen klären, Motive herausfinden, Wünsche herausarbeiten

4. Problemlösung
Im Brainstorming Lösungen suchen, diskutieren und bewerten, Konsens ausarbeiten

5. Vereinbarung
Schriftliche Formulierung, Vereinbarung unterschreiben

Ein Schlichtungsversuch

Lukas
Wir möchten zunächst einige Regeln für die Schlichtung vereinbaren.
Die zwei Gesprächsregeln lauten:
1. Ausreden lassen.
2. Niemanden beschimpfen.
Ich bin für euch zuständig, Silke und Anna. Jede darf ihre Sicht des Streits schildern.

Susanne
Wir werden uns neutral verhalten und für niemanden von euch beiden Partei ergreifen. Wir halten alles geheim, was hier besprochen wird. Ich bin für dich zuständig, Carina. So, wir hören euch jetzt genau zu. Wer möchte anfangen?

2. Stellt den Konflikt der Mädchengruppen im Rollenspiel dar.
3. Schlichtet den Streit: Beachtet die Punkte des Schulungsprogramms und die Phasen der Schlichtung.
4. Entwerft gemeinsam weitere Konfliktsituationen und spielt in Rollenspielen die Darstellung sowie Schlichtung der Konflikte.

Szenisches Spiel / Rollenspiel → S. 84 ff.
Miteinander sprechen und argumentieren → S. 270 M

Argumentieren

„Markenklamotten“ – ein Gespräch in der Pause

TOM Was haltet ihr denn von Jonas' neuer Jeans?

MONA Ich finde seine neue Jeans nicht so toll, weil er damit doch nur angeben will. Schließlich wissen ja alle, was so eine Markenjeans kostet.

MICHAEL Ich meine dagegen, jeder sollte das anziehen, was ihm gefällt.

OLGA Es geht doch nicht nur um den persönlichen Geschmack und die eigene Freiheit. Du solltest aber auch einen anderen wichtigen Punkt nicht übersehen: Nicht alle Schüler können sich so teure Klamotten kaufen.

MORITZ Ist das nicht dein Problem, wenn du nicht genug Geld hast? Ich jedenfalls will nicht in einer Schuluniform herumlaufen.

TOM Vielleicht könnt ihr etwas sachlicher miteinander streiten …

TABEA Meiner Meinung nach ist es nicht so wichtig, was ein Mensch anzieht, weil es mir weniger auf sein Äußeres ankommt.

MONA Moritz hat eben von Schuluniformen gesprochen. Er hat sie zwar abgelehnt, aber haben Schuluniformen nicht auch ihr Gutes?

MICHAEL Na ja, da ist wohl etwas dran, Mona. Denn wenn alle – wie zum Beispiel in England – Schuluniformen tragen, sieht man nicht, ob die Eltern viel oder wenig Geld haben. Es gibt so wahrscheinlich weniger Vorurteile über Mitschülerinnen und Mitschüler.

TOM Vielleicht können wir uns darauf einigen, dass jeder das anziehen soll, was er will und ihm gefällt – natürlich auch Jonas. Aber dieses Recht sollten eben alle haben, ohne dass jemand ausgegrenzt wird. Und jetzt müssen wir in die Klasse zurück. Es hat schon längst geklingelt!

1. Untersuche, wie hier argumentiert wird. Arbeite dazu Thesen, Argumente und Beispiele/Belege heraus.

Handy und MP3-Player in der Schule?

In vielen Schulen ist es Schülerinnen und Schülern nicht erlaubt, Handys oder ähnliche technische Geräte zu benutzen.

Als es im Deutschunterricht der Klasse 7c um den Gebrauch von Medien geht, entsteht eine Diskussion über diese Regelung: Was spricht dafür? (Pro) Was spricht dagegen? (Kontra)

Hausordnung einer Schule

[...]

5. Nutzung digitaler Medien

Handys und vergleichbare digitale Geräte verbleiben im Unterricht und bei Schulveranstaltungen ausgeschaltet in der Tasche. Bei Klassen- und Studienfahrten erstellen die Fahrtenleiter entsprechende Regeln für die Nutzung dieser und ähnlicher Geräte.

Nicht vorher durch die Schulleitung genehmigte Aufzeichnungen in Bild und Ton – ausgenommen für unterrichtliche Zwecke – sind verboten.

Bei Zuwiderhandeln gegen diese Regeln werden die entsprechenden Geräte durch die Lehrerin / den Lehrer eingezogen. Sie werden nur den Erziehungsberechtigten oder den volljährigen Schülerinnen und Schülern am Ende des Schultages im Schulbüro wieder ausgehändigt.

[...]

1. Findet heraus, wie die Mediennutzung durch Schülerinnen und Schüler an eurer Schule geregelt ist. Welche Erfahrungen habt ihr damit gemacht?
2. Bereitet eine Pro-und-Kontra-Diskussion in Gruppen vor: Die eine Hälfte der Klasse stellt Pro-Argumente, die andere Hälfte Kontra-Argumente zusammen. Arbeitet mit Diskussionskärtchen.
3. Bestimmt eine/n Diskussionsleiter/in. Führt die Diskussion durch und wertet sie aus: Was ist gut gelaufen, was nicht? Welche Argumente haben getragen?

KONTRA Handy-Verbot

These: Ich muss mein Handy immer benutzen können.

Argument: Meine Eltern muss ich immer erreichen können.

Beispiel/Beleg: Wenn ich eine Klassenarbeit zurückbekommen habe, muss ich doch gleich zu Hause anrufen.

TIPP

Arbeitet mit einer Beobachtergruppe. Drei bis vier Mitschüler beobachten die Diskussion als neutrale Personen. Auf was müssen sie achten? Erarbeitet vorher gemeinsam Kriterien.

Miteinander sprechen und argumentieren → S. 270 M

„Damit bin ich nicht einverstanden!“

Wenn jemand mit etwas nicht einverstanden ist, hat er meist die Möglichkeit, sich zu beschweren.

A Otto hat eine vier in der Klassenarbeit – ich eine fünf. Wieso? Wir haben verglichen und er hat genau dasselbe!

B Über die Bewertung meiner letzten Klassenarbeit bin ich enttäuscht. Otto und ich haben unsere Arbeiten verglichen und uns ist kein großer Unterschied aufgefallen. Seine Arbeit haben Sie eine Note besser als meine bewertet. Können wir uns das zusammen noch einmal anschauen?

TIPP

Probiert verschiedene Möglichkeiten im Rollenspiel aus.

1. Stellt heraus, wie sich die beiden Äußerungen unterscheiden.
2. Überlegt, worüber sich jemand im Schulleben bei jemandem beschweren könnte und welche Form jeweils angemessen ist.

„Verzeih mir!“

3. Häufig gibt es Situationen, in denen man sich entschuldigen muss.
   Beispielsituationen: Eine oder einer hat
   - jemanden im Unterricht ausgelacht.
   - jemanden im Sportunterricht beleidigt.
   - jemandem den Rucksack ausgekippt.

   Überlegt, welche Worte helfen. Wie kann der erste Satz lauten?

Habe ich das wirklich so gesagt?

Du, da habe ich mich geirrt.

Das meinte ich nicht so.

Ich wusste nicht, dass dich das so stört.

M Miteinander sprechen und argumentieren → S. 270

Das hast du in diesem Kapitel gelernt:

Gesprächsregeln, Argumentieren
- Aufeinander eingehen
- Verstehend zuhören
- Ein Streitgespräch führen und Konflikte lösen
- Eine Argumentation untersuchen
- Mit Pro- und Kontra-Argumenten diskutieren
- Sich beschweren und sich entschuldigen

M Extra: Merkwissen → S. 270

So kannst du dein Wissen anwenden und deine Fähigkeiten trainieren:

Eine Freundin oder ein Freund erzählt dir von einem Konflikt mit einer Mitschülerin/einem Mitschüler: Diese/r hat den anderen in der Klasse etwas Falsches über sie bzw. ihn erzählt und sie/ihn so sehr verletzt.

- Notiere dieses Gespräch in Dialogform.
  Achte darauf, dass du in deinen Äußerungen und Nachfragen auf dein Gegenüber eingehst.

Die Mitschülerin/der Mitschüler ist einverstanden, dass ein Streitschlichtungsgespräch stattfindet.

- Notiere dieses Gespräch in Dialogform.
  Achte auf die für die Streitschlichtung sinnvolle Form der Moderation.

Du fühlst dich von einer Lehrerin/einem Lehrer ungerecht behandelt, denn du hast den Eindruck, dass sie/er dich oft nicht aufruft, wenn du dich meldest. Du vereinbarst ein Gespräch, um dich zu beschweren.

- Notiere dieses Gespräch in Dialogform.
  Achte auf eine angemessene Form des Gesprächs.
  Hilfreich sind treffende Argumente und Beispiele/Belege.

Du hast in deiner Klasse über eine Mitschülerin oder einen Mitschüler etwas Falsches erzählt. Jetzt möchtest du dich entschuldigen.

- Notiere dieses Gespräch in Dialogform.
  Achte auf die angemessene sprachliche Form.

In einem Brief erklärt Johannes seiner Patentante, dass er lieber mit seinem Freund Paul Urlaub machen möchte als mit ihr und ihrer Familie.

Braunschweig, 10. Mai 2011

Liebe Tante Monika!

Hab vielen Dank für deinen netten Brief, der vorgestern eintraf und über den ich mich sehr gefreut habe. Auch Mama und Papa danken dir für deine lieben Grüße.

Du schlägst in deinem Brief vor, dass ich in den kommenden Ferien mit dir, Onkel Hans und Karsten Urlaub in den Bergen machen soll. Nun habe ich da ein Problem …

Deinen Vorschlag fand ich zunächst ganz toll, denn in die Berge wollte ich schon lange wieder einmal fahren. Als wir in der Klasse überlegten, wohin nächstes Jahr die Klassenfahrt gehen soll, stimmte ich auch für die Berge.
Auch dein freundliches Angebot, dass ich nichts für die Reise bezahlen soll, finde ich sehr nett, denn zurzeit bleibt bei meinem Taschengeld nur wenig zum Sparen übrig. So habe ich mir auch noch nicht die schnelleren Skater leisten können.
Als ich gestern meinem neuen Freund Paul von deinem Angebot erzählte, war er etwas traurig. Er sagte, dass er mich auch gerne einladen wolle, gemeinsam in die Ferien zu fahren. Mit Paul, der neu in unserer Klasse ist, möchte ich gern zusammen etwas in den Ferien unternehmen, denn wir verstehen uns sehr gut. Das habe ich auch gemerkt, als wir letzte Woche unseren Wandertag hatten.

Paul und ich könnten bei seinem Onkel in Jever für ein paar Tage Urlaub machen. Der hat genug Platz in seiner Wohnung und Kosten entstünden uns dadurch auch nicht. Jever fände ich als Ziel außerdem sehr gut, weil wir an der Küste schöne Radtouren machen könnten. Wie du weißt, fahre ich ja hier auch gern mit dem Fahrrad los.

Und auch Karsten und Mirjam, die doch noch sehr klein für größere Bergtouren sind, hätten bestimmt nächstes oder übernächstes Jahr mehr von solch einem Urlaub, weil sie dann mehr Ausdauer haben werden. Das war bei Melanie und mir zumindest so, als wir so alt waren, wie die beiden jetzt sind. Schnell waren wir erschöpft und hatten dann keine Lust mehr.

Wahrscheinlich hast auch du dich schon sehr auf einen Urlaub mit mir gefreut. Und du siehst, ich habe viel hin und her überlegt, was ich tun soll. Wie ich dich kenne, hast du aber bestimmt Verständnis dafür, dass ich zu dem Schluss gekommen bin, in den nächsten Ferien mit Paul zu verreisen.

Bestimmt können wir bald auch einmal zusammen wegfahren. Und in Kürze sehen wir uns ja bei Oma in Goslar.

Ganz liebe Grüße
Johannes

- Untersuche, wie Johannes argumentiert, um seiner Patentante höflich abzusagen. Kennzeichne auf einer Kopie oder einer Folie die Thesen rot, die Argumente blau und die Beispiele/Belege grün.

Pro und Kontra

A Du bist Mitglied in einem Sportverein. In den Sommerferien bietet dein Verein einen Sonderkurs Bungee-Jumping an. Du möchtest teilnehmen. Dein Vater ist dafür ... Deine Mutter dagegen ...

- Notiere jeweils ihre Argumente.

B Du hast Freude am Musizieren. Nach den Sommerferien bietet deine Musikschule einen Kurs Keyboardspielen an.

- Schreibe einen Brief an deinen Großvater, in dem du ihn davon überzeugen willst, dass er deinen Wunsch, an diesem Kurs teilzunehmen, gegenüber deinen Eltern unterstützt. Du kannst ihn auch um einen finanziellen Zuschuss bitten.

C Deine Klasse diskutiert, welches Buch als nächstes in der Klasse gelesen werden soll:

Ich schlage „Die Schatzinsel“ von Robert Louis Stevenson vor. Das ist eine sehr spannende Geschichte, in der ein Junge auf einem Segelschiff in eine Meuterei gerät. Es gibt viele Momente, wo die Figuren Glück erleben, wenn z. B. der Schatz gefunden wird oder der Junge gerade noch mit dem Leben davonkommt. Dazu fallen uns bestimmt gute Projektideen ein und das Lesen ist auch ein Vergnügen. *Stephanie*

Wir sollten „Harry Potter“ nehmen. Das habe ich schon gelesen. *Robert*

Internatsgeschichten finden viele von uns toll. Deshalb mag ich auch „Harry Potter“. Und schließlich ist er ein Junge in unserem Alter, der Aufregendes erlebt. Auch wenn ich schon selbst alle „Harry Potter“-Bände gelesen habe, schlage ich vor, einen Band hier in der Schule gemeinsam zu lesen. Denn immer wenn ich mit anderen über ein Buch spreche, entdecke ich neue und andere Perspektiven. *Mirjam*

- Einige Schüler sind für *Die Schatzinsel*, die meisten für *Harry Potter* – notiere jeweils ihre Argumente.

Umwelt macht Schule
Berichten und Beschreiben

Schule auf Umweltkurs

Viele Schulen haben sich in den letzten Jahren auf Umweltkurs begeben. Bei Renovierungen ist auf umweltfreundliche Materialien geachtet worden. Schülerinnen und Schüler haben sich für Energiesparprojekte und einen bewussten Umgang mit natürlichen Ressourcen engagiert.

Zum Bild:
Windkraftanlage in Friesland

- Wie sieht es an eurer Schule mit dem Umweltschutz aus?

Richtung Umwelt

Der Weg zur Umweltschule

Im Johannes-Bobrowski-Gymnasium macht Umwelt Schule.

Isabelle aus der Umwelt-AG berichtet für das Jahrbuch der Schule. So erfahren nicht nur Schüler, Eltern und Lehrer ihres Gymnasiums, sondern auch andere Interessierte vor Ort von dem, was sich im Laufe der letzten Zeit getan hat.

Das JBG auf Umweltkurs

Auch im letzten Schuljahr ist das JBG Richtung Umwelt vorangekommen. Bei der Schulrenovierung wurde sehr auf umweltfreundliche Materialien geachtet. So wurde viel mit Holz gearbeitet. Als Fußbodenbelag in den Klassenräumen wählte der Architekt Linoleum. Bewegungsmelder sorgen dafür, dass sich nicht benötigtes Licht nach einer gewissen Zeit von allein abschaltet. Umweltschutz funktioniert jedoch nur wirkungsvoll, wenn möglichst viele Schüler und Lehrer aktiv mitmachen. Deshalb hat die Umwelt-AG etliche Aktionen gestartet, bei denen es um das Energiesparen ging. Aushänge geben Tipps zum Stoßlüften in den großen Pausen.

Seit Kurzem gibt es – von der SV organisiert – T-Shirts und Sweatshirts mit dem Schullogo, natürlich aus kontrolliert biologisch angebauter Baumwolle. Der Verkauf ist noch besser als zunächst gedacht angelaufen.

Die nächsten Umweltprojekte werden schon überlegt. Isabelle, 7c

1. Untersucht Isabelles Bericht: Inwiefern entspricht er einem sachlichen Bericht? Beachtet die Kriterien in der Randspalte.

Umweltfreundliche Ideen für die Schule:
- Schulsanierung: viel Holz, Linoleum als Fußbodenbelag
- Solaranlage, die von der Umwelt-AG betreut wird
- Cafeteria/Mensa: überwiegend Bio-Produkte, nach Möglichkeit aus der Region
- Licht: Bewegungsmelder auf den Fluren
- umweltfreundliche Steuerung der Heizung, Stoßlüften in den Klassen
- SV vertreibt Schul-T-Shirts und Schul-Sweatshirts aus kontrolliert biologisch angebauter Baumwolle
- ...

Kriterien für einen sachlichen Bericht:
- objektive und nüchterne Darstellung von Vorgängen und Ereignissen
- Antworten auf W-Fragen (Was? Wer? Warum? Wo? Wie? Wann? Welche Folgen?)
- Tempus: Präteritum

Wir sind Umweltschule!

Thekla aus der Klasse 7c ist neu in der Umwelt-AG, hat aber schon vieles mitbekommen.

Sie berichtet ihrer Freundin Mona, die eine andere Schule besucht, von dem, was sich am Johannes-Bobrowski-Gymnasium in Sachen Umwelt tut.

Von:	Thekla.W@joh-bobr-gymn.de
An:	Mona.V@t-online.de
Betreff:	Wir sind Umweltschule!

Liebe Mona,
jetzt hat das neue Schuljahr schon wieder richtig begonnen. Da will ich mich endlich einmal wieder bei dir melden.
Stell dir vor: Jetzt bin ich in die Umwelt-AG gegangen. Ist das nicht klasse? Wir machen da echt interessante Sachen. Wir haben ganz tolle Aktionen zum Energiesparen gestartet. Wir sind jetzt nämlich Umweltschule.
[…]

Vielleicht telefonieren wir einmal wieder? Das fände ich sehr schön.

Viele Grüße
Thekla

1. Vervollständige Theklas Bericht in der E-Mail.
   Die W-Fragen helfen dir, alle wichtigen Informationen zu berücksichtigen.
2. Vergleiche Theklas Bericht mit Isabelles Bericht aus dem Jahrbuch.
   Beachte die Kriterien in der Randspalte und übertrage die Tabelle in dein Heft.

sachlich berichten	persönlich berichten

3. Schreibe zu einem Umweltthema deiner Wahl einen sachlichen Bericht für die Schülerzeitung und einen persönlichen Bericht an eine dir vertraute Person.

Kriterien für einen persönlichen Bericht:
- subjektive Sicht
- lebhafte und gefühlsbetonte Darstellung
- Antworten auf W-Fragen (Was?, …)
- Wechsel der Tempora (Präsens und Perfekt)

M Berichten und Beschreiben → S. 271

Umwelt und Schule – bei uns und weltweit

A In Deutschland ist das Thema Umweltschutz in den letzten Jahren immer wichtiger geworden. Auch in der Schule ist Umwelt ein großes Thema. Viele Schüler engagieren sich in Projekten für den Umweltschutz. Manche Schulen wurden sogar als „Umweltschule in Europa“ ausgezeichnet. Es gibt auch die Beteiligung an internationalen Projekten. Natürlich hat sich unsere Umwelt-AG auch schon mit dem Umweltschutz in Japan befasst.

B Wie auch in den Vorjahren haben wir weitere Anstrengungen unternommen, das Johannes-Bobrowski-Gymnasium als Umweltschule weiterzuentwickeln. Dies betrifft den Zustand des Gebäudes ebenso wie den Umgang mit Energie. Dabei konnten bereits massiv Energiekosten eingespart werden. Die hervorragende Kooperation mit den Stadtwerken soll hier besonders betont werden.

C Alle im JBG sind bemüht, ihren Beitrag zum Umweltschutz zu leisten. Das werdet ihr im nächsten Jahr selbst erleben – und natürlich werdet ihr selbst mit dabei sein. Umweltschutz fängt für uns bei kleinen Dingen an: Welche (umweltfreundlichen) Schulmaterialien kaufe ich? Wie gehe ich mit ihnen um? Vermeide ich Müll? Bemühen sich alle in der Klasse, den Energieverbrauch gering zu halten?

Stolz sind wir darauf, als „Umweltschule in Europa“ ausgezeichnet worden zu sein. Klar, dass wir diesen Titel behalten wollen. –

Am Begrüßungsnachmittag werden Schüler der Umwelt-AG umweltfreundliche Hefte und Stifte verkaufen. Seid ihr dabei?

D Das Johannes-Bobrowski-Gymnasium (JBG) ist „Umweltschule in Europa“. Dieser Titel, der dem JBG verliehen worden ist, ist ihm Verpflichtung, sich weiter für die Umwelt zu engagieren. Deshalb ist das JBG immer wieder auf der Suche nach neuen Kooperationspartnern für Projekte von Schülerinnen und Schülern. So suchten wir nach einer Organisation, die mit vielfältigen Aktionen eine breite Öffentlichkeit auf Missstände, aber auch auf umweltverträgliche Alternativen aufmerksam macht. Die kreativen Ideen Ihrer Organisation haben uns sehr beeindruckt. So luden die Umwelt-AG und die Schulleitung zwei Mitglieder Ihres Vorstandes zu einem Gespräch ein. Gemeinsam entwickelten wir erste Ideen für gemeinsame Projekttage. Diese sollen voraussichtlich im kommenden Schuljahr stattfinden. Darauf freuen wir uns schon sehr und arbeiten bereits aktiv in dieser Richtung weiter.

- Schulleiterin
- Schulträger
- Brieffreund
- Viertklässler
- Eltern
- Gastschüler/in aus Japan
- Leser eines Mitgliedermagazins (Umweltschutzorganisation)

1. Überlege und begründe, für wen jeweils der Text geschrieben ist. Du kannst dabei die Auswahl in der Randspalte mit berücksichtigen.
2. Verfasse selbst einen adressatenorientierten Bericht über den Umweltschutz am JBG. Wähle dazu einen Adressaten aus der Randspalte, dem noch nicht berichtet wurde.

Kriterien für adressatenorientiertes Berichten:
- Berücksichtigung des Kenntnisstandes und der Auffassung des Adressaten – Welchen Kenntnisstand hat er?
- die Absicht des Berichtenden im Hinblick auf den Adressaten – Welche Absicht hat der Berichtende?

Berichten und Beschreiben → S. 271 M

Wind aus der Steckdose

Zusammen mit der Umwelt-AG nimmt Thekla an einer Exkursion zu einem Windpark teil. Für die Schulhomepage schreibt sie anschließend einen Bericht.

Ein Bericht auf der Schulhomepage

Auswahlangebot

- sachlich/knapp
- Präteritum
- subjektiv
- lebendig/anschaulich
- objektiv
- Präsens
- ...

Strom kommt aus der Steckdose – das ist doch klar. Aber woher und wie kommt er dort hinein? Das wollten wir – die Schüler der Umwelt-AG – genauer wissen.

So machten wir uns am 15. September unter der Leitung von Herrn Wernecke auf zu einer Exkursion zu einem Windpark, um zu erkunden, wie aus erneuerbaren Ressourcen Energie gewonnen werden kann.

Wir fuhren umweltfreundlich mit der Bahn. Der Regionalexpress brachte uns ganz in die Nähe. Das letzte Stück wanderten wir durch die herrliche Landschaft zu Fuß und sahen schon von fern die sich drehenden Windräder. Bald erreichten wir die Zentrale des Windparks. Dort begrüßte uns Herr Lorenzen. Er ist Diplom-Ingenieur und für diese Anlage verantwortlich.

„Begonnen haben wir vor ca. zehn Jahren. Mittlerweile konnte der Windpark kräftig vergrößert werden."

Die großen Flügel drehten sich hoch über unseren Köpfen. Blauer Himmel, ein paar Wolken und ein leichter Wind – dieses Naturerlebnis genossen wir sehr.

Herr Lorenzen ermutigte uns, Fragen zu stellen. Das taten wir dann auch: „Wie viele Haushalte kann man mit dem hier produzierten Strom versorgen? Müssen die Windräder oft gewartet werden? Was kostet der Bau eines Windrades?" Auf alle Fragen konnte er kompetent antworten. Keine Frage blieb offen.

Abschließend machten wir noch einige Fotos und bedankten uns herzlich bei Herrn Lorenzen.

Strom kommt aus der Steckdose – das ist klar. Aber nun wissen wir, dass – zumindest zu einem Teil – eigentlich Wind aus der Steckdose kommt.

1. Arbeitet heraus, welche Kriterien für diesen Bericht gelten (s. Randspalte).

Eine Rundfunkreportage des NFR

Der Nordfriesische Rundfunk hat einen Reporter zum Windpark geschickt, um über den Besuch der Schülerinnen und Schüler der Umwelt-AG zu informieren.

Meine Damen und Herren, wir wissen alle, Strom kommt aus der Steckdose, aber wissen Sie auch, wie er dort hineinkommt?

Wir berichten heute über „Wind aus der Steckdose" und befinden uns hier mit der Umwelt-AG des Johannes-Bobrowski-Gymnasiums in der Zentrale des Windparks.

Meine Hochachtung gilt den Schülerinnen und Schülern: grandios, dass sie sich bereits in jungen Jahren für unsere Umwelt engagieren. Und das zeigt sich schon daran, dass sie mit der Bahn hierher gefahren sind. Aber der Regionalexpress hat sie nicht ganz bis zum Windpark gebracht. Das letzte Stück sind sie dann durch die herrliche Landschaft zu Fuß gegangen. Absolut lobenswert: Umweltfreundlicher kann man sich gar nicht verhalten! Liebe Zuhörerinnen und Zuhörer, nehmen wir uns ein Beispiel daran!

Nun möchten die Schüler hier gerne im Windpark erkunden, wie aus erneuerbaren Ressourcen neue Energien gewonnen werden können. In wenigen Minuten wird Herr Lorenzen, der verantwortliche Diplom-Ingenieur dieser Anlage, den jungen Damen und Herren die Anlage erklären. Sie sind jetzt schon ganz gespannt: Man sieht es den Gesichtern an …

	Bericht	**Reportage**
Überschrift	…	…
Umfang		
Bilder		
Aufbau		
Sprache		
Tempusgebrauch		
Zitate		
objektive Informationen / subjektive Eindrücke		

2. Setze die Rundfunkreportage fort. Achte auf die Kriterien für die Reportage in der Randspalte.

3. Untersuche die Unterschiede zwischen dem Bericht auf der Schulhomepage und der Rundfunkreportage. Übertrage die Tabelle in dein Heft und fülle sie mit Beispielen aus dem Text aus.

Kriterien für eine Reportage:
- Darstellung objektiver Ereignisse
- subjektive Eindrücke und Bewertungen
- Lebendigkeit der Darstellung (Sprache)
- Tempus: Präsens
- W-Fragen (Was? …)

Berichten und Beschreiben → S. 271 M

Unser Biogarten

Die Homepage-AG des JBG freut sich immer über Beiträge aus der Schülerschaft. Diese werden dann jeweils vor der Veröffentlichung in der wöchentlichen Redaktionskonferenz besprochen.

Florian hat einen Text über den neuen Biogarten der Schule geschickt.

Der neue Biogarten – besser als der Unterricht?

Um es gleich vorweg zu sagen: Der neue Biogarten ist einfach geil. Wir haben lange auf ihn gewartet. Und viele haben richtig rangeklotzt. Mehrmals waren auch etliche Eltern zur Unterstützung dabei. Denn es gab viel zu tun.

An den Seiten des Geländes musste Erde aufgeschüttet und bepflanzt werden. Wege waren mit Steinen zu legen. Und in die Mitte sollte ein Teich. Und manche Schüler aus der Bio-AG hatten irgendwann keinen Bock mehr. Da mussten wir immer wieder neue suchen. Das war gar nicht so einfach.

Natürlich mussten wir auch Pläne entwerfen und mit einer Landschaftsarchitektin durchsprechen. Ach ja, Frau Dr. Obst als Schulleiterin haben wir natürlich auch um Rat gefragt. Sie hatte prima Ideen und unterstützte uns sehr. Klasse war es, dass auch andere Lehrer tatkräftig mitgemacht haben. Herr Reichelt erzählte uns von der langen Tradition, die kunstvoll gestaltete Gärten haben. Das geht schon zu Beginn der Bibel los.

Apropos „Bebauen und Bewahren": Wer jetzt den Garten pflegen soll, ist noch nicht ganz klar. Bestimmt hat aber die SV gute Ideen. Denn bei uns sind die Schülervertreter immer sehr engagiert.

Auf jeden Fall können wir auf den neuen Sitzgelegenheiten im Garten bestens chillen – das ist noch besser als Unterricht.

METHODE

Texte überarbeiten
Achte beim Überarbeiten von Texten auf
- Aufbau,
- gedankliche Gliederung,
- sprachliche Gestaltung,
- Grammatik (Satzbau!),
- Rechtschreibung,
- Zeichensetzung.

1. Schnell war in der Redaktionskonferenz der Homepage-AG klar, dass der Artikel überarbeitet werden muss. Nenne mögliche Gründe dafür.
2. Überarbeitet den Bericht in Zweiergruppen.

M Schreibkonferenz → S. 287
M Texte überarbeiten → S. 288 f.

Schule in angenehmer Atmosphäre

Die Kraft der Sonne

Die Umwelt-AG eurer Schule will anregen, eine Solaranlage für die Schule anzuschaffen. Natürlich muss solch ein Antrag begründet werden. Informiere dich deshalb über eine Solaranlage und beschreibe, wie sie arbeitet.

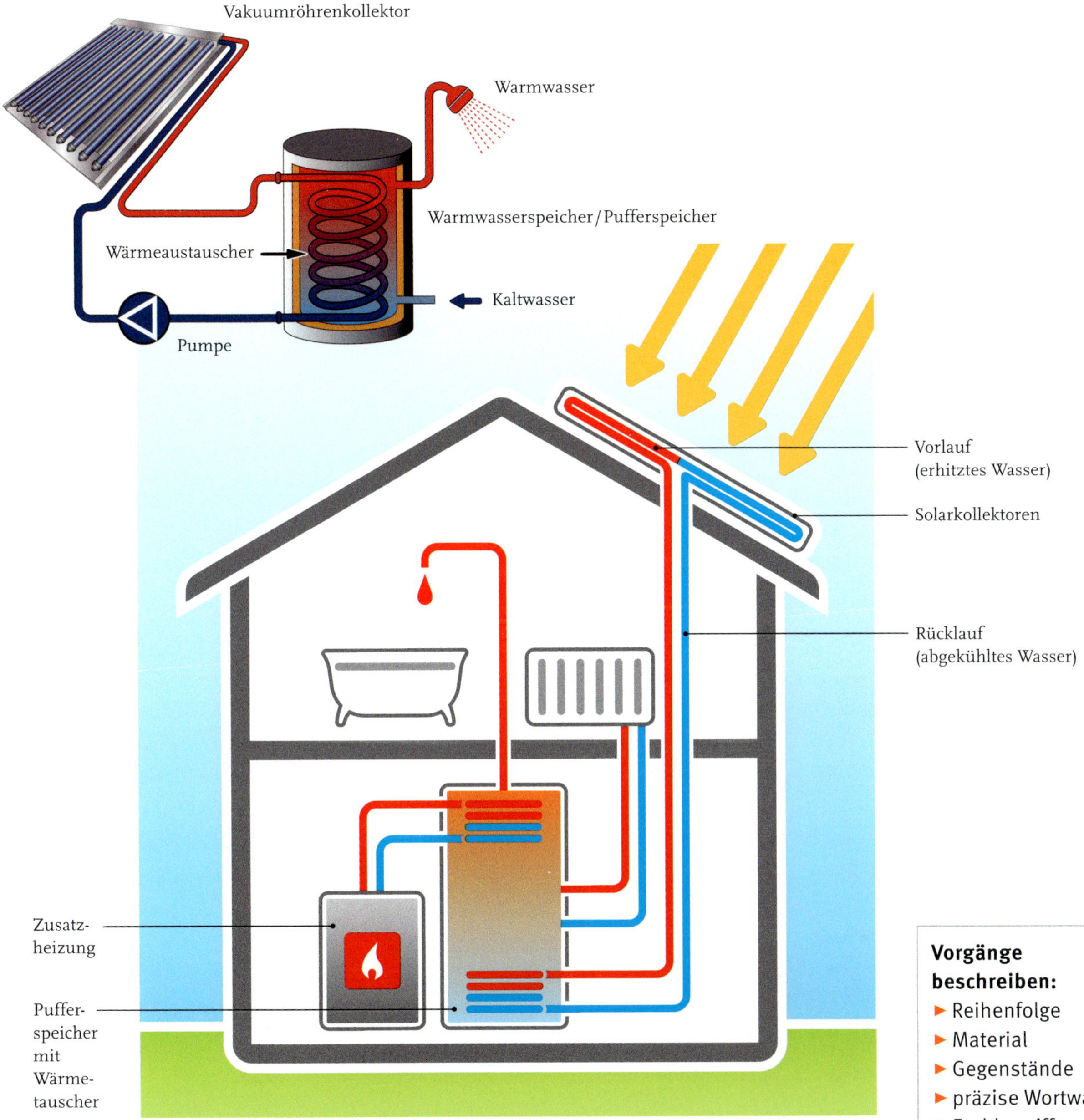

Vorgänge beschreiben:
- Reihenfolge
- Material
- Gegenstände
- präzise Wortwahl
- Fachbegriffe
- …

1. Beschreibe, wie die Solaranlage arbeitet.

Berichten und Beschreiben → S. 271 M

Ein Raum zum Lernen

TIPP

Um deine Beschreibung zu überprüfen, kannst du jemandem deinen Text vorlesen. Sie/er fertigt dabei eine Skizze entsprechend deiner Beschreibung an.

1. Beschreibe den abgebildeten Klassenraum. Mache dir zunächst Notizen.
2. Beschreibe euren Klassenraum. Du kannst auch andere Räume in der Schule beschreiben: Sporthalle, SV-Raum, Sekretariat, Pausenhalle ...

Zur Ruhe kommen

Eine Schule als Haus des Lebens und des Lernens ist ein Ort, an dem ständig viel los ist. Viele Menschen kommen zusammen – da wird es schnell laut und anstrengend.

Gut ist es dann, wenn es Möglichkeiten gibt, zur Ruhe zu kommen. Viele Schulen haben einen Raum der Stille oder einen Meditationsraum, der von Lerngruppen, aber auch außerhalb des Unterrichts genutzt werden kann.

TIPP

Besucht ein (Naturkunde-)Museum und beschreibt einen Raum, der euch besonders gut gefallen hat. Berücksichtigt bei der Beschreibung auch den Eindruck, den der Raum auf die Besucherin/den Besucher macht.

3. Beschreibe den Raum der Stille. Berücksichtige bei der Beschreibung, welchen Eindruck der Raum auf die Besucherin/den Besucher macht.

M Berichten und Beschreiben → S. 271

Der erste Lehrer Tschingis Aitmatow

Der kirgisische Schriftsteller Tschingis Aitmatow erzählt in „Der erste Lehrer" davon, wie im Jahr 1924 Düischen, ein junger Mann, der selbst kaum lesen und schreiben kann, in einem kleinen Dorf gegen große Widerstände eine Schule errichtet.

Ich kannte Düischen kaum. Er war ein älterer Mann, hochgewachsen, kantig, mit buschigen Brauen, die Adlerschwingen glichen. Sein Hof lag auf der anderen Seite des Flusses, in der Straße der zweiten Brigade. Als ich noch im Ail wohnte, arbeitete Düischen im Kolchos als Mirab und war ständig auf den Feldern. Manchmal kam er durch unsere Straße, eine große Hacke am Sattel; das Pferd hatte irgendwie Ähnlichkeit mit seinem Herrn, es war ebenso knochig und dünnbeinig wie er. Allmählich alterte Düischen. Er trage jetzt die Post aus, hieß es. Aber das nur nebenbei. Nach meinen damaligen Begriffen war ein Komsomolze ein Dshigit, feurig bei der Arbeit und in seinen Reden, allen voran im Ail, einer, der in Versammlungen spricht und in der Zeitung über Diebe und Faulpelze herzieht. Darum vermochte ich mir überhaupt nicht vorzustellen, dass dieser bärtige, friedliche Mann Komsomolze gewesen war und, was noch erstaunlicher schien, die Kinder unterrichtet hatte, konnte er doch selber nicht richtig lesen und schreiben. Nein, das wollte mir nicht in den Kopf! Offen gestanden, hielt ich das für eines der vielen Märchen, die in unserem Ail von Mund zu Mund gingen. Doch es war alles ganz anders ...

Ail kirgisisches Dorf
Mirab Bewässerungstechniker
Komsomolze Mitglied in der Jugendorganisation der Sowjetunion
Dshigit junger Bursche

1. Ordne die Texthinweise zu Düischen nach folgenden Aspekten: Gestalt, Gesicht/Aussehen, Bekleidung, besondere Merkmale.
2. Formuliere den Eindruck, den die Person auf dich macht.
3. Überlege, welche weiteren Informationen du brauchst, um eine Person zu charakterisieren. Wie kann man an diese Informationen gelangen?

Personen beschreiben:

Einleitung: Zweck der Personenbeschreibung (falls nötig)
Hauptteil: nähere Angaben zur Person
- Gestalt: Größe, Figur/Körperbau, Arme, Hände, Beine, Füße, Haltung, Gang
- Gesicht/Aussehen: Kopfform, Haare, Augen, Nase, Mund, Kinn
- Bekleidung: Art der Kleidung, Stoff, Farbe, Schnitt, Schuhwerk
- Kennzeichen: auffällige Merkmale, Besonderheiten im Benehmen, in der Sprache

Schluss: Gesamteindruck (z. B. Wirkung der Person)

4. Wähle eine Person aus einem Jugendbuch aus. Beschreibe diese Person.
5. Tauscht eure Beschreibungen aus. Erkennt ihr die beschriebenen Personen?

Über die Beschreibung der Person hinaus kannst du darstellen, welche Wirkung die Person auf dich hat. So ist in Ansätzen eine **Charakterisierung** der Person möglich.

Berichten und Beschreiben → S. 271 M

Das hast du in diesem Kapitel gelernt:

Berichten und Beschreiben
- Sachlich und persönlich berichten
- Bericht und Reportage vergleichen
- Vorgänge, Räume und Personen beschreiben

M Extra: Merkwissen → S. 271

So kannst du dein Wissen anwenden und deine Fähigkeiten trainieren:

Deine Klasse macht einen Wandertag zum Wattenmeer. Ein Wattführer geht mit euch durch den Schlick und erklärt euch viel über die Ökologie des Wattenmeeres sowie über Flora und Fauna.

- Schreibe einen Bericht für die Schulhomepage. Beachte die W-Fragen.
- Schreibe eine E-Mail an eine/n ausländische/n Mail-Freund/in.

Die Turnhalle dieser Schule ist neu gestaltet worden.

- Beschreibe diesen Raum.
- Berücksichtige auch die Wirkung, die er auf dich hat.

Stadt der verlorenen Kinder Carsten Stormer

Das Beben von Haiti hat Zehntausende Mädchen und Jungen zu Waisen gemacht. Sie irren bettelnd durch Port-au-Prince, schuften für fremde Familien, harren aus in Heimen oder Lazaretten. Wer hilft?

Plötzlich türmte sich dieser Geröllhaufen vor ihr auf, riesig, staubumhüllt. Eben dort, wo gerade noch ihre Mutter gesessen hatte. An diesem Tag vor drei Monaten, an dem auf Haiti die Erde bebte, verkaufte die Mutter auf dem Croix des Bossales, dem größten Markt von Port-au-Prince, Obst und Gemüse. Genèse stand nur ein paar Meter entfernt. Die 14-Jährige fiel, sie hörte Schreie, war blind vor Staub. Als sich die dunklen Wolken gelegt hatten, kauerte sie sich vor den Geröllhaufen, stundenlang. Sie sah zu, wie Überlebende die Verletzten und Toten aus den Trümmern zogen. Die Leiche ihrer Mutter hat bis heute niemand geborgen.

Als Bett dient Genèse nun eine Plastikplane, die über dem Lehmboden gespannt ist. In der Dämmerung erwacht sie, blinzelt, wischt sich den Schlaf aus den Augen, schüttelt den Kopf, als wolle sie die Träume der Nacht verscheuchen. Ihr Tag beginnt damit, das Gestern zu vergessen und nicht an morgen zu denken. Ihre Glieder schmerzen vom harten Lager. Sie steht auf und schleicht sich aus den paar Quadratmetern Baracke, die sie jetzt ihr Zuhause nennt.

Eine Nachbarin hatte das Mädchen mit zu sich genommen in das Armenviertel Wharf Jeremie am Hafen. Eine Gegend, in der das Beben nicht viel zerstören konnte, weil es nicht viel zu zerstören gibt. Wellblechverschläge stürzen so schnell nicht ein.

Wasser zum Abendbrot

Genèse ist ein Mädchen mit traurigen Augen. Ihre Haare sind zu vielen kleinen Zöpfen geflochten. Hunger quält sie, weil es gestern zum Abendbrot wieder nur einen Schluck Wasser gab. Sie streift durch die Armensiedlung, trägt ihre beste Kleidung: weißes T-Shirt, weißer Rock, Schleife im Haar, in der Hand hält sie einen Kanister. Sie huscht vorbei an rostigen Autowracks, Abfallhaufen und achtet bei jedem Schritt darauf, nicht in einen Kothaufen zu treten. Überall stinkt es nach Fäkalien. Aus dem einzigen öffentlichen Wasserhahn kommt auch heute Morgen kein Tropfen. Sie setzt sich auf die Ruine eines Hauses und stützt ihren Kopf in die Handflächen. „Ich vermisse meine Mutter", sagt Genèse und beginnt zu weinen.

Für die Nachbarin, die sie aufnahm, führt sie den Haushalt. Sie putzt, kocht und passt auf zwei Kinder auf. Manchmal werde sie geohrfeigt, sagt Genèse. Dabei blickt sie zu Boden und hält sich eine Wange. Manchmal gebe es auch etwas zu essen – das, was die Familie übrig gelassen hat. „Ich will zurück zu meinem Papa", sagt sie. Der lebt irgendwo in der Hafenstadt Jeremie, zwölf Bootsstunden von Port-au-Prince entfernt, unerreichbar für sie. Genèse fährt sich mit der Hand übers Gesicht und sagt: „Papa weiß nicht, dass ich noch lebe, und Mama ist tot."

Bericht oder Reportage?

► Begründe deine Entscheidung und belege sie mit Beispielen aus dem Text.

Huckleberry Finns Abenteuer
Inhaltsangabe

Mark Twain, Schriftsteller. Zigarrenschachtel-Bild um 1900

Mark Twain, der Weltenbummler   Ronald Düker

Mark Twain? Ein Künstlername. Dieser Begriff stammt aus der Seemannssprache und bedeutet ‚zwei Faden', also eine Wassertiefe von drei Meter siebzig. Nicht nur, dass Twain seine berühmtesten Bücher mit Onkeln und Tanten bevölkerte und mit elternlosen Kindern, die sich ihren Weg in die Welt wie streunende Katzen allein bahnen. Auch er selbst wollte nicht mehr auf den Namen des Vaters hören, den er mit elf Jahren verlor – der Mississippi, auf dem Twain in jungen Jahren als Steuermann arbeitete, ist die Naturgewalt, die ihn als Schriftsteller zur Welt brachte.

Zum Bild: Plakat zu Buffalo Bills welt- und zeitumspannender Wildwest-Show, 1910, American School, 20th century

- Beschreibe die Bildcollage: Welche Assoziationen wecken die Bilder?
- Vergleiche das kleine Bild mit dem Text: Welche Informationen kannst du beiden entnehmen?
- Sammle weitere Informationen zur Biografie und zum Werk Mark Twains.

Die Inhaltsangabe vorbereiten

Zwei Bücher – vier Klappentexte

A Floßfahrten und Feuermachen, Ertrinken und Auferstehung, raue Sitten und feine Zwischentöne – konzipiert waren *Tom Sawyers Abenteuer* als Gegenbild zu den erbaulichen Kinderbüchern, aber sie wurden – zusammen mit der Fortsetzung *Huckleberry Finns Abenteuer* – zu einem Stück großer Romanliteratur.

B Spannend und gruselig, humorvoll und traurig – das sind die Geschichten des Waisenjungen Tom Sawyer und des jungen Landstreichers Huckleberry Finn. Im tiefsten amerikanischen Süden, an den Ufern des Mississippi, hecken sie ihre Streiche aus, bahnt sich die erste Liebe an und bringt sie ihre ungestüme Abenteuerlust in manch eine gefährliche Situation. Doch die gemeinsamen Erlebnisse finden ein Ende, als Huck vor seinem gewalttätigen Vater fliehen muss. Mit dem entlaufenen Sklaven Jim begibt er sich auf eine waghalsige Floßfahrt den Mississippi hinunter ...

C Tom Sawyer – das ist das große Abenteuer am Mississippi von dem vorwitzigen Jungen, der es faustdick hinter den Ohren hat! Tante Polly jedenfalls hat ihre liebe Not mit ihrem abenteuerlustigen Neffen. Aber man kann nun mal kein Musterschüler sein, wenn man ein gefürchteter Pirat werden will und sich in den Kopf gesetzt hat, einen echten Schatz zu finden. Das richtige Abenteuer beginnt, als eines Nachts auf dem Friedhof ein Mord passiert und nur Tom und sein Freund Huck Finn gesehen haben, wer der Mörder war.

D Huckleberry Finn führt im Haus der Witwe Douglas ein unbeschwertes Leben. Doch damit ist es vorbei, seit er mit seinem Freund Tom Sawyer einen Schatz gefunden hat – denn Hucks Vater, ein Landstreicher, hat es auf das Geld abgesehen. Für Huck gibt es nur eine Lösung: Er macht sich aus dem Staub! Gemeinsam mit seinem Freund, dem entflohenen Sklaven Jim, begibt er sich auf eine abenteuerliche Floßfahrt den Mississippi hinunter ...

Mark Twain (1835–1910) war Wanderdrucker, Mississippi-Lotse, Silbergräber, Reporter und Vortragsreisender in den USA und in Europa. Sein eigentlicher Name war Samuel Langhorne Clemens. Seine Bücher machten ihn weltberühmt, vor allem die beiden Bücher „Tom Sawyers Abenteuer" (1876) und die Fortsetzung „Huckleberry Finns Abenteuer" (1884).

1. Vergleiche die Klappentexte: Welcher weckt am meisten dein Interesse?
2. Benenne die Informationen, die du über die beiden Figuren *Tom Sawyer* und *Huckleberry Finn* aus den Klappentexten erhältst.

Huck rettet das Leben der Witwe

Huck und Tom wollen an eine Schatzkiste kommen, die im Besitz des Kriminellen Indianer Joe ist. Huck hat die Aufgabe, in der Nacht zu wachen.

Aus: Mark Twain: *Huckleberry Finns Abenteuer*

Die Uhr schlug elf, und die Lichter des Wirtshauses wurden gelöscht. Überall herrschte jetzt Dunkelheit. Huck wartete, wie ihm schien, eine elend lange Zeit, aber nichts geschah. Seine Zuversicht schwand. Hatte es einen Sinn? Hatte es wirklich irgendeinen Sinn? Sollte er nicht aufgeben und schlafen gehen?

Ein Geräusch drang an sein Ohr. Im Nu war er hellwach. Die Tür zur Gasse wurde leise geschlossen. Er sprang hinter die Ecke des Kramladens. Im nächsten Moment eilten zwei Männer an ihm vorbei, der eine von ihnen schien etwas unter dem Arm zu tragen. Das musste die Kiste sein! Also schafften sie den Schatz woanders hin. [...]

Huck schloss auf und verkürzte den Abstand, denn sie würden ihn nicht sehen können. Er trottete ein Weilchen vor sich hin, dann verlangsamte er seinen Schritt, weil er fürchtete, zu schnell aufzuholen, ging noch ein Stück und blieb dann stehen. Er horchte. Kein Laut. Nichts als das Klopfen seines Herzens. Von der anderen Seite des Hügels erklang der Ruf einer Eule – ein Unglück verheißender Laut! Aber keine Schritte. Verflixt, war alles umsonst! Er wollte schon die Beine in die Hand nehmen, als ein Mann sich räusperte – keine vier Fuß von ihm entfernt! Hucks Herz machte einen Hüpfer bis hoch in seinen Hals, aber er schluckte es wieder runter, und dann stand er da und zitterte wie von einem Dutzend Schüttelfrösten gleichzeitig geschüttelt. Ihm war so schwach, dass er glaubte, er würde gleich zu Boden stürzen. Er wusste, wo er war. Er wusste, er war nur fünf Schritte von dem Zaunübertritt, der zum Grundstück der Witwe Douglas führte. [...]

Fuß altes angloamerikanisches Längenmaß; entspricht ca. 30,5 cm

Jetzt erklang eine Stimme – eine sehr leise Stimme – die von Indianer Joe:

„Zur Hölle mit ihr, sie hat scheint's Besuch – da ist noch Licht, obwohl's so spät ist."

„Ich seh keins."

Das war die Stimme des Fremden – des Fremden aus dem Spukhaus. Eine tödliche Kälte griff nach Hucks Herz – das war also die „Rache", die sie vorhatten! Sein erster Gedanke war, zu fliehen. Dann fiel ihm ein, dass die Witwe Douglas mehr als einmal nett zu ihm gewesen war, und vielleicht wollten diese Männer sie ermorden. [...]

„Weil der Busch es dir verdeckt. Jetzt – hier rüber – jetzt kannst du's sehen, oder?"

„Ja. Sie *muss* Besuch haben, schätz ich mal. Geben wir's besser auf."

„Aufgeben, wo ich kurz davor bin, das Land für immer zu verlassen? Aufgeben und vielleicht nie wieder die Gelegenheit kriegen? Ich sag dir's noch mal, wie ich's dir schon mal gesagt habe – mich interessiert nicht ihr Zaster, den kannst du haben. Aber ihr Mann hat mich mies behandelt – oft hat er mich mies behandelt – aber vor allem war er der Friedensrichter, der mich wegen Rumtreiberei eingelocht hat. Und das ist nicht alles. Es ist noch nicht mal ein Millionstel! Er hat mich *auspeitschen lassen*! Vor dem Gefängnis auspeitschen lassen wie nen Nigger! Und die ganze Stadt hat zugeguckt! AUSGEPEITSCHT! – verstehst du? Er war schneller als ich und ist abgekratzt! Aber *ihr* zahl ich's heim."

„Nein, bring sie nicht um! Mach das nicht!"

„Umbringen? Wer hat was von Umbringen gesagt? *Ihn* würd ich umbringen, wenn er da wäre. Wenn du an ner Frau Rache nehmen willst, dann bringst du sie nicht um – Schwachsinn! Du machst dich an ihr Gesicht. Du schlitzt ihr die Nase auf, du kerbst ihr die Ohren ein wie ner Sau!"

„Um Himmels willen, das ist ja ..." [...]

Huck ahnte, dass nun Schweigen eintreten würde – etwas noch Grauenhafteres als jedes Mordgerede. Also hielt er den Atem an und machte äußerst vorsichtig einen Schritt rückwärts. Er setzte seinen Fuß vorsichtig, aber fest. [...] Als er beim Steinbruch ankam, fühlte er sich in Sicherheit, also nahm er seine flinken Beine in die Hand. Hinunter und hinunter raste er, bis er das Haus des Walisers erreichte. Er schlug an die Tür und bald steckten der alte Mann und seine beiden stämmigen Söhne die Köpfe aus den Fenstern.

„Was ist das für'n Lärm da draußen? Wer klopft da? Was willst du?" [...]

„Aber bitte, sagen Sie's nie weiter, dass *ich* es Ihnen gesagt hab", waren Hucks erste Worte, als er ins Haus kam, „bitte nicht! Ich werd sonst umgebracht, das ist sicher. Aber die Witwe war manchmal nett zu mir und ich will alles sagen, ich *werd* alles sagen, wenn Sie mir versprechen, dass Sie niemandem sagen, dass ich es war."

„Bei Gott, er hat wirklich was zu sagen, sonst würd er sich nicht so aufführen!", rief der alte Mann. „Raus damit, und keiner hier wird dich jemals verraten, Junge."

Drei Minuten später waren der alte Mann und seine Söhne bewaffnet auf dem Weg den Hügel hinauf. [...]

1. Lies den Text: Warum hat Huck Todesangst?

Fragen an einen Text stellen

1 Worauf deutet die Überschrift hin?

2 Wie ist die Ausgangssituation?

3 Welche Personen werden auffallend charakterisiert?

4 Wie stehen die Personen zueinander?

5 Welche Handlungsvorgänge sind wichtig?

6 Welche überraschenden Wendungen gibt es?

7 Wie endet der Romanausschnitt?

8 Was ist die Aussage des Romanauszugs?

Die Überschrift deutet auf eine lebensbedrohliche Situation hin.

Huck handelt aus Dankbarkeit klug und mutig, obwohl er selbst in großer Gefahr ist.

Bei seiner Verfolgung erfährt er von dem schrecklichen Vorhaben Indianer Joes. Er sucht Hilfe bei einem Waliser und seinen Söhnen, die der Witwe sofort zur Hilfe eilen.

Huck hält Wache in der Nacht, um, wenn Indianer Joe das Haus verlässt, die Schatzkiste an sich zu nehmen. Als er zwei Männer mit einer Kiste kommen sieht, glaubt er, dass sie den Schatz woanders hinbringen. Er folgt ihnen.

Obwohl der Schluss offen ist, wird deutlich, dass die beiden Verbrecher ihre Mordpläne nicht ausführen können.

Indianer Joe will Rache an der Witwe Douglas nehmen, deren verstorbener Mann, der Friedensrichter, Indianer Joe der Justiz übergeben hat. Huck hat furchtbare Angst.

Die Verfolgung der beiden Männer dient zunächst nur Hucks Schatzsuche. Huck erkennt dann, dass sie etwas ganz anderes vorhaben. Er will flüchten, als er von ihren Mordplänen erfährt. Er holt Hilfe.

Indianer Joe und der Fremde sind skrupellos, wollen Rache an der Witwe nehmen. Huck hat Angst vor den Verbrechern, dennoch zeigt er aus Dankbarkeit Mut, um die Witwe zu retten.

2. Ordne die Antworten den Fragen zu. Unterschiedliche Zuordnungen sind möglich.

M Inhaltsangabe → S. 271

Emilias Gliederung

Abschnitt 1
Nach langer Wartezeit erscheinen die beiden Verbrecher.

Abschnitt 2
Huck nimmt trotz riesiger Ängste die heimliche Verfolgung auf.

Die Uhr schlug elf, und die Lichter des Wirtshauses wurden gelöscht. Überall herrschte jetzt Dunkelheit. Huck wartete, wie ihm schien, eine elend lange Zeit, aber nichts geschah. Seine Zuversicht schwand. Hatte es einen Sinn? Hatte es wirklich irgendeinen Sinn? Sollte er nicht aufgeben und schlafen gehen?

Ein Geräusch drang an sein Ohr. Im Nu war er hellwach. Die Tür zur Gasse wurde leise geschlossen. Er sprang hinter die Ecke des Kramladens. Im nächsten Moment eilten zwei Männer an ihm vorbei, der eine von ihnen schien etwas unter dem Arm zu tragen. Das musste die Kiste sein! Also schafften sie den Schatz woanders hin. [...]

Huck schloss auf und verkürzte den Abstand, denn sie würden ihn nicht sehen können. Er trottete ein Weilchen vor sich hin, dann verlangsamte er seinen Schritt, weil er fürchtete, zu schnell aufzuholen, ging noch ein Stück und blieb dann stehen. Er horchte. Kein Laut. Nichts als das Klopfen seines Herzens. Von der anderen Seite des Hügels erklang der Ruf einer Eule – ein Unglück verheißender Laut! Aber keine Schritte. Verflixt, war alles umsonst! Er wollte schon die Beine in die Hand nehmen, als ein Mann sich räusperte – keine vier Fuß von ihm entfernt!

Hucks Herz machte einen Hüpfer bis hoch in seinen Hals, aber er schluckte es wieder herunter, und dann stand er da und zitterte wie von einem Dutzend Schüttelfrösten gleichzeitig geschüttelt. Ihm war so schwach, dass er glaubte, er würde gleich zu Boden stürzen. Er wusste, wo er war. Er wusste, er war nur fünf Schritte von dem Zaunübertritt, der zum Grundstück der Witwe Douglas führte. [...]

Falks Gliederung

Abschnitt 1
Langeweile

Abschnitt 2
Plötzliches Erscheinen von zwei Männern

Abschnitt 3
Verfolgung der Männer durch Huck

Abschnitt 4
Hucks Todesängste

1. Vergleiche die beiden Gliederungsvorschläge: Worin gleichen sie sich, was ist unterschiedlich? Welcher Gliederungsvorschlag überzeugt dich mehr?
2. Gliedere den weiteren Text von S. 56 f., finde dafür Überschriften oder fasse den Abschnitt jeweils in einem Satz zusammen.
3. Lest euch gegenseitig die Sätze vor und prüft: Habt ihr alle wichtigen Handlungsschritte erfasst?

Inhaltsangabe → S. 271 M

Was ist passiert?

Hucks Freund Tom Sawyer wäre gern in dieser Nacht dabei gewesen. Er liebt Abenteuer. Jetzt muss Huck ihm alles erzählen. So hätte das Gespräch zwischen ihnen verlaufen können:

TOM Blöd, dass ich diese Nacht nicht mit dir Wache gehalten habe. Erzähl doch mal, wo du warst, als die beiden in die Gasse traten.

HUCK Na, ich lag wie üblich auf der Lauer, um den Schatz endlich zu bekommen. Wollte schon aufgeben, hat sich ja nichts gerührt. Ja, und da kamen sie …

TOM Wer, Huck?

HUCK Indianer Joe, ist doch klar.

TOM Und wer noch?

HUCK Indianer Joe und der Fremde aus dem Spukhaus. Mann, hatte ich ne Angst.

TOM Hätte ich auch. Komm, erzähl weiter.

HUCK Wir wollten doch die Schatzkiste. Dachte, die wollen sie verstecken, deshalb bin ich ihnen vorsichtig in der Dunkelheit gefolgt. Und dann plötzlich war alles still, ich hab nichts mehr gehört.

TOM Weiter, mach es nicht so spannend, und dann?

HUCK Und plötzlich hörte ich ein Räuspern, direkt vor mir. Fast wäre ich in sie reingelaufen. Und als ich mich umschaute, sah ich, dass alles ganz anders war.

TOM Wie, alles anders? Los, weiter!

HUCK Na, wir standen nicht weit entfernt vom Haus der Witwe Douglas. Also, es ging gar nicht um die Schatzkiste, sie wollten der Witwe an den Kragen. Mir wurde ganz schlecht. Rache wollte Indianer Joe an ihr nehmen, jetzt, wo der alte Friedensrichter Douglas tot ist.

TOM Mann, wäre ich doch dabei gewesen. Was hast du dann gemacht?

HUCK Ich bin ja ein ziemlicher Nichtsnutz, sagen alle, wollte auch schon weglaufen. Doch dann hab ich gedacht, dass die Witwe immer so gut zu mir war …

TOM Und was hast du getan?

HUCK …

TOM Hat der dich überhaupt reingelassen?

HUCK …

TOM Mensch, Huck, warum war ich bloß nicht dabei!

1. Ergänze Hucks Antworten, indem du die wichtigsten Inhalte des Textes von S. 56 f. nennst.
2. Überprüft, inwiefern Tom alle wichtigen Informationen über das nächtliche Abenteuer erhalten hat.

Die Inhaltsangabe schreiben

Huck findet den entflohenen Sklaven Jim

Huck hat sich auf der Flucht vor seinem Vater auf die unbewohnte Insel Jackson Island geflüchtet. Um seine Flucht zu tarnen, täuscht er vor, dass er ermordet und sein Leichnam im Fluss versenkt worden sei. Auf der Insel stößt er auf den entflohenen Sklaven Jim. Huck erzählt:

Aus: Mark Twain: *Huckleberry Finns Abenteuer*

Ich musste rauskriegen, wer hier mit mir auf der Insel war. Entweder ich krieg's raus oder ich drehe durch. [...] Also nahm ich mein Gewehr und schlich in die Richtung, wo ich auf das Lagerfeuer gestoßen war, hielt aber alle ein, zwei Minuten an, um zu horchen. Irgendwie hatte ich kein Glück, ich konnte die Stelle nicht finden. Doch dann sah ich kurz Feuerschein aufblitzen, weiter weg zwischen den Bäumen. Ich ging langsam und vorsichtig darauf zu, bis ich nah genug war, um was sehen zu können, und da lag ein Mann auf dem Boden. Mir lief es kalt den Rücken runter. Er hatte eine Decke über dem Kopf und sein Kopf lag fast im Feuer. Ich hockte mich hinter ein Gebüsch, vielleicht sechs Fuß von ihm entfernt, und ließ ihn nicht aus den Augen. Jetzt dämmerte es grau. Ziemlich bald gähnte er und räkelte sich und warf die Decke ab, und da war es Miss Watsons Jim! War ich vielleicht froh, ihn zu sehen! Ich sagte:

„Hallo, Jim!", und hüpfte hinter dem Busch hervor.

Er schrak hoch und starrte mich wild an. Dann fiel er auf die Knie und presste die Hände zusammen und sagte:

„Tu mir nix – bloß nix! Ich hab noch nie nem Gespenst was getan. Ich hab Tote immer gern gehabt und alles für sie getan, was ich konnte. Du gehst jetzt wieder innen Fluss zurück, wo du hingehörst, und tust dem alten Jim nix, der immer dein Freund gewesen is."

Na, ich machte ihm schnell klar, dass ich nicht tot war. Ich war so froh, Jim zu sehen. Jetzt war ich nicht mehr allein. Ich sagte ihm, ich hätte keine Angst, dass *er* den Leuten verrät, wo ich war. Ich redete einfach drauflos und er saß nur da und starrte mich an, sagte aber kein Sterbenswort.

Dann sagte ich:

„Es ist schon richtig hell. Lass uns frühstücken. Mach dein Lagerfeuer ruhig wieder an."

„Was hat'n das für 'n Sinn, das Lagerfeuer anzumachen, um Erdbeern und so'n Grünzeug zu kochen. Aber du hast ja 'n Gewehr! Da können wir was Besseres als Erdbeern holen."

Inhaltsangabe
- Eine Inhaltsangabe ist die geraffte Wiedergabe eines Erzähltextes.
- Sie verwendet das Präsens.
- Sie gibt wichtige wörtliche Redepassagen in indirekter Rede wieder.
- Längere Redepassagen werden in geraffter Redewiedergabe formuliert.
- Die Inhaltsangabe hat einen Einleitungs- und einen Schlusssatz.

1. Lies den Text, gliedere ihn und notiere die wichtigen Handlungsschritte.
2. Schreibe auf der Grundlage deiner Notizen eine Inhaltsangabe.
   Beachte die Kriterien in der Randspalte – du darfst nur zehn Sätze schreiben.

Inhaltsangabe – ein Beispiel

In diesem Textauszug aus dem Roman *Huckleberry Finns Abenteuer* von Mark Twain wird von dem glücklichen Zusammentreffen des auf eine Insel geflohenen Jungen Huck mit dem flüchtigen Sklaven Jim erzählt, der sich dort versteckt hält.

Von Angst getrieben, macht sich Huck vorsichtig auf die Suche nach der Person, die auch auf der Insel zu sein scheint. Als er in der Ferne einen Feuerschein sieht, schleicht er sich an und entdeckt einen Mann, der sich dort zum Schlafen hingelegt hat. Gegen Morgen wacht der Mann auf und Huck, der ihn die ganze Zeit beobachtet hat, bemerkt zu seiner großen Erleichterung, dass es sich um den Sklaven Jim handelt, der ihm sehr vertraut ist. Doch als er sich zu erkennen gibt, ist Jim zu Tode erschrocken, weil er den Geist eines Toten zu sehen meint, der ihm Böses will. Er beschwört Huck, von ihm zu lassen, denn er habe noch nie einem Gespenst etwas zuleide getan. Während Huck versucht, beruhigend auf ihn einzureden, sitzt Jim völlig erstarrt und stumm da. Huck schlägt vor, dass sie frühstücken. Jim allerdings möchte, dass sie sich mit dem Gewehr etwas Besseres besorgen als Erdbeeren.

Der Romanausschnitt zeigt, wie ein weißer Junge und ein Sklave, beide auf der Flucht, aufeinandertreffen und jeder froh ist, einen Gefährten gefunden zu haben.

3. Untersuche genauer, welche Handlungsschritte gerafft wiedergegeben sind und vergleiche sie mit deiner Fassung.
Was ist gleich? Was fehlt?

Beobachtungsbogen zum Vergleich

Merkmale	Erzähltext	Inhaltsangabe
▪ Länge des Textes		
▪ Tempus		
▪ Erzählperspektive		
▪ Wörtliche Rede		
▪ Anfang und Ende des Textes		
▪ Sprache des Textes		neutral

4. Vergleiche die Inhaltsangabe mit der Textvorlage *Huck findet den entflohenen Sklaven Jim*: Übertrage den Beobachtungsbogen in dein Heft und ergänze ihn.

M Inhaltsangabe → S. 271

Formen der Redewiedergabe

Direkte Rede

Der folgende Text ist dem Textausschnitt von S. 61 entnommen.

A … sagte: „Tu mir nix – bloß nix! Ich hab noch nie nem Gespenst was getan. Ich hab Tote immer gern gehabt und alles für sie getan, was ich konnte. Du gehst jetzt wieder innen Fluss zurück, wo du hingehörst, und tust dem alten Jim nix, der immer dein Freund gewesen is."

B Dann sagte ich: „Es ist schon richtig hell. Lass uns frühstücken. Mach dein Lagerfeuer ruhig wieder an."

C „Was hat'n das für 'n Sinn, das Lagerfeuer anzumachen, um Erdbeern und so 'n Grünzeug zu kochen. Aber du hast ja 'n Gewehr! Da können wir was Besseres als Erdbeern holen."

Direkte Rede in der Inhaltsangabe

- In der Inhaltsangabe wird die direkte Rede mit der indirekten Rede (Konjunktiv I bzw. Konjunktiv II) oder mit einer Umschreibung durch Hilfsverben (z. B. „sollen") wiedergegeben.
- Die geraffte Redewiedergabe dient der Zusammenfassung längerer Redepassagen.

Wiedergabe der direkten Rede

Der folgende Text ist der Inhaltsangabe von S. 62 entnommen.

A Doch als er sich zu erkennen gibt, ist Jim zu Tode erschrocken, weil er den Geist eines Toten zu sehen meint, der ihm Böses will. Er beschwört Huck, von ihm zu lassen, denn er habe noch nie einem Gespenst etwas zuleide getan.

B Huck schlägt vor, dass sie frühstücken.

C Jim allerdings möchte, dass sie sich mit dem Gewehr etwas Besseres besorgen als Erdbeeren.

1. Vergleiche, wie jeweils die direkte Rede oben wiedergegeben wird.
2. Formuliere die folgende direkte Rede von Indianer Joe aus dem Text *Huck rettet das Leben der Witwe* (S. 57) als geraffte Redewiedergabe.
   Unten steht ein Beginn der gerafften Redewiedergabe. Setze ihn fort oder überlege dir einen eigenen.

S. 57, Z. 39–47: „Aufgeben, wo ich kurz davor bin, das Land für immer zu verlassen? Aufgeben und vielleicht nie wieder die Gelegenheit kriegen? Ich sag dir's noch mal, wie ich's dir schon mal gesagt habe – mich interessiert nicht ihr Zaster, den kannst du haben. […]"

Geraffte Redewiedergabe

Eindringlich betont Indianer Joe, dass er so kurz vor dem Verlassen des Landes nicht aufgeben will und dass er …

Indirekte Rede → S. 242 ff.

Einleitungssatz
Die Inhaltsangabe nennt in dem Einleitungssatz (auch Basissatz) die literarische Form, den Dichter/Autor und das zentrale Thema.

Schlusssatz
Der Schlusssatz gibt die Aussage des Textes wieder.

Einleitungs- und Schlusssatz

Einleitungssatz: In diesem Textauszug aus dem Roman *Huckleberry Finns Abenteuer* von Mark Twain wird von dem glücklichen Zusammentreffen des auf eine Insel geflohenen Jungen Huck mit dem flüchtigen Sklaven Jim erzählt, der sich dort versteckt hält.

Schlusssatz: Der Romanausschnitt zeigt, wie ein weißer Junge und ein Sklave, beide auf der Flucht, aufeinandertreffen und jeder froh ist, einen Gefährten gefunden zu haben.

1. Vergleiche den Anfang des Erzähltextes (S. 61) mit dem der Inhaltsangabe (S. 62): Welche Informationen werden in dem Einleitungssatz zur Inhaltsangabe genannt?
2. Welche Aussage enthält der Schlusssatz?

„Huck rettet das Leben der Witwe“ (vgl. S. 56 f.) als Inhaltsangabe

In diesem Textauszug aus dem ersten Teil des Romans *Huckleberry Finns Abenteuer* von Mark Twain wird erzählt, wie der Junge Huck trotz seiner großen Angst vor den Verbrechern und ihren mörderischen Plänen beherzt eingreift und Hilfe holt.

Auf seinem nächtlichen Beobachtungsposten wegen der Schatzkiste bemerkt Huck, wie Indianer Joe mit einem anderen Mann die Gasse verlässt. Da er glaubt, sie würden den Schatz woanders verstecken, folgt er ihnen vorsichtig. Als er plötzlich in völliger Dunkelheit ganz dicht bei den beiden Verbrechern steht, kann er ein Gespräch heimlich mithören, in dem Indianer Joe ...

3. Schreibe die Inhaltsangabe weiter, indem du die Vorarbeiten (ab S. 55) dazu nutzt. Achte darauf, dass du im Präsens schreibst und die Handlung gerafft wiedergibst.

Hucks Vater taucht auf

Aus: Mark Twain: *Huckleberry Finns Abenteuer*

Ich machte die Tür zu, dann drehte ich mich um, und da saß er. Sonst hatte ich ständig Angst vor ihm, weil er mich so viel verprügelte. Ich hatte auch jetzt Angst, klar, aber ich merkte dann, dass es keinen Grund dafür gab. [...]

Ich stand da und starrte ihn an. Er saß auf dem leicht nach hinten gekippten Stuhl und starrte mich an. Ich stellte die Kerze ab. Das Schiebefenster war offen, also war er über den Schuppen reingeklettert. Er starrte mich die ganze Zeit an und musterte mich von oben bis unten. Nach einer Weile sagte er:

„Feine Klamotten – verdammt fein. Glaubst wohl, du bist jetzt was Besseres, was?"

„Kann sein oder auch nicht", sagte ich.

„Riskier keine Lippe bei mir, Bürschchen", sagte er. „Hast dir ja ne Menge Flausen zugelegt, während ich weg war. Ich werd dir aber 'n Dämpfer verpassen, bevor ich mit dir fertig bin. Du bist jetzt auch ‚gebildet', hört man, kannst lesen und schreiben. Glaubst wohl, du bist jetzt was Besseres als dein Vater, was? Weil der's nich kann! Dir werd ich's austreiben, Bürschchen. Wer hat dir erlaubt, dich mit dem hochgestochnen Blödsinn abzugeben, he? Wer hat dir das erlaubt?"

„Die Witwe. Die hat's gesagt."

„Die Witwe, was? Und wer hat der Witwe gesagt, dass sie ihre Nase in Sachen stecken soll, die sie 'n Dreck angehn?"

„Keiner."

„Na, der werd ich's zeigen, sich da einzumischen. Und pass mal auf jetzt – du gehst nich mehr zur Schule, hörst du? Ich werd den Leuten was erzählen, nem Jungen beizubringen, dass er auf seinen eignen Vater runtersieht und sich für was Bessres hält. Lass dich bloß nich mehr in dieser Schule erwischen, hörst du? Deine Mutter konnte nich lesen und konnte nich schreiben, als sie starb. Nich *einer* von der Familie hat's gekonnt, bevor er starb. *Ich* kann's nich! Und du spielst dich hier auf. Das lass ich mir nich bieten, hörst du? – Aber, lass mal hören, wie du liest."

Ich nahm ein Buch und las etwas über General Washington und den Krieg. Als ich vielleicht eine halbe Minute gelesen hatte, riss er mir das Buch aus der Hand und schmiss es quer durchs Zimmer. Er sagte:

„Es stimmt also. Du kannst es. Ich hab noch gezweifelt, als du's gesagt hast. Jetzt pass mal auf. Es ist jetzt endgültig Schluss mit den Flausen. Ich hab die Nase voll. Ich werd gut aufpassen, du Klugscheißer [...].

1. Schreibe eine Inhaltsangabe, indem du die Checkliste beachtest.
2. Lasse deinen Nachbarn auf der Grundlage des Beobachtungsbogens (vgl. S. 62) deine Inhaltsangabe überarbeiten.

Checkliste

- Gliedere den Text in Sinnabschnitte, gib ihnen jeweils eine Überschrift und fasse sie in einem Satz zusammen.
- Fasse die wörtlichen Reden als geraffte Redewiedergabe zusammen.
- Schreibe einen Einleitungssatz, der das Thema des Ausschnitts benennt.
- Schreibe einen Schlusssatz.

Inhaltsangabe → S. 271 M

Das hast du in diesem Kapitel gelernt:

- Einen Text in Handlungsschritte gliedern
- Wesentliche Handlungsschritte gerafft wiedergeben
- Unterschiede zwischen Erzähltext und Inhaltsangabe benennen
- Wörtliche Rede in indirekter Rede oder in geraffter Redewiedergabe zusammenfassen
- Im Präsens schreiben
- Einen Einleitungssatz formulieren
- Einen Schlusssatz formulieren

M Extra: Merkwissen → S. 271

So kannst du dein Wissen anwenden und deine Fähigkeiten trainieren:

Huck legt die Sklavenjäger rein

Aus: Mark Twain: *Huckleberry Finns Abenteuer*

Huck und Jim treiben den Mississippi auf einem Floß hinunter, um die Stadt Cairo im Staat Ohio zu erreichen, wo die Sklaverei abgeschafft ist. Huck plagen Gewissensbisse: Darf er gegen das Gesetz handeln und Jim helfen?

Es blieb uns nichts zu tun, als nach der Stadt Ausschau zu halten, damit wir sie nicht verpassten. Er sagte, er würde sie todsicher sehen, weil er in genau der Minute ein freier Mann wäre. Wenn er sie aber verpasste, wäre er wieder im Sklavenland und hätte keine Chance auf Freiheit mehr. [...]

Ich spähte nach einem Licht aus und sang dabei vor mich hin. Dann sah ich eins. Jim jubelte: „Wir haben's geschafft, Huck, wir sind in Sicherheit! Komm, mach nen Luftsprung! Das ist das gute alte Cairo, das weiß ich ganz sicher!“

Ich sagte: „Ich nehm das Kanu und guck nach, Jim. Vielleicht ist es doch was anderes.“

Er sprang auf und machte das Kanu fertig. [...]

Ich bewegte mich nur langsam vorwärts, und ich war mir nicht sicher, ob ich froh sein sollte, dass ich losgefahren war, oder nicht. [...]

In dem Moment kommt ein Ruderboot mit zwei bewaffneten Männern vorbei. Sie hielten an und ich hielt auch an. Der eine von ihnen sagte: „Was ist denn das da drüben?“

„Ein Stück von nem Floß“, sagte ich.

„Gehörst du dazu?“

„Ja, Sir.“

„Sind da Männer drauf?“

„Nur einer, Sir.“

„Hör mal, heute Nacht sind fünf Nigger durchgebrannt, ein Stück vor der Flussbiegung da oben. Ist dein Mann weiß oder schwarz?“

Ich antwortete nicht sofort. Ich versuchte es, aber die Worte kamen nicht über meine Lippen. Ich versuchte es ein oder zwei Sekunden lang, mich zusammenzureißen und raus damit, aber ich war nicht Manns genug – hatte nicht so viel Mut wie ein Hase. Ich spürte, dass ich's nicht schaffte. Also gab ich's auf und sagte: „Er ist weiß.“

„Ich glaube, wir sehen lieber mal selber nach.“

„Ach, das wäre toll“, sagte ich, „denn es ist mein Pa, der da liegt, und vielleicht können Sie mir helfen, das Floß rüber ans Ufer zu ziehen, da, wo das Licht ist. Er ist krank – genauso wie Mum und Mary Ann.“ [...]

„Sag mal, Junge, was ist denn mit deinem Vater?“

„Es sind ... hem ... die ... hm ... es ist nix Schlimmes, nich sehr.“

Sie hörten auf zu rudern. Es war nur noch ein kurzes Stück bis zum Floß. Der eine sagte: „Junge, du schwindelst. Was ist mit deinem Vater? Sag jetzt die Wahrheit, das ist besser für dich.“

„Ja, Sir, ich will ganz ehrlich ... aber lassen Sie uns bitte nicht im Stich. Es sind die ... die ... Gentlemen, wenn Sie nur noch ein bisschen weiterrudern und ich Ihnen die Leine gebe, Sie brauchen dazu gar nicht nah ans Floß zu kommen – bitte!“

„Ruder zurück, John, zurück!“, sagte der andere. Sie ruderten rückwärts. „Bleib uns vom Leib, Junge – bleib auf der Leeseite. Verdammt, wahrscheinlich hat's der Wind schon zu uns hergetragen. Dein Vater hat die Pocken, das weißt du ganz genau. Warum hast du das nicht gleich gesagt? Willst du alle Leute damit anstecken?“

Leeseite die dem Wind abgekehrte Seite

„Nein“, stammelte ich weinend, „aber immer, wenn ich's vorher gesagt habe, sind die Leute weg und haben uns im Stich gelassen.“

„Armer Teufel, da ist was dran. Du tust uns wirklich leid, aber wir – verdammt, wir wollen keine Pocken kriegen, verstehst du. [...] Auf Wiedersehen, mach's gut. Wenn du ein paar davongelaufene Nigger siehst, holst du Hilfe und schnappst sie dir, damit kannst du ein bisschen Geld verdienen.“

„Auf Wiedersehen, Sir“, sagte ich, „ich werd keine davongelaufenen Nigger durchlassen, wenn ich's verhindern kann.“

Sie fuhren weg und ich stieg aufs Floß [...].

- Schreibe die Inhaltsangabe. Beachte die in diesem Kapitel gelernten Kriterien.
- Überprüfe dein Können anhand der Checkliste zur Inhaltsangabe (S. 65) oder anhand des Nachschlagens, S. 271.

Augenblicke
Kreatives und gestaltendes Schreiben

Gebrauchsgegenstände – einmal anders

- Welche Gegenstände kannst du in dem Bild entdecken? Überlege, wozu du die abgebildeten Gegenstände gebrauchen könntest. Finde ungewöhnliche und witzige Verwendungszwecke.

Zum Bild:
Joan Miró: *The Tilled Field (La Terre labourée)*, 1923–24, Oil on canvas, 26 × 36½ inches (66 × 92,7 cm)

Meine sieben Sachen

- Wenn du eine Reise unternehmen willst, z. B. ein Gebirge überqueren oder auf eine einsame Insel ziehen: Welche Gegenstände aus dem Bild und was oder wen noch würdest du mitnehmen? Was erlebst du auf deiner Reise mit diesen Gegenständen?

Kreatives Schreiben

Kreatives Schreiben geschieht spontan und ohne feste Regeln.

Klopfwörter

Ihr sitzt in Gruppen von jeweils sechs bis acht Schülerinnen oder Schülern zusammen, jeder mit einem leeren Blatt vor sich. Jeder ist nur einmal der „Klopfer“. Auf das Klopfzeichen des ersten Mitglieds der Schreibgruppe hin merkt sich jeder ein Wort, das ihm in diesem Moment durch den Kopf geht. Die Wörter aller Mitglieder werden dem Klopfer rasch aufs Papier diktiert. Dann wird der Nächste der „Klopfer“. Schließlich hat jeder je nach Gruppengröße sechs bis acht Wortbausteine auf seinem Papier, mit denen innerhalb von zehn Minuten ein Text beliebiger Art hergestellt werden soll. Der Text muss alle beim Klopfen genannten Wörter enthalten.

Zettellawine

Bildet Vierergruppen. Jeder Spieler bekommt einen Bogen Papier mit dem gleichen Satzanfang und fügt drei weitere Sätze hinzu. Dann wird das Blatt offen an denjenigen weitergereicht, der zwei Plätze weiter links sitzt. Die Geschichte, die jeder erhält, soll so lange weitergesponnen werden, bis ein Stoppzeichen erfolgt. Hier sind ein paar Satzanfänge:

- Der Vampir setzte sich vor den Fernseher und ...
- Als Paul die neuen Joggingschuhe anzog, passierte ...
- Obwohl das komische Ding an der Wand bedrohlich aussah ...

Kletterpflanze

Du bist vielen Dingen ähnlich. Du siehst aus wie ... und du handelst wie ... Wähle einen von den folgenden Vorschlägen aus und vergleiche dich mit dem betreffenden Gegenstand. Beschreibe, auf welche Weise du ihm ähnlich bist. Z. B.: Bist du ein kleiner Transporter? Hast du ähnlich wirksame Bremsen? Hast du einige Beulen im Blech, womöglich schon Rost?

Dinge, mit denen du dich vergleichen kannst: Nahrungsmittel, Möbelstücke, Kleidung, Werkzeuge, Pflanzen, Haushaltsgegenstände ...

1. Probiert diese Schreibexperimente aus.
2. Lest eure Texte in der Klasse vor.

Kreatives und gestaltendes Schreiben → S. 285 M

Augenblickstexte aus Zeitungsschnipseln …

Mit weicher Schnauze

Schwitzend in der Straßenbahn

Baustelle

In den Wolken

Anreise im Schneesturm

Einkaufswagen

Mit zwei Beinen im Eimer

Alles riskiert

Traum von Freiheit

Die Zeit geht um

Grinsen

3. Du hast nur 30 Sekunden Zeit: Wähle schnell vier Zeitungsschnipsel aus (auf welche dein Auge als Erstes fällt und zu denen es zurückwandert) und notiere sie.
4. Schreibe spontan einen Text, in dem diese ausgesuchten Wörter vorkommen. Beginne sofort, ohne viel nachzudenken.

TIPP

Der Zwischenrufer denkt sich weitere kuriose Sätze aus!

… mit Zwischenrufen

„Nimm sofort den Schirm da weg!“

„Da kommt ja ein Pferd durch die Tür.“

„Ich hätte gerne noch ein paar Hausschuhe, bitte in Gelb.“

„Wieso sitzt denn der Hund da oben in dem Baum?“

TIPP

Achtung: nicht zu lange nachdenken, sondern sofort weiterschreiben!

5. Während alle schreiben, ruft jemand nach wenigen Minuten einen witzigen, merkwürdigen Satz (siehe die Beispielsätze) in die Klasse. Dieser soll sofort in den laufenden Text, den ihr gerade schreibt, eingebunden werden.
6. Nach zwei Minuten folgt ein weiterer Zwischenruf. Wieder soll der Satz sofort in den Text eingebunden werden.
7. Lest euch gegenseitig eure Geschichten vor.

M Kreatives und gestaltendes Schreiben → S. 272

Neue Geschichten in einer Erzählkette

„Also, der 7b vom … Gymnasium ist bei der Klassenfahrt nach Sylt Folgendes passiert …“ So beginnen oft Erzählungen von spannenden Ereignissen.

Spielanleitung

Erzählkette: 1. Schritt
Bildet fünf Gruppen. Jede Gruppe erfindet zu dem Bild eine interessante Geschichte, die ein besonderes Ereignis in den Mittelpunkt stellt.

Erzählkette: 2. Schritt
Drei Schüler werden nach draußen geschickt. Eine Geschichte wird ausgewählt und von einer Schülerin oder einem Schüler allen sehr anschaulich und lebendig erzählt. Die Klasse verfolgt jetzt aufmerksam, wie sich die Geschichte in der Erzählkette entwickelt.

Erzählkette: 3. Schritt
Einer von den Schülern vor der Tür wird hereingerufen und ein weiterer Schüler erzählt ihm die gehörte Geschichte.

Erzählkette: 4. Schritt
Daraufhin wird der Nächste, der vor der Tür steht, hereingerufen. Diesem wird die Geschichte nochmals erzählt, und zwar jetzt von demjenigen, der gerade die Geschichte gehört hat.

Erzählkette: 5. Schritt
Schließlich wird dem dritten Schüler, der draußen gewartet hat, die soeben gehörte Geschichte von dem zuvor hereingerufenen Schüler erzählt.

1. Führt dieses Erzählspiel durch. Beachtet dabei die Schritte der Erzählkette.
2. Sprecht dann darüber, was mit der Originalgeschichte passiert ist.

Kreatives und gestaltendes Schreiben → S. 272 M

Gestaltendes Schreiben geschieht überlegt und folgt bestimmten Regeln, z. B. muss beim Schreiben ein Bild oder der Bezugstext genau im Auge behalten werden. Häufig gilt es auch, die geforderte Textsorte zu berücksichtigen.

Gestaltendes Schreiben

TIPP

Das **Bild** besteht aus zwei **Bildebenen**. Indem du jeweils eine Bildebene abdeckst, kannst du genauer wahrnehmen, was jeweils dargestellt ist. Füge dann beide Bildebenen zusammen.

1. Betrachte das Bild.
2. Schreibe zunächst einige Minuten lang alles auf, was dir beim Betrachten dieses Bildes in den Sinn kommt.
3. Unterstreiche, was du besonders wichtig findest.
4. Tausche dich mit deiner Nachbarin oder deinem Nachbarn aus und sucht gemeinsam einen Titel für das Bild.

Verschiedene Wege ins Bild

Fragender Blick
Du kannst Fragen zu dem Bild stellen. Findest du Antworten?

Es war einmal …
Was du siehst, regt dich an, ein Märchen oder eine Fantasiegeschichte zu erzählen.

Fensterblick
Du stehst zunächst betrachtend vor dem Bild. Dann steigst du ins Bild und bist mittendrin im Geschehen. Erzähle, was passiert.

Gespräch
Eine Person aus dem Bild spricht dich an und du beginnst ein Gespräch mit ihr zu führen.

Spiegelbild
Du erkennst: Die Person dort im Bild, das bin ja ich …

Filmszene
Die dargestellten Figuren beginnen sich zu bewegen. Eine Filmszene entsteht. Schreibe sie auf.

Eine dritte Person
Im Zimmer bei dem Vorhang befindet sich eine dritte Person. Wer ist das? Erzähle davon.

Traum
Es ergeht dir wie in einem langen Traum: Du schaust auf das Bild, plötzlich öffnet es sich und du kannst in die Bildwelt hineingehen. Was erlebst du?

5. Johanna hat folgenden Text zu dem Bild geschrieben:

Jeden Tag standen ein Junge und seine Schwester am Fenster und starrten hinaus. Wie lange sie schon hier von bösen Zauberern gefangen gehalten wurden, wussten sie nicht. Es mussten Tage, Wochen sein. Nie kamen sie aus dem Zimmer heraus, nie sahen sie den Sonnenschein, denn es regnete draußen Tag und Nacht …

Welchen Weg ins Bild hat sie gewählt?

6. Suche dir einen Weg aus und schreibe einen Erzähltext zu dem Bild.

7. Setzt euch in Gruppen zusammen und lest euch gegenseitig eure Geschichten vor. Sprecht darüber, wie ihr jeweils das Bild gesehen und erlebt habt.

Lese-TIPP
Sigrid Heuck: *Meister Joachims Geheimnis*

Kreatives und gestaltendes Schreiben → S. 272 M

Mit Musik im Regenwind fliegen
Kurt Marti

Kurt Marti Schweizer Pfarrer und Schriftsteller (geb. 1921 in Bern). Er veröffentlichte zahlreiche Werke zur Literatur (Lyrik und Prosa) sowie theologische Schriften.

Rappen Schweizer Münze

klauben schweizerdeutsch für herausziehen, sammeln

Bug Vorderteil eines Schiffes (hier der Schiffsschaukel)

kalt haben schweizerdeutsch für kalt sein, frieren

Es regnet. Das Karussell steht leer. Der Platz vor der Schießbude ist ein Morast. Die Eisbude ist geschlossen. Nur eine der Schiffsschaukeln schwingt noch auf und nieder, Schlagermusik orgelt ins graue Land. Aus dem Dorf kommt niemand bis hier hinaus bei diesem Regen. Nur einmal tauchten zwei Knaben auf, in Winterblusen und Kapuzen vor dem Regen geschützt. Sie drehten für dreißig Rappen einige Karussellrunden. Dann platschten sie durch braune Ackerpfützen zurück ins Dorf. Es regnet, regnet, der Nebel hängt in den Bäumen, nasskalt bläst Wind übers offene Feld. Sie ist verrückt, denkt er und fröstelt im Regenmantel. He, ruft er, du holst dir noch was. Sie schwingt ihre Schaukel. Du holst dir noch eine Lungenentzündung, sagt er, als die Schaukel stoppt und sie wiederum vierzig Rappen aus dem Handtäschchen klaubt. Sie zuckt die Schultern, das blonde Haar hängt strähnig und nass. Nur dass du es weißt, sagt er und stößt die Schaukel von Neuem an und nach drei, vier Schwüngen sticht der Bug bereits in die blaue Deckenbespannung, sodass er beim nächsten Durchgang unten die Bretterbremsen betätigen muss. Die ist verrückt, denkt er sich, und nass bis auf die Knochen dazu. Hast du nicht kalt, fragt er, als sie das nächste Mal zahlt. Nass klebt ihr Sommerkleidchen am Leib. Wie alt bist du denn, fragt er. Schnippisch blickt sie an ihm vorbei und sagt ins Ungefähre, vierzehn. Dann fliegt sie wieder, fliegt hoch, dass er bremsen muss, und die Schlager orgeln in den Regen hinaus. Hast du noch viel Geld, fragt er beim nächsten Halt. Jetzt lacht sie mit weißen Zähnen. Oh, denkt er, als die Schaukel von Neuem fliegt, was für ein Kind, ein mickriges Kaff, und dann dieser Regen, doch was für ein Kind!

Jetzt lass ich dich nur noch einmal, sagt er beim nächsten Halt, ich habe kalt und du auch, du wirst ja noch krank. Er lässt sie noch einmal fliegen; sie fliegt, er bremst, sie fliegt von Neuem, er bremst, die Schlager orgeln, der Regen kommt schräg und kalt mit dem Wind. Also, sagt er, Schluss jetzt, geh heim, es wird bald dunkel. Ja, sagt sie, jetzt geh ich, und schlendert davon, das Täschchen schwenkend, sie zeigt keine Eile, sie schlendert und tapst mit den Sommersandalen in Schlamm und Pfützen, sodass es die nackten Waden bespritzt. Mit Musik im Regenwind fliegen, es gibt so viel Musik in der Welt.

Innere Monologe

A So, jetzt wird niemand mehr kommen. Bei dem Regen. Wie unbekümmert das Mädchen durch Schlamm und Pfützen geht. Es scheint ihm alles egal zu sein. Und wie es seine Tasche schwenkt. Dieses Mädchen hat Energie. Woher es die nur nimmt. Ich möchte in diesem Dorf nicht leben, alles verregnet, alles verdreckt. Ich packe zusammen, morgen bin ich woanders.

B Na und, denkt sie. Was geht dich das an? Wie ich diese immer gleichen Sätze hasse. *Zieh dich warm an. Iss den Teller leer. Mach die Hausaufgaben. Geh beizeiten ins Bett.* Warum sieht er nicht, wie gut der Regen auf der Haut tut? Wie schön es ist, so hoch wie möglich in der Schiffsschaukel zu fliegen. Immer diese Vorsicht der Erwachsenen. Er soll mich nicht ausbremsen. Ich will fliegen, höher fliegen.

C Der glaub ich kein Wort. Die ist doch noch nicht vierzehn. So klein wie die ist. Aber ganz schön schnippisch. Die lässt sich nichts sagen. Die tut, was sie will. Dabei könnte ich doch ganz einfach Schluss machen, sie nicht mehr fliegen lassen. Und wieder stoße ich die Schiffsschaukel an. Wieder folgen ihr meine Blicke, fast bewundere ich das Kind.

Figur
Personen in literarischen Texten nennt man **Figuren,** da es sich bei ihnen um erfundene Personen handelt.

Innerer Monolog
Im Gegensatz zur wörtlichen Rede, in der die Figuren miteinander sprechen, bringen in Erzähltexten die Figuren oft auch ihre Gedanken und Gefühle zum Ausdruck, von denen nur die Leser etwas erfahren. Dieser innere Monolog gehört zur inneren Handlung und ergänzt die äußere Handlung.

1. Stellt Fragen zu den Figuren und deren Verhalten und versucht Antworten darauf zu finden.
2. Wer spricht in den Monologen jeweils? Beschreibe, welche Gefühle und Gedanken die Figuren bewegen.
3. Suche im Text die Stellen, an denen sich diese inneren Monologe einfügen lassen.
4. Verfasse einen inneren Monolog des Mädchens zu dem Zeitpunkt, als sie den Platz mit der Schiffsschaukel verlässt.

Atmosphäre
Der innere Monolog unterstützt auch die Atmosphäre in einem Text.

Kreatives und gestaltendes Schreiben → S. 272 M

allez (französisch) los! vorwärts!

Horst Bingel (1933–2008) war ein deutscher Schriftsteller, der Gedichte und Geschichten schrieb, die von Witz und häufig auch Ironie geprägt sind.

Allez, Pinelli Horst Bingel

Pinelli fuhr Tag für Tag mit seinem Fahrrad durch die Stadt. Früh am Morgen, wenn die Arbeiter unterwegs waren, saß auch Pinelli auf seinem Rad. Er kannte die meisten Straßen: nicht mit Namen, doch es gab wenige Straßen, die er übersah.

Am liebsten fuhr er durch die Vorortstraßen. Er fuhr eigentlich nur, um wieder in diese verkehrsarmen Straßen zurückzufinden. Morgens, wenn die Kinder in die Schule gingen, beugte er sich weit vor, schaute nicht mehr auf, fuhr noch ein wenig schneller, dann war er auch schon vorbei. Die Kinder hatten ihn gesehen. Sie warteten bereits auf ihn und erzählten ihren Freunden: „Passt auf, heute Mittag kommt er: Pinelli."

„Pinelli, Pinelli …", riefen sie. „Pinelli, fall nicht vom Rad. Gleich fällt er, schaut nur, wie er fährt." Pinelli machte zweimal einen Handstand. Er fuhr etwas langsamer, das Rad schleuderte. Er versuchte noch einmal, einen Handstand zu machen: „Pinelli, Pinelli", riefen sie ihm nach, „fall nicht vom Rad."

Seit Tagen war Pinelli krank. Die Wirtin brachte ihm Tee und Tabletten. „Sie müssen gesund werden, Herr Pinelli. Ja, ich weiß, Sie mit Ihrem Radfahren. Sie werden nie wieder Rad fahren. Das Rad – das kommt mir überhaupt aus dem Zimmer."

Nach zwei Wochen ging es Pinelli besser. Die Wirtin schimpfte, weil er bereits aufstand. Er schloss sich in seinem Zimmer ein und putzte sein Rad. Er schminkte sein Gesicht wie früher, er sah noch recht krank aus, die Kinder sollten es nicht merken. Er würde gesund werden und wieder Rad fahren wie einst.

Gegen Mittag, wie hatte Pinelli darauf gewartet: Die Kinder kamen aus der Schule … Einige riefen, als er durch die Straße fuhr: „Ach, da ist Pinelli, er kommt hier manchmal vorbei, er macht einen Handstand. Er macht immer nur einen Handstand."

1. Was erzählt diese kurze Geschichte über die Figur Pinelli, was erzählt sie nicht?

Pinelli – eine rätselhafte Figur

A Die Wirtin unterhält sich mit einer Nachbarin

NACHBARIN Was macht eigentlich dein Untermieter? Ich habe ihn schon lange nicht mehr gesehen.

WIRTIN Der Pinelli – ach der, ein komischer Kauz. Manchmal nervt er mich. Jetzt war er doch zwei Wochen krank und schon will er wieder Rad fahren und den Kindern seine Kunststücke zeigen. Und dann putzt er das Fahrrad auch noch in seinem Zimmer, wo er sich einschließt. Na ja, irgendwie tut er mir auch leid.

NACHBARIN Aber die Kinder warten auf ihn …

B Zwei Kinder sprechen über Pinelli

KIND 1 Hast du gesehen, Pinelli fährt wieder seine Runden. Ich habe ihn richtig vermisst.

KIND 2 Der ist total super. Dass der das so hinkriegt, und in seinem Alter. Der macht das doch nur für uns. Jeden Mittag. Warum eigentlich?

KIND 1 Du, der zieht für uns eine Schau ab. Nur für uns, vielleicht mag er es, wenn wir „Pinelli“ rufen.

C Zwei Arbeiter machen sich Gedanken

ARBEITER 1 Da kommt schon wieder dieser verrückte Alte. Seitdem er hier in unsere Stadt gezogen ist, fährt er frühmorgens mit seinem Fahrrad durch die Straßen.

ARBEITER 2 So jemanden hab ich noch nie gesehen. Arbeit scheint er nicht zu haben. Der ist ganz schön durchgeknallt. Versteh nicht, was dieser Handstand soll.

ARBEITER 1 Naja, ein ordentlicher Mensch geht zur Arbeit, und der – von einem Handstand auf dem Fahrrad kann der Mensch nicht leben – ich weiß nicht.

ARBEITER 2 Aber sein Fahrrad – hast du das gesehen, das scheint eine Sonderanfertigung zu sein mit diesem glitzernden Lenker …

1. Stelle dar, wie Pinelli in den Dialogen gesehen wird.
2. Wähle einen Dialog aus und schreibe ihn weiter.

Kreatives und gestaltendes Schreiben → S. 272 M

Eine Figur entsteht

Verhältnis zu den Mitmenschen
- zu den Kindern: ist Gesprächsstoff der Kinder, Z. 9 ff.
- gegenüber seiner Wirtin: ist schweigsam, Z. 20 ff.
- zu den Arbeitern, die auf dem Weg zur Arbeit sind, Z. 2

äußeres Erscheinungsbild / besondere Merkmale / typische Verhaltensweisen
- z. B. fährt täglich mit seinem Fahrrad, Z. 1

Wünsche, Träume, Ziele ...
- ...

Lebensumstände / angedeutete Vorgeschichte
- ...

besondere Umstände, Verhalten
- ...

Kind | Arbeiter | Wirtin | Nachbarin

Eine literarische Figur beschreiben
- das Äußere der Figur (Erscheinung, Kleidung, Körperhaltung ...)
- das Verhalten der Figur (in besonderen Situationen, im Umgang mit Menschen ...)
- ihr Inneres (wie Gedanken, Gefühle, Einstellungen ...)
- dein eigenes Urteil

1. Lies den Text *Allez, Pinelli* noch einmal. Übertrage das Schaubild in dein Heft und vervollständige es.
2. Beschreibe die Figur Pinelli mithilfe der anderen Figuren. Nutze dazu auch die Informationen aus den Dialogen.
3. Überlege, wie Pinellis Leben weitergehen könnte.

Wie geht es weiter?

> **Nachgeschichte**
> Sie führt etwas zu Ende, was in dem literarischen Text offengeblieben ist.

A „... Er macht immer nur einen Handstand."

Pinelli drehte noch zwei Runden, dann knickte er ein, setzte sich zurück auf den Sattel und fuhr nach Hause. Die Worte der Kinder klangen noch immer in seinen Ohren, ja, er war nicht mehr Pinelli, er war nur noch der alte Peters, der in einem gemieteten Zimmer als Rentner lebte. Er schloss sich in sein Zimmer ein, lehnte das Fahrrad an die Wand und schaltete den Fernseher an. Seitdem war und blieb Pinelli verschwunden. Nur manchmal sah man Herrn Peters auf dem Fahrrad zum Lebensmittelladen fahren. Doch niemand drehte sich mehr nach ihm um, niemand wartete auf ihn.

B „... Er macht immer nur einen Handstand."

Das wollte Pinelli nicht auf sich sitzen lassen. Wieder drehte er eine Runde vor den Augen der Kinder. Dann schwang er sich zu einem Handstand hoch. Kerzengerade stand er auf dem Lenker, während er kräftig klingelte. Er zog eine Kurve, rollte rückwärts ab, kam auf dem Gepäckträger zum Sitzen. Jetzt lenkte er nur mit den Füßen, während er den Kindern applaudierte. Diese jubelten und schrien: „Noch einmal, Pinelli, du bis super!" Nach dieser Vorführung ging er glücklich nach Hause, legte sich auf sein Bett und träumte von alten Zeiten.

1. Untersuche, welche Nachgeschichte wohl zum Haupttext passt. Begründe.
2. Schreibe zu *Allez, Pinelli* eine eigene Nachgeschichte.

Wie fing es an?

> **Vorgeschichte**
> Sie stellt die Situation, die Figur und ihre Handlungsweise dar, die zum literarischen Text hinführen.

Pinelli war vor einigen Monaten in die neue Stadt gezogen. Und bald schon fuhr er alle Straßen mit seinem Fahrrad ab. Das tat er mit Absicht.

Unterkunft hatte er bei einer Frau gefunden, die irgendwie Mitleid für ihn empfand. Warum, wusste sie nicht so genau.

Pinelli fuhr Tag für Tag mit seinem Fahrrad durch die Stadt.

3. Prüfe, ob diese Vorgeschichte zum Haupttext passt.
4. Setze diese Vorgeschichte fort oder schreibe eine neue.

Kreatives und gestaltendes Schreiben → S. 272 M

Das hast du in diesem Kapitel gelernt:

Kreatives und gestaltendes Schreiben
- Nach Impulsen schreiben
- Nach Bildern schreiben
- Innere Monologe schreiben
- Dialoge schreiben
- Vor- und Nachgeschichten schreiben

M Extra: Merkwissen → S. 272

So kannst du dein Wissen anwenden und deine Fähigkeiten trainieren:

Aus: Alexa Hennig von Lange: *Ich habe einfach Glück*

Familienstreit Alexa Hennig von Lange

Lelle, die Ich-Erzählerin, ist fünfzehn. Mit ihrer älteren Schwester Cotsch und ihren Eltern lebt sie in einer ruhigen Vorstadtsiedlung. Doch die äußere Harmonie trügt. Eines Nachts kommt es zu der folgenden Szene.

1 Schreibe eine Vorgeschichte, die zu diesem Familienkrach geführt haben könnte.

2 Was denkt und fühlt Lelle in diesem Augenblick? Schreibe einen inneren Monolog.

1 Jetzt stehe ich vor der angelehnten Tür zum kleinen Klo. Drinnen höre ich, wie Papa sich die Hände wäscht. Ich tippe die Tür mit den Fingerspitzen an. Nur ganz leicht. Gelbes Licht fällt auf mich und den Teppich. Papa, ich frage dich jetzt zum letzten Mal.

„Wo warst du denn?"

Papa trocknet sich die Hände ab. Als er damit fertig ist, kommt er langsam auf mich zu. Ich löse mich auf. 2 Nur der rosa Kaugummi in meinem Kopf ist geblieben. Papa steht vor mir und öffnet seinen Mund.

„Verdammt noch mal, seit wann interessiert es euch, was ich mache? Kümmert euch um euren eigenen Kram. Damit habt ihr doch genug zu tun!"

Der Löwe hat gebrüllt. Die Menge raunt. Was wird als Nächstes passieren? Die Gladiatorin versucht ruhig zu bleiben. Sie spricht mit sanfter Stimme auf den Löwen ein. Vielleicht können sie Freunde werden.

„Das stimmt doch gar nicht. Wir haben uns Sorgen gemacht!"

„Ihr macht euch doch nur Sorgen um euch selbst!"

„Das stimmt doch gar nicht!"

„Es geht immer nur um euch. Lelle isst zu wenig, Cotsch ist wieder mal abgehauen und Mama kriegt einen Herzinfarkt. Es geht eben doch immer nur um euch!"

Die Menge auf den Rängen tobt. Besonders Cotsch. Sie kommt uns entgegengehumpelt. Anscheinend will sie mitkämpfen. Das war zu erwarten.

„Du kümmerst dich ja auch nicht um uns. Dir ist doch scheißegal, was mit uns ist. Du gehst immer nur ins Geschäft zu deinen beschissenen Pflanzen und sagst kein Wort. Ich hasse dich, du Arschloch!"

Das ist eine gute Idee! Lasst uns den Löwen reizen, damit er richtig Lust bekommt, uns alle in Stücke zu reißen. Jetzt kommt Mama auch dazu. Sie hängt sich an Papas Hals. Anscheinend hat sie eine andere Taktik drauf. Streichelt über sein gerötetes Gesicht.

„Berni, bitte!"

Auf die Nummer hat der Löwe gar keine Lust. Der schubst die Sklavin weg, in Richtung Cotsch.

„Was denn? Ihr macht doch ständig Ärger. Ich versuche nur, mich aus dem ganzen Mist rauszuhalten. Ich hab die Nase voll. Ich hab die Nase gestrichen voll. Ihr seid doch alle verrückt!"

„Du machst uns verrückt, du Arschloch!"

Schön, dass Cotsch diese wundervolle Begabung hat, sachlich zu bleiben. Ich glaube, sie will einfach, dass Papa ihr eine scheuert, damit sie noch mehr Grund hat, ihn zu hassen. Ich glaube, manchmal weiß Cotsch gar nicht mehr, warum sie Papa hasst. Die ist einfach nur voller Wut. Wut. Wut. Wut. So wie mein Kopf voller Kaugummi ist.

Und was ist mit Arthur? Der steht immer noch in meiner Kinderzimmertür und sieht erschrocken zu uns in die Arena. **3** Gab es nie solche Momente in seiner Familie? Vielleicht nicht. [...]

Mama versucht zu beruhigen und klammert sich an Cotschs Arm.

„Bitte, Cotsch, hör auf!"

„Warum soll ich aufhören, wenn dieses Arschloch nie mit uns reden will?"

„Bitte, Cotsch!"

„Bitte, Cotsch! Bitte, Cotsch! Hör doch mal mit deinem ewigen Gejammer auf! Immer sollen wir ruhig sein und so tun, als wäre alles in Ordnung! Nichts ist in Ordnung! Nichts! Immer sollen wir ruhig sein. Immer müssen für Papa genug Eier im Salat sein. Immer müssen alle Türen zu sein, damit es im Flur nicht kalt wird. Immer sollen wir ruhig sein, damit Papa sich nicht über uns ärgert! Damit die Nachbarn nichts hören! Ich hab keine Lust, ruhig zu sein. Ich will schreien. Ich will schreien! Schreien!"

„Cotsch, bitte!" **4**

Mama setzt sich mit ihrem Nachthemd auf die Treppenstufen, klammert sich am Treppengeländer fest und weint. [...]

Papa steht in der Mitte vom Flur. Er atmet schwer. So schwer wie noch nie in seinem Leben. Dieses eine Mal sollte er mit uns und nicht mit den Nachbarn reden. [...] **5, 6**

▸ Bearbeite die Schreibaufgaben am Rand.

3 Arthur, der Nachbarsjunge, dessen Eltern tot sind, hat die ganze Szene beobachtet. Was sieht, denkt und fühlt er? Schreibe einen inneren Monolog.

4 Was befürchtet die Mutter? Schreibe einen inneren Monolog.

5 Wie kann diese nächtliche Auseinandersetzung enden? Schreibe die Nachgeschichte.

6 Nach diesem großen Familien-Showdown hocken Lelle und Arthur in ihrem Zimmer auf der Bettkante und sprechen über das Vorgefallene. Schreibe den Dialog.

TIPP

Die meisten Museen bieten extra Führungen für Schulklassen von Museumspädagogen an.

Schreibwerkstatt im Museum

Die Vorbereitung

- Findet heraus, wo es in eurer Nähe ein Kunstmuseum oder eine Bildergalerie gibt.
- Organisiert mit euren Deutsch- bzw. Kunstlehrerinnen/-lehrern einen Besuch.
- Ihr braucht eine feste Schreibunterlage, Papier und Bleistift.

Programmvorschlag

Treffpunkt: Eingangshalle des Museums

- **10:00**: Begrüßung durch die Museumspädagogin oder den Museumspädagogen
- **10:05:** Führung durch das Museum: Die Pädagogin/der Pädagoge stellt ausgewählte Gemälde bzw. Plastiken und andere Kunstwerke vor.
- **10:45–11:45:** Schreiben zu einem Kunstwerk: Die Schülerinnen und Schüler suchen allein oder mit Partner ein Kunstwerk aus, zu dem sie gern etwas schreiben möchten. Sie setzen sich bequem vor das Bild/ die Skulptur und schreiben einen Text (Gedicht, Geschichte ...), der ganz individuell gestaltet sein kann.
- **11:45:** Die Texte werden in Kleingruppen überarbeitet.
- **12:15–13:00:** Mittagspause
- **14:00:** Präsentation der Ergebnisse: Die Schüler führen die Gruppe vor ihr Kunstwerk und lesen ihren Text.

Schreibanregung 1

- Betrachte das Bild: Du steigst ins Boot und genießt die Fahrt. Wo bist du? Was siehst du um dich herum? Worin besteht das Vergnügen? Schreibe.

Zum Bild: V. Nikitin: *Children on the sea*, 1878, State Russian Museum, St. Petersburg, Russia

Zum Bild:
Max Beckmann: *Bildnis Fridel Battenberg – mit Katze*, 1920, Sprengel Museum Hannover

Schreibanregung 2

- Du bist in eine neue Wohnung gezogen. Deine Nachbarin, Frau Battenberg, hat dich zum Tee eingeladen. Welchen Eindruck hast du von dieser Frau? Worüber unterhaltet ihr euch? Schreibe einen Dialog.

Zum Bild: Franz Marc: *Pferde und Adler*, 1912, Sprengel Museum Hannover

Schreibanregung 3

- Du hast dich in einer fremden Gegend verirrt. Plötzlich öffnet sich eine Lichtung und du siehst in diese Landschaft mit Pferden und einem Adler. Schreibe zu dem Bild ein Gedicht.

Bild-Text-Präsentation

- Präsentiert die Ergebnisse in eurer Klasse: Hängt ein Foto eures Kunstwerkes zusammen mit dem geschriebenen Text, den ihr auf dem Computer gestaltet habt, aus.

Theater, Theater
Szenisches Spiel

Teltower Kutschersitz

Fangt mit dieser Übung an, um euch zu entspannen und zu konzentrieren:

- Setzt euch gerade auf die Stuhlkante, die Füße sind leicht gegrätscht, die Arme lasst ihr seitlich hängen; schließt die Augen.
- Lasst den Oberkörper sehr langsam auf die Knie sinken, der Kopf hängt zwischen den Knien.
- Gebt nach und nach das Gewicht völlig auf die Knie ab und lasst euch richtig hängen (die Nase wächst nach unten); atmet dabei ruhig weiter.
- Bei dem deutlichen Gefühl von Entspannung bringt ihr langsam wieder Spannung in den Körper – von unten nach oben aufbauend: die Zehen in den Boden „krallen“, die Hacken anspannen, dann die Waden, die Oberschenkel, das Gesäß.
- Richtet euch ganz langsam, Wirbel für Wirbel, wieder auf; hebt zuletzt behutsam den Kopf und streckt ihn, aber nicht die Schultern!

Vor der Übung
Die Tische werden zur Seite geschoben. Jeder sucht sich mit seinem Stuhl einen Platz im Klassenraum. Es wird nicht gesprochen. Der Spielleiter gibt die Anweisungen.

Theaterübungen

Momentaufnahmen

TIPP
Teilt den Klassenraum in die Bereiche Bühne und Publikum.

Gefühlszustand

Geht im normalen Tempo umher, ohne Blickkontakt mit den anderen Spielern. Auf ein Zeichen sollt ihr sofort einen vorgegebenen Gefühlszustand (z. B. Trauer, Wut, Verzweiflung) wie auf einem ausdrucksstarken Foto für zehn Sekunden einfrieren. Dann weitergehen und auf die nächste Vorgabe warten.

Körpersprachen-Switch

switchen (engl. to switch) umschalten, überwechseln

Verschiedene Ausdrucksformen sollen durch Körperhaltung, Bewegung und Mimik im fließenden Wechsel dargestellt werden. Achtet auf den allmählichen, nicht zu abrupten Wechsel! Hier ein paar Vorschläge für Ausdrucksformen: nachdenklich – entschlossen – misstrauisch – herzlich – gleichgültig – schüchtern – ablehnend – selbstzufrieden – nervös – wütend.

Bewegungspantomime

Geht in mehreren Variationen durch den Raum (z. B. geschäftig, humpelnd, schleppend, schleichend). Dabei sollt ihr die Bewegungen immer wieder kurz „einfrieren“, um die Aufmerksamkeit auf die Körperhaltung zu lenken.

Gruppenpantomime

Bildet mehrere Gruppen. Jede denkt sich eine Situation aus, die von allen pantomimisch zwei bis drei Minuten dargestellt werden soll. Hier ein paar Beispiele: Ein sehr eigenartiges Objekt am Himmel erblicken; einen Fremden beobachten, einkreisen und ausschließen.

1. Führt die Übungen durch: Eine Gruppe spielt, eine schaut zu, dann wird gewechselt.

Szenisches Spiel → S. 272 M

Sportthemen:
- Beachsport
- Snowboarden
- Reitturnier
- Schlittenhunde-rennen

Abenteuerthemen:
- mit dem Roller durch den Kaukasus
- gefährliche Kanufahrt
- im Geländewagen durch den Dschungel
- Wanderung durch die Wüstenoase

Kuriose Erfindungen:
- der bequeme Dachstuhl
- Kopfstützen fürs Stehen in der Straßenbahn
- automatische Zielhilfe für Augen-tropfen
- Essstäbchen mit Klimaanlage
- Butter in Form eines Klebestifts

Alle mal herschauen!

Lebendige Fotos: Sportevent

Auf ein Zeichen friert eine Gruppe von etwa sechs Spielern zu einem vorgegebenen Sportthema ein (z. B. „Freeclimbing"). Ein Sprecher erklärt den Zuschauern dieses Bild (schwärmt z. B. von der glitzernden Bergspitze). Die Zuschauer können durch Zwischenrufe in das Spiel eingreifen, z. B. „Näher ran!" – „Weiter weg zoomen!" – „Das Bild steht auf dem Kopf!" – Dann müssen die Spieler sofort darauf reagieren und neu einfrieren.

Diashow: Abenteuerurlaub

Etwa fünf bis sechs Spieler stehen auf der Bühne, einer von ihnen soll einen Vortrag zum Thema „Abenteuerliches" halten, die anderen stellen dazu die entsprechenden Dias. Der Vortragende begrüßt das Publikum und beginnt mit seiner Diashow. Immer, wenn er „Klick" sagt, muss das Publikum die Augen schließen. Sagt er „Klack", öffnen die Zuschauer die Augen und sehen das beschriebene Dia, das die anderen Spieler in einem Standbild gestalten und das von dem Vortragenden blumig und witzig erläutert wird.

Armrede: kuriose Erfindungen

Dem Publikum soll eine neue, kuriose Erfindung vorgeführt werden. Zwei Spieler – A = Redner, B = Gestikulierer – stehen auf der Bühne. A steht vorne, mit den Armen hinter seinem Rücken verschränkt. B steht hinter A und streckt seine Arme unter dessen Achseln vor. Während A seine geniale Erfindung wortreich anpreist, kommentiert B das Gesagte mit entsprechenden Gesten der Arme, Hände und Finger.

1. Probiert diese Spielszenen aus. Achtet beim Spiel auf Genauigkeit.

Von A bis Z

Achtzehn bibbernde Chorknaben
danken ehrerbietigst, fluchen grässlich,
husten irrsinnig, jaulen kläglich, lallen müde,
näseln operettenhaft, plaudern quakend,
randalieren saumäßig, tanzen ununterbrochen,
verstecken weinend x-beinig [y]hre Zehen.

1. Bildet Gruppen und gestaltet mit diesem A-bis-Z-Text einen szenischen Kanon: Ein Sprecher liest den Text, die anderen führen im Kanon die genannten Tätigkeiten aus. Nach der zweiten Zeile setzt die zweite Gruppe ein usw.
2. Denkt euch weitere A-bis-Z-Texte aus (beim Y darf geschummelt werden!) und gestaltet diese szenisch.

Eins Zwei Drei und Plöp plöp plöp

Zwölf Kurt Schwitters

Eins Zwei Drei Vier Fünf
Fünf Vier Drei Zwei Eins
Zwei Drei Vier Fünf Sechs
Sechs Fünf Vier Drei Zwei
Sieben Sieben Sieben Sieben Sieben
Acht Eins
Neun Eins
Zehn Eins
Elf Eins
Zehn Neun Acht Sieben Sechs
Fünf Vier Drei Zwei Eins

Regen

blop
plöp plöp
plöp plöp plöp
plip plip
blübb
plöp plöp plöp
plip plip
blübb
plopploppploppploppplopplop
plip plip plip plip
blübb
patsch
platsch
blubb!

3. Bildet Gruppen und setzt die beiden Texte szenisch um. Nutzt dabei neben sprachlichen Gestaltungsformen (z. B. Chorsprechen) auch mimische und gestische Formen.

Szenisches Spiel → S. 272 M

Bühnenfiguren

Szene: Radfahrer – Polizist

POLIZIST *(gerade stehend, rechter Arm angewinkelt, flache Hand, ernst.)*
RADFAHRER *(steigt vom Fahrrad – unschuldig, freundlich schauend.)*
POLIZIST *(schmunzelnd, kopfschüttelnd, abwinkend und schulterzuckend.)*
RADFAHRER *(grinsend, abwinkend, schulterzuckend.)*
POLIZIST *(zeigt auf seine Uhr, zieht Augenbrauen hoch, zeigt um sich, zeigt aufs Fahrrad, droht mit dem Finger, strenger Gesichtsausdruck.)*
RADFAHRER *(zweifelnd, sieht sich um, schulterzuckend, kopfschüttelnd, abwinkend.)*
POLIZIST *(wütend, Armbewegung zur Unterstützung, zeigt aufs Fahrrad.)*
RADFAHRER *(schulterzuckend, zeigt auf den Dynamo.)*
POLIZIST *(noch wütender, zeigt aufs Fahrrad.)*
RADFAHRER *(bückt sich, sucht den Dynamo, dreht sich …)*

Dynamo (Lichtmaschine) kleiner Generator, der während der Fahrt die Stromversorgung der Fahrradbeleuchtung mittels einer Drehbewegung sicherstellt.

1. Erfindet einen Schluss und spielt die Szene:
- einmal ohne Worte, nur gestisch-mimisch, nach den Regieanweisungen;
- einmal mit Text, den ihr spontan improvisiert.

Wo ist Perlemann? – Sechs Variationen

A Perlemann kommt nicht!
B Was??? Perlemann kommt nicht?
A Sag ich doch. Er hat eben gerade angerufen und gesagt, dass er nicht kommen kann.
B Hat er denn gesagt, warum er nicht kommen kann?
A Nein, er meinte nur, dass er nicht kommen kann.
B Sag bloß, du hast ihn nicht gefragt, warum?
A Nee, da habe ich nicht dran gedacht.
B Ach Gott! Das ist ja –

2. Spielt diese Kurzszene in verschiedenen Situationen:
- vor dem Spiegel in einer öffentlichen Toilette,
- hinter dem Bühnenvorhang, kurz vor dem ersten Akt des Schauspiels,
- in der Kirche vor dem Traualtar,
- vor der Testamentseröffnung beim Notar,
- beim Mittagessen im Altersheim,
- vor dem Bankraub.

3. Wie verändern sich mit der Situation Körperhaltung und Sprechweise?

Rollentausch

Aus einem Stapel von Kärtchen mit den verdeckten Namen aller Mitschüler zieht jeder einen Partner. Jedes Paar überlegt sich nun möglichst interessante, pfiffige Fragen, die er seinem Partner in einem Interview stellt, sodass ein lebendiges Bild von der Person entsteht. Der Interviewer hört genau zu und macht sich eventuell Notizen.

Beispiele für die Vorstellung in der Ich-Form: Mich kann man nicht übersehen, weil ich ziemlich groß bin / Ich hasse Milchbrei / Meine Stärke ist das Schweigen, ich bin überhaupt der große Schweiger ...

1. Legt fest, wer von beiden mit dem Interview beginnt. Führt die Interviews durch und achtet genau auf die Antworten.
2. Die Interviewer stellen nun auf der Grundlage ihrer Notizen den interviewten Partner in der Ich-Form vor. Sie nehmen dabei auch eine entsprechende Körper- und Sprechhaltung ein.
3. Sprecht darüber, wie ihr den Rollentausch empfunden habt.

Wer ist Xaver?

Ihr sollt die Bühnenfigur *Xaver* zum Leben erwecken. Außer dem Namen ist bisher nichts bekannt: Keiner weiß, wie Xaver aussieht, ob er ein älterer Herr oder ein junger Mann ist, was er für ein Leben führt, ob er ein Geizhals, ein Sonderling oder ein verkanntes Genie ist. Wer ist Xaver? Welche Rolle könnte er in einem Theaterstück spielen? Erfindet ihn!

4. Schreibt in Partnerarbeit eine Rollenbiografie zu der Bühnenfigur Xaver in der Ich-Form.
5. Erfindet eine zweite Figur, gebt ihr einen Namen und schreibt ihre Rollenbiografie.
6. Denkt euch eine Begegnung der beiden Figuren an einem bestimmten Ort aus und improvisiert einen kurzen Dialog, den ihr vorführt.

Beispiel für eine Rollenbiografie

Letzte Woche bin ich 65 geworden. So fühl ich mich manchmal auch. Ich bin ziemlich klein, ein bisschen dicklich, eher kugelig. Ich esse eben gern, habe nie Sport getrieben, lieber Schach gespielt und mich um den Garten gekümmert. Ich lebe mit meinem Pudel Flocki sehr zurückgezogen als pensionierter Postbeamter in dem Städtchen Heide. Am Wochenende besuche ich oft meine Geschwister ...

METHODE

Die **Rollenbiografie** ist eine schriftliche Selbstdarstellung einer Person in der Ich-Form. Sie beinhaltet z. B. Eigenarten, Vorlieben, Ängste, Lebensverhältnisse und Beziehungen zu anderen.

7. Auf welche Fragen gibt die Rollenbiografie Antworten?
8. Welche weiteren Fragen könnten Aufschluss über diese Figur geben?
9. Schreibe diese Rollenbiografie weiter. Gib der Figur einen Namen.

Rollenbiografie → S. 286 M

Vom Erzähltext zum Spieltext

Ihr dürft mir nichts tun Achim Bröger

Wir hatten einen bei uns in der Klasse. So fangen Schulgeschichten an. Aber Bernds Geschichte kann nicht so anfangen. Da wäre schon das erste Wort falsch. *Wir* hatten Bernd nicht. Zwischen uns und ihm gab es kein Wir. Wir waren die Klasse. Bernd war erst mal nur ein Satz von Hopf, dem Klassenlehrer: „Wir bekommen einen Neuen. Der lag lange im Krankenhaus und wird vieles nicht mitmachen können. Kümmert euch um ihn. Gebt euch Mühe."

Bernd Braeckow kam. Am Anfang fiel vor allem seine Narbe auf. Diese lange rote Furche am Hinterkopf. Als hätten sie ihn da umgegraben. Bernds Narbe, die sich wegen seiner kurz geschnittenen Haare nicht übersehen ließ. Und das Tablettenschlucken fiel natürlich auch auf. Jede Stunde eine. Die Packung steckte in seiner Schultasche wie bei uns das Pausenbrot.

Was haben die nur mit seinem Kopf gemacht?, hatte ich oft überlegt und mir alles Mögliche vorgestellt. Aber fragen wollte ich ihn nicht danach, die anderen auch nicht. Und er erzählte nie irgendwas davon.

Er redete überhaupt nicht viel. Nach der Schule kam er stumm zur Fußballwiese mit und trug uns den Ball. Dann stand er neben dem Tor und sah mit seinen großen, vorstehenden Augen zu. Oder er stand daneben, wenn wir mit den Mädchen aus unserer Klasse Völkerball spielten. Bernd mit seiner Narbe am Hinterkopf und dem Tablettenröhrchen in der Tasche sah immer nur zu und sagte nichts. So war das jedenfalls am Anfang.

Einmal waren wir bei ihm eingeladen. Kuchen gab's und Kakao. Und das alles in einem kleinen Wohnzimmer. Wir saßen zu fünft auf einem weichen Sofa und versanken darin. Bernd zwischen uns. Seine Mutter saß im einzigen Sessel. Ein Vater hätte in diese Wohnung nicht mehr gepasst.

Seine Mutter sagte: „Ihr seid also Bernds Freunde." Wir nickten, obwohl das sicher nicht stimmte. Wie bei einem Krankenhausbesuch war das, stockend und leise. Keiner wusste, worüber man reden sollte, gespielt wurde auch nichts. Die Mutter saß daneben, beobachtete uns und sagte: „Greift doch zu. Fühlt euch wie zu Hause." Wir blieben dann nicht lange.

Eigentlich wollte ich den Bernd wirklich zu meinem Geburtstag einladen, weil er mir leidtat. Aber mehr als acht Leute passten nicht in mein Zimmer. Bernd war zu viel. Er wurde auch sonst von niemandem eingeladen.

Eine Zeit lang ging Bernd noch stumm neben uns her und sah uns zu. Trug den Ball, stand neben dem Tor und wurde immer mehr übersehen. Aber plötzlich ließ er sich nicht mehr übersehen. Wenn ein Ball auf ihn zurollte, drosch er ihn weit in die Büsche. Dann rannte er weg und schrie aus sicherer Entfernung: „Ihr dürft mir nichts tun!"

Das hatte uns auch der Klassenlehrer gesagt: „Passt auf, dass ihm keiner was tut. Das könnte böse ausgehen."

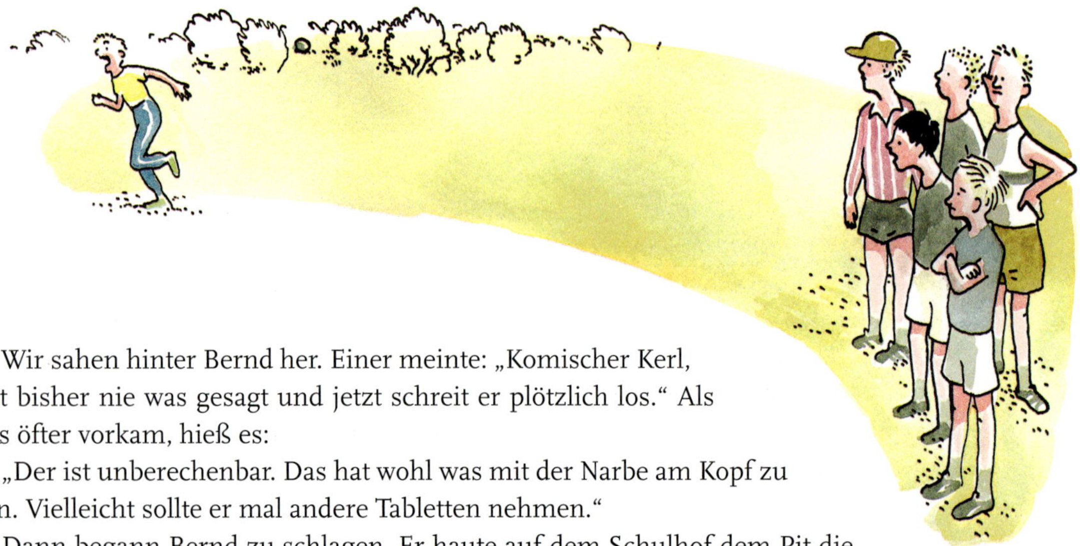

Wir sahen hinter Bernd her. Einer meinte: „Komischer Kerl, hat bisher nie was gesagt und jetzt schreit er plötzlich los.“ Als das öfter vorkam, hieß es:

„Der ist unberechenbar. Das hat wohl was mit der Narbe am Kopf zu tun. Vielleicht sollte er mal andere Tabletten nehmen.“

Dann begann Bernd zu schlagen. Er haute auf dem Schulhof dem Pit die Faust in den Magen, weil der ihn aus Versehen berührt hatte. Der starke Pit schnappte nach Luft.

Bernd stand vor ihm, rot im Gesicht, und sagte: „Du darfst mir nichts tun!“

„Der glaubt wohl, er kann sich alles erlauben. Nur weil er irgendwas am Kopf hat. So ein fieser Kerl.“

Mit dem Mitleid war's jetzt vorbei. Wir ließen ihn stehen. Unseren Ball trugen wir selbst.

Bernd schlug immer häufiger und schrie sein „Ihr dürft mir nichts tun!“ Irgendwie erfuhr unser Klassenlehrer davon. Er sagte: „Schluckt's runter, auch wenn ihr wütend auf ihn seid. Und fasst ihn bitte nicht an.“

Wir fassten ihn nicht an. Und wir redeten kein Wort mit ihm, obwohl Bernd plötzlich überhaupt nicht mehr still war. Er schrie und tobte, wenn ihm eine Kleinigkeit nicht passte. Bernd haute um sich, egal, wohin er traf, meldete jeden, der abschrieb oder in der Pause nicht auf den Hof hinunterging. Bernd Braeckow wirkte wie ausgewechselt. Wir standen da und schüttelten die Köpfe. Immer öfter sagte einer: „Der ist ja nicht normal. Jetzt dreht er völlig durch.“

Als Bernd krank wurde, wollte ihm keiner die Schularbeiten bringen. Hopf musste erst einen bestimmen. Und er bat wieder: „Gebt euch Mühe mit ihm, auch wenn er anders ist.“ Noch drei Tage kam Bernd in die Schule. Dann blieb er für immer weg. Hopf sagte dazu: „Wir haben's nicht geschafft.“

Bernd hatte nur seine Narbe, seine Tabletten und keinen von uns. Deswegen kann ich nicht sagen: Wir hatten einen bei uns in der Klasse. Es gab kein Wir. Für kurze Zeit gab es den gleichen Klassenraum und die gleichen Lehrer. Sonst nichts.

1. Lest die Geschichte und sprecht über den Inhalt:
   Welche Fragen wirft das Verhalten der dargestellten Personen auf?
2. Prüft, welche Stellen szenisch dargestellt werden könnten.

Szenisches Spiel → S. 272 M

Vom Standbild zur Spielszene

In dieser Tabelle wird die Handlung der Kurzgeschichte *Ihr dürft mir nichts tun* als Folge von Szenen dargestellt.

Handlungsschritte/ ***Fragen des Regisseurs***	**Handlungsorte**	**Personen**
Der „Neue" erscheint – *Wie reagieren die Mitschüler?*	1. Klassenzimmer	Klassenlehrer Bernd Schülerinnen/Schüler
Fußballspiel – Völkerball *Wie verhält sich Bernd?*	2. Fußballwiese I	Bernd Mädchen/Jungen aus der Klasse
„Wie bei einem Krankenhausbesuch …" – *Wie sieht das aus?*	3. Wohnzimmer bei Bernd zu Hause	Bernd seine Mutter vier Jungen aus der Klasse
Bernd „dreht völlig durch" – *Was sagen die anderen?*	4. Fußballwiese II	Bernd Mädchen und Jungen aus der Klasse
Bernd schlägt Pit – *Wie reagieren die anderen?*	5. Auf dem Schulhof	Bernd Pit weitere Schüler
Bernds Satz „Ihr dürft mir nichts tun" – *Zu wem, wie oft und wie sagt er ihn?*	6. Fußballwiese III	Bernd mehrere Mädchen und Jungen aus der Klasse
Ein Schüler bei Bernd im Krankenhaus *Wie verläuft die Begegnung?*	7. Krankenhauszimmer *nur angedeuteter Handlungsschritt*	Bernd ein Mitschüler [Stationsarzt]
Bernds Wegbleiben Gespräch in der Klasse *Was ist passiert?*	8. Klassenzimmer *offenes Ende*	Klassenlehrer Schülerinnen/Schüler

1. Bildet Gruppen und gestaltet zu einzelnen Handlungsorten ein Standbild. Achtet dabei besonders auf die Beziehungen der Personen untereinander.
2. Jede Gruppe wählt einen Handlungsschritt aus und improvisiert dazu eine kurze Szene.
3. Schreibt zu dem ersten Handlungsschritt eine Dialogfassung mit Regieanweisungen.

M Standbild → S. 287

Die Szene bei Bernd zu Hause

Wir saßen zu fünft auf einem weichen Sofa (S. 90, Z. 22).

ORT: *Wohnzimmer*
PERSONEN: *Bernd, seine Mutter, vier Mitschüler*

Es ist halb fünf. Die Mutter sitzt im Sessel, ihr gegenüber auf der Couch sitzt Bernd zwischen seinen vier Mitschülern. Er hält einen Becher mit Kakao in der Hand. Auf dem Couchtisch steht eine Platte mit Kuchenstücken.

BERNDS MUTTER *(freundlich)* Ihr seid also Bernds Freunde. *(Stille)*
1.–4. MITSCHÜLER *(nicken unsicher. Bernd beobachtet sie aus dem Augenwinkel.)*
4. MITSCHÜLER *(leise)* Ja – ja. *(Verlegenes Räuspern. Stille. Die Mutter legt Bernd ein neues Stück Kuchen auf den Teller. Er isst schweigend.)*
BERNDS MUTTER Na, erzählt mal, was macht ihr so in eurer Freizeit? *(Stille. Bernd schaut immer wieder vom Teller zu den Schülern rechts und links neben ihm.)*
1. MITSCHÜLER Wir spielen Fußball. *(Steckt schnell ein Stück Kuchen in den Mund.)*
BERND *(eifrig)* Wir sind mittwochs immer zusammen auf der Fußballwiese. *(Die anderen schauen ihn kurz an. Bernd senkt den Blick.)*
2. MITSCHÜLER *(zögernd)* Na ja, es sind nicht immer alle da. *(Stille)*
BERNDS MUTTER *(deutet zur Kuchenplatte)* Greift doch zu. Fühlt euch wie zu Hause.
(Stille. Mitschüler 2 nimmt verlegen ein Stück Kuchen, reicht es dem Nachbarn, nimmt sich selbst ein Stück. Schweigend essen alle. Drei Mitschüler gleichzeitig:)
2. MITSCHÜLER *(zögernd)* Ich hab nachher noch Training.
3. MITSCHÜLER *(schnell)* Also, ich muss dann auch mal gehen, weil …
4. MITSCHÜLER *(sich unsicher erhebend)* Es ist ja schon halb fünf. Also, dann …
BERND *(trotzig)* Ist mir doch egal …

4. Ergänzt diese Szene und spielt sie.
5. Schreibt weitere Spielszenen mit Dialogen und Regieanweisungen. Orientiert euch an der Szenenübersicht und verwendet die Dialoge aus dem Erzähltext.
6. Probt die Szenen und spielt sie vor.

Szenisches Spiel → S. 272 M

Einen Erzähltext für die Bühne einrichten

Bühnenfassung Bühnenbearbeitung eines literarischen Werks (z. B. einer Erzählung), die für die Aufführung auf der Bühne bestimmt ist.

Eine Bühnenfassung

Ihr könnt auf der Basis aller bisherigen Schritte eine Bühnenfassung der gesamten Erzählung *Ihr dürft mir nichts tun* erstellen und eine Aufführung vor anderen planen. Hier sind ein paar Ideen dazu.

▸ Programmheft

Ihr dürft mir nichts tun
Kurzgeschichte von Achim Bröger
in einer Spielfassung der Klasse 7c

Personen:
Bernd Braeckow, der Neue; seine Mutter;
Herr Hopf, Klassenlehrer der 7c; Pit; vier Mitschüler;
weitere Schülerinnen und Schüler der Klasse 7c

Regie:

Bühnenbild:

Beleuchtung und Tontechnik:

▸ Regiekonzept

Für die Erzählerfigur muss eine Lösung gefunden werden.
Ein Vorschlag:

▸ Vorszene

[Musikeinblendung]
[Spieler: Freeze]

Alle Schüler stehen auf der Bühne, mit dem Rücken zum Publikum, Arme hinten verschränkt. Ein Schüler steht an der Rampe zum Publikum gewandt. Er schaut mit weit geöffneten Augen ins Leere.

Parallel zu diesem Eröffnungsbild ertönt eine Stimme aus dem Off:

SPRECHER Wir hatten einen bei uns in der Klasse. So fangen Schulgeschichten an. Aber Bernds Geschichte kann nicht so anfangen. [...] Bernd war erst mal nur ein Satz von Hopf, dem Klassenlehrer: „Wir bekommen einen Neuen. Der lag lange im Krankenhaus und [...]“

▸ Szene 1

[Freeze]

Im Klassenzimmer. Herr Hopf am Pult mit dem neuen Schüler. Alle Blicke auf Bernd gerichtet.

Parallel aus dem Off:
SPRECHERIN Bernd Braeckow kam. Am Anfang fiel vor allem seine Narbe auf. Diese lange …

[Auflösen des Freeze]
Bernd geht zu einem freien Platz, setzt sich. – Pause –

Dialog
SCHÜLER 1 *(flüstert)* Guck mal, die Narbe …
SCHÜLER 2 … und die Augen, komisch irgendwie …

▸ Szene 2

Auf der Fußballwiese
SPRECHER Ihr dürft mir nichts tun! *(mehrmals, laut)*

▸ Szene 3

Wohnzimmer bei Bernd
MUTTER …

- Ergänzt das Regiekonzept.
- Fertigt eine vollständige Spielfassung an und kopiert sie.
- Verteilt die Rollen und beginnt mit dem Einstudieren der Szenen.
- Führt eure Szenen vor.

Wunschbilder und Wirklichkeit
Kurzgeschichten und Kalendergeschichten

Schwimmen Nadja Einzmann

Manchmal möchte sie einen, der sich gut anfühlt und nett ausschaut. Einen, mit dem sie nicht viel reden muss. Der selber genug zu erzählen hat, dass es auf sie nicht ankommt. Dunkelblond könnte er sein mit kurzen, verwirrten Haaren. Helle, blaue Augen könnte er haben, blau wie der Himmel über der Wiese, auf der sie liegen. Und sie wären zusammen, wie sie alleine nicht sein kann: sommerlich braun gebrannt, und das Gras fühlte sich kühl an unter ihren nackten Beinen.

Sport wäre ein Thema zwischen ihnen, Volleyball spielen auf Sand in der Dämmerung und Schwimmen, immer wieder Schwimmen.

Zum Bild:
Marc Chagall, *Über der Stadt*, 1914–1918, Öl auf Leinwand, 141 × 198 cm, Tretjakow Galerie, Moskau

- Vergleiche das Bild mit dem Text. Wie passen beide zusammen?
- „Manchmal möchte ich …“ Schreibe einen kleinen Text.

Kurzgeschichten

Eifersucht Tanja Zimmermann

Diese Tussi! Denkt wohl, sie wäre die Schönste. Juhu, die Dauerwelle wächst schon raus. Und diese Stiefelchen von ihr sind auch zu albern. Außerdem hat sie sowieso keine Ahnung. Von nix und wieder nix hat die 'ne Ahnung.

Immer, wenn sie ihn sieht, schmeißt sie die Haare zurück wie 'ne Filmdiva. Das sieht doch ein Blinder, was die für 'ne Show abzieht. Ja, okay, sie kann ganz gut tanzen. Besser als ich. Zugegeben. Hat auch 'ne ganz gute Stimme, schöne Augen, aber dieses ständige Getue. Die geht einem ja schon nach fünf Minuten auf die Nerven.

Und der redet mit der … stundenlang. Extra nicht hingucken. Nee, jetzt legt er auch noch den Arm um die. Ich will hier weg! Aber aufstehen und gehen, das könnte der so passen. Damit die ihren Triumph hat.

Auf dem Klo sehe ich in den Spiegel, finde meine Augen widerlich, und auch sonst, ich könnte kotzen. Genau, ich müsste jetzt in Ohnmacht fallen, dann wird ihm das schon leidtun, sich stundenlang mit der zu unterhalten.

Als ich aus dem Klo komme, steht er da: „Sollen wir gehen?"

Ich versuche es betont gleichgültig mit einem Wenn-du-willst, kann gar nicht sagen, wie froh ich bin. An der Tür frage ich, was denn mit Kirsten ist.

„O Gott, eine Nervtante, nee, vielen Dank!" …

„Och, ich find die ganz nett, eigentlich", murmel ich.

1. Löst die folgenden Aufgaben mit der 5-Schritt-Lesetechnik zuerst in Einzel- und dann in Gruppenarbeit:
   Einzelarbeit:
   - Lies den Text durch: Was findest du interessant? Was erscheint dir fremd?
   - Stelle Fragen an die Geschichte und notiere sie: Die Fragen können sich auf die Figuren beziehen, auf Zusammenhänge oder auch auf etwas, das du genauer wissen willst.
   - Lies den Text noch einmal: Nimm eine Folie und markiere Textstellen, die dir helfen, die gestellten Fragen zu beantworten. Markiere Stellen, die dir besonders wichtig erscheinen.

   Gruppenarbeit:
   - Stellt euch gegenseitig eure bisherigen Ergebnisse vor. Gebt euch Rückmeldung zu den jeweiligen Fragen und Antworten.
   - Diskutiert, welche Textstellen euch helfen, die Fragen zu beantworten, und welche besonders wichtig erscheinen. Haltet eure Anmerkungen zu den jeweiligen Textstellen fest.
2. Führt im Plenum ein Rundgespräch auf der Grundlage eurer Ergebnisse.

TIPP
Lege einen Notizzettel neben das Buch.

5-Schritt-Lesetechnik → S. 285 M
Rundgespräch → S. 286 M
Extra Lesen: Kurzgeschichten → S. 130 ff.

Sonntag Max Bolliger

„Was möchtest du?", fragte der Vater.
Daniela studierte die Karte und entschied sich für Riz colonial.
„Gern!", sagte der Kellner. Er behandelte Daniela wie eine Dame.
Das Restaurant war bis auf den letzten Platz besetzt. Am Nebentisch saß ein Ehepaar mit zwei Kindern. Die beiden stritten sich wegen einer kleinen Puppe aus Plastik. Die Mutter versuchte den Streit zu schlichten. Daniela sah, wie der Junge seine Schwester unter dem Tisch dauernd mit den Füßen stieß. Das Dessert machte dem Gezank ein Ende.
Daniela erinnerte sich, wie sehnlichst sie sich einmal ein Schwesterchen gewünscht hatte.
„Wie geht es in der Schule?", fragte der Vater.
„Wie immer", antwortete Daniela.
„Wird es fürs Gymnasium reichen?"
„Ja, ich hoffe es."
Daniela wusste genau, dass ihre Noten weder in Mathematik noch in Französisch genügten. Dann eben eine kaufmännische Lehre ..., oder Arztgehilfin ... Sie wollte jetzt nicht daran denken.
„Für mich waren Prüfungen nie ein Problem", sagte der Vater.
Daniela war froh, als der Kellner das Essen brachte.
Der Reis mit Fleisch und Früchten schmeckte ihr.
„Deine Mutter konnte nie richtig kochen", sagte der Vater.
Daniela gab darauf keine Antwort.
„Ich brauche einen neuen Wintermantel", sagte sie.
„Schon wieder?"
„Ich bin seit dem letzten Jahr zehn Zentimeter gewachsen."
„Wofür bezahl ich eigentlich Alimente?"
„Mutter sagt, das Geld reiche nur für das Nötigste."
„Gut! Aber ich will die Rechnung sehen."
„Wünschen die Herrschaften ein Dessert?"
Der Kellner versuchte mit Daniela zu flirten.
„Nein, danke!", sagte sie, obwohl sie sich heute früh in der Kirche ausgedacht hatte, Vanilleeis mit heißer Schokoladensoße zu essen.

Nach dem Essen fuhren sie am See entlang.
Der Vater hatte ein neues Auto.
Er sprach über Autos wie die Jungen in der Schule.
Daniela verstand nicht, warum man sich über ein Auto freuen konnte, nur weil es einen starken Motor hatte. Aus dem Radio erklang Volksmusik. Sie fiel Daniela auf die Nerven. Aber sie stellte sie trotzdem lauter.
„Hast du viel Arbeit?", fragte sie.
„Wir bauen eine neue Fabrik."

Der Vater war Ingenieur. Daniela betrachtete ihn von der Seite, neugierig, wie einen Gegenstand. Sein Gesicht war braun gebrannt, sportlich. Der Schnurrbart stand ihm gut. Hatte er ihre Gedanken erraten?
„In zwei Wochen werde ich vierzig! Aber alle schätzen mich jünger."
Daniela lachte. Ihr schien er älter.
„Wie alt bist du eigentlich?"
„Hundert!", sagte Daniela.
„Nein, ehrlich ...!"
„Das solltest du doch wissen. Du fragst mich jedes Mal ... Im Februar dreizehn."
„Dreizehn! Hast du einen Freund?"
„Nein!", sagte Daniela.
„Das wundert mich. Du siehst hübsch aus!"
„Findest du?"
„So ... erwachsen!"

Auf einer Terrasse am See tranken sie Kaffee. Daniela beobachtete die Segelschiffe. Der schöne Herbstsonntag hatte unzählige Boote aufs Wasser hinausgelockt.
Der Vater war verstummt und schaute alle fünf Minuten auf seine Uhr.
„Ich habe um vier Uhr eine Verabredung."
„Also gehen wir doch", sagte Daniela und erhob sich.
Der Vater schien erleichtert.
„Ich bringe dich nach Hause", sagte er.
„Ach, du bist schon wieder da", sagte die Mutter.
Sie war noch immer im Morgenrock. Während der Woche arbeitete sie halbtags in einer Modeboutique. „Sonntags lasse ich mich gehen", sagte sie zu ihren Freunden, „sonntags bin ich nicht zu sprechen."
„Er hatte eine Verabredung", erzählte Daniela.
Die Mutter lachte.
„Ich möchte wissen, warum er eigentlich darauf besteht, dich zu sehen. Im Grunde liegt ihm doch nichts daran. Nur weil es das Gericht so entschieden hat und um mich zu ärgern."
Daniela wurde wütend.
„Es geht ihm ausgezeichnet", sagte sie. „Er hat sich ein neues Auto gekauft und sieht prima aus."
Die Mutter zuckte bei ihren Worten zusammen.
„Und den Wintermantel?", fragte sie.
„Bewilligt!"

Die Mutter griff sich mit der Hand an die Stirne.
„Diese Kopfschmerzen!“, stöhnte sie. „Hol mir eine Tablette im Badezimmer!“
Daniela gehorchte.
„Ich gehe jetzt“, sagte sie nachher.
„Hast du keine Aufgaben?“
„Nein!“
„Aber komm nicht zu spät zurück!“
„Ich esse bei Brigitte.“
„Gut, bis neun Uhr. Ich lege mich wieder hin.“
Als Daniela die Tür des Lokals öffnete, schlug ihr eine Welle von Rauch- und Kaffeegeruch entgegen. An den niederen Tischen saßen junge Leute, die meisten in Gespräche vertieft. Die Wände waren mit Poster tapeziert. Danielas Augen gewöhnten sich allmählich an das Halbdunkel. Suchend schaute sie sich um.

Der Discjockey nickte Daniela zu.
„Well, I left my happy home to see what I could find out“, sang Cat Stevens. Ja, er hatte recht. Um herauszufinden, wie die Welt wirklich war, musste man sein Zuhause verlassen.
Heinz hatte Daniela den Text übersetzt. Heinz war schon sechzehn Jahre alt. Sie war stolz darauf. Er saß in einer Ecke und winkte. Aufatmend setzte sich Daniela neben ihn. Er legte einen Arm um ihre Schultern.
„Hast du den Sonntag überstanden?“, fragte er.
„Ja, Gott sei Dank!“
„War es schlimm?“
„Es geht ... wie immer.“
„Mach dir nichts draus.“
Daniela kuschelte sich an ihn.
„Was meinst du, werden wir es besser machen?“, fragte sie. „Wenn wir einmal erwachsen sind?“ In ihrer Stimme klangen Zweifel.
„Natürlich“, sagte Heinz, „natürlich werden wir es besser machen.“

1. Für eine Verfilmung soll eine Darstellerin für Daniela ausgewählt werden. Ihr seid das Casting-Team und habt euch nach genauer Lektüre der Kurzgeschichte auf Karteikarten Notizen gemacht:
   Wie soll Daniela aussehen? Welche Eigenschaften und Verhaltensweisen soll sie haben? Wie soll sie jeweils in den drei unterschiedlichen Situationen sprechen?

   Notiert auf den Karteikarten auch die Textstellen, die eure Überlegungen begründen. Arbeitet in kleinen Gruppen.
2. Stellt eure Vorschläge der Klasse vor und überlegt, welche euch bekannte Schauspielerin die Rolle der Daniela spielen könnte.

METHODE

Casting (engl.) Der Prozess der Auswahl von Schauspielern, Sängern usw. für eine Inszenierung, Verfilmung, als Musikgruppe oder -star etc.

M Casting → S. 284
Extra Lesen: Kurzgeschichten → S. 130 ff.

Ein Storyboard

Storyboard schriftlich festgehaltener, detaillierter Plan für die Herstellung eines Films

Schlussszene: Daniela und Heinz in der Disco

Inhalt/Regieanweisungen	Kamera	Ton (Musik)/ Lichteffekte
Daniela mit suchendem Blick am Rand der Tanzfläche	■ Halbtotale	■ Montage von verschiedenen Lärmquellen: Stimmen, Musik/Licht, das über ihre Gesichter huscht mit einer Stroboskopscheibe
Discjockey nickt ihr freundlich zu. winkt. Daniela läuft auf Heinz zu, setzt sich neben ihn.	■ Zoom auf den Discjockey, dann Schuss und Gegenschuss Normalsicht	
H. *(väterlich)* Hast du den Sonntag überstanden? D. *(kurz angebunden)* Ja, Gott sei Dank! H. War es schlimm? D. *(ausweichend)* Es geht ... wie immer.	■ Schuss und Gegenschuss: Daniela – Heinz Dialog in Halbtotale	■ Song: Cat Stevens: „I left my happy home“
H. *(drückt sie an sich)* Mach dir nichts draus. D. *(kuschelt sich an ihn)* Was meinst du, werden wir es besser machen? *(lange Pause)* Wenn wir einmal erwachsen sind? H. *(schnell)* Natürlich, natürlich werden wir es besser machen. *(lacht verlegen)*		■ nur Heinz' und Danielas Stimmen
(Beide schauen in verschiedene Richtungen, aneinandergelehnt)	■ Großaufnahme, dann Totale	■ Discolärm/helles Scheinwerferlicht

- **Kameraperspektiven**
  - **Vogelperspektive:** Blick von oben auf das Geschehen
  - **Normalsicht:** Blick auf Augenhöhe
  - **Froschperspektive:** Blick von unten
- **Kameraführung/Einstellungsgrößen**
  Detail, Groß, Nah, Halbtotale, Totale, Weit
- **Zoom**
  Bewegung auf das Objekt zu oder vom Objekt weg durch Veränderung der Brennweite am Kameraobjektiv
- **Schuss und Gegenschuss**
  Die Beteiligten werden abwechselnd im Bild gezeigt.

1. Wie ist die Schlussszene der Kurzgeschichte in dem Storyboard gestaltet?
2. Prüfe, wie die Beziehung zwischen Daniela und Heinz dargestellt ist.
3. Wählt einen weiteren Abschnitt der Kurzgeschichte aus und entwerft dazu ein Storyboard. Arbeitet in Gruppen.
   Sucht auch einen passenden Song für eure Szene.

Storyboard → S. 287 M

Nichts Besseres zu tun Lore Graf

Die Klasse schreit, kreischt, tobt. Rolf kniet auf dem Boden des Klassenzimmers, unbeweglich, erstarrt. Quer zwischen den zusammengepressten Lippen steckt ein grüner Bleistift. Die Augen weit aufgerissen, schaut er verwirrt in die Gesichter seiner Peiniger, unbarmherzige Gesichter, vom Lachen fratzenhaft verzerrt.

Was wollen sie von mir? Immer nur von mir? Ich habe ihnen doch nichts getan, nichts getan, habe ich ihnen was getan? – Den Bleistift, hat Jürgen, der Klassensprecher, gesagt, hat ihn hingeschmissen mitten ins Zimmer, hol ihn. Er ist unter eine Bank gerollt. Zwischen zerknülltem Papier, Schmutz, Brotresten liegen geblieben. Hol ihn, aber nicht mit den Händen, du bist ein Hund, Rolf, fass! – Und er hat's getan, ist gekrochen wie ein Hund, hat den Ekel überwunden, den Stift mit dem Mund geholt, Staub und Krümel auf den Lippen. Wenn ich es nicht mache, schlagen sie mich wieder zusammen wie vorige Woche. Die Hose war zerrissen, die Nase hat geblutet, die Mutter hat getobt. Diese Woche habe ich kein Taschengeld bekommen. Warum hilft mir keiner, warum sind alle gegen mich? Die Mutter? Auch die Mutter. Wehr dich doch, sagt die Mutter, schlag zurück, sagt sie, lass dir nichts gefallen, nichts gefallen, nimm dir ein Beispiel an deinem Bruder, das ist ein Kerl! Ein Beispiel, ein Kerl, nichts gefallen ... Dass du mir Punkt fünf zu Hause bist, wo hast du dich wieder herumgetrieben, kein Verlass auf dich, genau wie dein Vater, der hat auch nichts getaugt, kein Verlass. Ich werd' dir's schon zeigen, einen anständigen Menschen mach' ich aus dir, kein Taschengeld, dein Bruder ist ganz anders, Hausarrest.

Ja, der Vater, wenn er hier wäre, er würde mir helfen. Wie sieht er eigentlich aus? Er ist lange fort. Von Unterschlagung ist die Rede gewesen damals, von Untertauchen. Die Großmutter soll einmal einen Brief gekriegt haben, aber fragen kann ich ja nicht, das habe ich einmal ... nein, das nicht. Vielleicht finde ich den Brief. Ich werde suchen.

Heimlich. Und dann fahre ich zum Vater … Die Tür des Klassenzimmers wird aufgerissen. Der Lehrer kommt, er hat das Gekreische gehört. Endlich der Lehrer. Er wird mir helfen. Ich werde ihm alles sagen. Später, wenn es die anderen nicht sehen, werde ich es ihm sagen, von Jürgen und den anderen – vielleicht auch vom Vater, dass ich zum Vater fahren werde. Er wird mir helfen …

Rolf kniet immer noch auf dem Boden, den Bleistift zwischen den Lippen. Was machst du da unten? Was soll der Blödsinn, von allen guten Geistern verlassen, den Hanswurst spielen, so weit kommt's noch, was Besseres hast du wohl nicht zu tun?

Was Besseres? Was Besseres tun? Der Lehrer. Ihm alles erzählen. Alle sind gegen mich. Der Lehrer? Auch der Lehrer.

1. Bildet Gruppen. Wählt eine der Karten aus und erarbeitet die Aufgabe.

Baut Standbilder, die Rolfs Situation deutlich machen, z. B. *zu Hause, in der Schule, allein mit dem Lehrer …*

„Die Tür des Klassenzimmers wird aufgerissen. Der Lehrer kommt …" (Z. 39 f.). Gestaltet ab hier die Erzählung so um, dass eine Lösung für Rolf sichtbar wird.

Eine Talkshow im Fernsehen: „Mobbing in der Schule" am Beispiel des Vorfalls in Rolfs Klasse
- Welche Personen sollen an der Talkshow teilnehmen?
- Bereitet Fragen vor.
- Wählt eine Moderatorin oder einen Moderator für die Gesprächsleitung.
- Setzt die „Sendezeit" fest.

Führt die Talkshow durch.

Am Nachmittag erhält Rolf einen Anruf von Jürgen. Schreibt dieses Telefongespräch.

2. Präsentiert eure Ergebnisse:
Welche neuen Erkenntnisse über Rolfs Situation habt ihr gewonnen?

Standbild → S. 287 M
Talkshow → S. 288 M
Extra Lesen: Kurzgeschichten → S. 130 ff.

Wegweiser zum Verstehen

Formale Merkmale
- Anfang und Ende
- Ort und Zeit
- Erzählperspektive

Sprachliche Merkmale
- Farben
- Kälte – Wärme

Inhaltliche Merkmale
- Spiegel
- Gesicht – Maske
- Beziehung der Figuren zueinander
- Aggression – Hilflosigkeit
- Einsamkeit – Gemeinsamkeit
- Musik

Im Spiegel Margret Steenfatt

„Du kannst nichts", sagten sie, „du machst nichts", „aus dir wird nichts". Nichts. Nichts. Nichts.

Was war das für ein NICHTS, von dem sie redeten und vor dem sie offensichtlich Angst hatten, fragte sich Achim, unter Decke und Kissen vergraben.

Mit lautem Knall schlug die Tür hinter ihnen zu.

Achim schob sich halb aus dem Bett. Fünf nach eins. Wieder mal zu spät. Er starrte gegen die Zimmerdecke. – Weiß. Nichts. Ein unbeschriebenes Blatt Papier, ein ungemaltes Bild, eine tonlose Melodie, ein ungesagtes Wort, ungelebtes Leben.

Eine halbe Körperdrehung nach rechts, ein Fingerdruck auf den Einschaltknopf seiner Anlage. Manchmal brachte Musik ihn hoch.

Er robbte zur Wand, zu dem großen Spiegel, der beim Fenster aufgestellt war, kniete sich davor und betrachtete sich: lang, knochig, graue Augen im blassen Gesicht, hellbraune Haare, glanzlos. „Dead Kennedys" sangen: „Weil sie dich verplant haben, kannst du nichts anderes tun als aussteigen und nachdenken."

Achim wandte sich ab, erhob sich, ging zum Fenster und schaute hinaus. Straßen, Häuser, Läden, Autos, Passanten, immer dasselbe. Zurück zum Spiegel, näher heran, so nahe, dass er glaubte, das Glas zwischen sich und seinem Spiegelbild durchdringen zu können. Er legte seine Handflächen gegen sein Gesicht im Spiegel, ließ seine Finger sanft über Wangen, Augen, Stirn und Schläfen kreisen, streichelte, fühlte nichts als Glätte und Kälte.

Ihm fiel ein, dass in dem Holzkasten, wo er seinen Kram aufbewahrte, noch Schminke herumliegen musste. Er fasste unters Bett, wühlte in den Sachen im Kasten herum und zog die Pappschachtel heraus, in der sich einige zerdrückte Tuben fanden. Von der schwarzen Farbe war noch ein Rest vorhanden. Achim baute sich vor dem Spiegel auf und malte zwei dicke Striche auf das Glas, genau dahin, wo sich seine Augenbrauen im Spiegel zeigten. Weiß besaß er reichlich. Er drückte eine Tube aus, fing die weiche ölige Masse in seinen Händen auf, verteilte sie auf dem Spiegel über Kinn, Wangen und Nase und begann, sie langsam und sorgfältig zu verstreichen. Dabei durfte er sich nicht bewegen, sonst verschob sich seine Malerei.

Schwarz und Weiß sehen gut aus, dachte er, fehlt noch Blau. Achim grinste seinem Bild zu, holte sich das Blau aus dem Kasten und färbte noch die Spiegelstellen über Stirn und Augenlidern.

Eine Weile verharrte er vor dem bunten Gesicht, dann rückte er ein Stück zur Seite und wie ein Spuk tauchte sein farbloses Gesicht im Spiegel wieder auf, daneben eine aufgemalte Spiegelmaske.

Er trat einen Schritt zurück, holte mit dem Arm weit aus und ließ seine Faust in die Spiegelscheibe krachen. Glasteile fielen herunter. Splitter verletzten ihn, seine Hand fing an zu bluten. Warm rann ihm das Blut über den Arm und tröpfelte zu Boden. Achim legte seinen Mund auf die Wunden und leckte das Blut ab. Dabei wurde sein Gesicht rot verschmiert.

Der Spiegel war kaputt. Achim suchte sein Zeug zusammen und kleidete sich an. Er wollte runtergehen und irgendwo seine Leute treffen.

1. Lies den Text: Was ist mit Achim los?
2. Arbeitet in Gruppen: Wählt von den Wegweisern zum Verstehen auf S. 104 zwei Aspekte aus, die ihr am Text genauer untersucht.
3. Stellt eure Untersuchungsergebnisse in einem kurzen Vortrag der Klasse vor.

Merkmale der Kurzgeschichte

Es gibt nicht *die* Kurzgeschichte. Aber es gibt bestimmte Merkmale, an denen man Kurzgeschichten erkennen kann:

- Kurzgeschichten haben in der Regel keine Einleitung, sondern springen mitten hinein in die erzählte Situation oder das Ereignis.
- Die Handlung wird ohne Nebenhandlung geradlinig erzählt.
- Thema können Situationen und Ereignisse des alltäglichen Lebens sein.
- Die Kurzgeschichte ist in Bezug auf Zeit, Raum und Personen meist sparsam ausgestattet. Sie spielt oft in einem bestimmten Augenblick an einem bestimmten Ort.
- Die Handlung wird auf das Ende hin angelegt.
- Kurzgeschichten enden meist offen und abrupt. Teilweise wird der Schluss durch eine überraschende Wende in der Handlung oder eine Pointe eingeleitet.
- Ihren realistischen Inhalten entsprechend wird häufig die Alltagssprache verwendet.
- Der offene Schluss regt zum Nach- und Weiterdenken an.

4. Überprüft diese Aussagen an den Kurzgeschichten in diesem Kapitel.

Textuntersuchung → S. 288 M
Kurzgeschichten und Kalendergeschichten → S. 273 M
Extra Lesen: Kurzgeschichten → S. 130 ff.

Das hast du in diesem Kapitel gelernt:

- Kurzgeschichten lesen und verstehen
- Literarische Figuren beschreiben
- Produktive Zugänge erproben
- Merkmale der Kurzgeschichte erkennen

M Extra: Merkwissen → S. 273

So kannst du dein Wissen anwenden und deine Fähigkeiten trainieren:

Streuselschnecke Julia Franck

Eric Rohmer (1920–2010) war ein berühmter französischer Filmregisseur („Nouvelle Vague"), der mit vielen Preisen ausgezeichnet wurde.

Der Anruf kam, als ich vierzehn war. Ich wohnte seit einem Jahr nicht mehr bei meiner Mutter und meinen Schwestern, sondern bei Freunden in Berlin. Eine fremde Stimme meldete sich, der Mann nannte seinen Namen, sagte mir, er lebe in Berlin, und fragte, ob ich ihn kennenlernen wolle. Ich zögerte, ich war mir nicht sicher. Zwar hatte ich schon viel über solche Treffen gehört und mir oft vorgestellt, wie so etwas wäre, aber als es so weit war, empfand ich eher Unbehagen. Wir verabredeten uns. Er trug Jeans, Jacke und Hose. Ich hatte mich geschminkt. Er führte mich ins Café Richter am Hindemithplatz und wir gingen ins Kino, ein Film von Rohmer. Unsympathisch war er nicht, eher schüchtern. Er nahm mich mit ins Restaurant und stellte mich seinen Freunden vor. Ein feines, ironisches Lächeln zog er zwischen sich und die anderen Menschen. Ich ahnte, was das Lächeln verriet. Einige Male durfte ich ihn bei seiner Arbeit besuchen. Er schrieb Drehbücher und führte Regie bei Filmen. Ich fragte mich, ob er mir Geld geben würde, wenn wir uns treffen, aber er gab mir keins und ich traute mich nicht, danach zu fragen. Schlimm war das nicht, schließlich kannte ich ihn kaum, was sollte ich da schon verlangen? Außerdem konnte ich für mich selbst sorgen, ich ging zur Schule und putzen und arbeitete als Kindermädchen. Bald würde ich alt genug sein, um als Kellnerin zu arbeiten, und vielleicht wurde ja auch noch eines Tages etwas Richtiges aus mir. Zwei Jahre später, der Mann und ich waren uns noch immer etwas fremd, sagte er mir, er sei krank. Er starb ein Jahr lang, ich besuchte ihn im Krankenhaus und fragte, was er sich wünsche. Er sagte mir, er habe Angst vor dem Tod und wolle es so schnell wie möglich hinter sich bringen. Er fragte mich, ob ich ihm Morphium besorgen könne. Ich dachte nach, ich hatte einige Freunde, die Drogen nahmen, aber keinen, der sich mit Morphium auskannte. Auch war ich mir nicht sicher, ob die im Krankenhaus herausfinden wollten und würden, woher es kam. Ich vergaß seine Bitte. Manchmal brachte ich ihm Blumen. Er fragte nach dem Morphium und ich fragte ihn, ob er sich Kuchen wünsche, schließlich wusste ich, wie gerne er Torte aß. Er sagte, die einfachen Dinge seien ihm jetzt die liebsten – er wolle nur Streuselschnecken, nichts sonst. Ich ging nach Hause und buk Streuselschnecken, zwei Bleche voll. Sie waren noch warm, als ich sie ins Krankenhaus brachte. Er sagte, er hätte gerne mit mir gelebt, es zumindest gern versucht, er habe immer gedacht, dafür sei noch Zeit, eines Tages – aber jetzt sei es zu spät. Kurz nach meinem siebzehnten Geburtstag war er tot. Meine kleine Schwester kam nach Berlin, wir gingen gemeinsam zur Beerdigung. Meine Mutter kam nicht. Ich nehme an, sie war mit anderem beschäftigt, außerdem hatte sie meinen Vater zu wenig gekannt und nicht geliebt.

- Lies den Text gründlich: Welche Fragen stellen sich?
- Notiere alle für dich wichtigen Textstellen.
  Achte dabei besonders auf Wiederholungen, die dir dabei helfen können, die Fragen zu beantworten.
- Beschreibe den Vater in dieser Kurzgeschichte:
  Wie sieht ihn das Mädchen?

- Stelle dir vor: Nach der Beerdigung gehen die beiden Schwestern in ein Café. Sie unterhalten sich über ihre Eltern. Schreibe diesen Dialog.

- Welche Merkmale einer Kurzgeschichte treffen auf die Geschichte zu? Übertrage die Tabelle und schreibe auf, weshalb die Geschichte eine typische Kurzgeschichte ist. Begründe jeweils deine Entscheidung aus dem Text.

Anfang	Geschichte beginnt unmittelbar mit dem Anruf und der Verabredung. Es gibt keine Einleitung. (Z. 1–7)
Schluss	
Geradliniges Erzählen ohne Nebenhandlung	
Konzentration der Handlung auf einen Augenblick und einen Ort	
Sprache	

Kalendergeschichten

Dankbarkeit Johann Peter Hebel

Seeschlacht von Trafalgar Seeschlacht am 21. Oktober 1805 vor dem Kap Trafalgar (Südspanien) zwischen den (siegreichen) Briten und den miteinander verbündeten Franzosen und Spaniern

jemandem den Garaus machen jemanden töten

attrappieren ertappen, fangen

In der Seeschlacht von Trafalgar, während die Kugeln sausten und die Mastbäume krachten, fand ein Matrose noch Zeit, sich zu kratzen, wo es ihn biss, nämlich auf dem Kopf. Auf einmal streifte er mit zusammengelegtem Daumen und Zeigefinger bedächtig an einem Haar herab und ließ ein armes Tierlein, das er zum Gefangenen gemacht hatte, auf den Boden fallen. Aber indem er sich niederbückte, um ihm den Garaus zu machen, flog eine feindliche Kanonenkugel ihm über den Rücken weg, paff, in das benachbarte Schiff. Da ergriff den Matrosen ein dankbares Gefühl, und überzeugt, dass er von dieser Kugel wäre zerschmettert worden, wenn er sich nicht nach dem Tierlein gebückt hätte, hob er es schonend von dem Boden auf und setzte es wieder auf den Kopf. „Weil du mir das Leben gerettet hast“, sagte er, „aber lass dich nicht zum zweiten Mal attrappieren, denn ich kenn’ dich nimmer.“

1. Überlege, in welchem der hier abgebildeten Kalender diese Geschichte wohl abgedruckt war. Begründe.
2. Informiert euch in Gruppenarbeit über die Geschichte des Mediums „Kalender“: Im Internet (www.wikipedia.de, Stichwort „Kalendarium“, oder über eine Suchmaschine „Geschichte von Kalendern“) oder in einer Buchhandlung und recherchiert.
3. Erstellt ein Wandplakat, auf dem ihr verschiedene Informationen über Kalendersysteme und die Geschichte von Kalendern zeigt.
4. Prüft, warum solche Geschichten in Kalendern gedruckt wurden.

M Wandplakat → S. 289
Extra Lesen: Kalendergeschichten → S. 133

Kalendergeschichten ohne Ende

Die Ohrfeige Johann Peter Hebel

Ein Büblein klagte seiner Mutter: „Der Vater hat mir eine Ohrfeige gegeben.“ Der Vater aber kam dazu und sagte: „Lügst du wieder? ______

Das Wiedersehen Bertolt Brecht

Ein Mann, den Herr K. lange nicht gesehen hatte, begrüßte ihn mit den Worten: „Sie haben sich gar nicht verändert.“ „Oh!“ sagte Herr K. ______

Matthes' Rückkehr Erwin Strittmatter

Mein Sohn Matthes hatte ein paar Wochen bei der Großmutter in der Kleinstadt verbracht, und er hatte nicht dorthin gewollt; denn dort gibt es keine Pferde und keine Hunde, und unter den Bäumen wächst kein Gras.

Was ich durchgemacht habe, sagt Matthes, ein Zaunkönig tot auf dem Wall, eine Krähe tot auf der Gasse und eine Frau hat die Berliner Seuche.

Na, ist man gut, dass du wieder da bist, sagen wir.

Wenn ich das schon höre, sagt Matthes, ______

Bagatelle Nr. 43 Martin Gülich

Er traue sich durchaus zu, einmal etwas Gefährliches zu tun. So gefährlich, dass die Welt nicht umhin könne, über ihn ins Staunen zu geraten. Vor dem Badezimmerspiegel ______

A und erbleichte.

B übe er im Geheimen bereits das Victoryzeichen.

C weshalb habt ihr mich erst weggebracht?

D Willst du noch eine?“

Berliner Seuche hier: Infektionserkrankung, die in Berlin ausbrach

Bagatelle unbedeutende Kleinigkeit, auch kleines musikalisches Stück (hier: literarisches Stück)

5. Ordne die verschiedenen Schlüsse (A–D) den Geschichten zu. Was ist allen gemeinsam?

Merkmale der Kalendergeschichte

Form	sehr knapp
Inhalt	
Erzählweise	Er-Form, Dialog …
Ende	
Erzählabsicht	

6. Ergänze die Tabelle.

Kalendergeschichte
Kurze Erzählung, die ihren Namen von dem Medium Kalender hat, in dem solche Geschichten ursprünglich gedruckt wurden. Sie ist betont einfach und enthält am Ende eine Moral, die auch witzig sein kann.

Kurzgeschichten und Kalendergeschichten → S. 273 M

Johann Peter Hebel (1760–1826) studierte Theologie und wurde Direktor eines Gymnasiums. Später machte er Karriere als Prälat der evangelischen Landeskirche in Baden. Er wurde weltberühmt vor allem als alemannischer Dichter und für seine lehrreichen und unterhaltsamen Kalendergeschichten, die im „Schatzkästlein des rheinischen Hausfreundes" veröffentlicht wurden.

nicht vexiert wäre kein Spaß wäre, es ernst gemeint sei

Rock Anzug

Kirchweihe Kirchenfest

Schnepper Gerät für den Aderlass, d. h. um Blut abzunehmen (Barbiere zogen häufig umher und betätigten sich auch als Heiler, z. B. bei Bluthochdruck)

Zundel Zündmittel, wie unser heutiges Streichholz

Fließpapier Löschpapier, um Blut zu stillen

Der Barbierjunge von Segringen Johann Peter Hebel

Man muss Gott nicht versuchen, aber auch die Menschen nicht. Denn im vorigen Spätjahr kam in dem Wirtshause zu Segringen ein Fremder von der Armee an, der einen starken Bart hatte und fast wunderlich aussah, also dass ihm nicht recht zu trauen war. Der sagt zum Wirt, eh er etwas zu essen oder zu trinken fordert: „Habt Ihr keinen Barbier im Ort, der mich rasieren kann?" Der Wirt sagt ja und holt den Barbierer. Zu dem sagt der Fremde: „Ihr sollt mir den Bart abnehmen, aber ich habe eine kitzlige Haut. Wenn Ihr mich nicht ins Gesicht schneidet, so bezahl ich Euch vier Kronentaler. Wenn Ihr mich aber schneidet, so stech ich Euch tot. Ihr wäret nicht der Erste." Wie der erschrockene Mann das hörte (denn der fremde Herr machte ein Gesicht, als wenn es nicht vexiert wäre, und das spitzige, kalte Eisen lag auf dem Tisch), so springt er fort und schickt den Gesellen. Zu dem sagt der Herr das Nämliche. Wie der Gesell das Nämliche hört, springt er ebenfalls fort und schickt den Lehrjungen.

Der Lehrjunge lässt sich blenden von dem Geld und denkt: ‚Ich wag's. Geratet es und ich schneide ihn nicht, so kann ich mir für vier Kronentaler einen neuen Rock auf die Kirchweihe kaufen und einen Schnepper. Geratet's nicht, so weiß ich, was ich tue', und rasiert den Herrn. Der Herr hält ruhig still, weiß nicht, in welcher entsetzlichen Todesgefahr er ist, und der verwegene Lehrjunge spaziert ihm auch ganz kaltblütig mit dem Messer im Gesicht und um die Nase herum, als wenn's nur um einen Sechser oder im Fall eines Schnittes um ein Stücklein Zundel oder Fließpapier darauf zu tun wäre und nicht um vier Kronentaler und um ein Leben, und bringt ihm glücklich den Bart aus dem Gesicht ohne Schnitt und ohne Blut und dachte doch, als er fertig war: ‚Gottlob!'

Als aber der Herr aufgestanden war und sich im Spiegel beschaut und abgetrocknet hatte und gibt dem Jungen die vier Kronentaler, sagt er zu ihm: „Aber junger Mensch, wer hat dir den Mut gegeben, mich zu rasieren, so doch dein Herr und der Gesell sind fortgesprungen? Denn wenn du mich geschnitten hättest, so hätt ich dich erstochen." Der Lehrjunge aber bedankte sich lächelnd für das schöne Stück Geld und sagte: „Gnädiger Herr, Ihr hättet mich nicht verstochen, sondern wenn Ihr gezuckt hättet und ich hätt Euch ins Gesicht geschnitten, so wär ich Euch zuvorgekommen, hätt Euch augenblicklich die Gurgel abgehauen und wäre auf- und davongesprungen." Als aber der fremde Herr das hörte und an die Gefahr dachte, in der er gesessen war, ward er erst blass vor Schrecken und Todesangst, schenkte dem Burschen noch einen Kronentaler extra und hat seitdem zu keinem Barbier mehr gesagt: „Ich steche dich tot, wenn du mich schneidest."

1. Beschreibe die Verhaltensweise des Lehrlings:
   Worin liegt seine Überlegenheit?
2. Nachdem der Herr gegangen ist, haben der Meister und sein Geselle viele Fragen an den Lehrling. Spielt das Gespräch.

Der verlegene Magistrat Heinrich von Kleist

Ein H...r Stadtsoldat hatte vor nicht gar langer Zeit, ohne Erlaubnis seines Offiziers, die Stadtwache verlassen. Nach einem uralten Gesetz steht auf ein Verbrechen dieser Art, das sonst der Streitereien des Adels wegen von großer Wichtigkeit war, eigentlich der Tod. Gleichwohl, ohne das Gesetz mit bestimmten Worten aufzuheben, ist davon seit vielen hundert Jahren kein Gebrauch mehr gemacht worden: dergestalt, dass statt auf die Todesstrafe zu erkennen, derjenige, der sich dessen schuldig macht, nach einem feststehenden Gebrauch zu einer bloßen Geldstrafe, die er an die Stadtkasse zu erlegen hat, verurteilt wird. Der besagte Kerl aber, der keine Lust haben mochte, das Geld zu entrichten, erklärte zur großen Bestürzung des Magistrats, dass er, weil es ihm einmal zukomme, dem Gesetz gemäß sterben wolle. Der Magistrat, der ein Missverständnis vermutete, schickte einen Deputierten an den Kerl ab und ließ ihm bedeuten, um wie viel vorteilhafter es für ihn wäre, einige Gulden Geld zu erlegen als arkebusiert zu werden. Doch der Kerl blieb dabei, dass er seines Lebens müde sei und dass er sterben wolle: dergestalt, dass dem Magistrat, der kein Blut vergießen wollte, nichts übrig blieb, als dem Schelm die Geldstrafe zu erlassen, und noch froh war, als er erklärte, dass er, bei so bewandten Umständen, am Leben bleiben wolle.

Heinrich von Kleist (1777–1811) entstammte einer alten preußischen Offiziersfamilie. Er selbst lehnte aber die Offizierslaufbahn ab, wählte stattdessen den unsicheren Beruf eines Schriftstellers. Seine Dramen und Erzählungen gehören zu den wichtigen Werken deutscher Literatur.

Deputierter Gesandter

arkebusieren, Arkebuse ein Gewehr; hier: erschießen

3. Beschreibe die Verhaltensweise des Stadtsoldaten.
4. Stellt euch vor: Der Stadtsoldat und der Barbierjunge treffen sich und erzählen sich ihre Geschichte, indem sie ganz schön übertreiben. Spielt diese Begegnung.

Extra Lesen: Kalendergeschichten → S. 133

wohlfeil billig, preiswert

Das wohlfeile Mittagessen Johann Peter Hebel

Es ist ein altes Sprichwort: ____ – Aber der Löwenwirt in einem gewissen Städtlein war schon vorher darin. Zu diesem kam ein wohlgekleideter Gast. Kurz und trotzig verlangte er für sein Geld eine gute Fleischsuppe. Hierauf forderte er auch ein Stück Rindfleisch und ein Gemüs für sein Geld. Der Wirt fragte ganz höflich, ob ihm nicht auch ein Glas Wein beliebe. „O freilich, ja!", erwiderte der Gast, „wenn ich etwas Gutes haben kann für mein Geld." Nachdem er sich alles wohl hatte schmecken lassen, zog er einen abgeschliffenen Sechser aus der Tasche und sagte: „Hier, Herr Wirt, ist mein Geld." Der Wirt sagte: „Was soll das heißen? Seid Ihr mir nicht einen Taler schuldig?" Der Gast erwiderte: „Ich habe für keinen Taler Speise von Euch verlangt, sondern für mein Geld. Hier ist mein Geld. Mehr hab' ich nicht. Habt Ihr mir zu viel dafür gegeben, so ist's Eure Schuld." – Dieser Einfall war eigentlich nicht weit her. Es gehört nur Unverschämtheit dazu und ein unbekümmertes Gemüt, wie es am Ende ablaufen werde. Aber das Beste kommt noch. „Ihr seid ein durchtriebener Schalk", erwiderte der Wirt, „und hättet wohl etwas anders verdient. Aber ich schenke Euch das Mittagessen und hier noch ein Vierundzwanzigkreuzerstück dazu. Nur seid stille zu der Sache und geht zu meinem Nachbarn, dem Bärenwirt, und macht es ebenso!" Das sagte er, weil er mit seinem Nachbarn, dem Bärenwirt, aus Brotneid in Unfrieden lebte und einer dem anderen jeglichen Tort und Schimpf gerne antat und erwiderte. Aber der schlaue Gast griff lächelnd mit der einen Hand nach dem angebotenen Geld, mit der anderen vorsichtig nach der Türe, wünschte dem Wirt einen guten Abend und sagte: „Bei Eurem Nachbarn, dem Bärenwirt, bin ich schon gewesen und eben der hat mich zu Euch geschickt und kein anderer."

Tort Unrecht

So waren im Grund beide hintergangen und der Dritte hatte den Nutzen davon. Aber der listige Kunde hätte sich obendrein einen schönen Dank verdient, wenn sie eine gute Lehre daraus gezogen und sich miteinander ausgesöhnt hätten. Denn ____

1. Lies den Text genau: Am Anfang und Ende dieser Kalendergeschichte steht jeweils ein Sprichwort. Wähle aus den Sprichwörtern jeweils das passende aus und begründe deine Wahl.

Spare im Guten, so hast du in der Not. ■ Die wahren Freunde erkennt man oft erst in der Not. ■ Schuster, bleib bei deinen Leisten. ■ Ehrlich währt am längsten. ■ Wer andern eine Grube gräbt, fällt selbst hinein.

2. Wähle ein weiteres Sprichwort, zu dem du eine Kalendergeschichte schreibst. Achte dabei auf die knappe Form und auf eine beispielhafte Handlung mit einer witzigen Pointe, in der eine Lehre enthalten ist.

M Kurzgeschichten und Kalendergeschichten → S. 273
Extra Lesen: Kalendergeschichten → S. 133

Das hast du in diesem Kapitel gelernt:

- Merkmale von Kalendergeschichten erkennen
- Mit Kalendergeschichten produktiv umgehen
- Eine Kalendergeschichte schreiben

M Extra: Merkwissen → S. 273

So kannst du dein Wissen anwenden und deine Fähigkeiten trainieren:

Bagatelle Nr. 8 Martin Gülich

An einer Schule in einer Kreisstadt im Harz gab es merkwürdige nächtliche Zwischenfälle. Immer wieder fand der Direktor, der am Morgen das Schulhaus aufschloss, sämtliches Inventar der Aula in heillosem Durcheinander. Schaukästen waren verrückt, Bänke stapelten sich übereinander, die Wegweiser zum Sekretariat, zum Lehrerzimmer und zu den Fachsälen zeigten in falsche Richtungen. Dabei wurde nie etwas beschädigt. Sogar die Anschlagzettel vom Schwarzen Brett, die weitverstreut herumlagen, waren zuvor fein säuberlich von ihren Reißzwecken befreit worden. Der eilig herbeizitierte Hausmeister hatte das Chaos schnell wieder in Ordnung gebracht. Aber da sich die Zwischenfälle häuften, beschloss man, der Sache auf den Grund zu gehen. Man setzte den Hausmeister als nächtlichen Wachposten ein und installierte schließlich sogar eine Überwachungskamera. Alles blieb ruhig. Erst als man die Kamera nach zwei Monaten auf Anraten des Hausmeisters wieder abmontierte, fing das Durcheinander von Neuem an. Da kam dem Direktor ein Verdacht. Der Hausmeister, direkt mit den Vorwürfen konfrontiert, leugnete keine Sekunde. Er habe diese ganze Ordnung nicht mehr ausgehalten. Da habe er einfach handeln müssen. Danach habe er immer ganz besonders gut geschlafen, wohl wissend, dass am Morgen statt dem Wecker das Telefon klingeln würde. Die zwei Monate Kameraüberwachung aber seien die schlimmsten seines Lebens gewesen.

- Vergleiche diese Geschichte mit den Kalendergeschichten in diesem Kapitel: Welche Merkmale stimmen überein?
- Der Schulleiter will diesen Vorfall nicht an die Öffentlichkeit bringen, da der Hausmeister bisher gewissenhaft seinen Aufgaben nachgekommen ist. Er will ihm helfen. Schreibe dieses Gespräch zwischen dem Direktor und dem Hausmeister.
- Schreibe eine Kalendergeschichte auf der Grundlage des Sprichworts „Vertrauen ist gut, Kontrolle ist besser."

… und hier bleibe ich?!
Jugendbücher

Declan Doyle – abgeschoben James Heneghan

„Beachte ihn gar nicht", sagte Iron Eagle.
„Wen?"
„Dybinski. Lass ihn nicht merken, dass du dich über ihn ärgerst. Dann langweilt er sich und hört bald auf."
Am nächsten Tag folgten Dybinski und seine beiden Freunde Declan in die Cafeteria und redeten so laut über ihn, dass er und alle anderen es wohl oder übel hören mussten.

- Beschreibe, welche Assoziationen die Bilder und der Textauszug bei dir auslösen.

Was Bücher erzählen …

Klassenspiel Celia Rees

In der Klasse von Alex war es vor zwei Jahren zu einem drastischen Mobbing-Fall gekommen: Damals hatten sich alle gegen Michael Bailey verschworen. Niemand hatte ihn berühren oder mit ihm sprechen dürfen und die Schul-Gang hatte immer wieder Geld von ihm erpresst. Am Anfang war alles nur ein Spiel. In seiner Verzweiflung war Bailey über ein Brückengeländer geklettert und, anstatt ihm zu helfen, hatte fast die ganze Klasse „Spring, spring“ gerufen, alle waren völlig verrückt gewesen. Michael Bailey konnte damals in letzter Sekunde gerettet werden und Alex hatte nicht im Traum daran gedacht, dass sich so etwas noch einmal ereignen könnte. Aber bei Lauren, der Neuen in der Klasse, scheint sich Baileys Geschichte zu wiederholen …

Norbert Nobody oder Das Versprechen Nicky Singer

In dem Buch „Norbert Nobody oder Das Versprechen“ geht es um einen anfangs ängstlichen und sich in einer Außenseiterposition befindlichen Jungen namens Robert, genannt Norbert Nobody. Robert ist nicht gerade das, was man einen Draufgänger nennt. In der Schule wird er Norbert der Niemand, der Feigling, der Verlierer genannt. Umso erstaunter ist er, als sich die alte Edith Sorrell bei einem Klassenprojekt im Seniorenheim ausgerechnet für ihn entscheidet. Und dann nötigt sie ihm auch noch das Versprechen ab, in ein altes verlassenes Haus zu gehen, um dort nach David zu suchen. Diese Aufgabe verlangt Mut, Tapferkeit – und vor allem Zielstrebigkeit. Durch die Aufgabe erlangt er bei seinen Mitschülern Anerkennung und kann so zeigen, dass er kein Weichei ist …

Bradley – letzte Reihe, letzter Platz Louis Sachar

Was ist los mit Bradley? Ist er wirklich das Ekel, das er so überzeugend gibt? Warum sind Bradley Feinde lieber als Freunde? Oder ist alles nur gespielt? Oder ist er einfach so? Das möchte Jeff, der Neue in der Klasse, gern herausfinden. Jeff versteht erst nicht, was so schlimm daran ist, neben Bradley zu sitzen. Aber schon in der ersten Pause findet er es heraus. „Gib mir einen Dollar oder ich spuck dich an!“, ist Bradleys Antwort auf Jeffs vorsichtigen Annäherungsversuch. Ist das alles nur Bradleys Art, sich vor zu viel Nähe zu schützen? Hat er mit Freunden schlechte Erfahrungen gemacht …?

1. Schaue dir die Cover an und lies die Klappentexte dazu. Begründe, welches Buch du gerne näher kennenlernen möchtest.
2. Schreibe zu einem deiner Lieblingsbücher einen Klappentext.

Inhaltsangabe → S. 54 ff.
Extra Lesen: Jugendbuchausschnitte → S. 134 ff.

James Heneghan wurde 1930 in Liverpool geboren und wuchs in Liverpool und Belfast auf. Heute lebt er in Kanada. Er zählt zu den führenden englischsprachigen Jugendbuchautoren. Viele seiner Bücher befassen sich mit einem historischen Hintergrund und sind für ihre realistische und spannende Erzählweise mit Preisen ausgezeichnet worden.

Die Hintergründe

Declan Doyle – abgeschoben James Heneghan

Der dreizehnjährige Nordire Declan Doyle hat sich einer Terroristengruppe angeschlossen, weil seine Eltern und seine Schwester Mairead bei Terroranschlägen während des Bürgerkrieges umgekommen sind. Nun soll er zu seinem Onkel nach Kanada ausgeflogen werden, um dort ein neues Leben zu beginnen.

Sie hatten ihn mit Handschellen an den Sessel gefesselt, damit er im Flugzeug keinen Ärger machen konnte.

Für seine dreizehn Jahre war er klein und drahtig. Sein glattes, braunes Haar fiel ihm in die breite Stirn. Es musste dringend wieder einmal geschnitten werden. Auch seine Augen waren braun. Dunkel und in sich gekehrt standen sie in einem Gesicht, das hart gewirkt hätte, wenn da nicht die vollen, weichen Lippen gewesen wären. Er trug alte Bluejeans, weiße Baumwollsocken, abgewetzte Turnschuhe, ein blaues T-Shirt und einen alten grauen Wollpullover. Eine Uhr trug er nicht, aber am Mittelfinger seiner linken Hand steckte ein goldener Ehering, der einmal seiner Mutter gehört hatte.

Den Sitz ganz am Ende der Reihe hatte er für sich allein. Er drückte das Gesicht gegen das Fensterglas, und als er die beiden Polizeibeamten in Zivil im Terminalgebäude verschwinden sah, faltete er seine schmale Hand zusammen wie einen chinesischen Fächer und wand sie aus der Handschelle heraus.

Als man ihn an Bord gezerrt hatte, waren die Blicke aller Passagiere auf ihn gerichtet gewesen. Jetzt hatten sie die Köpfe nach vorn gedreht und versuchten so zu tun, als gäbe es ihn gar nicht. Die Stewardess stand an der offenen Tür und sprach in das Bordtelefon. Er musste schnell sein.

Er schob sich von seinem Sitz, atmete einmal tief durch und stürzte dann den Mittelgang entlang.

Jemand schrie: „Passt auf!“

Aber er war zu schnell für sie. Er war an der Stewardess vorbei und durch die Tür, ehe sie ihn aufhalten konnten.

„Halte ihn!“, rief die Stewardess dem Kontrolleur zu, einem großen, schmächtigen Mann, der unten an der Rollbahn stand.

Der Junge sprang wieselflink die Stufen hinunter. Bordkarten flatterten durch die Luft, als der Angestellte die Arme ausstreckte, um ihn aufzuhalten. Doch der sprang einen Schritt seitwärts, duckte sich unter dem Arm des Mannes hindurch und jagte in langen Sätzen und mit schwingenden Armen über das Rollfeld.

Die Stewardess musste inzwischen ihre Kollegen an den Abflugschaltern telefonisch verständigt haben, denn drei Frauen und zwei Männer bildeten eine Kette, um den Jungen abzufangen, der jetzt in die Halle gestürmt kam. [...]

Sie hatten ihn.

Und sie waren wütend. Im Polizeigriff führten sie ihn zum Terminalgebäude und schlossen ihn im Gepäckraum ein. Er öffnete und zerfetzte so viele Taschen und Koffer, wie er nur konnte, und warf den Inhalt durch den Raum. Als die Polizisten, die ihn zuvor in das Flugzeug geschafft hatten, zurückkamen, sah der Raum aus, als hätte ein Wirbelwind darin gewütet.

Die Maschine startete mit einer Verspätung von zweiunddreißig Minuten.

Diesmal gingen sie keinerlei Risiko ein. Ein Polizist sollte ihn bis nach London begleiten. Der Junge wurde wieder mit Handschellen an den Sitz gefesselt, doch diesmal lagen sie eng um die Gelenke und er hatte keine Möglichkeit, sich noch einmal herauszuwinden. Er saß an der Innenseite am Fenster. Der Polizist war ein großer, blonder, schweigsamer Mann, der den „Belfast Telegraph" las. Das Flugzeug rollte die Startbahn entlang und blieb stehen. Der Junge riss mit der freien Hand an der Handschelle, doch die Armlehne des Sessels gab nicht nach: Der Stahl grub sich in das Fleisch und der Junge biss sich vor Schmerz auf die Lippen. Der Polizist hob den Blick nicht von seiner Zeitung.

Es hatte über zwei Monate gedauert, den Jungen einzufangen.

[...]

„Ich komme wieder!", flüsterte er jetzt vor sich hin, als das Flugzeug Geschwindigkeit aufnahm und die Startbahn entlangraste. Er drückte die Wange gegen das Fenster. „Ich komme wieder!", sagte er noch einmal.

Das Flugzeug hob ab. Der Junge schaute hinunter. Gleichmäßige Reihen roter Dächer glitten unter der Maschine vorbei, Reihe um Reihe. In der grauen Dämmerung sahen sie wie lange Narben in der gemarterten Landschaft aus.

Hätte der Polizist nicht seine Zeitung gelesen, hätte er stattdessen das Spiegelbild im Glas des kleinen Fensters beobachtet, dann hätte er vielleicht bemerkt, dass der Junge weinte.

1. Welche Facetten der Figur Declan Doyle kannst du im Textausschnitt entdecken?
2. Skizziere vor dem Hintergrund der Informationen aus der Einleitung zu dem Textauszug eine mögliche Handlung zu Declans Zukunft in Kanada.

VOM BUCH ZUM BUCH

Parallel zur Erarbeitung des Kapitels kannst du ein **eigenes Buch** zu *Declan Doyle – abgeschoben* erstellen. Dieses Buch soll eine Art Begleitbuch zum Jugendbuch sein, in dem strukturiert unterschiedliche Dokumente (z. B. selbst verfasste Seiten, Ergebnisse von Gruppenarbeiten, Zeitungsausschnitte, Fotos, etc.) zusammengetragen und aufbewahrt werden. In der Randspalte sind hier und auf den nächsten Seiten, ausgehend vom jeweiligen Textausschnitt, die ersten Aufgaben oder Anregungen für dein „Buch zu dem Jugendbuch *Declan Doyle – abgeschoben*" formuliert. Z. B.:

- Sammle Informationen über die Figur Declan Doyle.
- Formuliere einen persönlichen Eindruck von Declan Doyle.
- Suche in Zeitschriften oder im Internet nach Gesichtern, die deiner persönlichen Vorstellung von Declan Doyle nahekommen. Stelle sie in einer Collage zusammen.

Vom Buch zum Buch → S. 284 M

Declans Albtraum – der Nordirland-Konflikt

Nordirland mit der Hauptstadt Belfast gehört heute politisch zum Vereinigten Königreich Großbritannien. Dies war aber nicht immer so.

Die Nord-Süd-Ausdehnung Nordirlands beträgt 140 km. Von Osten nach Westen sind es 180 km. Damit liegt Nordirlands Anteil an der gesamten irischen Insel bei nur etwa 16 Prozent.

Die Teilung der Insel Irland in den eigenständigen Staat Irland und den britischen Bestandteil Nordirland fand 1921 als Folge des irischen Unabhängigkeitskrieges (1919–1921) statt. Die Gesellschaft in Nordirland teilte sich zu dieser Zeit in zwei Gruppen. Die eine Gruppe hatte das Ziel einer Wiedervereinigung mit der Republik Irland. Zu dieser Gruppe gehörten Menschen, die meist katholisch waren, irische Wurzeln hatten und politisch zu den Republikanern gehörten. Die andere Gruppe, die größtenteils aus Menschen bestand, die seit dem 17. Jahrhundert aus England und Schottland eingewandert waren, um den protestantischen Einfluss im katholischen Irland zu steigern, kämpften für den Verbleib Nordirlands unter britischer Herrschaft. Zu dieser Gruppe gehörten also Menschen, die meist protestantisch waren, britische Wurzeln hatten und zu den Royalisten gehörten.

Dieser Konflikt um Macht und Identität zwischen den englisch- und schottischstämmigen Protestanten und den irischen Katholiken weitete sich im 20. Jahrhundert zu massiven Auseinandersetzungen aus, die oftmals begleitet waren von Anschlägen unter der Beteiligung von gefährlichen Terrorgruppen. Die Folgen dieser Gewalt kosteten fast viertausend Menschen das Leben.

Nachdem die Auseinandersetzungen zwischen den Bevölkerungsgruppen immer aggressiver wurden, schaltete sich die britische Armee ein, um in Nordirland für Ruhe zu sorgen. Dies gab für die Terrorgruppen, die nun befürchteten, dass Nordirland gänzlich von Großbritannien geführt werden würde, den Ausschlag, auch die britische Armee gewalttätig anzugreifen. Zusätzlich zu den Angriffen auf die britische Armee waren Bombenanschläge auf kommerzielle Ziele, wie Geschäfte und Firmen, ein zentraler Bestandteil der Irisch-Republikanischen Armee (IRA), die für die Befreiung Nordirlands kämpfte. Der verheerendste Fall war der Bloody Friday am 21. Juli 1972, bei dem in der Innenstadt von Belfast 22 Bomben explodierten, die neun Personen töteten und 130 verletzten.

Die Bezeichnungen protestantisch und katholisch haben in Nordirland nicht nur eine religiöse Bedeutung. Sie dienen auch als Unterscheidungsmerkmal zweier gesellschaftlicher Gruppen, die seit jeher gegensätzliche soziale, politische, wirtschaftliche und schließlich auch religiöse Einstellungen haben. Diese Einstellungen haben sich aus dem Gegensatz zwischen den alteingesessenen Iren, die arm, bäuerlich und katholisch waren, und den aus Großbritannien eingewanderten schottischen und englischen Siedlern, die wohlhabend, industriell und protestantisch waren, entwickelt. Nach vielen Jahrzehnten, die geprägt waren von Hass und Gewalt, einigten sich die Terrorgruppen mit der britischen Regierung im Karfreitagsabkommen 1998 auf eine Entwaffnung unter der Bedingung, dass Nordirland mehr Rechte bekommt und gegenüber Großbritannien mehr Eigenständigkeit erhält.

Im Juni 2007 gründete die britische Regierung eine parteiübergreifende Gruppe namens Consultative Group on the Past, die Vorschläge zu einem friedlichen Miteinander aller Bevölkerungsgruppen in Nordirland erarbeiten sollte. Im Februar 2010 wurde bekannt gegeben, dass Nordirland weitere Unabhängigkeiten von Großbritannien erhält. Das Leben in Nordirland begann sich daraufhin zu normalisieren mit dem Ziel, sich immer mehr von Großbritannien abzulösen und sich stärker Irland zuzuwenden. Politisch wäre heute das Ziel einer Vereinigung Nordirlands mit der Republik Irland möglich, wenn sich die Mehrheit der Nordiren dafür ausspricht. Das ist jedoch bisher nicht der Fall.

[...] Declan hatte seinen gewohnten Albtraum, den mit der explodierenden Bombe, der ihn am frühen Morgen erwachen ließ, in Schweiß und Tränen gebadet, dass er schrie und nicht wusste, wo er war. [...]

VOM BUCH ZUM BUCH
- Erstelle eine Mindmap mit den wichtigsten Informationen zu Nordirland.
- Recherchiere zu den unterstrichenen Oberbegriffen in Lexika oder im Internet und ergänze deine Informationen in der Mindmap.

1. Beschreibe, wie die Kindheit von Declan in Belfast ausgesehen haben könnte.

Extra Lesen: Jugendbuchausschnitte → S. 134 ff.

In einer **Figurenkonstellation** werden die Figuren einer Handlung untersucht und in einem Beziehungsnetz dargestellt.

Weitere Personen

„Mit Gewalt lassen sich Probleme nicht lösen. Declan sagte nichts.“

Da Declan mit der Familie seines Onkels einen Vertrag abgeschlossen hat, dass er bis Weihnachten in Kanada bleiben wird, um danach selbst zu entscheiden, ob er wieder zurück nach Irland möchte, muss er nun in Kanada auch eine Schule besuchen.

Ein paar Jungen machten sich über Declans Akzent lustig, aber er kümmerte sich nicht darum und schon bald, ungefähr nach einer Woche, ließen sie ihn in Ruhe. Alle, bis auf einen Brocken von einem Jungen, der Lyle Dybinski hieß und in die elfte Klasse ging. Dybinski hatte kleine, verschlagen blickende Augen und dicke Lippen wie aus Gummi. Mit seiner Größe, seiner Körpermasse und seinem ganzen aggressiven Aussehen schüchterte er alle ein und setzte sich überall durch. Er bedeutete für Lehrer und Schüler gleichermaßen eine ständige Bedrohung. Auch einige der Lehrer gingen ihm lieber aus dem Weg.

„Was ist denn das für eine Sprache?“, fragte er seine beiden treuen Gefolgsleute Al Barber und Leo Quiller, sobald er hörte, dass Declan mit jemandem redete. „Irisch, nehme ich an“, sagte dann einer von ihnen. „Für mich klingt es eher nach Schweinegrunzen“, antwortete Dybinski darauf höhnisch. [...] Dann lachten sie blöde. Im Vergleich zu ihrem Anführer Dybinski waren Barber und Quiller klein, und sie waren immer in seiner Nähe wie Parasitenfische unter einem Killerhai.

Declan beherrschte seinen Zorn und gab sich Mühe, sich seine Betroffenheit nicht anmerken zu lassen.

Manchmal amüsierte Dybinski seine Freunde auch mit rüden Bemerkungen wie: „Ich frage mich, ob das nicht ein Bursche von der IRA ist. Achtet auf Bomben in euren Schränken!“

Am Donnerstag der zweiten Woche funkelte Declans Partner am Laborplatz im Chemieraum, ein stiller, dunkler Junge mit dem seltsamen Namen Joe Iron Eagle, ihn von der Seite an und knurrte: „Eine große Hilfe bist du nicht gerade. Genauso gut könnte ich die ganze Arbeit allein machen.“

„Wie?“, sagte Declan. Iron Eagle hatte schwarzes Haar und blitzende Augen und eine Nase wie ein Adler, so gefährlich und angriffslustig wirkte sie. Vielleicht hieß er deswegen Eagle. Er sah jedenfalls ganz schön zäh und hart aus.

„Du siehst mir immer nur bei der Arbeit zu“, sagte Iron Eagle ruhig, „und dann lässt du es mich auch noch alles aufschreiben. Manchmal guckst du nicht mal zu, sondern liest bloß in deinem Buch."

Declan hob die Schultern. „Du kannst dich ja beim Lehrer beschweren."

Joe sah ihn ein paar Sekunden lang unbewegt an, dann wandte er sich wieder seiner Arbeit zu.

Am nächsten Tag fragte Iron Eagle: „Dybinski hat's auf dich abgesehen, wie?"

Declan sagte nichts. Er konnte nicht wissen, ob sein Laborpartner sich über ihn lustig machen wollte. Außerdem hatte er auch nicht die Absicht, mit diesem gefährlich aussehenden Burschen über seine Probleme zu sprechen. In der guten Woche, die sie jetzt schon beisammen waren, hatten sie kaum einmal ein Wort gewechselt.

Iron Eagle stellte keine Fragen mehr. Er schwieg.

In der dritten Woche sagte Declan zu Iron Eagle: „Gib mal her, ich schreibe das für dich auf."

„Du brauchst mir keinen Gefallen zu tun."

„Tue ich auch nicht." Declan nahm Heft und Kugelschreiber und fing an zu schreiben.

„Beachte ihn gar nicht", sagte Iron Eagle.

„Wen?"

„Dybinski. Lass ihn nicht merken, dass du dich über ihn ärgerst. Dann langweilt er sich und hört bald auf."

Am nächsten Tag folgten Dybinski und seine beiden Freunde Declan in die Cafeteria und redeten so laut über ihn, dass er und alle anderen es wohl oder übel hören mussten. „Da ist ja der kleine Ire", sagte Dybinski in gespielter Überraschung. „Ich hatte schon geglaubt, er hätte unsere Schule endlich verlassen, wo er doch solche Sprachprobleme hat."

„Nicht nötig", sagte sein Freund Quiller. „Wir haben eine ganz ausgezeichnete Anfängerklasse für Ausländer. Du wirst sehen, in ein paar Monaten kann sogar unser kleiner Ire vernünftig sprechen."

Barber fiel ein. „Richtig! Ihr werdet sehen, bis zum Sommer lernt der Ire Englisch!"

Sie lachten laut und stießen einander an.

Am Nachmittag im Labor sagte Joe: „Bleib cool! Wenn du sie gar nicht beachtest, werden sie bald aufhören."

Aber sie hörten nicht auf.

Gegen Ende der vierten Woche fand Declan, dass er nun genug von Dybinskis so genanntem Humor hatte, und so wartete er ab, bis er ihn auf dem Weg zum Waschraum über den leeren Flur gehen sah, trat aus seiner eigenen Klasse und folgte ihm. Am Trinkwasserbrunnen holte er ihn ein.

VOM BUCH ZUM BUCH

- Informiere dich in der Presse oder im Internet über die Definition des Begriffs *Mobbing*. Gestalte eine Informationsseite zum Thema *Mobbing*.

Declan sagte: „Keinen von deinen blöden Witzen mehr, verstehst du, Dybinski? Du hast deinen Spaß gehabt, aber jetzt wird es Zeit, damit aufzuhören."

Dybinski grinste und wischte sich mit dem Handrücken über die Lippen.

„Blöde Witze? Ich? Was glaubst du denn, mit wem du redest, Ire?"

„Mein Name ist nicht Ire, sondern Declan. Lass mich in Ruhe, das ist alles."

„Und wenn ich das nicht tue?" Dybinski schob die Brust heraus und reckte sich, sodass er um Kopf und Schultern größer war als Declan.

Declan schaute zu ihm auf: „Ich bitte dich ganz höflich darum und niemand ist hier, der es hören kann. Lass mich in Ruhe!" [...] Declan sagte nichts mehr. Er drehte sich um und ging in seine Klasse zurück.

Nach Schulschluss wartete Ana auf ihn. Dybinski wartete auch und Barber und Quiller standen bei ihm.

„Da ist ja der IRA-Bursche!", schrie Dybinski so laut, dass alle es hören konnten. „Hütet euch vor Autobomben! Guckt unter die Kühlerhauben, ehe ihr losfahrt!"

Declan ging zu ihm hinüber und hob den Kopf. „Komm, bringen wir's hinter uns!" Er ging auf den Fußballplatz zu.

Dybinski und seine beiden Freunde folgten ihm noch immer spottend. Hinter ihnen hatte sich eine kleine Menge Schaulustiger angesammelt.

Und dann geschah alles auf einmal.

Declan fuhr plötzlich herum und sprang den völlig überraschten Dybinski an.

Barber und Quiller blieben erstaunt zurück.

Declan packte Dybinskis Brust, krallte die Hände in den Pullover des größeren Jungen. Dann sprang er, den gesenkten Kopf vorgestreckt wie einen Rammbock, auf Dybinski zu, zog dessen Kopf herunter und versetzte ihm einen heftigen Kopfstoß mitten ins Gesicht.

[...] Niemand rührte sich. Barber und Quiller sahen einander an und zuckten die Achseln, als ginge Dybinski sie nichts an.

VOM BUCH ZUM BUCH

- Erstelle eine Figurenkonstellation mit Declan Doyle, Lyle Dybinski, Al Barber, Leo Quiller und Joe Iron Eagle. Notiere Aspekte, indem du verschiedene Möglichkeiten aufzeigst, wie Declan und seine Umgebung mit Dybinski und seiner Gruppe umgehen könnten.
- Verändere die dargestellten Situationen aus dem Text so, dass sie in deinen Alltag passen würden.

1. Diskutiert, wie sich das Verhalten von Dybinski und das von Joe Iron Eagle unterscheiden. Nennt Motive ihres Verhaltens.
2. Stellt die Beziehungen der Figuren zueinander in Standbildern dar.

Szenisches Spiel → S. 92
Extra Lesen: Jugendbuchausschnitte → S. 134 ff.

Declans Ersatzfamilie – Ana, Thomas, Kate und Matthew

„Ich glaube an den Himmel“, sagte Ana. „Wenn ich an meine richtigen Eltern denke, dann stelle ich mir immer vor, dass sie im Himmel sind.“

„Richtige Eltern?“, fragte Declan. „Soll das heißen ...“

Doch ihm blieb nicht die Zeit weiterzusprechen. Thomas kam ihnen entgegen, wie er es oft tat. Er kam gelaufen, so schnell es mit seinen schweren, ungelenken Schritten gehen wollte. Meistens kam der Bus von seiner Sonderschule ein wenig früher an. Er rief ihre Namen, freute sich sie zu sehen und stürzte sich auf Declan, um mit ihm zu ringen. Declan genoss seine kleinen Raufereien mit Thomas, der erstaunlich stark und mutig war. Sie kabbelten sich, bis sie das Haus erreicht hatten.

Später saßen Ana und Declan auf der Veranda in der Sonne.

Declan platzte heraus: „Was hast du gemeint mit deinen richtigen Eltern? Ich habe immer geglaubt, meine Tante und mein Onkel wären deine Eltern.“

„Wieso denn?“ Ana schien wirklich zu staunen. „Kate und Matthew sind nicht meine Eltern, nicht meine richtigen jedenfalls. Ich dachte, du wüsstest das!“

Declan runzelte die Stirn. „Woher soll ich das wohl wissen, wenn es mir keiner gesagt hat?“

„Sie hätten es dir sagen sollen. Vielleicht haben sie auch geglaubt, du wüsstest es.“

„Und du bist nicht meine Kusine?“

„Natürlich nicht!“ Ana lachte.

„Wer bist du denn dann, in Gottes Namen?!“ Declan ärgerte sich ein wenig. Warum hatte man ihm das nicht gesagt? Oder hatten sie es ihm doch erzählt, an dem Tag, an dem er angekommen war? Vielleicht hatte sein Onkel es erwähnt, als sie nach Otter Harbour gefahren waren. Er erinnerte sich an sehr wenig von diesem ersten Tag.

„Ich bin eine Waise, genau wie du“, erklärte Ana. „Kate und Matthew haben mich vor sechs Jahren aufgenommen, als mein Vater durch einen Unfall beim Bäumefällen ums Leben gekommen ist. An meine Mutter erinnere ich mich gar nicht. Die ist schon gestorben, als ich noch ein Baby war.“

„Und Thomas ist nicht dein Bruder?“

„Nein.“

„Und warum gerade Matthew und Kate?“

„Mein Vater und Matthew haben zusammen gearbeitet, drüben, auf der anderen Seite vom Berg. Und ich hatte ja sonst keinen Menschen. Da ist Matthew einfach gekommen und hat mich geholt, mehr weiß ich auch nicht.“

„Und was ist mit dem Idioten?“

„Mit wem?“

„Thomas. Dem Idioten. So nennt man doch solche Leute, oder?“

Ana wurde vor Zorn ganz rot. „Thomas ist kein Idiot. Er ist mit dem Down-Syndrom geboren, das ist alles; und ich liebe ihn! Und Matthew und Kate lieben ihn auch, und wenn du meinst …“

„Hör schon auf! Ich hab das doch gar nicht so gemeint. Tut mir leid. Ich mag Thomas doch auch. Du regst dich aber auch über alles auf!“

„Ich rege mich nicht über alles auf. Aber du kannst wirklich gemein sein! Thomas ist …“ Sie ballte die Fäuste, als wollte sie ihn schlagen.

„Ana, ich hab doch gesagt, dass es mir leidtut. Du hast recht. Aber ich will gar nicht gemein sein. Es tut mir leid.“ Er legte ihr den Arm um die Schultern, aber sie schüttelte ihn ab. „Was erwartest du denn von mir? Soll ich niederknien und um Verzeihung bitten?“

„Declan, manchmal bist du ein solcher Blödmann! Du machst mich ganz …“

Declan sah düster vor sich hin.

„Du machst mich so wahnsinnig, dass ich schreien könnte!“

Declan sagte nichts, bis sie ein wenig ruhiger geworden war. Dann bat er: „Erzähl mir von Thomas!“

„Erst versprichst du mir, dass du Thomas nie wieder einen Idioten nennst!“

„Versprochen!“

„Gut.“

„Matthew und Kate haben ihn auch adoptiert, nicht wahr?“

„Es ist fast dieselbe Geschichte“, bestätigte Ana. „Kate hat sie mir erzählt. Man hat ihn auf die Stufen vor der Kirche gelegt. Niemand weiß, wer seine Mutter ist.“

Declan schüttelte ungläubig den Kopf.

„Vater O’Connor war damals noch neu in der Gemeinde und wusste nicht, was er mit dem winzigen Neugeborenen anfangen sollte, das in eine blaue Decke gewickelt war. Also hat er den Klempner, der gerade die Rohre in der Kapelle ausgebessert hat, um Rat gefragt, was er wohl tun solle. Und Matthew, denn der war natürlich der Klempner, warf einen Blick auf das Baby und sagte, es würde wohl schwerfallen, eine Familie für ein behindertes Kind zu finden.“

„Das hat er gesagt?“

„Ja, jedenfalls hat Matthew das Baby mit zu Kate nach Hause genommen und sie hat es nach irgendjemandem Thomas genannt und nun ist das hier sein Zuhause.“

Declan schüttelte wieder den Kopf. „Ich möchte wetten, dass Miss Ritter auch dazugehört. Ihr Haus ist abgebrannt, stimmt’s?“

Ana nickte. „Sie hat alles verloren, was sie einmal besessen hat. Sie hatte vergessen, eine

Versicherung abzuschließen. Sie wusste nicht, wohin sie sollte, und Matthew …"

„Matthew und Kate haben sie aufgenommen", vollendete Declan den Satz.

„Die beiden sind ja so was wie Menschenklempner. Ich hab's gewusst! Dieser Vertrag zum Beispiel, den sie mit mir geschlossen haben … Sie glauben, sie könnten mich so zurechtbiegen, dass ich gar nicht mehr nach Hause will. Aber an mir werden Matthew und Kate nicht herumdoktern, dass kann ich dir sagen. Nicht an mir! Nicht an Declan Doyle!" Er sprang von der Veranda herunter auf den Hof. „Ich bin kein Fernseher, bei dem ein Draht kaputt ist! Mich hat keiner auf die Kirchentreppe gelegt, damit diese beiden Menschenreparierer mich finden sollten!"

„Declan!", rief Ana. „Wohin gehst du?"

„Das ist meine Sache!", rief er zurück, während er auf den Strand zuging.

Er blieb unten am Strand und saß dort auf einem Felsen, bis es fast dunkel war. In seinem Kopf waren die Gedanken in wildem Aufruhr. Diese süchtigen Menschenverbesserer hatten ihn gezwungen, in ein fremdes Land zu kommen. Mit welchem Recht hatten sie eine solche Entscheidung getroffen? Und nun hatten sie ihn zu einer Abmachung überredet, weil sie sein Leben auch reparieren wollten, wie das von Ana, von Thomas und von Miss Ritter. Aber ihn würden sie nicht in ihr feines Netz aus Lächeln und Schmeicheleien locken! Er wollte mit ihnen und ihrer Welt nichts zu tun haben! Solange er sich nicht als Teil ihrer Welt fühlte, war er es auch nicht.

Später fand ihn sein Onkel. „Kate hat dein Essen warmgestellt."

„Ich habe keinen Hunger."

„Komm trotzdem ins Haus. Der Wind ist kalt."

„Lass mich allein."

Matthew ging fort.

Als Declan endlich ins Haus kam, waren Ana und Thomas zu Bett gegangen und er sah, dass Kate und Matthew im Wohnzimmer vor dem Fernseher saßen.

„Bist du's, Declan?", rief Kate.

„Gute Nacht!" Er ließ sich nicht aufhalten, sondern stieg vor Kälte zitternd die Treppe zu seinem Zimmer hinauf.

VOM BUCH ZUM BUCH

- Du kannst für dein Buch Fotos von bekannten Schauspielern aussuchen, mit denen du bei der Verfilmung des Buches die Figuren besetzen würdest. Notiere neben jedem Foto die Eigenschaften und Vorlieben der Figur, die die Schauspieler darstellen sollen.
- Was geht Declan am Strand durch den Kopf? Schreibe einen inneren Monolog.

Innerer Monolog
Form des Erzählens, um Gedankengänge einer Figur zu verdeutlichen
→ s. S. 75

1. Lege für jede Figur eine Karteikarte an und schreibe auf, was du über die Familienmitglieder erfährst.
2. Suche in Zeitschriften oder im Internet nach Fotos, Gegenständen, Musik usw., die du für die jeweiligen Familienmitglieder auswählen würdest, und begründe deine Auswahl.
3. Ergänze auf deiner Karteikarte, was Declan von den jeweiligen Familienmitgliedern lernen könnte.

Erzählen → S. 74 ff.
Extra Lesen: Jugendbuchausschnitte → S. 134 ff.

VOM BUCH ZUM BUCH

- Starte eine Internetrecherche und suche Lieder, Texte und Gedichte, in denen ein Adler vorkommt. Welche Bedeutung hat hier jeweils der Adler?
- Declan erklärt, welche Bedeutung der Adler für ihn hat. Schreibe einen Tagebucheintrag.

Ein **Leitmotiv** ist eine einprägsame, im selben oder im ähnlichen Wortlaut wiederkehrende Aussage, die einer bestimmten Figur, Situation oder Stimmung zugeordnet wird.

Leitmotiv und Buchkritik

Flieg, junger Adler

In Büchern gibt es häufig Leitmotive, die immer wieder auftauchen.
In *Declan Doyle – abgeschoben* spielt der Adler immer wieder eine Rolle.

Declans Onkel Matthew holt Declan vom Flughafen Vancouver International Airport in Kanada ab. Sie fahren mit dem Auto an der Küste entlang.
„Declan hatte Mühe, seine Augen auf den Adler zu konzentrieren. Er hatte noch nie einen Adler gesehen, nur im Fernsehen. Der Vogel kreiste langsam über den Bergen. Declan konnte die Augen nicht von ihm wenden. Solche Freiheit! So hoch fliegen zu können und wie schwerelos durch die Luft zu gleiten!“

Da Declan unbedingt wieder nach Nordirland zurückmöchte, kapert er einige Tage später ein kleines Boot, um zurück zum Flughafen zu fahren.
„Declan war glücklich. Er hatte seinen Heimweg angetreten. Der Himmel war jetzt heller. Klippen und Strände und die Wälder dahinter waren deutlich zu sehen. Der Junge beobachtete einen Adler, der mit müheloser Anmut über Bäume und Felsen aufstieg. Die See war ruhig. Gott stand ihm bei. Vielleicht war der Adler ausgesandt, um über ihn zu wachen und ihn sicher nach Hause zu bringen.“

Declan wird erwischt und schließt mit seinem Onkel Matthew einen Vertrag. Bis Weihnachten muss er in Kanada bleiben, danach darf er entscheiden, ob er wieder nach Nordirland zurückkehren möchte.
„Für Declan war dieser Adler auf dem Dezemberblatt ein Omen. Hatte nicht während seines Fluchtversuchs nach Sea Island ein Adler über ihn gewacht? Es hatte also schon seine Ordnung, dass jetzt auch ein Adler über den letzten Dezembertag wachte, diesen Tag der Freiheit, den Declan mit einem Rotstift angestrichen hatte. Wenn der Dezember kam und Matthew das Kalenderblatt umschlug, sollte er sowohl diese Erinnerung an sein Versprechen bemerken als auch die feurigen Augen und den goldenen Schnabel des Adlers, der Rache für den Fall androhte, dass Matthew und Kate ihr Versprechen nicht hielten.“

Onkel Matthew nimmt Declan mit zur Jagd. Nach anfänglichem Hass auf seinen Onkel fasst Declan immer mehr Vertrauen zu Matthew.
„Sein Onkel suchte durch das Fernglas den Wald nach Hirschen oder Rehen ab. Declan beobachtete einen Adler, der über ihnen kreiste, die Flügel weit ausgestreckt. Der weiße Kopf war vom Morgenrot gefärbt.“

1. Beschreibe, wie Declan den Adler in den unterschiedlichen Situationen erlebt.
2. Erkläre, welche Bedeutung der Adler als Leitmotiv für Declan haben könnte.

Ein Schicksal in Nordirland – Declan Doyle

„Ich komme wieder!" So endet das erste Kapitel des Jugendbuches „Declan Doyle – abgeschoben" von James Heneghan. Beschrieben wird die Geschichte eines dreizehnjährigen nordirischen Jungen, der gegen seinen Willen und unter Polizeiaufsicht nach Kanada ausgewiesen wird, wo sein Onkel Matthew als einziges lebendes Familienmitglied wohnt. Immer wieder wird sehr authentisch und ungeschönt beschrieben, wie sich Declan Doyle bis dahin in Belfast der Terrorbande „Holy Terrors" angeschlossen hat, nachdem er erleben musste, dass seine Mutter und seine kleine Schwester Mairead bei einem Bombenanschlag ums Leben kommen. Für den Leser scheint es stellenweise unfassbar, wie sehr eine Familienstruktur auseinandergerissen werden kann und wie machtlos Declan seinem Schicksal ausgeliefert ist. Als Mitglied der „Holy Terrors", einer Gruppe junger irischer Katholiken, will er sich deshalb voller Hass und Wut an den protestantischen Briten rächen, die er für den Tod seiner Familie verantwortlich macht. Die Zeit in der Terrorgruppe beansprucht ihn immer mehr und so gerät er immer weiter in die Spirale von Gewalt und Terrorismus in den Straßen von Belfast.

Der Leser erfährt später, wie Declan sich in seiner Zeit in Kanada nur langsam von seiner Trauer und seiner Wut löst und erlebt, dass Gewalt und Hass seine Familie nicht wieder lebendig machen kann. Die Familie von seinem Onkel Matthew empfängt ihn mit viel Geduld und Toleranz. Doch Declan wehrt sich, die friedliche Stimmung in Kanada anzunehmen. Auch für den Leser scheint dieser Friede an einigen Stellen konstruiert und schwer nachvollziehbar. Sehr realistisch hingegen ist die Darstellung seiner schulischen Situation. Immer wieder eckt er in der Schule an, wo er erneut versucht, Probleme mit verbaler und körperlicher Gewalt zu lösen. Doch er lernt Menschen kennen, zu denen er Vertrauen haben kann, und erlebt, dass Gewalt keine Lösung ist.

Mit viel Einfühlungsvermögen für die Hauptfigur lässt der Autor James Heneghan seine Leser bis zum Schluss im Ungewissen, ob in Declan Doyles innerem Kampf um eine Rückkehr nach Nordirland (oder einem neuen Lebensbeginn in Kanada) der Verstand, das Gefühl oder beides siegt. Ein Buch, das außergewöhnlich ist und viel über die Geschichte Nordirlands bereithält.

1. Nenne Stellen, an denen die Meinung des Autors über das Buch sichtbar wird.

VOM BUCH ZUM BUCH

- Verfasse selbst eine Rezension zu dem Jugendbuch.
- Gestalte ein Werbeplakat mit einem Werbetext für eine Verfilmung des Jugendbuchs.

Eine **Rezension** ist eine kritische Betrachtung und Wertung eines Werkes, einer Film-, Theater- oder Fernsehaufführung bzw. eines Konzertes in einer Tageszeitung, einer Fachzeitschrift oder im Internet.

VOM BUCH ZUM BUCH

Ein Buch zum Selbermachen

Gestalte dein „Buch zum Buch“

In deinem Buch kannst du ganz unterschiedliche Arbeitsergebnisse sammeln und aufbewahren. Einiges hast du im Verlauf des Kapitels schon erarbeitet. Die folgenden Anregungen zeigen einige weitere Beispiele für dein „Buch zum Buch“.

- Ein eigenes Cover mit eigenem Klappentext gestalten
- Spannende Textstellen (am Computer) abschreiben und mit Zeichnungen oder Fotos illustrieren
- Ein Wörterbuch mit Erklärungen zu schwierigen Begriffen erstellen
- Eine Buchkritik für Jugendliche schreiben
- Ein Werbeplakat gestalten
- Einen Brief an die Hauptfigur schreiben, um Fragen zu stellen, die beim Lesen noch offengeblieben sind
- Hintergrundinformationen zum Autor suchen
- Ein selbst geschriebenes Kapitel mit neuen Figuren einfügen
- Eine Figurencollage mit Worten und Bildern erstellen
- Nach geeigneten Schauspielern für die Besetzung einer Verfilmung des Buches zu suchen
- Kapitel umschreiben, um Handlungsteile zu verändern
- Eine Fotostory entwickeln
- Eine Figurenkonstellation mit allen Figuren erstellen
- Sich selbst in die Handlung hineinschreiben
- Nach passender Hintergrundmusik für die Verfilmung suchen
- Ein Inhaltsverzeichnis schreiben
- Ein Lesezeichen, z.B. in Form eines Adlers, für das Buch gestalten
- …

Einen Leitfaden zur Nutzung des Buches erstellen

Überlege dir bereits im Vorfeld, wie dein „Buch zum Buch“ aufgebaut sein soll und welche Aufgaben du schwerpunktmäßig bearbeiten möchtest. Folgende Fragen können dir bei der Struktur deines Buches helfen:

Macht mein „Buch zum Buch“ anderen Lust, es sich anzuschauen?

Informiert mein „Buch zum Buch“ umfangreich über das Jugendbuch?

Ist mein „Buch zum Buch“ ansprechend gestaltet?

Das Buch binden

Wenn du alle Seiten zusammengestellt und in der richtigen Reihenfolge geordnet hast, kannst du dein Buch binden!

Der Einband mit Cover und Klappentext sollte aus etwas dickerem Papier oder Karton sein.

Das Buch könnt ihr entweder selbst mit einer Spiralbindung binden oder aber in einem Copy-Shop binden lassen. Fragt an eurer Schule, welche Ausstattung zum Buchbinden vorhanden ist. Vielleicht können euch hier auch die Kunstlehrerinnen und -lehrer helfen.

Präsentiere dein „Buch zum Buch“

Die Bücher zum Buch können vor einem Publikum präsentiert werden.

- In einer Glasvitrine der Schule
- In einer Präsentation vor Publikum. Überlegt hierzu, worauf ihr bei der Präsentation besonders achten wollt, z. B. welche Seiten ihr zeigt und was ihr wie vorlest. Gibt es Requisiten? Landkarten? Ihr könnt zur Präsentation auch weitere Medien einsetzen (z. B. OHP, Musik ...).
- In einer Lesenacht

Rainer Rudloff bei einer Lesung von: *Der Herr der Ringe*

Bewerte dein „Buch zum Buch“

Ihr könnt euch auch selbst bewerten, indem ihr folgende Leitfragen an die Bearbeitung eures Buches stellt:

Mein Bewertungsbogen
Habe ich für den Leser ausreichend deutlich gemacht, warum ich das Jugendbuch gewählt habe? ______
Sind die Informationsquellen, die ich genutzt habe, abwechslungsreich ausgewählt worden? ______
Ist es mir gelungen, ein vielfältiges Buch mit einer guten Mischung an Schreibaufgaben und gestalterischen Aufgaben zu erstellen? ______
Was könnte ich beim nächsten Mal noch besser machen? ______
Stimmt die äußere Form meines Buches? ______
Geben mir meine Mitschüler positive oder negative Rückmeldungen? ______
Was habe ich für mich selbst bei der Arbeit an meinem „Buch zum Buch“ gelernt? ______

Gabriele Wohmann, 1932 geboren, verfasste neben Gedichten, Romanen, Hör- und Fernsehspielen mehr als 300 Erzählungen und Kurzgeschichten. In ihren Texten beschreibt sie vor allem das Alltagsleben der Gegenwart.

Grün ist schöner Gabriele Wohmann

Ich bin ein grüner Mensch. Grün mit grünblauen Placken. Grüne Haut. Die Lippen von einem so schwärzlichen Grün, dass die Leute sich fürchten. Das wird überhaupt schlimm, wenn ich mal mehr unter Leute komme. In der Schule und dann als Erwachsener. Ich muss so viel wie möglich verdecken. Doktor Stempel hat auch immer Handschuhe an. Er hat Ekzem. Bei mir werden auch alle Leute neugierig drauf sein, was ich unter den Handschuhen habe. Sie werden denken, ich hätte Ekzem. Ich muss auch einen Namen dafür finden.

Das Kind drehte sich vor dem langen Badezimmerspiegel, betrachtete seinen nackten Körper, hob die stengeldünnen Ärmchen – alles grün, unten, oben; innen auch? Es trat näher an den Spiegel, streckte die Zunge heraus: finstre bläuliche Grünposen, ein fetter Grünlappen hing über die dunklen Lippen. Also auch innen grün. Es wischte den Tau seines Atems vom Glas, es lächelte sich zu: die blassen Zähne gefielen ihm.

Hässlich bin ich nicht. Nur unheimlich. Grüne Haut ist eigentlich schöner als braune oder rosige.

„Bist du schon im Wasser?", rief die Stimme der Mutter die Treppe herauf und durch den Gangschlauch zu ihm ins Badezimmer. „Bist du schon ein Frosch im Wasser?"

Grüner Frosch im Wasser.

„Ja!", schrie es.

Es patschte sich schnell in die knisternden Schaumwolken, glitschte an der Wannenschräge hinunter und schwitzte und schnaubte.

Aber das grüne Gesicht wird jeder sehn. Grün mit grünblauen Sprenkeln und einer fast schwarzen Zunge hinter fast schwarzen Lippen. Ich trag das grüne Haar tief in der Stirn, später krieg ich auch einen Bart, der wird auch grün. Und ich habe einen grünen Hals, ich winde immer einen Schal drum herum, der verdeckt auch den Nacken. Die Leute können denken, ich wär' bloß im Gesicht grün. Alles andere ist normal. Ich sag: an den Händen hab ich Ekzem, deshalb die Handschuhe. Sonst zeigt man ja nichts. Ich werde immer lange Hosen tragen.

„Ist's schön im Wasser, du Frosch?", rief die Mutter.

„Ja!", schrie es.

Alle werden denken: Wie ein Frosch sieht er aus. Aber ich kann natürlich nicht mit einem Mädchen und so, wie Dicki das macht, baden gehen. Ich bin ganz zurückhaltend, alle wollen mit mir baden gehen, alle Mädchen, immer werd ich gequält von allen Mädchen, baden zu gehen, aber ich bin ganz vornehm und ganz grün. Ich geh in der heißesten Sonne mit meinem Schal spazieren und mit den Handschuhen.

„Fröschlein," rief die Mutter, „gleich komm ich und seh' nach, ob du sauber bist."

Das Grüne wird mich natürlich von den andern absondern. Ich werd wie Onkel Walter: ein einsamer alter Mann. Nur schon, bevor ich alt bin.

Von der Badewanne aus konnte es in den Spiegel sehn. Es hob einen Arm aus dem Wasser: Schaumbläschen flüsterten; das nasse Grün glänzte, es sah schärfer und krasser aus als das trockne.

Schade, dass niemand je meine strahlende nasse Grünhaut sehen wird. Ich werde ein einsamer grüner Mann. Wie eine Schlange. Der Schlangenmann.

„Fröschlein," rief die Mutter, „gleich hol ich dich raus!"

„Ja", rief es.

Jetzt hab ich noch die Mutter, die weiß es. Später weiß es keiner mehr.

Es hörte die flinken Schritte auf der Treppe, im Gang. Die Tür klaffte; es hielt die Hände vor die Augen, denn dazu hatte es gar keine Lust! Ein Strom frischer Luft zog herein, und die Mutter knipste die Höhensonne aus und schaltete das gelbe weiche Deckenlicht an und sagte:

„So, nun komm, mein blasser sauberer Froschmann."

Fünfzehn Reiner Kunze

Sie trägt einen Rock, den kann man nicht beschreiben, denn schon ein einziges Wort wäre zu lang. Ihr Schal dagegen ähnelt einer Doppelschleppe: lässig um den Hals geworfen, fällt er in ganzer Breite über Schienbein und Wade. (Am liebsten hätte sie einen Schal, an dem mindestens drei Großmütter zweieinhalb Jahre gestrickt haben – eine Art Niagara-Fall aus Wolle. Ich glaube, von einem solchen Schal würde sie behaupten, daß der genau ihrem Lebensgefühl entspricht. Doch wer hat vor zweieinhalb Jahren wissen können, daß solche Schals heute Mode sein würden.) Zum Schal trägt sie Tennisschuhe, auf denen jeder ihrer Freunde und jede ihrer Freundinnen unterschrieben haben. Sie ist fünfzehn Jahre alt und gibt nichts auf die Meinung uralter Leute – das sind alle Leute über dreißig. Könnte einer von ihnen sie verstehen, selbst wenn er sich bemühen würde? Ich bin über dreißig.

Wenn sie Musik hört, vibrieren noch im übernächsten Zimmer die Türfüllungen. Ich weiß, diese Lautstärke bedeutet für sie Lustgewinn. Teilbefriedigung ihres Bedürfnisses nach Protest. Überschallverdrängung unangenehmer logischer Schlüsse. Trance. Dennoch ertappe ich mich immer wieder bei einer Kurzschlußreaktion: Ich spüre plötzlich den Drang in mir, sie zu bitten, das Radio leiser zu stellen. Wie also könnte ich sie verstehen – bei diesem Nervensystem?

Noch hinderlicher ist die Neigung, allzu hochragende Gedanken erden zu wollen.

Auf den Möbeln ihres Zimmers flockt der Staub. Unter ihrem Bett wallt er. Dazwischen liegen Haarklemmen, ein Taschenspiegel, Knautschlacklederreste, Schnellhefter, Apfelstiele, ein Plastikbeutel mit der Aufschrift „Der Duft der großen weiten Welt", angelesene und übereinandergestülpte Bücher (Hesse, Karl May, Hölderlin), Jeans mit in sich gekehrten Hosenbeinen, halb- und dreiviertel gewendete Pullover, Strumpfhosen, Nylon und benutzte Taschentücher. (Die Ausläufer dieser Hügellandschaft erstrecken sich bis ins Bad und in die Küche). Ich weiß: Sie will sich nicht den Nichtigkeiten des Lebens ausliefern. Sie fürchtet die Einengung des Blicks, des Geistes. Sie fürchtet die Abstumpfung der Seele durch Wiederholung! Außerdem wägt sie die Tätigkeiten gegeneinander ab nach dem Maß an Unlustgefühlen, das mit ihnen verbunden sein könnte, und betrachtet es als Ausdruck persönlicher Freiheit, die unlustintensiveren zu ignorieren. Doch nicht nur, daß ich ab und zu heimlich ihr Zimmer wische, um ihre Mutter vor Herzkrämpfen zu bewahren – ich muß mich auch der Versuchung erwehren, diese Nichtigkeiten ins Blickfeld zu rücken und auf die Ausbildung innerer Zwänge hinzuwirken.

Einmal bin ich dieser Versuchung erlegen.

Sie ekelt sich schrecklich vor Spinnen. Also sagte ich: „Unter deinem Bett waren zwei Spinnennester."

Ihre mit lila Augentusche nachgedunkelten Lider verschwanden hinter den hervortretenden Augäpfeln, und sie begann „Iix, Ääx! Uh!" zu rufen, sodaß ihre Englischlehrerin, wäre sie zugegen gewesen, von soviel Kehlkopfknacklauten – englisch „glottal Stopps" – ohnmächtig geworden wäre. „Und warum bauen die ihre Nester gerade bei mir unterm Bett?"

„Dort werden sie nicht so oft gestört." Direkter wollte ich nicht werden, und sie ist intelligent. Am Abend hatte sie ihr inneres Gleichgewicht wiedergewonnen. Im Bett liegend, machte sie einen fast überlegenen Eindruck. Ihre Hausschuhe standen auf dem Klavier. „Die stelle ich jetzt immer dorthin", sagte sie. „Damit keine Spinnen hineinkriechen können."

Der hilflose Knabe Bertolt Brecht

Herr K. sprach über die Unart, erlittenes Unrecht stillschweigend in sich hineinzufressen, und erzählte folgende Geschichte: „Einen vor sich hin weinenden Jungen fragte ein Vorübergehender nach dem Grund seines Kummers. ‚Ich hatte zwei Groschen für das Kino beisammen‘, sagte der Knabe, ‚da kam ein Junge und riß mir einen aus der Hand‘, und er zeigte auf einen Jungen, der in einiger Entfernung zu sehen war. ‚Hast du denn nicht um Hilfe geschrien?‘ fragte der Mann. ‚Doch‘, sagte der Junge und schluchzte ein wenig stärker. ‚Hat dich niemand gehört?‘ fragte ihn der Mann weiter, ihn liebevoll streichelnd. ‚Nein‘, schluchzte der Junge. ‚Kannst du denn nicht lauter schreien?‘ fragte der Mann. ‚Nein‘, sagte der Junge und blickte ihn mit neuer Hoffnung an. Denn der Mann lächelte. ‚Dann gib auch den her‘, sagte er, nahm ihm den letzten Groschen aus der Hand und ging unbekümmert weiter.“

Geschäfte Maxim Biller

Schon als Achtjähriger entdeckte Gildenblatt seine Schwäche für Geschäfte. Eines Tages schrieb er seiner Mutter einen Brief:

„Müll runtergetragen, Brot geholt, Jankele zum Spielplatz gebracht, Kinderzimmer aufgeräumt. Macht neun Euro.“

Gildenblatts Mutter drehte den Zettel um und schrieb auf die Rückseite:

„Neun Monate in meinem Bauch getragen, zwei Jahre Windeln gewechselt, als du Mumps hattest, nachts nicht geschlafen, jeden Tag zur Schule gefahren – alles umsonst.“

Der Junge war beschämt. Tränen stiegen ihm in die Augen, und er weinte kurz und heftig. Dann sagte er: „Das Geld brauch ich bis morgen.“

Heldentat eines Hundes Sławomir Mrożek

Als der beherzte Hund merkte, dass sein Herrchen, ein gewisser A. R., weitere drei Liter Wodka einkaufte, stürzte er sich auf die Flaschen und trank ihren Inhalt blitzschnell bis zur Neige aus, womit er seinen Herrn vor der unweigerlichen Vergiftung rettete. Der Zustand des Heldenhundes ist besorgniserregend.

Zum Inhalt:
Brian ist in einem kleinen Flugzeug auf dem Weg zu seinem Vater, als der Pilot plötzlich einen Herzinfarkt erleidet. Dem Jungen gelingt das Unmögliche: eine Notlandung auf einem See mitten in den kanadischen Wäldern. Doch damit beginnt das Abenteuer erst, denn nun muss er lernen, in der Wildnis zu überleben.

Allein in der Wildnis Gary Paulsen

Aus dem Fenster des kleinen Flugzeugs starrte Brian Robeson hinab auf die endlose, grüne Wildnis des Nordens. Es war eine Cessna 406 – einer jener sagenhaften „Buschflieger“, die fast auf jeder Wiese landen können. Das Motorengeräusch war so laut, dass ein Gespräch unmöglich war.

Brian hätte auch nicht gewusst, was er sagen sollte. Er war dreizehn Jahre alt und er war der einzige Passagier in diesem Flugzeug, bei diesem schweigsamen Piloten – wie war sein Name: Jim oder Jack? Ein Mann von beinahe fünfzig Jahren, der bis zum Start wortlos an seiner Maschine herumgebastelt hatte. Genau fünf Wörter hatte er gesprochen, seit Brian mit seiner Mutter im Auto auf diesem kleinen Flugfeld bei Hampton – im Staate New York – angekommen war, wo das Flugzeug auf ihn wartete.

„Steig vorne in den Copilotensitz!“

Das hatte Brian getan. Sie waren auf die Landebahn gerollt, hatten abgehoben – und dann dröhnte der Motor los. Zuerst fand Brian es aufregend: Noch nie war er in einem einmotorigen Flugzeug geflogen. Gebannt saß er im Cockpit und beobachtete die blinkenden Lichter und Schalter im Instrumentenbrett, das leise vibrierende Steuer und die Pedale vor ihm, während der wortkarge Pilot neben ihm die Maschine steil nach oben zog. Fünf Minuten später hatten sie eine Höhe von zweitausend Metern gewonnen und schwebten ruhig in Richtung Nordwesten. Noch immer schwieg der Pilot und nur das Dröhnen des Motors erfüllte die Kanzel. Bis zum endlosen Horizont, wo Himmel und Erde verschmolzen, rollten die Hügel mit sattgrünen Wäldern, mit düsteren Mooren und silbern blinkenden Flüssen und Seen dazwischen.

Brian saß da und schaute und hatte das einschläfernde Dröhnen des Motors in den Ohren. Vor seinem inneren Auge rollten die Ereignisse ab, die ihn hierhergeführt hatten – in den Copilotensitz eines kleinen Flugzeugs auf dem einsamen Weg nach Norden.

Und wieder kamen die Gedanken.

Und wie immer kamen sie mit einem einzigen hässlichen Wort: Scheidung.

Ein hässliches, trauriges Wort, das ihn an Streit und Tränen erinnerte. Und an Rechtsanwälte. Oh, wie er diese Rechtsanwälte hasste, die mit verlogenem Lächeln auf ihren Bürostühlen hockten und sich in einen Nebel juristischer Fachwörter hüllten. Was sie ihm da erklären wollten, war die einfache, harte Tatsache, dass sein Leben, wie er es bislang gekannt hatte, zerbrochen war; dass alle Sicherheit und Geborgenheit für ihn zu Ende war. Seine Familie, sein Leben mit Papa und Mama, mit seinen Freunden.

Scheidung. Ein hässliches, trauriges Wort. Scheidung – und Geheimnisse.

Ich hätte Nein sagen können Annika Thor

Als die Schule nach den Sommerferien wieder anfing, war ich krank. Kalle hatte Anton und mich mit Windpocken angesteckt; wir hatten noch keine Windpocken gehabt und durften erst wieder in die Schule, als die Pocken eingetrocknet waren. Normalerweise macht mir die Schule keinen besonderen Spaß. Außer in Sport bin ich in nichts gut und in Mathe kapier ich gar nichts mehr.

Aber jetzt hatte ich richtige Sehnsucht nach der Schule. Anton und ich waren den ganzen Juli über bei Papa in Dalarna gewesen, und als wir nach Stockholm zurückkamen, war Sabina im Ferienlager. Deshalb hatten wir uns zwei Monate nicht gesehen. Zwei Monate sind eine lange Zeit, wenn man sonst jeden Tag zusammen ist.

Ich hatte mir gewünscht, dass Sabina uns in Dalarna besuchen sollte, aber das wollte Papas neue Freundin nicht. Wahrscheinlich wollte sie Anton und mich auch nicht dort haben, aber das hat sich Papa wohl nicht zu sagen getraut.

Ich hatte Sabina zwei Briefe aus Dalarna geschrieben, aber eine richtige Antwort hab ich nicht bekommen. Daran war aber nichts Besonderes, Sabina schreibt eben nicht gern. Sie hat mir immerhin eine Ansichtskarte aus dem Ferienlager geschickt. Darauf waren zwei junge Hunde, die ihre Köpfe dicht zusammensteckten. „Einen Freund wie dich sollte jeder haben“ stand darunter. Geschrieben hatte sie nicht viel, nur dass das Wetter schön war und dass sie die ganze Zeit badeten und solche Sachen.

Jedenfalls musste ich noch eine Woche zu Hause bleiben, als die Schule schon angefangen hatte, es war furchtbar, die Windpocken juckten und Anton nervte wie gewöhnlich. Mama bekam Kopfschmerzen, und Kalle wollte nicht in den Kindergarten, solange Anton und ich zu Hause waren. Ich versuchte Sabina anzurufen, aber das Telefon war abgestellt. Es ist oft abgestellt, dann hat ihre Mama mal wieder die Rechnung nicht bezahlt.

Meine Windpocken trockneten schneller aus als Antons. Das geschah ihm recht, weil er immer so nervte. Am ersten Tag ging ich viel zu früh los. Ich war um Viertel vor acht in der Schule, der Unterricht fing erst zehn nach an. Der Schulhof war noch ganz leer, noch nicht mal die Erstklässler mit ihren giftgrünen und rosa Kappen und den zu großen Rucksäcken waren da.

Ich hangelte mich auf das Klettergerüst und setzte mich zurecht. Ich klettere gern, und von da oben hatte ich beide Schulhofeingänge im Auge. Aber ich wusste ja, dass Sabina von der Gotlandstraße kommen würde, in der Richtung wohnt sie.

Nach einer Weile kamen sie, zuerst die Kleinen und dann die Größeren. Ich wollte nicht, dass mich jemand sah, ich meine, jemand von meinen Klassenkameraden. Ich wollte allein sein, wenn Sabina kam. Es war schon so lange her und ich hatte jede Menge mit ihr zu besprechen. Hoffentlich kam sie nicht zu spät.

Zum Inhalt:
Solange Nora denken kann, war Sabina ihre beste Freundin. Doch nach den Sommerferien ist alles anders. Sabina ist jetzt in der Clique von Fanny, der Klassenschönheit, und lässt Nora links liegen. Aber so schnell gibt sich Nora nicht geschlagen. Sie wird um Sabinas Freundschaft kämpfen, notfalls mit Lippenstift und schicken Klamotten. Lästig ist nur, dass ihr diese Karin auf die Pelle rückt …

„Ein Buch, das Mut macht, auch mal gegen den Strom zu schwimmen. Ein sensibles Plädoyer für Toleranz und Zivilcourage.“ *Westfälische Nachrichten*

Ich saß ganz oben im Klettergerüst und aß Bonbons aus einer Tüte, die ich auf dem Weg zur Schule bei Ismet gekauft hatte. Dann hing ich eine Weile an den Kniekehlen. Es ist lustig, wenn alles auf dem Kopf steht, Häuser, Bäume, Menschen und die Autos draußen auf der Straße. Es war, als ob die ganze Welt auf dem Kopf stände, und nur man selber war noch richtig herum. *Jetzt ist die ganze Welt umgekippt, und das ist überhaupt nicht lustig.*

Während ich dort hing, näherte sich jemand. Wenn man so über Kopf hängt, ist es schwer, jemanden zu erkennen, aber ich sah, dass es Karin war. Niemand sonst trägt so hässliche Klamotten wie sie. [...]

„Hallo“, sagte Karin. „Bist du krank gewesen?“

Ich richtete mich auf.

„Ja“, sagte ich und guckte in eine andere Richtung. Zur Gotlandstraße. Warum kam sie bloß nicht, Sabina!

Karin blieb stehen.

„Möchtest du einen Bonbon?“, fragte ich.

„Ja, bitte.“

Ich holte eins aus der Tüte und hielt es zwischen Daumen und Zeigefinger, reichte es ihr. Aber als sie das Bonbon nehmen wollte, zog ich die Hand zurück, sodass sie nicht heranreichte. Ich wiederholte es zweimal, und dann ließ ich das Bonbon in den Sand unter dem Klettergerüst fallen.

„Nimm's doch“, sagte ich.

Karin sah traurig aus. Aber sie blieb stehen.

Da kam Sabina.

Ich sah sie schon von Weitem, erkannte sie an der Art, wie sie ging und wie das schwarze Haar um ihre Schulter wippte. Es war noch länger geworden. Sie sah eigentlich aus wie immer, und doch war etwas anders.

Sie trug enge Jeans und ein weißes Shirt. Das war so kurz, dass man ein Stück von ihrem braun gebrannten Bauch sah. Im Gürtel steckte ein Walkman und in den Ohren Kopfhörer. Ich richtete mich schwankend auf und winkte.

„Sabina!“, rief ich. „Hallo, Sabina!“

Sie hörte mich nicht. Wahrscheinlich hatte sie die Musik zu laut eingestellt. Sie ging einfach vorbei am Klettergerüst. Ich drehte mich um.

Da standen sie und küssten sich auf die Wangen.

Sabina und Fanny.

Dann hängte sich Sabina bei Fanny ein, nahm die Hörer heraus, und sie gingen zusammen über den Schulhof, die Köpfe dicht beieinander. Wie die jungen Hunde auf der Karte, die Sabina aus dem Ferienlager geschickt hatte. *Einen Freund wie dich sollte jeder haben.*

In meinem Kopf ging es im Kreis, in der Brust brannte es, und ich hatte ein Gefühl, als würde ich fallen.

Klassenspiel Celia Rees

„Hast du das gesehn?“

Josie Campbells Frage riss Alex aus ihren Gedanken. Mit einem ziemlich unangenehmen Ruck kehrte sie auf den Boden der Tatsachen zurück, auf den Schulhof in der Mittagspause.

„Was denn? Was soll ich denn gesehn haben?“

Sie sprach so eindringlich, dass Josie verwundert zu ihr aufschaute.

„Was ist denn los, Alex? Du machst ein Gesicht, als wär dir ein Gespenst begegnet oder so.“

Alexandra Lewis glaubte nicht an Gespenster. Bevor sie an etwas glaubte, brauchte sie schon einen handfesten Beweis dafür. Aber einen Augenblick lang bildete sie sich ein, ihn zu sehen, wie er ganz still und allein inmitten des chaotischen Getöses auf dem Schulhof stand. Michael Bailey. Er hatte einen glänzenden blauen Parka an. Der Pelzbesatz an der Kapuze warf dunkle Schatten über sein Gesicht. Man konnte nur die hohe, weiße Stirn erkennen, in die ihm ein paar Strähnen seiner leuchtend roten Haare hingen und dort Streifen bildeten. An seiner grauen Hose haftete an beiden Knien grober Sand und seine schwarzen Schuhe erstrahlten in der hellen Aprilsonne in einem stumpfen Glanz. Dann, in der kurzen Zeitspanne, die man braucht, um zu zwinkern und die Stirn zu runzeln, war er wieder verschwunden. Wenn Josie ihn auch gesehen hatte ...

Aber das war nicht der Fall. Sie zeigte in die entgegengesetzte Richtung und zerrte Alex jetzt am Ärmel, um ihre Aufmerksamkeit auf das zu lenken, was sie ihr zeigen wollte. „Dort drüben! Sieh doch nur! Sandi Mitchell. Sie macht Greg Simpson an!“

War das alles? Alex lehnte sich erleichtert an die Mauer.

„Na und?“, sagte sie und schaute zur Mitte des Schulhofs.

[...]

Sie wandte den Blick von Sandi und ihrem Fan-Club ab und schaute wieder zu der Stelle hin, an der sie diese eine seltsame Sekunde geglaubt hatte, Michael Bailey zu sehen. War er ein Gespenst gewesen? Nein. Das konnte sie nicht akzeptieren. Vielleicht gab es auch noch eine andere Erklärung dafür. Es *musste* eine andere Erklärung geben.

Jede x-beliebige Idee konnte einem plötzlich in den Sinn kommen. Warum dann nicht auch ein Mensch?

Vielleicht waren Gespenster genau das. Vorstellungen von Menschen, die einem durch den Kopf schossen und ohne jeden Grund auftauchten und wieder verschwanden. Das musste es sein. Das machte Sinn.

Alex schüttelte den Kopf und grinste vor sich hin. Ihre Fantasie hatte ihr einen Augenblick lang einen ganz schönen Streich gespielt.

Zum Inhalt:
In der Klasse von Alex war es vor zwei Jahren zu einem drastischen Mobbingfall gekommen: Damals hatten sich alle gegen Michael Bailey verschworen. Niemand hatte ihn berühren oder mit ihm sprechen dürfen und die Schulgang hatte immer wieder Geld von ihm erpresst. In seiner Verzweiflung war Bailey über ein Brückengeländer geklettert und anstatt ihm zu helfen, hatte fast die ganze Klasse „Spring, spring“ gerufen, alle waren völlig verrückt gewesen. – Michael Bailey konnte damals in letzter Sekunde gerettet werden und Alex hatte nicht im Traum daran gedacht, dass sich so etwas noch einmal ereignen könnte. Aber bei Lauren, der Neuen in der Klasse, scheint sich Baileys Geschichte zu wiederholen ...

Moderne Zeiten
Gedichte

Stadt am Abend Hans K. Wehren

Im Lichtbogen der Stadt
reifen die Sterne
nicht aus,
und den Lobruf
des Nachtvogels
erschlägt der Lärm.

Wir sind einsam geworden!

▸ Schildert, welche Vorstellungen ihr von Städten habt.

Und allein Heinz Kahlau

Zwischen Tieren sind wir jetzt schon Fremde.
Zwischen Gräsern, zwischen Bäumen auch.
Fremd ist uns der Erdgeruch der Moose.
Uns verwirrt der Wind. Des Regens Hauch.

Unsre Liebe ist zu Haus in Städten.
Ihre Landschaft lässt uns sorglos sein.
Zwischen ihren Lärmen und Gerüchen
fühlen wir uns sicher. Und allein.

Bäume Walter Helmut Fritz

Wieder hat man in der Stadt,
um Parkplätze zu schaffen,
Platanen gefällt.
Sie wussten viel.
Wenn wir in ihrer Nähe waren,
begrüßten wir sie als Freunde.
Inzwischen ist es fast

zu einem Verbrechen geworden,
nicht über Bäume zu sprechen,
ihre Wurzeln,
den Wind, die Vögel,
die sich in ihnen niederlassen,
den Frieden,
an den sie uns erinnern.

Düsseldorfer impromptu Reiner Kunze

Der himmel sieht die erde an
wie geld geld

Bäume aus
glas und stahl, morgens
voll glühender früchte

Der mensch
ist dem menschen
ein ellenbogen

Impromptu vor Augen haben, zur Hand haben; Klavierstück der Romantik, meist in 2- oder 3-teiliger Liedform in der Art einer Improvisation

Merkverse Christine Busta

Das Schönste, was uns die Raumfahrt zeigte,
war die Erde als blauer Stern.
Er ist bewohnbar. Aber verletzlich.

1. Verfahrt mit den Gedichten folgendermaßen:
- Lies die Gedichte und wähle eins für einen Vortrag aus.
- Tragt eure Gedichte vor.
- Schreibt spontan Wörter, die euch im Kopf geblieben sind, auf.
- Sprecht über eure Eindrücke von Städten, die ihr aus den Gedichten gewonnen habt.

Stadtlandschaft

Spät nachts Mascha Kaléko

Jetzt ruhn auch schon die letzten Großstadthäuser.
Im Tanzpalast ist die Musik verstummt.
Bis auf den Boy, der einen Schlager summt.
Und hinter Schenkentüren wird es leiser.

Es schläft der Lärm der Autos und Maschinen,
Und blasse Kinder träumen still vom Glück.
Ein Ehepaar kehrt stumm vom Fest zurück.
Die dürren Schatten zittern auf Gardinen.

Ein Omnibus durchrattert tote Straßen.
Auf kalter Parkbank schnarcht ein Vagabund.
Durch dunkle Tore irrt ein fremder Hund.
Und weint um Menschen, die ihn blind vergaßen.

In schwarzen Fetzen hängt die Nacht zerrissen,
Und wer ein Bett hat, ging schon längst zur Ruh.
Jetzt fallen selbst dem Mond die Augen zu ...
Nur Kranke stöhnen wach in ihren Kissen.

Es ist so still, als könnte nichts geschehen.
Jetzt schweigt des Tages Lied vom Kampf ums Brot.
– Nur irgendwo geht einer in den Tod.
Und morgen wird es in der Zeitung stehen ...

1. Lest das Gedicht laut vor.
2. Bestimme Reim, Metrum und Rhythmus (s. Randspalte).
3. Überlege, welche Rolle die formalen Merkmale in Bezug auf den Inhalt des Gedichts spielen.

Reim
- Binnenreim
- Kreuzreim (abab)
- Paarreim (aabb)
- umarmender Reim (abba)
- unreiner Reim

Metrum (Versmaß)
- Jambus xx́
- Trochäus x́x
- Daktylus x́xx
- Anapäst xxx́

Rhythmus
Z. B.: ruhig, bewegt. Er bezeichnet die Sprachmelodie eines Gedichts und wird vor allem durch das Metrum bestimmt.

M Gedichte → S. 273

Moderne Landschaft Uwe Greßmann

Stahlbäume wachsen auf den Bürgersteigen;
Und es zweigen die Drähte
Von Baum zu Baum.
Darunter **brüllen**
Die elektrischen Tiere
Mit Menschen im Herzen vorüber.
Und so mancher gehet vorbei dort
Und findet nichts weiter dabei;
Denn die steinerne Landschaft
Ist ja auch seine Mutter.

Telegrafenmasten werden mit Bäumen gleichgesetzt.

Die Fahrzeuge verhalten sich wie Lebewesen.

Die Fabrik wird mit einem Museum verglichen

Sonntagmorgen Mascha Kaléko

Die Straßen gähnen müde und verschlafen.
Wie ein Museum stumm ruht die Fabrik.
Ein Schupo träumt von einem Paragrafen,
Und irgendwo macht irgendwer Musik.

Die Stadtbahn fährt, als tät sie's zum Vergnügen,
Und man fliegt aus, durch Wanderkluft verschönt.
Man tut, als müßte man den Zug noch kriegen.
Heut muß man nicht. – Doch man ist's so gewöhnt.

Die Fenster der Geschäfte sind verriegelt
Und schlafen sich wie Menschenaugen aus. –
Die Sonntagskleider riechen frisch gebügelt.
Ein Duft von Rosenkohl durchzieht das Haus.

Man liest die wohlbeleibte Morgenzeitung
Und was der Ausverkauf ab morgen bringt.
Die Uhr tickt leis. – Es rauscht die Wasserleitung,
Wozu ein Mädchen schrill von Liebe singt.

Auf dem Balkon sitzt man, von Licht umflossen.
Ein Grammophon kräht einen Tango fern …
Man holt sich seine ersten Sommersprossen
Und fühlt sich wohl. – Das ist der Tag des Herrn!

Schupo Schutzpolizist

1. Lest euch die Gedichte gegenseitig vor und beschreibt die Bilder, die in euren Köpfen entstehen.
2. Erklärt die Farbzuordnung bei den Gedankenblasen. Verwendet hierbei auch die Fachbegriffe, die in der Randspalte stehen.
3. Schreibe eines der beiden Gedichte ab, markiere mit unterschiedlichen Farben weitere sprachliche Bilder und halte deine Deutungen in Gedankenblasen fest.
4. Stellt den Zusammenhang zwischen den sprachlichen Bildern und dem Inhalt der Gedichte her.

Sprachliche Bilder
- **Metapher** ein bildhafter Ausdruck mit übertragener Bedeutung
- **Personifikation** Vermenschlichung von Gegenständen und Dingen
- **Vergleich** ein sprachliches Bild, das mit dem Wort „wie“ eingeleitet wird

Gedichte → S. 273 M

Stadtbeschreibung Kevin

die häuser stehen in reih und glied
die straßen liegen ihnen zu füßen
die autos krabbeln geschäftig umher
der asphalt atmet schwer
die bürgersteige ächzen unter ihrer last
die geschäfte preisen sich an
die ampeln machen auf sich aufmerksam
ein sonnenstrahl zwinkert in den fenstern
die fahrräder entringen sich ein lachen
die kinderwagen hüpfen fröhlich umher
die stadt läuft dem sommer entgegen

Moderner Planet: Saturn Ina

Regale ringsumher
voller Geräte und Waren
die Entscheidung fällt mir schwer
es hapert auch am Baren
Kabel wie Schlangen am Boden
ein Apfel zwinkert mir zu
der Kommerz lässt mir keine Ruh

5. Lies die beiden Schülergedichte.
   Welche sprachlichen Bilder erkennst du?
6. Schreibe ein eigenes Stadtgedicht. Gehe dabei folgendermaßen vor:
   a. Stelle dir vor, du bist in einem Einkaufszentrum, in einem großen Elektronikladen, auf einem Flugplatz, auf einer großen Kreuzung, an einem Ort deiner Wahl. Notiere Bilder, die du siehst.
   b. Ordne deine Eindrücke in einer Mindmap.
   c. Verfasse das Gedicht. Verwende hierbei sprachliche Bilder.
   d. Überarbeitet eure Gedichte mit einem Partner.
      Achtet dabei besonders auf die Verwendung sprachlicher Bilder.
   e. Präsentiert eure Gedichte.

M Schreibkonferenz → S. 287
M Gedichte → S. 273

Was ich kenne Walter Helmut Fritz

Mein Arbeitsplatz,
das Haus, die Straße, die Bäume,
die Bus-Haltestelle,
die nähere Umgebung,
ein Quadratkilometer,
die Gesichter von Gestern,
von letzter Woche –

das und einiges andere
ist das, was ich kenne.
Zu kennen glaube.

Denn dessen sicher,
dass ich es kenne,
bin ich nun schon nicht mehr.

Wie sonst
könnte ich mir erklären,
dass ich das, was ich so oft sah,
immer wieder sehen möchte.

Begierig,
mit wachsender Neugier.

Lyrisches Ich
In vielen Gedichten gibt es Sprecher. Geben diese ihre Eindrücke in der ersten Person Singular oder in der ersten Person Plural wieder, spricht man vom lyrischen Ich. Dieses darf nicht mit der Dichterin/dem Dichter gleichgesetzt werden.

Die Zeit fährt Auto Erich Kästner

Die Städte wachsen. Und die Kurse steigen.
Wenn jemand Geld hat, hat er auch Kredit.
Die Konten reden. Die Bilanzen schweigen.
Die Menschen sperren aus. Die Menschen streiken.
Der Globus dreht sich. Und wir drehn uns mit.

Die Zeit fährt Auto. Doch kein Mensch kann lenken.
Das Leben fliegt wie ein Gehöft vorbei.
Minister sprechen oft vom Steuersenken.
Wer weiß, ob sie im Ernste daran denken?
Der Globus dreht sich und geht nicht entzwei.

Die Käufer kaufen. Und die Händler werben.
Das Geld kursiert, als sei das seine Pflicht.
Fabriken wachsen. Und Fabriken sterben.
Was gestern war, geht heute schon in Scherben.
Der Globus dreht sich. Doch man sieht es nicht.

1. Vergleicht die Gedichte. Wo seht ihr Unterschiede? Beachtet den Hinweis in der Randspalte.
2. Tragt beide Gedichte vor. Wie wirken sie jeweils auf euch?
3. Ergänze bei einem der beiden Gedichte vier Verse. Achte darauf, dass du die passende Perspektive einhältst.

Gedichte → S. 273 M

Stadtbilder

Zum Bild:
George Grosz:
Arbeiter, 1921

Die Fabrik Gerrit Engelke

Düster, breit, kahl und eckig
Liegt im armen Vorort die Fabrik.
Zuckend schwillt, schrill und brutal
Aus den Toren Maschinen-Musik.

Schlot und Rohr, Schlot und Schlot,
heißdurchkochtes Turmgestein,
speien dickes Qualmgewölk
über traurigstarre Häuser, Straßenkot.

Tausend Mann, Schicht um Schicht,
saugt die laute Arbeits-Hölle auf.
Zwingt sie all in harte Pflicht
Stunde um Stunde.

Bis der Pfiff heiser gellt:
Aus offnem Tore strömen dann
Mädchen, Frauen, Mann und Mann –
Blasses Volk – müde – verquält –

Schläft der Ort –: glüh und grell
Schreit aus hundert Fenstern Licht!
Kraftgesumm, Rädersausen, Qualm durchbricht
Roh und dumpf die Nacht –

Tag und Nacht: Lärm und Dampf,
Immer Arbeit, immer Kampf:
Unerbittlich schröpft das Moloch-Haus
Stahl und Mensch um Menschen aus.

Moloch
Macht, die alles verschlingt

1. Beschreibe die Stimmung im Gedicht.
2. Übertrage die Tabelle in dein Heft und fülle sie aus.

	Verben	Nomen	Adjektive
Wortwahl im Gedicht			
Aussage (vermittelte Stimmung)			

3. Stelle einen Zusammenhang zwischen Inhalt, Stimmung und Wortwahl her.

M Gedichte → S. 273

Augen in der Großstadt Kurt Tucholsky

Wenn du zur Arbeit gehst
am frühen Morgen,
wenn du am Bahnhof stehst
mit deinen Sorgen:
da zeigt die Stadt
dir asphaltglatt
im Menschentrichter
Millionen Gesichter:
Zwei fremde Augen, ein kurzer Blick,
die Braue, Pupillen, die Lider –
Was war das? vielleicht dein
Lebensglück …
vorbei, verweht, nie wieder.

Du gehst dein Leben lang
auf tausend Straßen;
du siehst auf deinem Gang,
die dich vergaßen.
Ein Auge winkt,
die Seele klingt;
du hasts gefunden,
nur für Sekunden …
Zwei fremde Augen, ein kurzer Blick,
die Braue, Pupillen, die Lider;
Was war das? kein Mensch dreht
die Zeit zurück …
vorbei, verweht, nie wieder.

Du musst auf deinem Gang
durch Städte wandern;
siehst einen Pulsschlag lang
den fremden Andern.
Es kann ein Feind sein,
es kann ein Freund sein,
es kann im Kampfe dein
Genosse sein.
Er sieht hinüber
und zieht vorüber …
Zwei fremde Augen, ein kurzer Blick,
die Braue, Pupillen, die Lider.
Was war das?
Von der großen Menschheit ein Stück!
Vorbei, verweht, nie wieder.

Genosse
Anrede der Kommunisten und Sozialisten untereinander

Im Folgenden wurde die erste Strophe des Gedichts von Kurt Tucholsky in Prosa umgeschrieben:

Augen in der Großstadt – Umschreibung
Wenn du am frühen Morgen zur Arbeit gehst und dann mit deinen Sorgen am Bahnhof stehst, da zeigt dir die asphaltglatte Stadt Millionen Gesichter in einem Menschentrichter. Du siehst zwei fremde Augen, die dich kurz anblicken, und siehst die Brauen, die Pupillen und die Lider. Dann fragst du dich, was das war. Und überlegst, ob es dein Lebensglück hätte sein können. Aber da ist der Moment schon vorbei, er ist verweht und kommt nie wieder …

1. Vergleiche die Umschreibung der ersten Strophe des Gedichts mit dem Original. Was stellst du bezüglich des Satzbaus fest?
2. Beschreibe die Wirkung, die durch die Veränderungen entsteht.
3. Bearbeite eines der beiden Gedichte von Seite 144 oder 145 am Computer: Du kannst die Besonderheiten im Satzbau des Gedichts durch Gestaltung hervorheben (fett, kursiv, verschiedene Schriftgrößen und -typen etc).

Gedichte → S. 273 M

Die Stadt Theodor Storm

Am grauen Strand, am grauen Meer
Und seitab liegt die Stadt;
Der Nebel drückt die Dächer schwer,
Und durch die Stille braust das Meer
Eintönig um die Stadt.

Es rauscht kein Wald, es schlägt im Mai
Kein Vogel ohn' Unterlass;
Die Wandergans mit hartem Schrei
Nur fliegt in Herbstesnacht vorbei,
Am Strande weht das Gras.

Zum Bild:
Husum z. Zt. von Theodor Storm, ca. 1880

Doch hängt mein ganzes Herz an dir,
Du graue Stadt am Meer;
Der Jugend Zauber für und für
Ruht lächelnd doch auf dir, auf dir,
Du graue Stadt am Meer.

Meine Stadt Josef Reding

Meine Stadt ist oft
schmutzig;
aber mein kleiner Bruder
ist es auch
und ich mag ihn.

Meine Stadt ist oft
laut;
aber meine große Schwester
ist es auch
und ich mag sie.

Meine Stadt ist dunkel
wie die Stimme meines Vaters
und hell
wie die Augen meiner Mutter.

Meine Stadt und ich:
wir sind Freunde,
die sich kennen.
Nicht flüchtig kennen
wie die von fernher,
die der Bürgermeister
manchmal über die
Hauptstraße führt.
Er zeigt ihnen nicht
die Schutthalden.

Warum sollte er?
Zu Hause führen wir auch
unseren Besuch in das
Wohnzimmer und lassen ihn
mit unserem Mülleimer in Ruhe.

Aber manchmal, bevor ich
zur Schule gehe,
klopfe ich dem braven grauen
Müllkasten auf den Deckel,
dass er fröhlich klappert.
Und am Schuttfeld
werfe ich grüßend einen
Stein auf die
blitzende Konservendose
dahinten, dass sie tanzt.

TIPP

Zur Vorbereitung des Vergleichs kannst du deine Ergebnisse in einer Mindmap sammeln.

Zum Bild:
Claude Monet: *Charing Cross Bridge,* 1899, Shelburne Museum

Die stille Stadt Richard Dehmel

Liegt eine Stadt im Tale,
ein blasser Tag vergeht;
es wird nicht lange dauern mehr,
bis weder Mond noch Sterne,
nur Nacht am Himmel steht.
Von allen Bergen drücken
Nebel auf die Stadt;
es dringt kein Dach, nicht Hof noch Haus,
kein Laut aus ihrem Rauch heraus,
kaum Türme noch und Brücken.
Doch als den Wandrer graute,
da ging ein Lichtlein auf im Grund;
und durch den Rauch und Nebel
begann ein leiser Lobgesang,
aus Kindermund.

Die nüchterne Stadt Paul Zech

Straßauf, straßab durchstreifen wir die Stadt
die graue Stadt, die Stadt zermürbter Brücken.
Verlumpte Bettler drohen giftig mit den Krücken
Und Händler drücken uns an Häusern platt.

Aus Wirtshausfenstern wirbelt fetter Bratgeruch
Und Lustgebrüll aus hundert Singspielhallen.
Wir müssen schnell die Riemen fester schnallen
Und ducken uns vor Fremdenhass und Lästerfluch.

Den Korso überwölkt Geheul von Schiffsfanfaren
Und Bahngeräusch bleit sich in unsre Nerven rücksichtslos.
Aus Pflasterritzen wuchert Unkraut riesengroß.

Verkrüppelt stehn paar Linden am Kanal.
Verstimmte Glocken überwimmern Lust und Qual
und nirgend sieht man Kinder, die sich um ein Spielwerk scharen.

Korso
breite Prachtstraße

1. Vergleicht in Gruppen die Gedichte auf Seite 146 und 147 miteinander:
   – Welche Stadtbilder werden in den Gedichten jeweils entworfen?
   – Wie sind sie formal gestaltet (Reim, Metrum etc.)?
   – Welche Auffälligkeiten in Wortwahl und Satzbau gibt es?
   – Welche Stimmung und Wirkung haben die Gedichte?
2. Tragt die Gedichte vor und präsentiert die Ergebnisse eures Vergleichs.

Gedichte → S. 273 M

Das hast du in diesem Kapitel gelernt:

Merkmale von Gedichten
- Reim, Metrum und Rhythmus erkennen
- Sprachliche Bilder (Metapher, Personifikation, Vergleich) erkennen und anwenden
- Lyrisches Ich erkennen
- Wortwahl und Satzbau untersuchen
- Gedichte vergleichen

M Extra: Merkwissen → S. 273

So kannst du dein Wissen anwenden und deine Fähigkeiten trainieren:

Der Blitzzug Detlev von Liliencron

Quer durch Europa von Westen nach Osten
Rüttert und rattert die Bahnmelodie.
Gilt es, die Seligkeit schneller zu kosten?
Kommt er zu spät an im Himmelslogis?
Fortfort Fortfort drehn sich die Räder
Rasend dahin auf dem Schienengeäder,
Rauch ist der Bestie verschwindender Schweif,
Schaffnerpfiff, Lokomotivengepfeif.

Länder verfliegen und Städte versinken,
Stunden und Tage verflattern im Flug,
Täler und Berge, vorbei, wenn sie winken,
Traumbilder, Sehnsucht und Sinnenbetrug.
Mondschein und Sonne, noch einmal die Sterne
Bald ist erreicht die beglückende Ferne,
Dämmerung, Abend und Nebel und Nacht,
Stürmisch erwartet, was glühend gedacht.

Dämmerung senkt sich allmählich wie Gaze,
Schon hat die Venus die Wache gestellt,
Nur noch ein Stündchen! Dann nimmt sich die Straße,
Trennt, was sich hier aneinandergestellt:
Reiche Familien, Bankiers, Kavaliere,
Landrat, Gelehrter, ein Prinz, Offiziere,
„Damen und Herren", ein Dichter im Schwarm,
Liebliche Kinder mit Spielzeug im Arm.

Logis Wohnung, Unterkunft

Gaze durchsichtiges Gewebe

Venus Göttin der Liebe

Nun ist das Dunkel dämonisch gewachsen,
In den Coupés brennt die Gasflamme schon.
Fortfort Fortfort, glühende Achsen,
Schrillt ein Signal, klingt ein wimmernder Ton?
    Fortfort Fortfort, steht an der Kurve,
    Steht da der Tod mit der Bombe zum Wurfe?
    Halthalthalthalthalthalthalthaltein –
    Ein anderer Zug fährt schräg hinein.

Folgenden Tags, unter Trümmern verloren,
Finden sich zwischen verkohltem Gebein,
Finden sich schuttüberschutt zwei Sporen,
Brennscheren, Uhren, ein Aktienschein,
    Geld, ein Gedichtbuch: „Seraphische Töne",
    Ringe, ein Notenblatt: „Meiner Camöne",
    Endlich ein Püppchen, im Bettchen verbrannt,
    Dem war ein Eselchen vorgespannt.

Coupé Zugabteil

seraphisch engelgleich

Camöne Quellnymphe, Muse

- Bestimme Reim, Metrum und Rhythmus des Gedichts.
- Untersuche die sprachlichen Bilder und deute sie. Stelle dabei einen Zusammenhang zwischen ihnen und dem Inhalt her.
- Untersuche Wortwahl und Syntax. Welche Bedeutung haben sie für den Inhalt?

Luftveränderung Kurt Tucholsky

Fahre mit der Eisenbahn
fahre, Junge, fahre!
Auf dem Deck vom Wasserkahn
wehen deine Haare.
    Tauch in fremde Städte ein,
    lauf in fremden Gassen;
    höre fremde Menschen schrein,
    trink aus fremden Tassen.

Flieh Betrieb und Telefon,
grab in alten Schmökern,
sieh am Seinekai, mein Sohn,
Weisheit still verhökern.
    Lauf in Afrika umher,
    reite durch Oasen;
    lausche auf ein blaues Meer,
    hör den Mistral blasen!

Wie du auch die Welt durchflitzt
ohne Rast und Ruh – :
Hinten auf dem Puffer sitzt
du.

Seine Fluss in Frankreich

Mistral kalter Nord- bis Nordwestwind

- Vergleiche die beiden Gedichte. Wie wird jeweils das Thema Reisen dargestellt?

Am Meer und im Moor
Balladen

„Das was man malt, ist dem Maler, wie das Instrument, auf dem der Musiker seine Töne streicht." *Emil Nolde (29.08.1940)*

„Träume können Empfindungen, Szenen und Bilder so eindringlich und schön gestalten wie der wache Künstler es nicht kann." *Emil Nolde (28.12.1940)*

Zum Bild:
Emil Nolde, *Mondnacht,* 1914, Ölfarben auf Leinwand, 69 × 89 cm, Wien, Museum Albertina, Wvz Urban 613

- Emil Nolde hat viele farbintensive Bilder gemalt, die das Meer zeigen. Beschreibt das Bild.
- Erklärt das Zitat. Welche „Farben" und „Instrumente" benutzt ein Dichter, um sich auszudrücken?

Balladenmix

Das Wasser rauscht', das Wasser schwoll,
Netzt' ihm den nackten Fuß;
Sein Herz wuchs ihm so sehnsuchtsvoll,
Wie bei der Liebsten Gruß.
Sie sprach zu ihm, sie sang zu ihm;
Da wars um ihn geschehn:
Halb zog sie ihn, halb sank er hin,
Und ward nicht mehr gesehn.

Wer reitet so spät durch Nacht und Wind?
Es ist der Vater mit seinem Kind;
Er hat den Knaben wohl in dem Arm,
Er fasst ihn sicher, er hält ihn warm.

Die Ballade – Gattungsmerkmale		
lyrische Elemente ▪ Reim ▪ Vers/Strophe ▪ Rhythmus/Metrum	**dramatische Elemente** ▪ Wiedergabe von Handlung in direkter Rede ▪ Einteilung in Szenen ▪ Aufbau von Spannung	**epische Elemente** ▪ Darstellung einer Abfolge von Ereignissen durch einen Erzähler ▪ berichthaftes Erzählen

Da birst das Moor, ein Seufzer geht
Hervor aus der klaffenden Höhle;
Weh, weh, da ruft die verdammte Margret:
„Ho, ho, meine arme Seele!“
Der Knabe springt wie ein wundes Reh;
Wärn nicht Schutzengel in seiner Näh,
Seine bleichenden Knöchelchen fände spät
Ein Gräber im Moorgeschwele.

Der Zugwind wächst, doch die Qualmwolke steht,
Der Kapitän nach dem Steuer späht,
Er sieht nicht mehr seinen Steuermann,
Aber durchs Sprachrohr fragt er an:
„Noch da, John Maynard?“
„Ja, Herr. Ich bin.“
„Auf den Strand! In die Brandung!“
„Ich halte drauf hin.“
Und das Schiffsvolk jubelt: „Halt aus! Hallo!“
Und noch zehn Minuten bis Buffalo.

1. Kennt ihr die Balladenausschnitte oder weitere Balladen? Erzählt euch die Inhalte der Balladen.
2. Untersucht die Balladenstrophen in Bezug auf lyrische, dramatische und epische Elemente.

Balladen → S. 274 M
Extra Lesen: Balladen → S. 166 ff.

Johann Wolfgang Goethe wurde 1749 in Frankfurt am Main geboren. Er ist der berühmteste deutsche Dichter mit einer Vielzahl an Gedichten, Balladen und erzählenden Werken. Auch veröffentlichte er naturwissenschaftliche und literaturtheoretische Texte. Durch seinen Roman *Die Leiden des jungen Werther* wurde er 1774 in ganz Europa bekannt. 1832 starb Goethe in Weimar.

Der **Erlkönig** ist eine norddeutsche Sagengestalt. Er ist der König der Elben, das sind Naturgeister, und heißt daher auch „Elber-“ oder „Ellerkönig“. Sein Name hat nichts mit der Erle zu tun, doch wachsen Erlen häufig an feuchten, nebligen Orten. Der Sage nach gelangen von dort aus die Menschen, verführt vom Erlkönig, ins Totenreich.

Balladen präsentieren

Erlkönig Johann Wolfgang Goethe

Wer reitet so spät durch Nacht und Wind?
Es ist der Vater mit seinem Kind;
Er hat den Knaben wohl in dem Arm,
Er fasst ihn sicher, er hält ihn warm.

Mein Sohn, was birgst du so bang dein Gesicht? –
Siehst, Vater, du den Erlkönig nicht?
Den Erlenkönig mit Kron' und Schweif?
Mein Sohn, es ist ein Nebelstreif. –

„Du liebes Kind, komm, geh mit mir!
Gar schöne Spiele spiel' ich mit dir;
Manch' bunte Blumen sind an dem Strand;
Meine Mutter hat manch' gülden Gewand.“

Mein Vater, mein Vater, und hörest du nicht,
Was Erlenkönig mir leise verspricht? –
Sei ruhig, bleibe ruhig, mein Kind;
In dürren Blättern säuselt der Wind. –

„Willst, feiner Knabe, du mit mir gehn?
Meine Töchter sollen dich warten schön;
Meine Töchter führen den nächtlichen Reihn
Und wiegen und tanzen und singen dich ein.“

Mein Vater, mein Vater, und siehst du nicht dort
Erlkönigs Töchter am düstern Ort? –
Mein Sohn, mein Sohn, ich seh' es genau:
Es scheinen die alten Weiden so grau. –

„Ich liebe dich, mich reizt deine schöne Gestalt;
Und bist du nicht willig, so brauch' ich Gewalt.“ –
Mein Vater, mein Vater, jetzt fasst er mich an!
Erlkönig hat mir ein Leids getan! –

Dem Vater grauset's, er reitet geschwind,
Er hält in Armen das ächzende Kind,
Erreicht den Hof mit Mühe und Not;
In seinen Armen das Kind war tot.

jemanden warten
sich um jemanden kümmern, für jemanden sorgen

1. Klärt, worum es in der Ballade geht.

Furcht?

2. Beschreibt das Bild: Was hat es mit der Ballade *Erlkönig* gemeinsam?
3. Untersucht zentrale Aspekte von Goethes Ballade, indem ihr sie mithilfe der folgenden Tabelle bearbeitet.

Sprecher	Zeile	Inhalt	Sprechweise	Geräusche, Pantomime, Instrumente
Erzähler	1–4	Vater reitet mit Sohn durch die Nacht	ruhig, normale Lautstärke	im ruhigen Rhythmus mit den Händen auf Oberschenkel klopfen
Vater				

4. Bereitet die Ballade für einen Vortrag vor. Ihr könnt z. B. so vorgehen:
   - Stellung der Sprecher im Raum überlegen (in den Ecken, in einer Reihe, vor der Klasse, verteilt in zwei Gruppen ...),
   - Schaubild entwerfen, wer mit wem kommuniziert,
   - mit Gestiken Beziehungen verdeutlichen (Hand auf die Schulter legen, mit dem Finger locken ...),
   - Einsatz von Instrumenten (z. B. Orff'sche Instrumente) einbauen,
   - mit der Stimme Stimmungen erzeugen.
5. Tragt die Ballade vor.

Balladen → S. 274 M
Extra Lesen: Balladen → S. 166 ff.

Der Fischer Johann Wolfgang Goethe

Das Wasser rauscht', das Wasser schwoll,
Ein Fischer saß daran,
Sah nach dem Angel ruhevoll,
Kühl bis ans Herz hinan.
Und wie er sitzt und wie er lauscht,
Teilt sich die Flut empor;
Aus dem bewegten Wasser rauscht
Ein feuchtes Weib hervor.

Sie sang zu ihm, sie sprach zu ihm:
„Was lockst du meine Brut
Mit Menschenwitz und Menschenlist
Hinauf in Todesglut?
Ach wüsstest du, wie 's Fischlein ist
So wohlig auf dem Grund,
Du stiegst herunter, wie du bist,
Und würdest erst gesund.

Labt sich die liebe Sonne nicht,
Der Mond sich nicht im Meer?
Kehrt wellenatmend ihr Gesicht
Nicht doppelt schöner her?
Lockt dich der tiefe Himmel nicht,
Das feuchtverklärte Blau?
Lockt dich dein eigen Angesicht
Nicht her in ewgen Tau?"

Das Wasser rauscht', das Wasser schwoll,
Netzt' ihm den nackten Fuß;
Sein Herz wuchs ihm so sehnsuchtsvoll,
Wie bei der Liebsten Gruß.
Sie sprach zu ihm, sie sang zu ihm;
Da wars um ihn geschehn:
Halb zog sie ihn, halb sank er hin,
Und ward nicht mehr gesehn.

6. Sprecht in Partnerarbeit über den Inhalt der Ballade. Klärt gemeinsam Verständnisprobleme.

Vorbereitung eines Balladenvortrags

/ ∧ Das Wasser rauscht', das Wasser schwoll,	**dynamisch, schnell**
/ ∧ Ein Fischer saß daran,	**freundlich**
> // Sah nach dem Angel ruhevoll,	**gelassen**
/ / ∧ Kühl bis ans Herz hinan. |	**gelassen**
/ ∧ / ∧ Und wie er sitzt und wie er lauscht,	**beginnende Spannung**
/ < Teilt sich die Flut empor;	**steigende Spannung**
/ Aus dem bewegten Wasser rauscht	**schnell**
/ Ein feuchtes Weib hervor. |	**überraschend**

/ Silbe betonen
– beschleunigen
∧ Pause machen
// Stimme senken
| Sinneinheiten
< lauter werden
> leiser werden

7. Lest die Strophe laut vor und bezieht dabei die Betonungszeichen und Hinweise mit ein.

8. Bearbeitet in Gruppen die übrigen Strophen in derselben Weise.

9. Jede Gruppe präsentiert ihre Strophe. Ihr könnt euren Vortrag auch aufnehmen und die Sprechweisen miteinander vergleichen.

10. Ihr könnt die Ballade z. B. auch als Rap vortragen:
- Achtet dabei auf eine rhythmisierte Aussprache,
- klatscht oder klopft dazu.

Wie unterscheiden sich die Vortragsweisen voneinander?

11. Tragt die Ballade vor.

Rap ist ein amerikanisches Slangwort und bedeutet so viel wie „klopfen" oder „pochen". Ein Rap ist ein Sprechgesang mit deutlichem Rhythmus.

Balladenvortrag → S. 284 M
Balladen → S. 274 M

Annette von Droste-Hülshoff wurde 1797 auf Burg Hülshoff bei Münster in Westfalen geboren. Sie gehört zu den wichtigsten deutschen Schriftstellerinnen des 19. Jahrhunderts. 2002 wurde ihr deshalb eine Briefmarke in der Serie *Frauen in der deutschen Geschichte* gewidmet. Bekannt wurde sie durch die Novelle *Die Judenbuche*, Balladen und Gedichte. 1848 starb sie in Meersburg am Bodensee.

Balladen gestalten

Der Knabe im Moor Annette von Droste-Hülshoff

O schaurig ist's übers Moor zu gehn,
Wenn es wimmelt vom Heiderauche,
Sich wie Phantome die Dünste drehn
Und die Ranke häkelt am Strauche,
Unter jedem Tritte ein Quellchen springt,
Wenn aus der Spalte es zischt und singt,
O schaurig ist's übers Moor zu gehn,
Wenn das Röhricht knistert im Hauche!

Fest hält die Fibel das zitternde Kind
Und rennt, als ob man es jage;
Hohl über die Fläche sauset der Wind –
Was raschelt drüben am Hage?
Das ist der gespenstige Gräberknecht,
Der dem Meister die besten Torfe verzecht;
Hu, hu, es bricht wie ein irres Rind!
Hinducket das Knäblein zage.

Fibel
Lesebuch für die ersten Klassen

Hage
Gebüsch, Hecke

Vom Ufer starret Gestumpf hervor,
Unheimlich nicket die Föhre,
Der Knabe rennt, gespannt das Ohr,
Durch Riesenhalme wie Speere;
Und wie es rieselt und knittert darin!
Das ist die unselige Spinnerin,
Das ist die gebannte Spinnlenor',
Die den Haspel dreht im Geröhre!

Voran, voran! nur immer im Lauf,
Voran als woll es ihn holen;
Vor seinem Fuße brodelt es auf,
Es pfeift ihm unter den Sohlen
Wie eine gespenstige Melodei;
Das ist der Geigemann ungetreu,
Das ist der diebische Fiedler Knauf,
Der den Hochzeitheller gestohlen!

Föhre
Kiefer

Haspel
Garnwinde, Spinnspule

Geröhre
Schilf oder schilfähnliches Gras, wie es in Sümpfen wächst (Röhricht)

Hochzeitheller
Brautgabe; ein Heller war eine kleine Münze aus Kupfer oder Silber

Da birst das Moor, ein Seufzer geht
Hervor aus der klaffenden Höhle;
Weh, weh, da ruft die verdammte Margret:
„Ho, ho, meine arme Seele!"
Der Knabe springt wie ein wundes Reh;
Wärn nicht Schutzengel in seiner Näh,
Seine bleichenden Knöchelchen fände spät
Ein Gräber im Moorgeschwele.

Da mählich gründet der Boden sich,
Und drüben, neben der Weide,
Die Lampe flimmert so heimatlich,
Der Knabe steht an der Scheide.
Tief atmet er auf, zum Moor zurück
Noch immer wirft er den scheuen Blick:
Ja, im Geröhre war's fürchterlich,
O schaurig war's in der Heide!

Zum Bild:
Der Weg über das Moor,
um 1940

1. Erzählt die Ballade nach.
Welche Hilfe könnte bei eurer Nacherzählung das Bild sein?

2. Untersucht die Ballade. Übertragt das Stimmungsbarometer in euer Heft und zeichnet ein, wie sich die Stimmung des Jungen im Verlauf der Handlung ändert.

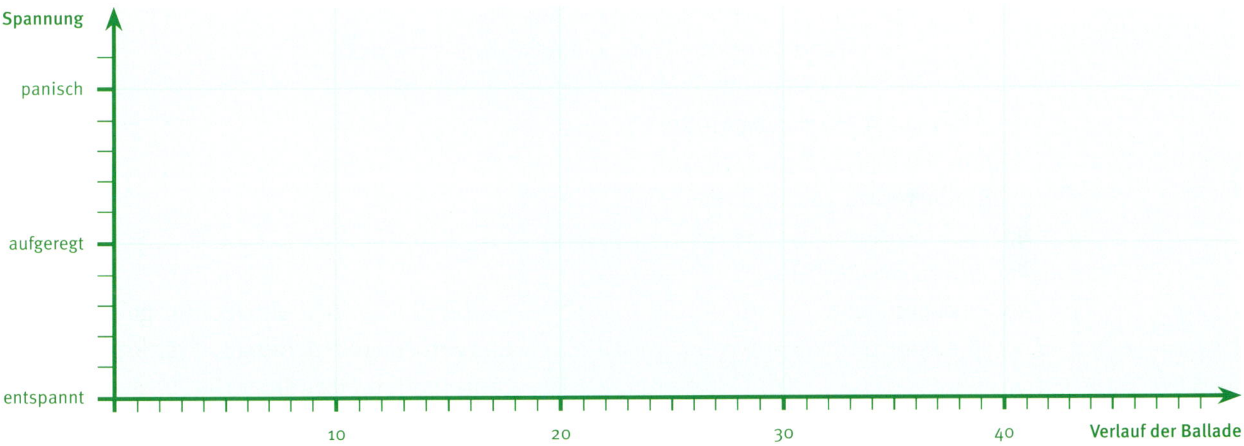

3. Beschreibt die weiteren Figuren in der Ballade.
4. Bereitet die Ballade für ein pantomimisches Spiel hinter einer Schattenwand vor.
   - Welche Figuren treten auf?
   - Wie kann die Stimmung des Jungen dargestellt werden?
   - Wie können das Stimmungsbarometer sowie die Beschreibung der Figuren genutzt werden?
   - Welche Bewegungen müssen die Spieler machen?
   - Welche Requisiten können eingesetzt werden?
   - Welche Geräusche unterstützen das Spiel?
5. Präsentiert euer Schattenspiel.

METHODE

Für das **Schattenspiel** braucht man ein großes weißes Tuch, hinter welches eine starke Lampe gestellt wird. Gespielt wird hinter der Schattenwand, sodass das Publikum auf der von der Lichtquelle abgewandten Seite sitzt.

Schattenspiel → S. 287 M
Extra Lesen: Balladen → S. 166 ff.

Otto Ernst (eigentlich Otto Ernst Schmidt) wurde 1862 in Ottensen/Holstein als Sohn eines Zigarrenarbeiters geboren. Er arbeitete als Volksschullehrer und wurde 1901 freier Schriftsteller. Otto Ernst schrieb zahlreiche Dramen, Romane, Erzählungen, Komödien, Gedichte und Novellen. 1926 starb er in Groß-Flottbek bei Hamburg.

Nis Randers Otto Ernst

Krachen und Heulen und berstende Nacht,
Dunkel und Flammen in rasender Jagd –
Ein Schrei durch die Brandung!

Und brennt der Himmel, so sieht man's gut:
Ein Wrack auf der Sandbank! Noch wiegt es die Flut;
Gleich holt sich's der Abgrund.

Nis Randers lugt – und ohne Hast
Spricht er: „Da hängt noch ein Mann im Mast;
Wir müssen ihn holen."

Da fasst ihn die Mutter: „Du steigst mir nicht ein:
Dich will ich behalten, du bliebst mir allein,
Ich will's, deine Mutter!

Dein Vater ging unter und Momme, mein Sohn;
Drei Jahre verschollen ist Uwe schon.
Mein Uwe, mein Uwe!"

Nis tritt auf die Brücke. Die Mutter ihm nach!
Er weist nach dem Wrack und spricht gemach:
„Und *seine* Mutter?"

gemach
langsam, ruhig

Nun springt er ins Boot, und mit ihm
noch sechs:
Hohes, hartes Friesengewächs;
Schon sausen die Ruder.

Boot oben, Boot unten, ein Höllentanz!
Nun muss es zerschmettern ...! Nein,
es blieb ganz! ...
Wie lange? Wie lange?

Mit feurigen Geißeln peitscht das Meer
Die menschenfressenden Rosse daher;
Sie schnauben und schäumen.

Geißel
Peitsche

Wie hechelnde Hast sie zusammenzwingt!
Eins auf den Nacken des andern springt
Mit stampfenden Hufen!

Drei Wetter zusammen! Nun brennt die Welt!
Was da? – Ein Boot, das landwärts hält –
Sie sind es! Sie kommen! –

Und Auge und Ohr ins Dunkel gespannt ...
Still – ruft da nicht einer? – Er schreit's durch
die Hand:
„Sagt Mutter, 's ist Uwe!"

1. Sprecht über die Ballade und tauscht euch über euer Textverständnis aus. Beschreibt das Besondere an der Beziehung der Mutter zu ihrem Sohn Nis Randers.
2. Klärt eure eigene Position. Könnt ihr das Handeln von Nis Randers verstehen?

Vorbereitung für das szenische Spiel

Sprecher und Spieler

- Ein Schüler oder eine Schülerin spricht als Erzähler oder Erzählerin den Balladentext. Er oder sie darf nicht zu schnell sprechen, damit genügend Zeit für das Spiel bleibt.
- Ihr braucht Spieler für Nis Randers, die Mutter und für die Männer, die mit im Boot sitzen.

Requisiten und Theaterraum

- Schiebt die Tische zur Seite und schafft somit Platz für das Spiel. Aus einigen Tischen könnt ihr ein Schiff bauen, in dem Nis Randers und die anderen sitzen.
- Die nicht als Schauspieler oder Erzähler eingesetzten Schülerinnen und Schüler sitzen im Zuschauerraum.

Szenenfolge

- Teilt die Ballade in Spielabschnitte ein und überlegt euch, wie ihr die Stimmung durch nonverbale Kommunikationsmittel wie Gestik und Mimik ergänzen könnt.
- Verseht die Ballade mit Regieanweisungen, die euch für das Spiel hilfreich sein könnten. In der Ballade sind bereits versteckte Regieanweisungen vorhanden (z. B. „schreit's durch die Hand").

Probenphase

- Übt eure Szenenfolge in Gruppen. Achtet darauf, dass der Inhalt der Ballade dabei zum Ausdruck kommt.

Aufführung

- Spielt die Gruppenergebnisse vor. Ihr könnt sie auch mit der Kamera aufnehmen. Diskutiert anschließend, welche Aspekte besonders gut gelungen sind und welche weniger gut.

3. Bereitet die Ballade nach der obigen Anweisung vor und spielt sie.

TIPP
Ihr könnt eure Präsentation z. B. an einem Balladenabend vorstellen.

Balladen → S. 274 M

Theodor Fontane wurde 1819 in Neuruppin geboren. Er war Apotheker und Schriftsteller. Noch heute werden viele seiner Romane, Novellen, Erzählungen und Balladen gelesen. 1898 starb Fontane in Berlin. 1952 zierte er eine Briefmarke in der Serie *Männer aus der Geschichte Berlins.*

Geschichtliche Hintergründe

John Maynard Theodor Fontane

John Maynard!

„Wer ist John Maynard?“

„John Maynard war unser Steuermann,
Aus hielt er, bis er das Ufer gewann,
Er hat uns gerettet, er trägt die Kron’,
Er starb für uns, unsre Liebe sein Lohn.
John Maynard.“

*

Die „Schwalbe“ fliegt über den Eriesee,
Gischt schäumt um den Bug wie Flocken von Schnee,
Von Detroit fliegt sie nach Buffalo –
Die Herzen aber sind frei und froh,
Und die Passagiere mit Kindern und Fraun
Im Dämmerlicht schon das Ufer schaun,
Und plaudernd an John Maynard heran
Tritt alles: „Wie weit noch, Steuermann?“
Der schaut nach vorn und schaut in die Rund’:
„Noch dreißig Minuten ... Halbe Stund’.“

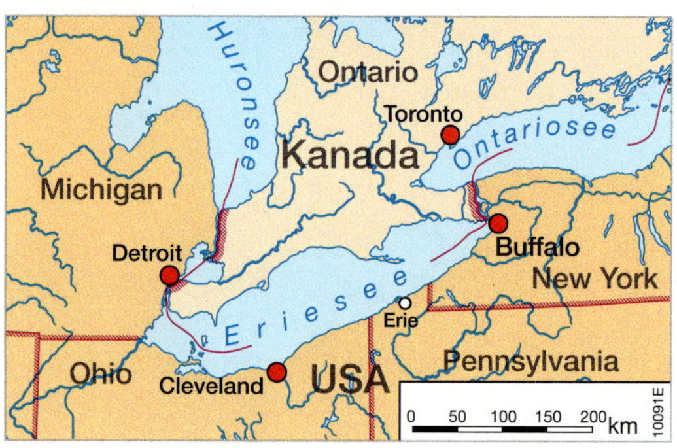

Alle Herzen sind froh, alle Herzen sind frei –
Da klingt’s aus dem Schiffsraum her wie ein Schrei,
„Feuer!“ war es, was da klang,
Ein Qualm aus Kajüt’ und Luke drang,
Ein Qualm, dann Flammen lichterloh,
Und noch zwanzig Minuten bis Buffalo.

Und die Passagiere, bunt gemengt,
Am Bugspriet stehn sie zusammengedrängt,
Am Bugspriet[1] vorn ist noch Luft und Licht,
Am Steuer aber lagert sich’s dicht,
Und ein Jammern wird laut: „Wo sind wir? wo?“
Und noch fünfzehn Minuten bis Buffalo.

[1] **Bugspriet** über den Bug hinausragende Segelstange

Der Zugwind wächst, doch die Qualmwolke steht,
Der Kapitän nach dem Steuer späht,
Er sieht nicht mehr seinen Steuermann,
Aber durchs Sprachrohr fragt er an:
„Noch da, John Maynard?“
„Ja, Herr. Ich bin.“
„Auf den Strand! In die Brandung!“
„Ich halte drauf hin.“
Und das Schiffsvolk jubelt: „Halt aus! Hallo!“
Und noch zehn Minuten bis Buffalo.

„Noch da, John Maynard?“ Und Antwort schallt's
Mit ersterbender Stimme: „Ja, Herr, ich halt's!“
Und in die Brandung, was Klippe, was Stein,
Jagt er die „Schwalbe“ mitten hinein.
Soll Rettung kommen, so kommt sie nur *so*.
Rettung: der Strand von Buffalo.

*

Das Schiff geborsten. Das Feuer verschwelt.
Gerettet alle. Nur *einer* fehlt!

*

Alle Glocken gehn; ihre Töne schwell'n
Himmelan aus Kirchen und Kapell'n,
Ein Klingen und Läuten, sonst schweigt die Stadt,
Ein Dienst nur, den sie heute hat:
Zehntausend folgen oder mehr,
Und kein Aug' im Zuge, das tränenleer.

Sie lassen den Sarg in Blumen hinab,
Mit Blumen schließen sie das Grab,
Und mit goldner Schrift in den Marmorstein
Schreibt die Stadt ihren Dankspruch ein:
„Hier ruht John Maynard! In Qualm und Brand
Hielt er das Steuer fest in der Hand,
Er hat uns gerettet, er trägt die Kron',
Er starb für *uns*, unsre Liebe sein Lohn.
John Maynard.“

Geschichtliche Notiz
Am 9. August 1841, abends kurz nach 20 Uhr, fing das Passagierschiff „Erie“ in der Nähe von Silver Creek auf dem Eriesee Feuer. Kapitän Titus befahl dem Steuermann Luther Fuller, das Schiff unter Einsatz seines Lebens auf Land zu setzen. Aber kurz bevor das Schiff die Küste erreicht hatte, brannte die Steueranlage durch und 249 Passagiere kamen ums Leben. Fuller und der Kapitän überlebten als Einzige mit schweren Verletzungen das Unglück. Der Steuermann starb am 22. November 1900 als Trinker im Armenhaus in Pennsylvania (Bezirk Erie) unter dem angenommenen Namen James Rafferty. Kapitän Titus, der ebenfalls überlebte, ließ den Steuermann bereits nach dem Unglück unter den 249 Toten eintragen.

1. Skizziere kurz die Inhalte der vier Abschnitte, die durch die Sternchen angezeigt sind.
2. Was ist das Besondere an John Maynard? Ziehe hierzu die geschichtliche Notiz in der Randspalte heran.

Balladen → S. 274 M
Extra Lesen: Balladen → S. 166

Das hast du in diesem Kapitel gelernt:

Balladen präsentieren und gestalten; geschichtliche Hintergründe
- Merkmale der Ballade erkennen
- Balladen verstehen und vortragen
- Eine Ballade gestalten
- Zusatzinformationen heranziehen

M Extra: Merkwissen → S. 274

So kannst du dein Wissen anwenden und deine Fähigkeiten trainieren:

Johanna Sebus Johann Wolfgang Goethe

Zum Andenken der siebzehnjährigen Schönen Guten aus dem Dorfe Brienen, die am 13. Januar 1809, bei dem Eisgange des Rheins und dem großen Bruche des Dammes von Cleverham, Hilfe reichend unterging.

Der Damm zerreißt, das Feld erbraust,
Die Fluten spülen, die Fläche saust.
„Ich trage dich, Mutter, durch die Flut,
Noch reicht sie nicht hoch, ich wate gut." –
„Auch uns bedenke, bedrängt, wie wir sind,
Die Hausgenossin, drei arme Kind!
Die schwache Frau! ... Du gehst davon!" –
Sie trägt die Mutter durchs Wasser schon.
„Zum Bühle, da rettet euch! Harret derweil;
Gleich kehr ich zurück, uns allen ist Heil.
Zum Bühl ist's noch trocken und wenige Schritt';
Doch nehmt auch mir meine Ziege mit!"

Bühle Hügel

Der Damm zerschmilzt, das Feld erbraust,
Die Fluten wühlen, die Fläche saust.
Sie setzt die Mutter auf sichres Land,
Schön Suschen, gleich wieder zur Flut gewandt.
„Wohin? Wohin? Die Breite schwoll,
Des Wassers ist hüben und drüben voll.
Verwegen ins Tiefe willst du hinein!" –
„Sie sollen und müssen gerettet sein!"

Der Damm verschwindet, die Welle braust,
Eine Meereswoge, sie schwankt und saust.
Schön Suschen schreitet gewohnten Steg,
Umströmt auch, gleitet sie nicht vom Weg,
Erreicht den Bühl und die Nachbarin;
Doch der und den Kindern kein Gewinn!

Der Damm verschwand, ein Meer erbraust's,
Den kleinen Hügel im Kreis umsaust's.
Da gähnet und wirbelt der schäumende Schlund
Und ziehet die Frau mit den Kindern zu Grund;
Das Horn der Ziege fasst das ein',
So sollten sie alle verloren sein!
Schön Suschen steht noch strack und gut:
Wer rettet das junge, das edelste Blut!
Schön Suschen steht noch wie ein Stern;
Doch alle Werber sind alle fern.
Rings um sie her ist Wasserbahn,
Kein Schifflein schwimmet zu ihr heran.
Noch einmal blickt sie zum Himmel hinauf,
Da nehmen die schmeichelnden Fluten sie auf.

Kein Damm, kein Feld! Nur hier und dort
Bezeichnet ein Baum, ein Turn den Ort.
Bedeckt ist alles mit Wasserschwall;
Doch Suschens Bild schwebt überall. –
Das Wasser sinkt, das Land erscheint,
Und überall wird schön Suschen beweint. –
Und dem sei, wer's nicht singt und sagt,
Im Leben und Tod nicht nachgefragt!

Turn
altes (mittelhochdeutsches) Wort für Turm

- Untersuche die Ballade in Bezug auf lyrische, epische und dramatische Elemente.
- Kläre den Inhalt der Ballade.
- Trage die Ballade vor. Beachte dabei folgende unterschiedliche Elemente:
  - Betonungszeichen, Stellung des Sprechers im Raum, Erzeugen von Stimmung durch die Sprache,
  - Unterstützung der Stimmung durch Einsatz eines Instrumentes.
- Gehe mit der Ballade gestaltend um (z. B. als Schattenspiel, als szenisches Spiel).

Straßen Günter Kunert

Straßen: begehbar, gesperrte, verschlammte, zu viele,
ansteigend, abfallend, grade und krumme zum Ziele,
gepflastert und steinig, nicht endend, so scheint es;
bis man da anlangt, ist man schon Aas und beweint es,
hat einen Platz an der Straße erhalten, doch unter
dem Boden. Drüber und weiter und unaufhaltsam und munter
gehen und laufen, marschieren, die leben, die blicken
nicht rechts, links und rückwärts, spüren die Tücken
der Straßen erst später, selber schon müde vom Laufen
harren des Zieles noch, und ohne Verschnaufen
tappen sie weiter, stürzen wo nieder und fragen vergebens
den leeren Himmel: ob denn das Leben der Sinn alles Lebens.

Auf der Straßenbahn Gerrit Engelke

Wie der Wagen durch die Kurve biegt,
Wie die blanke Schienenstrecke vor ihm liegt:
Walzt er stärker, schneller.

Die Motore unterm Boden rattern,
von den Leitungsdrähten knattern
Funken.

Scharf vorüber an Laternen, Frauenmoden,
Bild an Bild, Ladenschild, Pferdetritt, Menschenschritt ...
Schütternd walzt und wiegt der Wagenboden,
Meine Sinne walzen, wiegen mit:
Voller Strom! Voller Strom!

Der ganze Wagen, mit den Menschen drinnen,
Saust und summt und singt mit meinen Sinnen.
Das Wagensingen sausebraust, es schwillt!
Plötzlich schrillt
Die Klingel! –
Der Stromgesang ist aus –
Ich steige aus –
Weiter walzt der Wagen.

Ein Morgen, an dem frischer Schnee fällt

Walter Helmut Fritz

Die Straßenbahnen
sind sehr gelb
und fahren
leiser
als gewöhnlich.

Der Zeitungsstand
blüht
in der Dämmerung.
Viele Menschen
sind unterwegs,
die denken,
das Dasein ist schön.

Wie weich
die Umrisse
der Autos sind.

Der spröde Duft.
Man sollte jetzt
weit gehen können,
denn man geht
über der Erde.

Man sieht
nur eine Ruflänge weit.
Aber seltsam,
dass sich die Jahre
zwischen den Alleebäumen
öffnen.

Die Laternen
brennen
wie hinter der Welt.
Die Radfahrer
haben Mühe,
vorwärtszukommen:

Ein Morgen,
an dem frischer Schnee
fällt.

Himmelfahrt in Berlin

Wolf Biermann

Die Kinder spielen im Hof so schön
Prinzessin, Mörder und Volkspolizist.
Sie müssen nicht zur Schule gehen,
weil heute Himmelfahrt ist.

Die Kinder spielen im Hof so laut,
behängt mit alten Lappen.
Sie spielen Braut und Kosmonaut
Im Himmelsschiff aus Pappen.

Die Kinder spielen so laut und schön,
der Hof wird ein ganzes Theater.
Die dicken Frau’n aus den Fenstern sehn
Und warten auf den Vater.

Die Brück' am Tay Theodor Fontane
(28. Dezember 1879)

When shall we three meet again? Macbeth

„Wann treffen wir drei wieder zusamm?"
„Um die siebente Stund', am Brückendamm."
„Am Mittelpfeiler."

„Ich lösche die Flamm!"

„Ich mit."
„Ich komme von Norden her."
„Und ich von Süden."
„Und ich vom Meer."

„Hei, das gibt einen Ringelreihn,
und die Brücke muss in den Grund hinein."

„Und der Zug, der in die Brücke tritt
Um die siebente Stund'?"
„Ei, der muss mit."
„Muss mit."
„Tand, Tand
Ist das Gebilde von Menschenhand."

*

Auf der *Norder*seite, das Brückenhaus –
Alle Fenster sehen nach Süden aus,
Und die Brücknersleut' ohne Rast und Ruh
Und in Bangen sehen nach Süden zu,
Sehen und warten, ob nicht ein Licht
Übers Wasser hin „Ich komme" spricht,
„Ich komme, trotz Nacht und Sturmesflug,
Ich, der Edinburger Zug."

Und der Brückner jetzt: „Ich seh' einen Schein
Am anderen Ufer. Das muss er sein.
Nun, Mutter, weg mit dem bangen Traum,
Unser Johnie kommt und will seinen Baum,
Und was noch am Baume von Lichtern ist,
Zünd' alles an wie zum heiligen Christ,
Der will heuer *zweimal* mit uns sein, –
Und in elf Minuten ist er herein."

*

Und es war der Zug. Am *Süder*turm
Keucht er vorbei jetzt gegen den Sturm,
Und Johnie spricht: „Die Brücke noch!
Aber was tut es, wir zwingen es doch.
Ein fester Kessel, ein doppelter Dampf,
Die bleiben Sieger in solchem Kampf.
Und wie's auch rast und ringt und rennt,
Wir kriegen es unter, das Element.

Und unser Stolz ist unsre Brück';
Ich lache, denk' ich an früher zurück,
An all den Jammer und all die Not
Mit dem elend alten Schifferboot;
Wie manche liebe Christfestnacht
Hab' ich im Fährhaus zugebracht
Und sah unsrer Fenster lichten Schein
Und zählte und konnte nicht drüben sein."

Auf der Norderseite, das Brückenhaus –
Alle Fenster sehen nach Süden aus,
Und die Brücknersleut' ohne Rast und Ruh
Und in Bangen sehen nach Süden zu;
Denn wütender wurde der Winde Spiel,
Und jetzt, als ob Feuer vom Himmel fiel',
Erglüht es in niederschießender Pracht
Überm Wasser unten ... Und wieder ist Nacht.

„Wann treffen wir drei wieder zusamm?"
„Um Mitternacht, am Bergeskamm."
„Auf dem hohen Moor, am Erlenstamm."

*

„Ich komme."
„Ich mit."
„Ich nenn' euch die Zahl."
„Und ich die Namen."
„Und ich die Qual."
„Hei!
Wie Splitter brach das Gebälk entzwei."
„Tand, Tand
Ist das Gebilde von Menschenhand."

Tand wertloses Zeug

Die Frauen von Nidden Agnes Miegel

Die Frauen von Nidden standen am Strand
Über spähenden Augen die braune Hand,
Und die Boote nahten in wilder Hast,
Schwarze Wimpel flogen züngelnd am Mast.

Die Männer banden die Kähne fest
Und schrien: „Drüben wütet die Pest!
In der Niedrung von Heydekrug bis Schaaken
Gehn die Leute im Trauerlaken!"

Da sprachen die Frauen: „Es hat nicht Not, –
Vor unsrer Türe lauert der Tod,
Jeden Tag, den uns Gott gegeben,
Müssen wir ringen um unser Leben.

Die wandernde Düne ist Leides genug,
Gott wird uns verschonen, der uns schlug" –
Doch die Pest ist des Nachts gekommen
Mit den Elchen über das Haff geschwommen.

Drei Tage lang, drei Nächte lang,
Wimmernd im Kirchstuhl die Glocke klang.
Am vierten Morgen, schrill und jach,
Ihre Stimme im Leide brach.

Und in dem Dorf, aus Kate und Haus,
Sieben Frauen schritten heraus.
Sie schritten barfuß und tief gebückt,
In schwarzen Kleidern, bunt gestickt.

Sie klommen die steile Düne hinan,
Schuh und Strümpfe legten sie an
Und sie sprachen: „Düne, wir sieben
Sind allein noch übrig geblieben.

Kein Tischler lebt, der den Sarg uns schreint,
Nicht Sohn noch Enkel, der uns beweint,
Kein Pfarrer mehr, uns den Kelch zu geben,
Nicht Knecht noch Magd ist mehr unten am Leben. –

Nun, weiße Düne, gib wohl acht:
Tür und Tor ist dir aufgemacht,
In unsre Stuben wirst du gehn,
Herd und Hof und Schober verwehn,

Gott vergaß uns, er ließ uns verderben.
Sein verödetes Haus sollst du erben,
Kreuz und Bibel zum Spielzeug haben, –
Nur, Mütterchen, komm, uns zu begraben!

Schlage uns still ins Leichentuch,
Du unser Segen, einst unser Fluch.
Sieh, wir liegen und warten ganz mit Ruh", –
Und die Düne kam und deckte sie zu.

Der Zauberlehrling

Johann Wolfgang Goethe

Hat der alte Hexenmeister
Sich doch einmal wegbegeben!
Und nun sollen seine Geister
Auch nach meinem Willen leben!
Seine Wort' und Werke
Merkt' ich und den Brauch,
Und mit Geistesstärke
Tu' ich Wunder auch.

Walle! walle
Manche Strecke,
Dass, zum Zwecke,
Wasser fließe
Und mit reichem, vollem Schwalle
Zu dem Bade sich ergieße.

Und nun komm, du alter Besen!
Nimm die schlechten Lumpenhüllen;
Bist schon lange Knecht gewesen;
Nun erfülle meinen Willen!
Auf zwei Beinen stehe,
Oben sei ein Kopf,
Eile nun und gehe
Mit dem Wassertopf!

Walle! walle
Manche Strecke,
Dass, zum Zwecke,
Wasser fließe
Und mit reichem, vollem Schwalle
Zu dem Bade sich ergieße.

Seht, er läuft zum Ufer nieder,
Wahrlich! ist schon an dem Flusse,
Und mit Blitzesschnelle wieder
Ist er hier mit raschem Gusse.
Schon zum zweiten Male!
Wie das Becken schwillt!
Wie sich jede Schale
Voll mit Wasser füllt!

Stehe! stehe!
Denn wir haben
Deiner Gaben
Vollgemessen! –
Ach, ich merk' es! Wehe! wehe!
Hab' ich doch das Wort vergessen!

Ach, das Wort, worauf am Ende
Er das wird, was er gewesen.
Ach, er läuft und bringt behende!
Wärst du doch der alte Besen!
Immer neue Güsse
Bringt er schnell herein,
Ach! und hundert Flüsse
Stürzen auf mich ein.

Nein, nicht länger
Kann ich's lassen;
Will ihn fassen.
Das ist Tücke!
Ach! nun wird mir immer bänger!
Welche Miene! welche Blicke!

O, du Ausgeburt der Hölle!
Soll das ganze Haus ersaufen?
Seh' ich über jede Schwelle
Doch schon Wasserströme laufen.
Ein verruchter Besen,
Der nicht hören will!
Stock, der du gewesen,
Steh doch wieder still!

Willst's am Ende
Gar nicht lassen?
Will dich fassen,
Will dich halten,
Und das alte Holz behände
Mit dem scharfen Beile spalten.

Seht, da kommt er schleppend wieder!
Wie ich mich nun auf dich werfe,
Gleich, o Kobold, liegst du nieder;
Krachend trifft die glatte Schärfe!
Wahrlich, brav getroffen!
Seht, er ist entzwei!
Und nun kann ich hoffen,
Und ich atme frei!

Wehe! wehe!
Beide Teile
Stehn in Eile
Schon als Knechte
Völlig fertig in die Höhe!
Helft mir, ach! ihr hohen Mächte!

Und sie laufen! Nass und nässer
Wird's im Saal und auf den Stufen.
Welch entsetzliches Gewässer!
Herr und Meister! hör' mich rufen! –
Ach, da kommt der Meister!
Herr, die Not ist groß!
Die ich rief, die Geister,
Werd' ich nun nicht los.

„In die Ecke,
Besen! Besen!
Seid's gewesen!
Denn als Geister
Ruft euch nur, zu diesem Zwecke,
Erst hervor der alte Meister."

Die Geister am Mummelsee

Eduard Mörike

Vom Berge was kommt dort um Mitternacht spät
Mit Fackeln so prächtig herunter?
Ob das wohl zum Tanze, zum Feste noch geht?
Mir klingen die Lieder so munter.
O nein!
So sage, was mag es wohl sein?

Das, was du da siehest, ist Totengeleit,
Und was du da hörest, sind Klagen.
Dem König, dem Zauberer, gilt es zuleid,
Sie bringen ihn wieder getragen.
O weh!
So sind es die Geister vom See!

Sie schweben herunter ins Mummelseetal –
Sie haben den See schon betreten –
Sie rühren und netzen den Fuß nicht einmal –
Sie schwirren in leisen Gebeten –
O schau,
Am Sarge die glänzende Frau!

Jetzt öffnet der See das grün spiegelnde Tor;
Gib acht, nun tauchen sie nieder!
Es schwankt eine lebende Treppe hervor,
Und – drunten schon summen die Lieder.
Hörst du?
Sie singen ihn unten zur Ruh.

Die Wasser, wie lieblich sie brennen und glühn!
Sie spielen in grünendem Feuer;
Es geisten die Nebel am Ufer dahin,
Zum Meere verzieht sich der Weiher –
Nur still!
Ob dort sich nichts rühren will?

Es zuckt in der Mitten – o Himmel! ach hilf!
Nun kommen sie wieder, sie kommen!
Es orgelt im Rohr, und es klirret im Schilf;
Nur hurtig, die Flucht nur genommen!
Davon!
Sie wittern, sie haschen mich schon!

Bittersüße Schokolade
Sachtexte

Speise der Götter oder Lebensmittel für den Alltag?

Schokolade ist eine der beliebtesten Süßigkeiten. Sie gehört bei uns fest zum Alltag, man kann sie in jedem Lebensmittelladen kaufen und bei fast jedem von uns findet sie sich zu Hause im Vorratsschrank. Mehr als 90 Tafeln essen wir im Jahr. Jährlich werden circa eine Million Tonnen Schokolade hergestellt – aber was wissen wir über ihre Geschichte, ihre Herstellung und ihren Verzehr?

- Sammelt Informationen zur Geschichte, Herstellung und Verwendung von Schokolade.

Sachtexte erschließen

Kakaoalltag in Afrika

Kwadjo Assamoha ist ein Kakaobauer aus Ghana. Er ist mehr als 70 Jahre alt. Er weiß, dass er zwischen dem großen Krieg der Ashanti gegen die Engländer im Jahr 1900 und dem Besuch des Prinzen von Wales in Ghana 1925 geboren wurde. Kwadjos Familie besteht aus vierzig Personen: seiner Frau und seinen Kindern, einem Bruder seines Vaters, aus den Frauen seiner verstorbenen Brüder und ihren Kindern. Die ganze Familie lebt von den Nahrungsmitteln, die die Frauen anbauen und auf dem Markt verkaufen.

Ashanti ein Volk in Südghana, dessen Reich im 19. Jahrhundert von Großbritannien unterworfen wurde

Zusammen mit seinen Söhnen hat Kwadjo einen Acker von fünf Hektar. Er verwendet keine Insektizide, da er Chemikalien und Sprühmaschinen nicht bezahlen kann. Kwadjos Frau stellt aus den Schalen der Kakaofrucht Seife her. Sie lässt die Schalen in der Sonne trocknen und verbrennt sie dann. Die Asche wird mit Palmöl vermischt, wodurch kleine Seifenkugeln gebildet werden, die etwas zusätzliches Geld zum Familieneinkommen hereinbringen. Kwadjo: „Beinahe das ganze Einkommen aus dem Kakao wird durch das, was die Familie kostet, aufgebraucht: die Schule für die Kinder, Krankenhaus- und Arztrechnungen. All diese Sachen muss ich heute selber bezahlen. Früher war das kostenlos. Das Oberhaupt einer ghanaischen Familie hat eine große Verantwortung." Weiß Kwadjo jedoch, was mit dem Kakao geschieht, nachdem er ihn zum Cocoa Board gebracht hat? „Keine Ahnung. Ich hab' noch niemals gesehen, was man daraus macht. Schokolade? Ich weiß, dass es so was gibt, aber ich habe sie noch nie gegessen. Das einzig Wichtige ist, dass ich einen guten Preis für meinen Kakao bekomme. Der Preis wird sicherlich wieder steigen. Kakao aus Ghana ist ja der Beste überhaupt."

Cocoa Board Institution zur Unterstützung aller am Kakaoanbau in Ghana beteiligten Firmen und Personen

1. Teilt den Text in Sinnabschnitte ein und formuliert Überschriften.
2. Bestimmt Schlüsselbegriffe und Kernsätze und tragt eure Ergebnisse in eine Tabelle ein:

Abschnitte und Zwischenüberschriften	Schlüsselbegriffe	Kernsätze

3. Besprecht anhand eurer Ergebnisse, was ihr Neues über Kakao erfahren habt.

Sachtexte → S. 274 M

Schokolade – Süßer Schmelz aus bittrer Bohne

Der Konditor Hans-Jürgen Roos aus der Pfalz hat Schokolade so gern, dass er gleich eine Riesentafel davon fabrizierte. Sie war so groß wie der Fußboden eines Klassenzimmers: 14 Meter lang und über fünf Meter breit. Mehr als 70 Quadratmeter Schokolade – das ist der Weltrekord; eine größere Tafel hat es noch nie gegeben!

Hoffentlich hat der Weltmeister das süße Monstrum nicht ganz allein aufgegessen. Sonst hätte der Ärmste nämlich einen richtigen „Schoko-Rausch“ bekommen. In der braunen Süßigkeit sind nämlich Stoffe, die so wirken wie die Droge Haschisch! Aber keine Angst: Ihr müsstet 200 Vollmilchtafeln verputzen, ehe ihr davon beduselt würdet...

Aber schon wenn ihr nur ein paar Stückchen Schokolade esst, geschieht etwas in eurem Körper: Er produziert dann nämlich sogenannte „Endorphine“ – das sind Hormone, die glücklich machen. Deshalb stopfen viele Menschen gerade dann Massen von Schokolade in sich hinein, wenn sie frustriert oder traurig sind. Nur leider macht das Zeug nicht nur fröhlich, sondern auch dick. Eine einzige Tafel hat mehr als 500 Kalorien, wie eine große Portion Spaghetti mit Tomatensoße – also ein ganzes Mittagessen.

Um Schokolade herzustellen, braucht man Kakaobohnen. Die schmecken allerdings überhaupt nicht schokoladig, sondern einfach scheußlich: säuerlich und bitter. Sie stammen von Bäumen, die nur in tropischen Ländern gedeihen, zum Beispiel an der Elfenbeinküste in Afrika oder in Indonesien. Diese Bäume tragen Früchte, die aussehen wie kleine Rugby-Bälle mit Warzen. Darin versteckt sind die Kakaobohnen – ähnlich wie die Kerne einer Melone.

Damit aus den ungenießbaren Bohnen einmal köstliche Schokolade wird, werden sie geröstet. Dann landen sie in speziellen Mühlen, die das Fett (die sogenannte Kakaobutter) aus den Bohnen pressen und den Rest zu einem zähen Brei zerdrücken – der duftet schon lecker. Zur schmackhaften Schokolade wird

das Ganze aber erst, wenn Milch, Zucker, Kakaobutter oder Sahne dazu gerührt werden – je nachdem, ob eine Zartbitter- oder Vollmilchtafel entstehen soll.

Zu den ersten Schoko-Fans gehörten übrigens die Maya in Mittelamerika. Das haben Forscher herausgefunden, als sie in einem 1500 Jahre alten Krug der Indianer noch Kakao-Reste fanden. Später mixten die Azteken – ein anderes Volk, das im heutigen Mexiko lebte – aus gemahlenen Kakaobohnen und Wasser ein erfrischendes Getränk, fast wie unsere Trinkschokolade. Aber statt mit Zucker würzten sie ihren Trunk zuweilen mit – hust! – Paprika und Pfeffer.

Zwischen 400 v. Chr. und 100 n. Chr. wurde bei den Maya bereits ein Wort für Kakao eingeführt.

Sie nannten das Getränk „Xocoatl“ – das heißt „würziges Wasser“. Daraus wurde später unser Wort „Schokolade“. Die Azteken boten das herbe Gemisch vor fast 500 Jahren dem spanischen Eroberer Hernán Cortés an. Der fand das anscheinend ganz lecker – jedenfalls nahm er im Jahr 1528 ein paar Säcke Kakaobohnen mit zurück nach Spanien. Dort bekamen aber nur die Adeligen am Königshof etwas von der ersten Trinkschokolade ab – diesmal süß mit Zucker verrührt, nicht à la Azteke mit Chili-Aroma. Den einfachen Leuten in Europa blieb die Leckerei dagegen noch lange unbekannt. So kam es, dass Seeräuber ganze Schiffsladungen voll kostbarer Kakaobohnen versenkten – sie hielten die kleinen braunen Kügelchen für Schafskötel.

Bis vor 150 Jahren gab es Schokolade nur zum Trinken. Dann fanden ein paar Tüftler in England heraus, dass sie fest wird, wenn man Kakaopulver mit Zucker und Kakaobutter vermengt – die Schokolade „mit Biss“ war geboren.

Heute werden die Schokoladen-Hersteller immer verrückter. Da soll es in Paris Pralinen mit Spinatfüllung geben, und ein Konditor in Hessen umhüllt sogar Knoblauch- und Selleriecreme mit einer Schoko-Haut. Naja, den Azteken hätte das bestimmt geschmeckt.

4. Schreibe die zentralen Informationen des Textes zum Herstellungsprozess von Schokolade heraus.

5. Veranschauliche mithilfe deiner Notizen in einem Flussdiagramm die Geschichte des Kakaos.

Ein **Flussdiagramm** veranschaulicht Prozesse und Abläufe.

Schaubilder und Diagramme

Die volle Kraft der Tropensonne

Die Herstellung von Schokolade

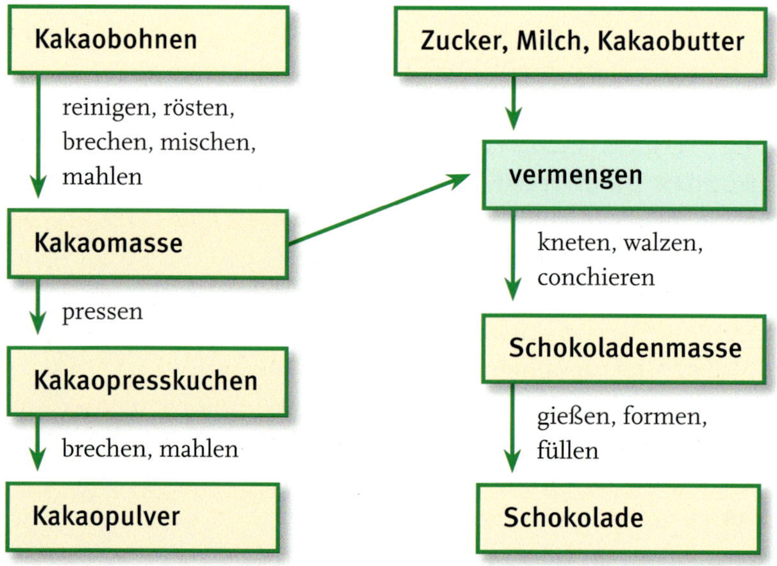

1. Vergleicht die beiden Schaubilder: Welche Unterschiede stellt ihr fest?
2. Erklärt, wie die zentralen Informationen jeweils in dem Schaubild umgesetzt werden.

M Sachtexte → S. 274

Einst Opfergegenstand und Zahlungsmittel …

Ursprünglich wuchs der Kakao als Wildpflanze in dem feuchtheißen Klima in Südamerika. Man weiß, dass die Olmeken, ein Volk an der Südküste des Golfs von Mexiko, diese Pflanze schon 1500 v. Chr. kannten. In der Zeit der Hochkultur der Maya um 300 n. Chr. wurde Kakao hauptsächlich als Handelsgegenstand und Zahlungsmittel genutzt. Für öffentliche Feste stellten sie jedoch auch berauschende Getränke aus Kakao und Maismehl her. Der Kakaobaum war ihnen heilig.

Die Azteken übernahmen ab 1200 n. Chr. die Kultur und Verwendung des Kakaos von den Maya. Unterworfene Völker leisteten ihre Abgaben z. B. in Form von Kakaobohnen. Zudem galten Kakaobohnen bei ihnen als eine Götterspeise. Regelmäßig brachten sie ihrem Windgott Quetzalcoatl Opfer in Form von Kakaobohnen und sie nutzten sie als Nahrungsmittel. Bei Ausgrabungen wurden Reibsteine für Kakao gefunden. Kakao hieß bei ihnen Xocolatl (= bitteres Wasser).

1502 lernte Christoph Kolumbus auf einer seiner Entdeckungsfahrten Kakao kennen, doch interessierte ihn dieses bittere Getränk nicht. Erst Hernando Cortez brachte über zwanzig Jahre später 1528 den ersten Kakao nach Europa. Das Getränk wurde dort gesüßt mit Zucker und verfeinert mit Zimt, Mandeln und Nelken und hauptsächlich von der Oberschicht getrunken, von dem Adel und Mönchen. In Deutschland wurde Schokolade zunächst als Arzneimittel verwendet. 1765 wurde dann die erste deutsche Schokoladenfabrik von dem Fürsten Wilhelm von Schaumburg-Lippe im niedersächsischen Steinhude errichtet. Aber erst im 19. Jahrhundert wurden die Voraussetzungen für die Verarbeitung von großen Kakaomengen geschaffen. Der Niederländer van Houten erfand ein Gerät zur Entfettung des Kakaos. Durch Nestlé wurde das Pulverisieren von Milch und die Herstellung von Milchschokolade möglich.

Maya Angehörige eines indianischen Kulturvolkes in Mittelamerika

Azteken Angehörige eines Indianerstammes in Mexiko

Nestlé Konzern, der u. a. Süßwaren herstellt

1. Stelle die Geschichte des Kakaos in einem Flussdiagramm dar.

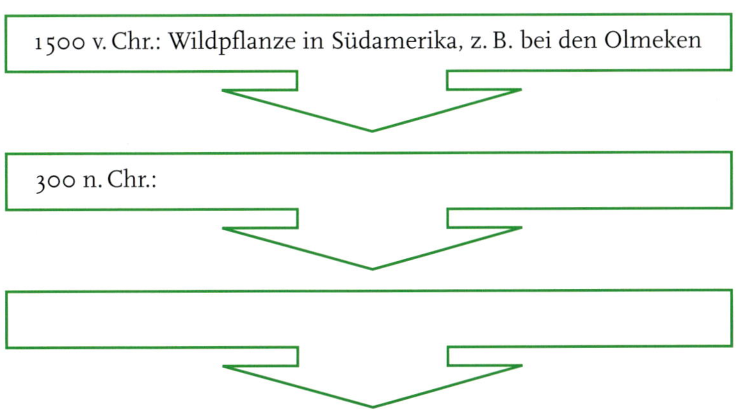

2. Vergleicht eure Entwürfe.

METHODE

Mit einem **Fluss- oder Ablaufdiagramm** können ein Prozess oder ein Ablauf Schritt für Schritt veranschaulicht werden.

Fluss- oder Ablaufdiagramm → S. 284 M

Herkunft des Kakaos und Verbrauch

Titel

Wer liefert wie viel?

Legende

327 227 Tonnen Kakao im Wert von 541 Millionen Euro importierte Deutschland im Jahr 2008.

Darstellung: Bild, Diagrammtyp: ...

Maßeinheit: Prozent %

* (Guinea, Sierra Leone, Liberia, Uganda, Kamerun, Papua-Neuguinea u. a.)

Quelle: DIE ZEIT Nr. 51 (10. Dezember 2009)

Quelle und Veröffentlichungsdatum

Bei einer **Beschreibung eines Diagramms** sollte man auf folgende Aspekte eingehen:
- Thema, Untersuchungsbereich
- Quelle, Bezugszeitraum
- Diagrammtyp
- Bezugsgröße (z. B. Prozente, Zahleinheiten)
- Strukturelemente (Bilder, Textbausteine, Grafik)
- Informationsabsicht, Adressat

Pro-Kopf-Verbrauch an Kakaobohnen

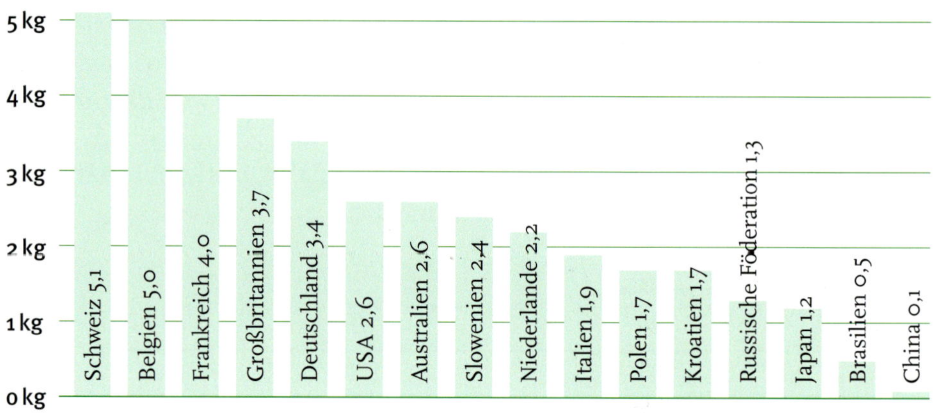

Angaben für 2004/2005 in Kilogramm
aus: Alles Schoko – oder was?

1. Es gibt verschiedene Diagrammtypen, z. B. das Flussdiagramm, das Säulendiagramm, das Balkendiagramm und das Tortendiagramm. Ordnet die zwei richtigen Bezeichnungen zu und beschreibt die Diagrammtypen.
2. Bildet Gruppen:
   - Wählt ein Diagramm aus und verschriftlicht die in ihm enthaltenen Informationen. Achtet dabei auf die Angaben in der Randspalte.
   - Vergleicht eure Texte und überarbeitet sie falls nötig.
3. Überlegt, wann ihr welchen Diagrammtyp einsetzen würdet.

M Sachtexte → S. 274

Zahlen und Konzerne

Knapp 50 Millionen Menschen leben weltweit davon, drei Millionen Tonnen Kakaobohnen zu ernten – ein Ertrag, der seit 1900 jedes Jahr um drei Prozent angestiegen ist. Der Preis für Rohkakao – das sind die per Hand geernteten, per Hand aufgeschlagenen und per Hand aus der Pulpe entnommenen Bohnen, die zudem noch fermentiert und getrocknet werden müssen – schwankt zwischen 1,5 und 2,5 Dollar für das Kilo. Der durchschnittliche Bauer verdient am Tag unwesentlich mehr.

Die sechs größten Konzerne erzielten im Jahr 2005 mit irgendwie kakaohaltigen Süßwaren einen Umsatz von knapp 40 Milliarden Dollar [...]. In absteigender Reihenfolge sind es Mars Inc (9,5), Cadbury Schweppes (8,1), Nestlé (7,9), Ferrero (5,6), Hershey Foods (4,9) und Kraft Foods (2,2). Vergleichsweise klein, obgleich immer noch riesig: Lindt & Sprüngli (1,7) und Barry Callebaut (1,4) – der weltgrößte reine Kakaoverarbeitungskonzern.

In Deutschland wurden im Jahr 2009 circa eine Million Tonnen Schokolade hergestellt – in 100-Gramm-Tafeln ausgedrückt: zehn Milliarden. 93 Prozent des dazugehörigen Kakaos stammen aus Westafrika, von den restlichen 7 Prozent ist mehr als die Hälfte aus Ecuador [...]. Venezuela, Kolumbien, Peru, Mexiko, die gesamte Karibik, ja selbst São Tomé, Madagaskar und Indonesien (was zwar im Weltmaßstab das zweitgrößte Anbaugebiet ist, aber andere Regionen bedient) teilen sich hierzulande ein winziges Nischlein.

Übersetzen wir diese Situation in Musik, haben wir 93 Prozent DJ Bobo, DSDS, The Dome, Kastelruther Spatzen, Operettenstadl und Grand Prix d'Eurovision. Den Rest teilt sich der Rest.

1. Wählt einen Aspekt eines der im Text dargestellten Themen und überlegt, welches Diagramm geeignet ist, diese Informationen darzustellen. Begründet eure Wahl.
2. Erstellt zu dem Text ein Diagramm. Achtet dabei auf folgende Arbeitsschritte:
   - Formuliert einen Titel (= Thema),
   - erklärt in einer Legende die von euch gewählten Strukturelemente (Farben, Formen etc.) und die Bezugsgröße,
   - gebt Quelle, Veröffentlichungsdatum und Bezugszeitraum an,
   - sucht die zentralen Informationen und erstellt aus ihnen ein Diagramm oder Schaubild.
3. Präsentiert und diskutiert eure Ergebnisse.

Die **Bezugsgröße** ist die Einheit, von der man ausgeht. Das kann z. B. eine bestimmte Mengenangabe sein oder 100 %.

TIPP

Ihr könnt die Diagramme auf großen DIN A2-Bögen erstellen. Die Präsentation erfolgt dann direkt vor dem aufgehängten Diagramm.

Sachtexte → S. 274 M

Das hast du in diesem Kapitel gelernt:

Texte erschließen; Schaubilder, Diagramme
- Zentrale Informationen aus einem Text gewinnen
- Schaubilder und Diagramme beschreiben
- Einen Sachtext in ein Diagramm umsetzen
- Ein Diagramm in einen Sachtext umsetzen

M Extra: Merkwissen → S. 274

So kannst du dein Wissen anwenden und deine Fähigkeiten trainieren:

Bananen im Handel

Der Handel im Überblick
Export und Import

Bananen gedeihen rund um den Globus. Von den über 50 Millionen Tonnen, die jährlich weltweit geerntet werden, wandert jedoch weniger als ein Fünftel in den Export. In ihrer Wiege, den ostasiatischen Ländern, reifen sie fast ausschließlich für den Eigenbedarf als Mehl- oder Kochbananen. Als süße Exportfrucht wird die Banane hauptsächlich in Mittelamerika angebaut. Für Länder wie Guatemala, Panama oder Honduras gehört sie zu den wichtigsten Wirtschaftsgütern. Die Abhängigkeit vom Bananenexport und den dahinterstehenden Konzernen macht diese Länder zu den sprichwörtlichen „Bananenrepubliken". Aber auch außerhalb Mittelamerikas ist der Bananenexport für einige Länder und Regionen eine bedeutende Einnahmequelle. Die Dominikanische Republik und die Winward Islands beziehen ihre Deviseneinnahmen zu über 80 % aus dem Bananenexport. Auf den Kanarischen Inseln ist besonders La Palma auf den Bananenanbau angewiesen. Der größte Abnehmer ist die Europäische Union. Hier landen 40 % aller Bananenexporte. Auf die USA entfallen weitere 30 %. Zunehmend beliebter werden Bananen in Japan und den osteuropäischen Ländern. In Polen, Ungarn oder Tschechien machen sich Südfrüchte mit dem westlichen Lebensstil zunehmend in den Regalen breit. Im internationalen Handel stehen Bananen hinter Apfelsinen und Trauben an dritter Stelle. Sie werden ganz überwiegend als Frischobst verzehrt. Bananenchips, -säfte und -marmeladen sind Nischenprodukte; allenfalls als Babybrei lassen sich größere Mengen absetzen. In Deutschland gehören Bananen nach Äpfeln zum meistverzehrten Frischobst. Der Pro-Kopf-Verbrauch liegt bei ca. 14 kg jährlich, das entspricht in etwa 80 Früchten. Sie bescheren den Handelsketten rund 10 % ihres Obstumsatzes. Die Gewinnmargen sind besonders groß. Die Differenz zwischen Großhandels- und Einzel-

Devisen Zahlungsmittel in ausländischer Währung

Gewinnmargen Gewinnspannen

handelspreisen liegt bei gut 1/2 Euro pro Kilo. Zu berücksichtigen ist allerdings, dass ein beträchtlicher Teil der Früchte noch in den Regalen auf Kosten des Einzelhandels verdirbt.

[...] Untrennbar ist das Bananengeschäft mit den Namen „Chiquita“ (früher United Brands), „Dole“ (früher Standard Fruits) und „Del Monte“ verbunden. Über 70 % der weltweiten Exporte und über 90 % der Einfuhren in die USA gehen auf das Konto dieser Gesellschaften. Seit über 100 Jahren ist Chiquita Marktführer der Bananenindustrie. [...].

- Teile den Text in Sinnabschnitte ein und schreibe die zentralen Informationen heraus.
- Erstelle jeweils ein Diagramm zu den Einnahmen der einzelnen Länder durch den Bananenexport und zu den Importländern.

Der Vitamin-Cocktail

Jährlicher Pro-Kopf-Verbrauch von Frischobst in Deutschland (insgesamt 62,6 kg)

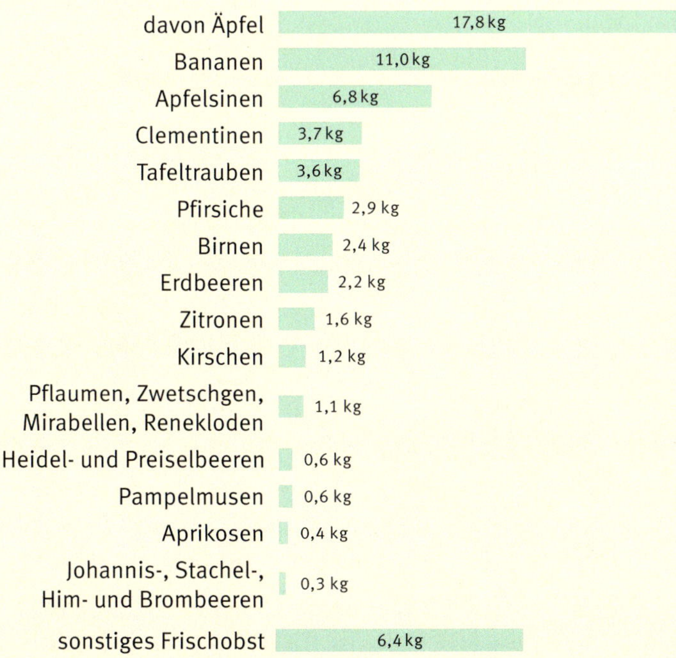

Die wichtigsten Bananen-Exportländer 2004

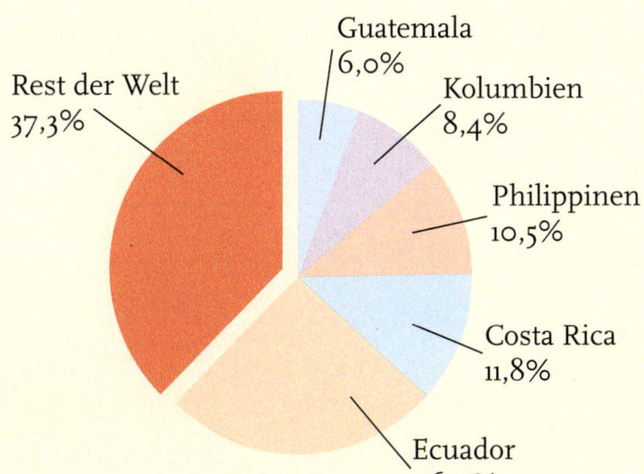

Quelle: FAOSTAT 2006

- Beschreibe die Schaubilder/Diagramme. Nutze hierbei auch die Fachbegriffe.
- Erstelle zu den Schaubildern einen Sachtext.

Fairer Handel – Eine Ausstellung planen

Was ist Fairer Handel?

Die Recherche

- Was heißt das?
- Wem nützt das?
- Wo kommt er her?
- Wo begegnet uns Fairer Handel?

Wenn ihr eine Ausstellung zu Fairem Handel plant, sollte vorher eine umfassende Recherche zu diesen Fragen stattfinden, denn einigen unter euch ist Fairer Handel zwar schon begegnet, aber andere können mit den Begriffen noch nicht so viel anfangen. Sinnvoll ist es, auch den Erdkunde- oder Biologielehrer bzw. die -lehrerin mit einzubeziehen.

Die Vorüberlegungen

- Wann und wie lange möchtet ihr eure Ausstellung machen?
- Wo möchtet ihr sie präsentieren?
- Wen möchtet ihr einladen?
- Was möchtet ihr zum Thema eurer Ausstellung machen: nur das Produkt Schokolade oder auch andere Produkte, die im Fairen Handel eine Rolle spielen, z. B. Fußbälle, Kleidung, Orangen?
- Wie möchtet ihr für eure Ausstellung werben (Aushänge, Ankündigung in den Medien ...)?
- Wie ist euer Zeitplan, eure Verteilung der Aufgabenbereiche?

Idee: Ihr könnt eure Ausstellung auch wie einen Tagesablauf gestalten.

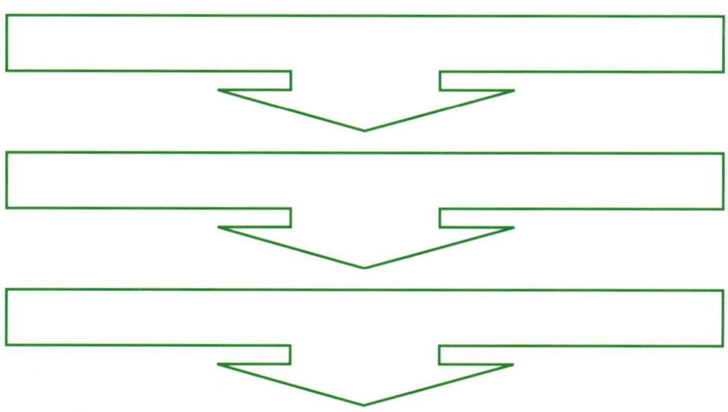

TIPP

Ihr könnt eure Ideen in einer Mindmap oder in einem Cluster sammeln und ordnen.

TIPP

Zur Planung des Ablaufs eignet sich ein Flussdiagramm.

M Mindmap → S. 286

Der Weg zur Präsentation

- Recherchiert zu den von euch gewählten Themen und Unterthemen, z. B. zu:
  – der Geschichte des Fairen Handels,
  – den Grundsätzen des Fairen Handels,
  – den Lebens- und Arbeitsbedingungen in den Kakao-Anbauländern,
  – der Produktpalette (Angebot, Herkunft, Herstellung …),
  – den Organisationen und ihrer Zusammenarbeit.

- Erstellt Fragebögen und führt Interviews z. B. zu folgenden Themen durch: Kaufkriterien, Verzehrgewohnheiten, Lieblingsmarken, …
- Veranschaulicht eure Ergebnisse, z. B. durch Landkarten mit Informationen zu den Anbauländern, Steckbriefe zu den Organisationen, ein Spiel mit Quizfragen zu den Produkten …

Die Präsentation

- Gestaltet euren Raum – achtet dabei auf Übersichtlichkeit.
- Gebt durch ein Plakat einen Überblick über eure Präsentation (Ansprechpartner, Ziel, Programmpunkte, Stationen).
- Mögliche Begleitaktionen sind:
  – eine Rezeptwand,
  – ein Produktregal,
  – ein Café mit Transfairprodukten,
  – eine Station mit Geschmackstest,
  – eine öffentliche Diskussion (Thesen: „Meistens profitieren nur intakte bäuerliche Gemeinschaften von dem Fairen Handel – nicht die ärmsten“ – „Fairer Handel ermöglicht gerechteren Handel und verhindert Kinderarbeit.“),
  – Rollenspiele: Kauf eines fair gehandelten Produkts mit Verkaufsgespräch, Treffen zwischen einem Jugendlichen aus Deutschland und einem aus Südamerika …
- Macht Fotos von der Ausstellung und schreibt einen Bericht für die Tages-, eure Schülerzeitung oder eure Schulhomepage.

TIPP

Zur Veranschaulichung könnt ihr auch Diagramme und Schaubilder nutzen.

Präsentation → S. 286 M

Informationsflut
Medien

Alltag und Medien

JIM steht als Abkürzung für Jugend, Information, (Multi-)Media. Die JIM-Studie ist ein Langzeitprojekt, das das Medienverhalten der 12- bis 19-Jährigen in Deutschland untersucht. Die Studienreihe JIM*plus* Nahaufnahmen erfasst ergänzend Hintergründe, Motive und individuelle Einstellungen.

Medien gehören fest zu unserem Alltag, immer mehr Leute besitzen ein Handy, einen MP3-Player und einen Computer. Nachschlagewerke im Netz verdrängen Lexika, Politiker bloggen, Stars twittern und auch der Einkauf geschieht immer mehr über das Internet. Bücher und Zeitungen gibt es inzwischen in digitaler Form, selbst Kommunikation findet häufig im Chatroom oder per SMS statt.

- Sprecht über folgende Zitate von Jugendlichen aus der Studienreihe JIM*plus* Nahaufnahmen von 2009 und 2010:
  - „Ein Tag ohne Handy ist wie ungesalzene Pommes.“ *(Junge, 13 Jahre)*
  - „Ich mag Musik sehr gerne und man kann sie auch nebenbei hören. Man kann sich beruhigen und ausruhen mit Musik.“ *(Junge, 15 Jahre)*
  - „Ich möchte auf dem neuesten Stand sein mit den Nachrichten und den Serien. Ich suche beim Fernsehen Unterhaltung und Zerstreuung.“ *(Mädchen, 18 Jahre)*
- Welche Medien besitzt ihr? Wann und wozu nutzt ihr sie?

Medien und Freizeit

Die JIM-Studie

Viele Kinder- und Jugendstudien versuchen herauszufinden, was Schülerinnen und Schüler in ihrer Freizeit unternehmen und welche Medien sie regelmäßig nutzen.

Die JIM-Studie hat rund 1200 Jugendliche im Alter von zwölf bis neunzehn Jahren zu ihrem Gebrauch von Medien im Alltag befragt. Dies ergab folgende Ergebnisse:

Medienbeschäftigung in der Freizeit 2010

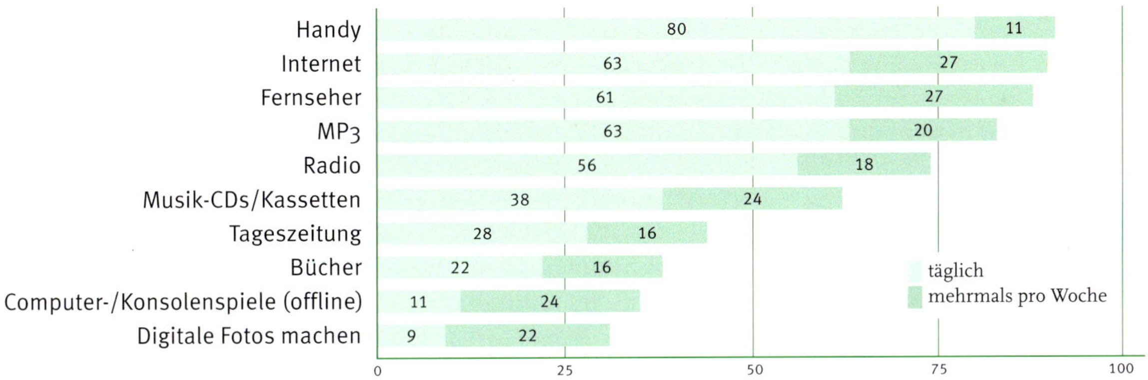

für beide Grafiken:
Basis: alle Befragten, n = 1208
Quelle: JIM 2010, Angaben in Prozent; www.mpfs.de

Ergänzend hierzu wurde in der Studienreihe JIM*plus* Nahaufnahmen erfragt, wozu Medien in der Freizeit genutzt werden:

Wichtigkeit der Medien in der Freizeit

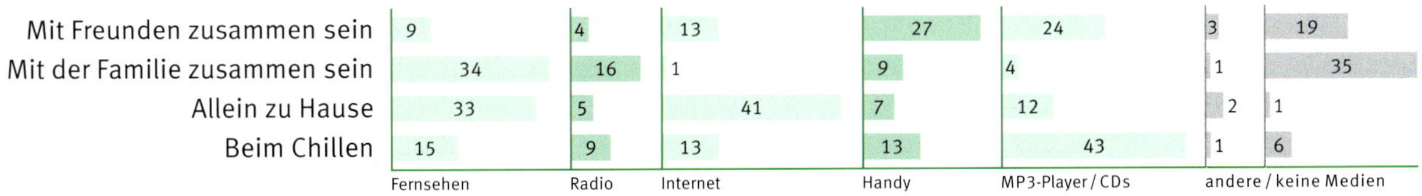

1. Erklärt die in den Diagrammen veranschaulichten Ergebnisse mit eigenen Worten:
   – Welche Fragestellungen wurden untersucht?
   – Was verdeutlichen die Ergebnisse der beiden Diagramme?
2. Macht in eurer Klasse eine vergleichbare Umfrage zu dem Gebrauch von Medien in eurer Freizeit und veranschaulicht eure Ergebnisse in Form von Balkendiagrammen.
3. Vergleicht die Ergebnisse eurer Umfrage mit den Ergebnissen der JIM-Studie.

Deutung von Diagrammen / Sachtexte → S. 174 ff.

Medien als Informationsquellen

Jugendliche sehen auch im Internetzeitalter fern – JIM-Studie 2009

Zwei Drittel der Jugendlichen sehen täglich fern (65 %). 90 Prozent tun dies zumindest mehrmals die Woche. Diese Werte zeigen deutlich, dass das Fernsehen weiterhin eine hohe Bedeutung im Alltag von Jugendlichen innehat. Dies wird auch durch die mit Fernsehen verbrachte Zeit deutlich. Im Durchschnitt sehen Jugendliche nach eigener Schätzung von Montag bis Freitag täglich 2 ¼ Stunden fern (137 Minuten) – Fernsehen liegt somit gleichauf mit der Nutzung des Internets (134 Minuten). Jungen (136 Minuten) und Mädchen (138 Minuten) unterscheiden sich kaum hinsichtlich der Fernsehdauer. Im Altersverlauf ändert sich das Fernsehverhalten: Am kürzesten sehen die 12- bis 13-Jährigen mit 129 Minuten fern, die 14- bis 15-Jährigen sitzen im Schnitt 20 Minuten länger vor dem Bildschirm, dann nimmt die Dauer wieder etwas ab (16–17 Jahre: 131 Minuten, 18–19 Jahre: 137 Minuten). Besonders deutlich unterscheidet sich der Fernsehkonsum der Jugendlichen hinsichtlich ihrer formalen Bildung. Jugendliche am Gymnasium sehen zwei Stunden pro Tag fern (123 Minuten), Realschüler bzw. Jugendliche mit mittlerem Bildungsabschluss sehen 20 Minuten länger fern (142 Minuten) und die höchste tägliche Fernsehdauer haben mit 162 Minuten Jugendliche an der Hauptschule bzw. mit einem Hauptschulabschluss.

Für mehr als die Hälfte der Jugendlichen ist es bedeutsam (wichtig bzw. sehr wichtig), über aktuelle Fernsehsendungen schnell Bescheid zu wissen. Meist informieren sie sich hierüber direkt im Fernsehen (43 %) oder in Zeitschriften (39 %). Das Internet (7 %) spielt hier kaum eine Rolle. Online werden Informationen zum Fernsehprogramm oder zu Sendungen vor allem bei Google und den Onlineangeboten von TV-Zeitschriften nachgefragt. Jugendliche zeigen bei Fernsehinhalten also ein sehr traditionelles Informationsverhalten.

Konvergenz Übereinstimmung, Annäherung

Im Zeitalter der Konvergenz können Fernsehinhalte auch über den Computer genutzt werden. Da inzwischen deutlich mehr Jugendliche einen eigenen Computer als einen eigenen Fernseher haben, wird zunehmend darüber spekuliert, ob die Nutzung von Fernsehinhalten von jungen Menschen nur noch im Internet erfolgt. Bei genauer Betrachtung des Sehverhaltens im Internet wird deutlich, dass dort vor allem Videoportale wie z. B. YouTube gewählt werden, zwei Drittel der Jugendlichen nutzen dies regelmäßig. Fernsehinhalte live (4 %) oder zeitversetzt (8 %) sehen sowie Mediatheken (3 %) haben bei Weitem keine vergleichbare Alltagsrelevanz. Klassische Fernsehinhalte werden also bislang noch über den Fernseher genutzt.

1. Arbeitet aus dem Text die Informationen zu den Interessen der Jugendlichen am Medium Fernsehen bzw. am Medium Internet heraus.
2. Vergleicht die Informationen aus dem Text mit euren Interessen.

Recherchieren auf verschiedenen Wegen …

Die Studie zeigt, dass es vielen Kindern und Jugendlichen wichtig ist, über aktuelle Themen gut informiert zu sein. Dafür nutzen sie verschiedene Informationsquellen.

Ich informiere mich zum Thema „Aktuelles" am häufigsten …

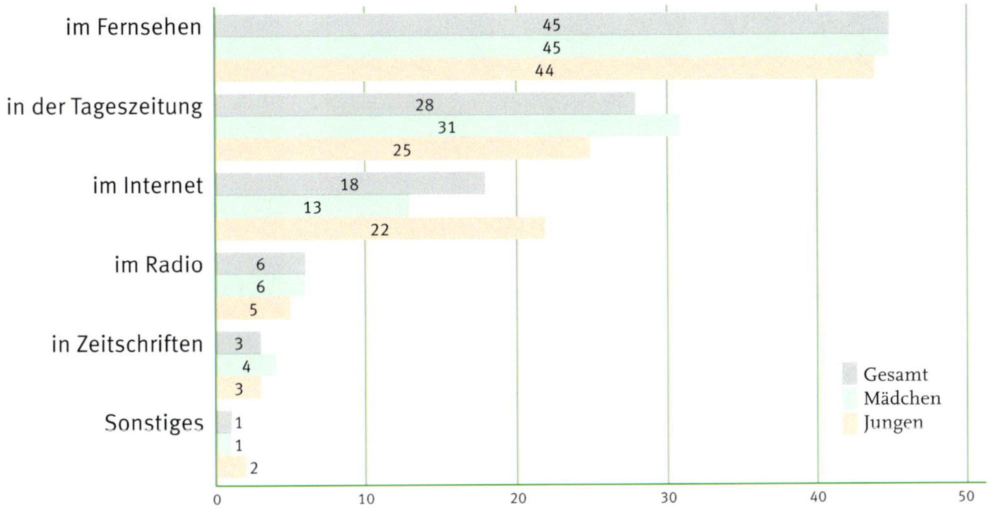

Quelle: JIM 2009, Angaben in Prozent
Basis: Über Aktuelles schnell Bescheid zu wissen, ist sehr/etwas wichtig, n = 1.017

1. Besprecht die im Diagramm veranschaulichten Ergebnisse:
- Welche Medien werden zur Information über aktuelle Themen genutzt?
- Welche Unterschiede werden bei den Antworten der Jungen und Mädchen deutlich?
- Wie sind eure persönlichen Erfahrungen?

2. Arbeitet in Gruppen:
- Wählt ein aktuelles Thema (z. B. Jugendschutz, Sicherheit im Netz …), das alle Gruppen bearbeiten.
- Entscheidet euch je Gruppe für ein Recherchemedium und sichtet, ordnet und schreibt eure dort gefundenen Ergebnisse auf.
- Vergleicht die Ergebnisse der einzelnen Gruppen.
- Sammelt und diskutiert Vor- und Nachteile der verschiedenen Medien bei der Informationsbeschaffung.

  Kriterien des Vergleichs können z. B. sein:
  - Aktualität,
  - Ausführlichkeit,
  - Menge der Informationen,
  - Sachgehalt/Glaubwürdigkeit,
  - Zeitaufwand.

Medien → S. 275 M

Unterwegs im World Wide Web

In vielen Fernsehsendungen, in Zeitungen und Zeitschriften wie auch im Radio wird immer wieder auf Internetseiten hingewiesen, welche die Beiträge der unterschiedlichen Anbieter ergänzen und vertiefen. Natürlich kannst du auch auf eigene Faust das Internet nach Themen und Angeboten durchsuchen. Und wie bei einer „richtigen“ Entdeckungstour in der Stadt gibt es auch im Internet einiges zu beachten.

1. Was solltest du bei einem Ausflug „auf eigene Faust“ in eine (dir zunächst unbekannte) Stadt beachten?
2. Sammelt Ideen, warum ihr euch auch im Internet nicht ohne angemessene Planung oder Begleitung auf den Weg machen solltet.

Wegweiser im Internet

Die Wegweiser des World Wide Webs (www) sind die Suchmaschinen. Sie helfen dir, wenn du im Internet etwas ganz Bestimmtes finden willst. Für Kinder und Jugendliche gibt es spezielle Suchmaschinen und Portale.

3. Wählt gemeinsam ein Thema und versucht euch über die angegebenen Adressen Informationen zu beschaffen.
   Sichtet und ordnet eure Ergebnisse, bevor ihr sie schriftlich festhaltet.
4. Tauscht euch anschließend über eure Erfahrungen aus.
   Geht hierbei auch auf eure Gedanken aus Aufgabe 2 ein.

M Medien → S. 275

Nachrichtensendungen

Du findest nachfolgend drei Versionen derselben Nachricht: aus der „Tagesschau" der ARD, aus der „heute"-Sendung vom ZDF und aus „logo!" vom Kika.

1. Tagesschau

Filmbericht: 27 besonders kreative und engagierte Pädagogen sind in Berlin mit dem „Deutschen Lehrerpreis" geehrt worden. Bundespräsident Köhler forderte, den Pädagogen mehr Respekt und Anerkennung entgegenzubringen. Die Kritik an der Bildungspolitik dürfe nicht auf sie abgeladen werden. Wie jedes Jahr hatten Schüler die Lehrer für den Preis vorgeschlagen. Außerdem konnten Pädagogen eigene Unterrichtskonzepte einreichen. Die Aufzeichnung wird unter anderem vom deutschen Philologenverband vergeben.

Tagesschausprecherin Judith Rakers

2. heute

Anmoderation: Cool, gerecht oder richtig streng – wann ist ein Lehrer ein perfekter Lehrer? Unzählige Schüler und bestimmt auch viele Betroffene werden sich diese Frage schon gestellt haben. Jetzt gibt es darauf eine ganz offizielle Antwort. Man muss so sein wie eine Musiklehrerin aus Wuppertal. Für ihren besonderen Unterricht hat sie heute den deutschen Lehrerpreis gewonnen.

Anmoderation Hinführung auf den sich anschließenden Beitrag

Filmbericht: Musikunterricht an der Realschule Hohenstein in Wuppertal: Instrumentenkunde einmal ganz anders. Statt grauer Theorie bauen die Schüler Schlag-, Streich- oder Blasinstrumente selbst zusammen – aus Abfallprodukten. Ihre Lehrerin machte aus der Not eine Tugend.

O-Ton (Kordula Kupferschmidt): „Weil der Musikraum hier zu war wegen Umbaumaßnahmen und im Lehrplan der Klasse 6 Instrumentenkunde steht, deswegen hab ich mir dann gedacht, dann sollen die Schüler die Instrumente eben selber bauen, damit sie davon auch was haben."

O-Ton Originalton

Filmbericht: Unterricht, von dem die Schüler gleich mehrfach profitieren sollten, denn alle Instrumente mussten hinterher spielbar sein. Motivation auch für diejenigen, die mit Musik sonst nicht so viel anfangen können, dank des Praxisbezugs.

O-Ton (Schülerin): „Kann man halt auch mal kreativ sein und zeigen, was man auch eigentlich so kann."

Filmbericht: Das Wuppertaler Projekt ist in diesem Jahr Erster beim deutschen Lehrerpreis in der Kategorie „Ungewöhnliche Unterrichtskonzepte" geworden. Ein Beispiel für kreatives Lernen, das Schule macht in Deutschland – hofft der Bundespräsident. […]

Claus Kleber im ZDF-heute journal-Studio 19.04.2007

3. logo!

Anmoderation (Jule): Hallo bei logo! Heute war in einigen Schulen – Lehrer-Mangel. Einige von ihnen waren nämlich nicht im Unterricht, sondern in Berlin. Dort haben die besten Lehrer Deutschlands eine begehrte Auszeichnung bekommen, den „Deutschen Lehrerpreis“. Und wir zeigen euch, wer ihn abgeräumt hat – und wofür.

Filmbericht: Den ersten Preis gewann die Musiklehrerin Kordula Kupferschmidt aus Wuppertal. Ihr besonderer Musikunterricht hat der Preis-Jury am besten gefallen. Denn im Unterricht von Frau Kupferschmidt ist alles etwas anders – auch die Musikinstrumente. Die Schüler von der Realschule Hohenstein bauten Gitarren, Panflöten oder Trommeln selbst – aus Sperrmüll und Schrott. Ungewöhnlich – aber spannend. Die Idee dazu kam ihrer Musiklehrerin aus der Not heraus.

O-Ton (K. Kupferschmidt): „Weil der Musikraum hier zu war wegen Umbaumaßnahmen und im Lehrplan der Klasse 6 Instrumentenkunde steht, deswegen hab ich mir dann gedacht, dann sollen die Schüler die Instrumente eben selber bauen, damit sie davon auch was haben.“

Filmbericht: Deshalb war es auch egal, wie die Instrumente aussehen. Wichtig war, dass die Schüler darauf spielen können. Selbst Musikmuffel hat dieser Unterricht begeistert.

O-Ton (Schülerin): „Kann man halt auch mal kreativ sein und zeigen, was man auch eigentlich so kann.“

O-Ton (Schüler): „Dass man das auch mal hinbekommt, nicht dass man immer nur denkt, ja, das kann man nicht machen, dass man halt auch so was schaffen kann.“

Filmbericht: Dreihundertsechzig Instrumente haben Frau Kupferschmidts Schüler insgesamt gebaut – sie wurden nach dem Schuljahr für einen guten Zweck versteigert – für ein Jugendprojekt in Afrika.

Abmoderation (Jule): Und wir wollen auf logo.de von euch wissen: Was macht einen guten Lehrer aus? Wie muss er sein? Wie muss guter Unterricht aussehen? Klickt euch ins Forum auf logo.de.

Abmoderation den Beitrag abschließender Kommentar oder Überleitung zu einem neuen Aspekt

1. Vergleiche die drei Darstellungen derselben Nachricht unter besonderer Beachtung von Informationsgehalt, Sprache und Adressaten.
2. Schneidet selbst eine „logo!“-Sendung mit oder ruft sie im Internet ab. Untersucht die Nachrichtensendung unter folgenden Gesichtspunkten:
   - Studioeinrichtung, An- und Abmoderation, Auftreten der Moderatoren,
   - Verwendung von Filmen, Musik, Grafiken, Bildern (Perspektiven, Einstellungsgrößen),
   - Themenwahl und Themenfolge.
3. Vergleicht die Darstellung und Themenauswahl mit anderen Nachrichtensendungen.

www.logo.de

M Medien → S. 275

Mitmachfernsehen im Internet

Viele Informationen, die im Fernsehen gesendet oder in Zeitungen gedruckt werden, lassen sich auch im Internet finden. Aber nicht nur das – das Internet bietet auch die Möglichkeit, die eigene Sicht der Dinge einzubringen und sich mit anderen über bestimmte Themen auszutauschen. Da das Angebot im Internet nicht an bestimmte Erscheinungs- oder Sendezeiten gebunden ist, kannst du selbst entscheiden, wann und wie du die bereitgestellten Angebote nutzen willst.

1. Was unterscheidet die Darstellung der Informationen im Internet von den Nachrichten im Fernsehen? Bedenke auch deine eigene Rolle. Sprecht darüber, welche Meinungen ihr im Internet eingebracht habt oder einbringen würdet.
2. Vielleicht hast du selbst schon einmal einen Beitrag in einem Forum geschrieben. Kannst du erklären, warum der Verfasser des Forumbeitrags nicht seinen richtigen Namen (oder seine Adresse) angegeben hat?

Medien → S. 275 M

Sport extrem – Extremsport
Rechtschreibung und Zeichensetzung

Ich spreche das Wort langsam und schwinge die Sprechsilben mit. Beim Schreiben kann ich unter dem Wort Schwungbögen anbringen.

Ich verlängere das Wort. Bei Verben suche ich den Infinitiv, bei Adjektiven die Steigerungsform und bei Nomen bilde ich den Plural.

Ich leite das Wort vom Stamm eines anderen Wortes ab.

Dieses Wort muss ich mir merken. Dazu benutze ich meine Merkwörterkartei.

Dazu weiß ich eine Rechtschreibregel/eine Kommaregel, und die lautet so: …

Ich bin mir nicht sicher, wie man dieses Wort schreibt. Das schlage ich besser im Wörterbuch nach.

- Kannst du dich noch an die Strategien und Regeln aus Klasse 5 und 6 erinnern? Dann findest du sicher für die nachfolgenden Wörter ein passendes Symbol, mit dem du die Schreibung erklären kannst: *Leichtathletin – Fußballer – Langstreckenläufer – Leistungsschwimmen – Weltmeisterschaft – Synchronwassergymnasik*
- Welche Sportart übst du aus? Berichte darüber.

Sportlerrätsel

A An einem wunderschönen Ta1 jo2te Sandro in Richtung Bahnhof zur Apo-3eke. Auf dem Weg dorthin ka4men ihm drei Dackel entgegen5 die eine 6ltere Dame an der Leine führte und die ihn beim 7oggen ankläfften. Wie viele Beine gingen zum Bahnhof?

1 g oder k? – 2 g oder gg? – 3 th oder t? – 4 Dehnungs-h? – 5 Komma oder nicht? – 6 e oder ä? – 7 j oder J?

B Eine Viererkarte für einen Bus kostet 1 Euro. Eine Einzelkarte kostet nu1r 30 Cent. Fahrräder werden kostenlos transport2rt. Ein Radfahrer bestieg eili3 mit seinem Mount4nbike den Bus, ga5 dem Fahrer wortl6s 1 Euro und bekam dafür eine Viererkarte. Woher wusste der Fahrer, da7 der Mann sich eine Viererkarte finan8ieren wollte?

1 Dehnungs-h? – 2 i, ie oder ieh? – 3 g oder ch? – 4 ei oder ai? – 5 p oder b? – 6 o oder oh? – 7 s oder ss? – 8 z oder tz?

C Zwei Mannschaften spielten verbi1en gegeneinander Fußball. Die Tr2ner regten sich schreckli3 über ein absch4liches F5l auf. Der Schiedsrichter pfi6 einen Elfmeter. Durch diesen Elfmeter fi7l in der 28. Minute das Tor. Dennoch endete das Spiel 0:0. Wie ist das möglich?

1 s, ss oder ß? – 2 ei oder ai? – 3 g oder ch? – 4 eu oder äu? – 5 ou oder au? – 6 f oder ff? – 7 e oder eh?

D Michael Schumacher k1mpfte um den Sieg in einem Formel-1-Re2en. Er übe3undete alle Gegner und näherte sich der Ziellinie. Doch kurz bev4r er das Ziel erreichte5 stan6 er auf, wünschte den Gegnern alles 7ute und legte sich schlafen. Wie konnte das passieren?

1 e oder ä? – 2 n oder nn? – 3 r oder rr? – 4 o, oh oder oo? – 5 Komma oder nicht? – 6 d oder t? – 7 g oder G?

1. Diktiert euch die Sportlerrätsel gegenseitig als Partnerdiktate.
2. Erkläre an den markierten Stellen, wie du das Rechtschreibproblem löst, und trage das passende Symbol aus der Randspalte unter dem Wort ein.
3. Findet in den Rätseln weitere Wörter, bei denen ihr die Symbole anwenden könnt.

M

!

Lösungen → S. 283 M

Doppelkonsonanten, Konsonantenhäufung, Silben trennendes h, gleich- und ähnlich klingende Konsonanten

Rechtschreibstrategien
Gleich- und ähnlich klingende Laute, Fremdwörter

Einen Bumerang selbst bauen

Bumerangs werden von den Ureinwohnern Australiens seit vielen Jahrtausenden zur Jagd benutzt. Aber heute dienen Bumerangs auch als Sportgeräte. Der Bumerangsport wird vor allem in Europa, Nordamerika, Japan und Australien betrieben. Es gibt sogar Meisterschaften, bei denen die Werfer in unterschiedlichen Disziplinen gegeneinander antreten.

Wenn du selbst einen Bumerang bauen willst, kannst du nach folgender Anleitung vorgehen:

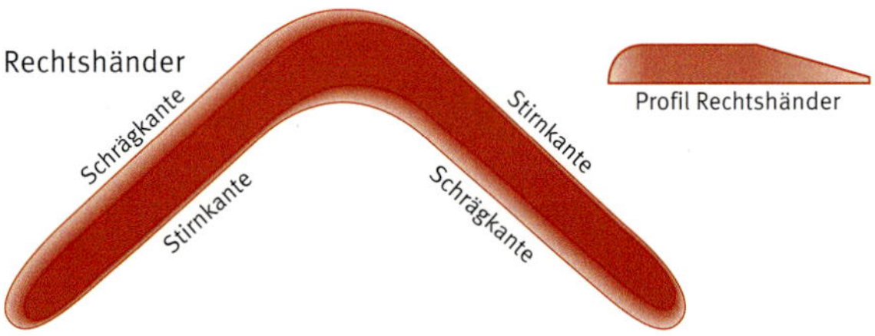

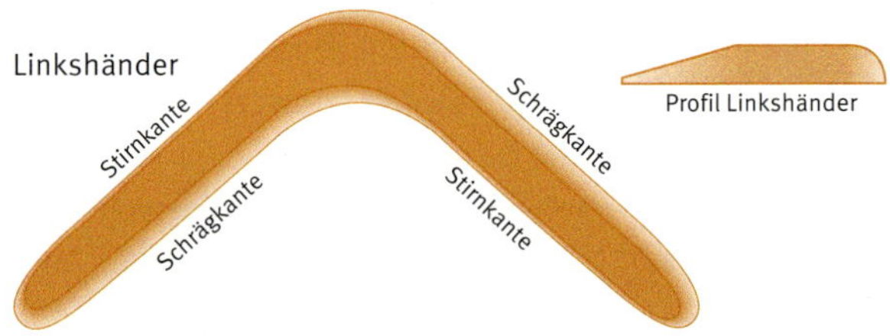

Man **erstellt** aus **Papppapier** eine Bumerangschablone. Den Umriss der Schablone **überträgt** man auf Sperrholz (ein Linkshänder **muss** die Schablone spiegelverkehrt auflegen). Dabei **sollte** man beachten, dass die Vorlage auf die am **Rand** nach oben gewölbte Holzseite aufgezeichnet wird. Dann **sägt** man den Bumerang **knapp** an der Vorlage aus. Auf diesen Bumerang wird das Profil aufgezeichnet. Für Linkshänder **gilt** wieder, dass sie ein spiegelverkehrtes Profil zeichnen. Mit Schraubzwingen **schraubt** man den Rohling auf einer Tischkante fest und arbeitet mit der Raspel **vorsichtig** die **gröbsten** Stücke im Profil heraus. Das Profil **kann** dann mit der Feile nachgearbeitet werden und mit 100er-Schleifpapier einen **Nachschliff** erhalten. **Anschließend** sollte man den Bumerang mit Schnellschliffgrundierung behandeln. Nach der **Trocknung** wird der Bumerang mit 180er-Schleifpapier geglättet.

Jetzt **geht** es los: Der Bumerang kann getestet werden.

Danach **muss** man vielleicht noch das Profil nachbessern. Abschließend wird der Bumerang, je nach Geschmack, mit Farb- oder Klarlack **geschützt.**

1. Schreibe die fett gedruckten Wörter heraus und wende die Strategie des Wörterverlängerns an. Schreibe das Beweiswort dazu (z. B. *schnell – schneller*).
2. Finde in der Bauanleitung weitere Wörter, deren Schreibung sich mit der Strategie **Wörter verlängern** klären lässt. Diktiere sie deinem Nachbarn, der das passende Strategiezeichen und die Beweiswörter ergänzt.
3. Fasst zusammen: Bei welchen Rechtschreibschwierigkeiten kann es helfen, die Wörter zu verlängern?

Zur Erinnerung
Strategie 1: Silben mitschwingen

Man spricht das Wort langsam und deutlich aus und zerlegt es in Sprechsilben. Beim Schreiben kann man unter dem Wort die Silbenbögen einzeichnen.
Wenn du Wörter verlängert hast, kannst du die Silben mitschwingen.

M Rechtschreibung und Zeichensetzung → S. 276 ff.

Auf dem Sportplatz – drei passen zusammen!

Folgende Äußerungen sind auf dem Sportplatz gefallen. Sie enthalten insgesamt jeweils drei Wörter, die besondere Wortstämme oder Vorsilben haben.

Gleich- und ähnlich klingende Wortstämme: ent-/end-, wider-/wieder-, ur-/uhr-, statt-/stand-

Ich kann euch das verlorene Trikot zurückgeben und muss es nicht erstatten. Meine Mutter hat es zusammen mit meiner Armbanduhr hinter der Waschmaschine entdeckt …

Gegen diese Entscheidung des Schiedsrichters werden wir Widerspruch einlegen und das standhaft auskämpfen.

England ist ja das Ursprungsland des Fußballs. Trotzdem haben wir mit einem stattlichen Ergebnis gegen die Engländer gewonnen. Unsere Spieler haben vor lauter Freude fast einen Handstand gemacht.

Beim letzten Turnier habe ich einen alten Freund wiedergetroffen. Obwohl wir uns seit Urzeiten nicht mehr gesehen haben, war er sehr unfreundlich und widersprach mir dauernd …

Anstatt aufzugeben, sollte die Mannschaft wirklich lieber noch ein paar Trainingseinheiten wiederholen. Aber um diese Uhrzeit kann man das doch nicht mehr verlangen.

Es ist doch völlig widersinnig, dieses Ergebnis zu beanstanden. Für unsere Mannschaft ist nach diesem Spiel eben Endstation.

Unser Trainer hat uns zum Konditionstraining in den reinsten Urwald hinter dem Stadion geschickt. Aber letztendlich hat keiner gewagt, sich dem zu widersetzen.

Der letzte Sieg unserer Mannschaft ist mir fast entgangen. Es war kaum eine Berichterstattung in der Zeitung zu lesen. Da war nur wiedergegeben, dass wir die Endrunde erreicht haben.

1. Suche die zusammengehörenden Wörter und trage sie in die Tabelle ein:

-ent-	-end-	-wider-	-wieder-	-ur-	-uhr-	-stand-	-statt-

2. Kläre die Bedeutung der Wortstämme.
   Inwiefern hilft dir dies bei der Schreibung der Wörter?
3. Ergänze weitere Beispielwörter in der Tabelle.
4. Schreibe einige Aussagen, die auf dem Sportplatz fallen könnten, auf und benutze darin deine Beispielwörter. Achte darauf, dass in den Aussagen die Bedeutung der Beispielwörter und damit die Schreibung klar wird.
5. Diktiere deinem Nachbarn deine Sätze als Minidiktate.

Das **Präfix** (Vorsilbe) *ent-* hat meist die Bedeutung von „vermindern“ oder „ein Geschehen beginnen“ (*z. B. mutig – entmutigen, schließen – Entschluss*).

Der **Wortstamm** liegt allen Wörtern der gleichen Wortfamilie zugrunde.

Rechtschreibung und Zeichensetzung → S. 276 ff. M

M

Gleich- und ähnlich klingende Laute

Spielverderber

Die nachfolgenden Wörter haben Mannschaften gebildet, weil sie alle einen gleichen Laut in sich tragen. Zwei Wörter sind jedoch Spielverderber, da bei ihnen der Laut anders geschrieben wird als in den anderen Wörtern.

1 sch■ßen – S■g – Kr■se – Sch■dsrichter – Ballmasch■ne – Z■l – train■ren

2 Hoffenh■m – Schw■nfurt – B■ern – M■nz – Mannh■m – Fr■burg – Ver■nsh■m

3 ■urnier – rei■en – Gesan■er – ■raben – Apo■eke – Or■ – spä■er

4 f■hlen – Gr■ße – Id■lle – F■lle – k■hl – gem■tlich – X■lophon

5 ■omisch – ■lown – A■robat – ■ugel – ■or – ■iste – den■en

6 so■ort – Moti■ – ■ertig – Stro■e – Ha■en – krä■tig – ■ußball

7 K■le – F■er – S■le – Cowb■ – t■er – Abent■er – tr■

8 fl■ßen – Rindv■ – verl■ren – Sch■kane – absp■len – vers■rt – Kn■

9 Urugu■ – Türk■ – Mongol■ – K■ – Österr■ch – Schw■z – Lombard■

10 Verwan■schaft – A■let – Exper■e – Rezep■ – äl■er – Kome■ – ■riathlon

11 abst■rzen – T■p – M■he – K■r – ■ppig – As■l – br■ten

12 A■zent – ■oreografie – za■ig – Ta■elage – hä■eln – ■äfig – ■lauen

13 ■erband – Segelschi■ – Stra■e – ergrei■en – Tro■äe – ■indig – Tie■e

14 ■ter – vert■t – ungeh■er – h■len – Bed■tung – B■le – B■kott

M | K

Wörter, deren Schreibung du dir einprägen willst, kannst du in einer **Merkwörterkartei** sammeln. Jedes Wort wird mit einem Beispielsatz auf eine Karteikarte geschrieben. Die Karteikarten kann man zu Gruppen ordnen (z. B. Wörter mit f-Lauten). Zum Üben dieser Wörter kannst du ein **Wortlistentraining** durchführen. Dabei schreibt man eine Reihe von Merkwörtern untereinander, überprüft, ob sie richtig geschrieben sind, verbessert, schreibt sie noch einmal usw.

1. Schreibe die Wortreihen ab und setze dabei die richtigen Laute ein. Unterstreiche die Wörter, die eine andere Schreibung haben. Achtung: Jeder Laut kommt in zwei Reihen vor.
2. Formuliere für jeden Laut eine Schreibregel: Wie werden die Laute meistens geschrieben? Welche weiteren Schreibungen sind möglich?
3. Ergänze die Wortmannschaften: Finde weitere Beispielwörter für die typische Schreibung und für die Ausnahmen.
4. Übernimm die Merkwörter, deren Schreibung du dir einprägen musst, in deine Merkwörterkartei.

M Rechtschreibung und Zeichensetzung → S. 276 ff.

Extrem-Läufe – die härtesten Marathons der Welt

M

Gleich- und ähnlich klingende Laute

Eine normale Marathon-Strecke hat eine Länge von 42,195 Kilometer. Wem diese Distanz aber nur ein Klacks zu sein scheint, dem kann fix geholfen werden.

Ultra-Marathon

Eine Möglichkeit ist der 100-Kilometer-Straßenlauf. Dieser Lauf wird meist auf einem Mix aus 5-Kilometer- oder 10-Kilometer-Rundstrecken ausgetragen.

Europas längster Ultra-Marathon findet rings um den höchsten Berg Europas, den Mont Blanc, statt. Beim „The North Face Ultra-Trail du Tour du Mont Blanc“ laufen die Teilnehmer auf der 158-Kilometer-Strecke nonstop längs um das Mont-Blanc-Massiv. Die Veranstaltungsorte liegen in drei Ländern, die es flugs zu durchqueren gilt.

Bergläufe

Die nächste Herausforderung für Extremläufer ist natürlich die Höhe. Beim „Glacier 3000“ müssen die Läufer 2000 Höhenmeter bewältigen. Die Strecke führt von Gstaad in der Schweiz bis auf den Berg hinauf. Der Boden wechselt vom weichen Waldboden über Bergwanderwege und wächst an bis hin zur hochalpinen Route über Schnee und Eis des Gletschers. Unterwegs gibt es Kekse und Getränke für die Läufer, die sich wegen der Kälte oft die Hände unter den Achseln wärmen.

Wüstenläufe

Auch in die Wüste reisen Läufer zwecks ihres Hobbys und aus purem Jux. Beim Gobi-Marathon (in China) kann man einen Lauf durch die Sandwüste bestreiten, wo man höchstens einem Wüstenfuchs oder einer Eidechse begegnet.

Noch verrückter geht es allerdings in der Sahara zu. Dort gibt es sechs Etappen in sieben Tagen, von montags bis sonntags. Die Läufer tragen ihre Ausrüstung, ihre Glücksbringer und ihre Verpflegung für das ganze Rennen mit sich. Kein Taxi transportiert das Gepäck. Die Organisatoren stellen nur das tägliche Wasser (anfangs ungefähr neun Liter) zur Verfügung. Aufmerksame Zuschauer helfen ermüdeten Läufern weiter.

5. Lies die unterstrichenen Wörter laut vor. Was fällt dir auf?
6. Finde weitere Wörter mit dieser Schreibung im Text und ordne sie in die Tabelle ein:

x	chs	cks	gs	ks

7. Informiere dich über den „Tough Guy“-Lauf in Wolverhampton (England). Verfasse dazu einen Text, der möglichst viele x-Laute enthält.

TIPP

Die Schreibung mancher Wörter kannst du durch die Strategie **Ableiten** lösen.

M

Fremdwörter

Kleinanzeigen

Wer ein Sportgerät kaufen will, kann in der Zeitung oder im Internet viele Anzeigen finden. Man entdeckt dabei auch manche Wörter, die nicht aus dem Deutschen stammen.

Ladegerät für Elektro E-Scooter mit 24 V
Neues 24V-Ladegerät mit 3-poligem Anschluss für diverse Elektrofahrzeuge. Geeignet für 24V-Bleiakkus. Es handelt sich um ein intelligentes Ladegerät, das bei aufgeladenen Akkus automatisch in die Erhaltungsladung umschaltet.

Müller & Team, Hauptstr. 27

ALU-SCOOTER ROLLER
Der Scooter ist 930 mm hoch und 860 mm lang. Der Lenker kann mithilfe eines Schnellspanners fixiert werden. 200 mm große Rollen sorgen auch auf unebenen Straßen für gutes Vorankommen. Das Trittbrett ist 110 mm breit und bietet dank Griptape sicheren Halt.

Tel: 349785

6 Jojo-Schnüre in Neongrün
Die Schnüre sind in 100 % Polyamid-Qualität. Das Material bietet einen guten Verschleißwiderstand. Blisterverpackung mit aufgedruckter Montageanleitung.

www.sportfreak.com

TITAN Leichtathletikschuh NEU Gr. 42
Der TITAN Lang- und Querfeldeinstreckenspike ist ein professioneller Leichtathletikschuh aus der TRACK & FIELD-Kollektion. Absoluter Top-Laufschuh auch für die Wege außerhalb der Bahn. Diese Schuhe werden gerne als Allrounder getragen. Ideal für ambitionierte Sportler, die nicht pro Disziplin einen extra Schuh brauchen.

Profi-Sport, im Gewerbegebiet am Baumarkt

JONGLIERTÜCHER im 6er-Set
Es handelt sich um Chiffontücher bzw. Rhythmiktücher. Ideal für Jonglieranfänger, da diese Tücher ganz langsam durch die Luft fliegen. Gleichzeitig sind sie ein wichtiges Utensil für Hobby- und Profizauberer. Sie lassen sich bis auf Daumengröße zusammenknüllen. Geeignet auch als Dekoration, Haarschmuck oder Tischdesign!

www.abrakadabra.com

Stoppuhr digital und multifunktionell, neu
Digitale LCD-Anzeige, handliches Format mit Halstrageschlaufe, Zwischenstoppfunktion, inklusive Batterien und damit sofort einsatzbereit.

Tel: 82756

TIPP
Im Wörterbuch kannst du nachschlagen, aus welchen Sprachen die Wörter kommen und wie man sie schreibt.

8. Teilt eure Klasse in zwei Gruppen. Jede Gruppe schreibt aus vier Anzeigen die Fremdwörter heraus. Vergleicht eure Ergebnisse miteinander.
9. Woran kann man erkennen, dass es sich um Fremdwörter handelt?
10. Gestaltet eigene Verkaufsanzeigen (z. B. für ein Mountainbike oder eine Spielkonsole) und benutzt darin möglichst viele Fremdwörter.
11. Übernimm die Fremdwörter, deren Schreibung du nicht sicher beherrschst, in deine Merkwörterkartei. M | K

Jonglieren mit Ringen

M

Fremdwörter

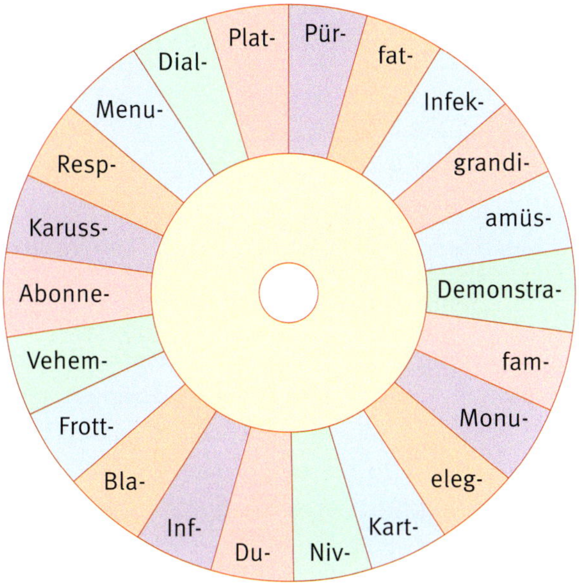

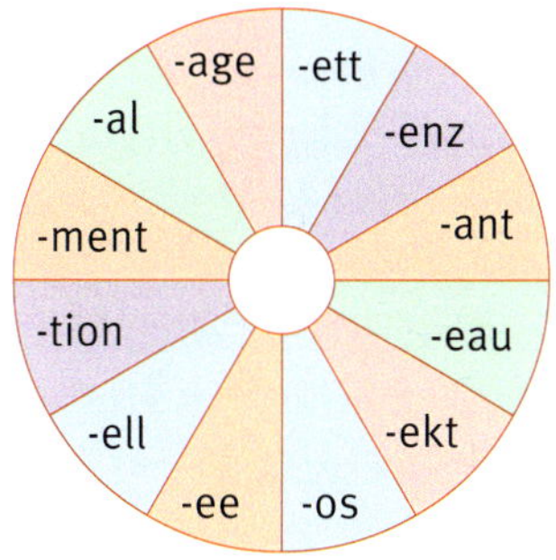

12. Jongliere mit den beiden Ringen so, dass du aus den Wortteilen im linken und rechten Ring möglichst viele Fremdwörter erhältst.

13. Finde zu den Endungen im rechten Ring weitere passende Fremdwörter.

14. Übernimm für jede Fremdwortendung einige Beispielwörter in deine Merkwörterkartei.

M | K

Versteckter Sport

In dem Buchstabengitter unten sind zehn Verben versteckt, die mit Sport zu tun haben. Dazwischen finden sich weitere Fremdwörter.

MEDIZINJKASVOLTIGIERENSJFGARDINELSFJGALOPPIERENLKSJFFABRIK
KLSKUSINELSKTRAINIERENKJBENZINLSKDKOMMENTIERENJKSFRIVALE
SKMFKOMMANDIERENJSMHAPFELSINEKHQUALFIZIERENKJMASCHINEI
FSECOURAGERENLASKABINEBIFTAKTIERENSESFKINOKSJBRILLIERENL
SKNALOVFDMYQGLOKOMOTIVESJKPARIERENHJMOTIVKHFREGULATIV

15. Schreibe die Verben und die anderen Fremdwörter heraus und ordne sie nach der Schreibung.

16. Schreibe mit diesen Verben Sätze über das, was im Sport alles passieren kann.

17. Sucht weitere Verben mit der Endung *-ieren* und spielt damit ein Quiz mit eurem Nachbarn: Einer nennt das Verb, der andere muss dessen Bedeutung erklären und einen Satz damit bilden.

Rechtschreibung und Zeichensetzung → S. 276 ff. M

Groß- und Kleinschreibung

Rechtschreibregeln
Groß- und Kleinschreibung, Getrennt- und Zusammenschreibung

Bergsteigen der Extreme

Thomas Bubendorfer (geb. am 14. Mai 1962) ist ein österreichischer Extrembergsteiger. Bekannt wurde er dadurch, dass er ohne Seil an schwierigen Bergwänden alleine **klettert.** Bei einem Unfall brach er sich mehrere Wirbel, konnte sich jedoch wieder erholen und fand den Weg zurück zum **Klettern.** Eine seiner herausragenden Leistungen ist, dass er als erster Kletterer die Aconcagua-Südwand in Argentinien an einem Tag seilfrei alleine **bestiegen** hat. Es folgte das **Besteigen** des Fitz Roy (ebenfalls in Argentinien) in einer 23-stündigen Nonstop-Alleinbegehung. Bis heute unerreicht ist, dass er in den italienischen Dolomiten fünf reine Felswände an einem Tag **durchstieg.** Um dieses **Durchsteigen** der senkrechten bis überhängenden Dolomitenwände zu bewerkstelligen, wurde er mit einem Hubschrauber von einem Gipfel zum Fuß der nächsten Wand transportiert.

Gerlinde Kaltenbrunner (geb. am 13. Dezember 1970) ist eine erfolgreiche österreichische Höhenbergsteigerin. Obwohl sie noch recht jung ist, kann sie bereits auf ein **interessantes** Leben zurückblicken. Zum **Interessantesten** an ihren Erfolgen zählt, dass sie ohne zusätzlichen Sauerstoff auskommt. Kaltenbrunner hat es sich zum Ziel gesetzt, alle Achttausender ohne Sauerstoffflasche zu besteigen. Sie zählt zu den **besten** Bergsteigerinnen der Welt. Deshalb wählt sie meist nicht die leichteste Route auf den Gipfel, sondern gibt ihr **Bestes** und geht oft auch dann noch weiter, wenn die männlichen Kameraden in ihrem Team bereits umkehren und wieder absteigen.

Beim ihrem **ersten** Versuch, den Dhaulagiri im Himalaya zu besteigen, wurde Kaltenbrunner von einem Schneebrett erfasst und unter der Lawine begraben. Sie überlebte knapp dank einer Luftblase. Das **Erste,** was sie tat, war, sich selbst aus den Schneemassen wieder auszugraben.

Im August 2010 startete Kaltenbrunner zum Gipfel des K2 in Nepal. Drei Expeditionen zu dessen Besteigung musste sie bereits abbrechen. Diesmal wünschte ihr die ganze Welt alles **Gute,** doch wieder endete die Besteigung nicht **gut.** Als ein Kamerad vor ihren Augen abstürzte, brach sie die Expedition ab.

1. Begründe die Schreibung der fett gedruckten Verben und Adjektive in den beiden Texten. Tipp: Achte darauf, was vor den großgeschriebenen Verben und Adjektiven steht.
2. Stelle einen Sportler oder eine Sportlerin deiner Wahl in einem kurzen Text vor. Benutze dabei möglichst viele nominalisierte Verben und Adjektive.

Statt *nominalisieren* kann man auch *substantivieren* sagen.

M Rechtschreibung und Zeichensetzung → S. 276 ff.

Das große Olympia-Quiz

Groß- und Kleinschreibung

Bist du ein Olympiakenner? Dann kannst du dein Wissen bei dem folgenden Quiz testen.

1 Wann wurden die ersten Olympischen Spiele des 21. Jahrhunderts eröffnet?
- ☐ am fünfzehnten September 2000 in Sydney
- ☐ in Athen
- ☐ am Achten des Monats Februar im Jahr 2002 in Salt Lake City

2 Wann finden die olympischen Schwimmwettkämpfe statt?
- ☐ nie vor acht Uhr
- ☐ am liebsten nachts
- ☐ Die Schwimmer sind traditionell die Ersten.

3 Wie viel kostet eine Eintrittskarte zu olympischen Wettkämpfen?
- ☐ mindestens einen Fünfziger
- ☐ etwa hundertzwanzig Euro
- ☐ Man kommt nur als Gast eines Sponsors zu den Wettkämpfen.

4 Wie viele Medaillen gewann Maria Riesch bei den Olympischen Winterspielen 2010?
- ☐ Sie kam zweimal als Erste ins Ziel.
- ☐ gar keine
- ☐ zwei Goldmedaillen: eine in der Abfahrt und eine im Super-G

5 Wie oft darf ein Sportler bei Olympia einen Fehlstart begehen?
- ☐ sooft er will
- ☐ Den Vierten wird es nicht geben.
- ☐ Nach dem ersten Fehlstart wird man disqualifiziert.

6 Aus wie vielen Reitern besteht eine olympische Dressurmannschaft?
- ☐ aus einem Reiter und drei Pferden
- ☐ Nur Frauen dürfen Dressur reiten.
- ☐ Die richtige Zahl ist die Drei.

7 Wie viel wiegt die Diskusscheibe der Frauen?
- ☐ Diskuswerfen der Frauen ist keine olympische Disziplin.
- ☐ Sie wiegt genau achtzig Gramm.
- ☐ Sie wiegt etwa zwei Drittel mehr als ein Jugendfußball, nämlich zwei Kilo.

1. Beantworte die Quizfragen. Tipp: Die richtige Antwort enthält immer ein nominalisiertes Zahlwort.
2. Schreibe alle Zahlwörter aus den Antworten heraus und ordne sie nach Groß- und Kleinschreibung.
3. Formuliere eine Schreibregel: Wann werden Zahlwörter groß- und wann kleingeschrieben?
4. Formuliere eigene Quizfragen zu den Olympischen Spielen. Benutze dazu Zahlwörter in Groß- und Kleinschreibung.

Zahlwörter (Numerale) kann man zu der Wortart der Adjektive zählen. Sie werden meist attributiv gebraucht (*die erste Gruppe, acht Läufer, hundert Teilnehmer*).

Rechtschreibung und Zeichensetzung → S. 276 ff. M

Groß- und Kleinschreibung

Alltag im Leistungssport – fast jeden Tag in der Halle ...

Der Handballer Clemens Borchardt spielt mit seinem Verein in der Landesliga. Im Interview erzählt er, wie sich sein Alltag mit Leistungssport gestaltet.

Wie oft trainieren Sie?
Wir trainieren dreimal die Woche, und zwar immer dienstags, donnerstags und freitags. Das Training findet in der Regel am Abend statt, außer wenn wir im Trainingslager sind. Dann üben wir auch morgens oder am Nachmittag.

Unterscheiden sich die einzelnen Trainingseinheiten?
Ja, dienstagabends, also zum Beispiel gestern, machen wir immer Ausdauer- und Krafttraining, morgen Abend, also jeden Donnerstag, steht Taktik auf dem Programm. Wir stellen uns auf die Spielzüge des Gegners ein und üben unseren Angriff.

Wann und wie oft finden Spiele und Turniere statt?
Die Spiele finden meist samstagabends statt. Manchmal haben wir aber auch am Sonntagnachmittag Spiele. Wenn wir zu Hause spielen, treffen wir uns spätnachmittags in der Halle und beginnen mit dem Aufwärmtraining. Bei Auswärtsspielen fahren wir bereits samstags mittags zum gegnerischen Spielort.

Wie läuft ein Trainingslager ab?
Die Trainingslager dauern meist von Donnerstagabend bis Sonntagnachmittag und werden in der spielfreien Zeit durchgeführt. Wir beginnen frühmorgens mit Aufwärmübungen und Konditionstraining, der Nachmittag gehört meist einzelnen Übungsformen, z. B. Wurftraining. Trainings- oder Freundschaftsspiele gegen eine andere Mannschaft finden samstags am Abend statt.

1. Suche aus dem Text alle Zeitangaben heraus und ordne sie nach ihrer Schreibung in folgende Tabelle ein:

	Kleinschreibung	Großschreibung	Groß-/ Kleinschreibung
Einfache Zeitangaben	*morgens*	*am Morgen*	–
Zusammengesetzte Zeitangaben	*dienstags morgens*	*am Dienstagmorgen*	*heute Morgen*

2. Formuliere eine Regel, wann Zeitangaben groß- oder kleingeschrieben werden.
3. Berichte über deine Freizeitgestaltung. Verwende dazu Zeitangaben mit Groß- und Kleinschreibung.

M Rechtschreibung und Zeichensetzung → S. 276 ff.

Reporter im Stadion

Getrennt- und Zusammenschreibung

A Liebe Zuschauer, beim heutigen Pokalfinale werden Sie sich sicher nicht langweilen. Paul Plattfuß, der Publikumsliebling, wird mitspielen. Er plant, die Titelhoffungen für seine Mannschaft zu vollenden. Doch die Heimmannschaft sollte nicht zu früh frohlocken, denn auch die Gegner können gut mithalten und werden sicher den Sturmlauf Pauls zu unterbinden wissen. Ob Paul seine Aussage, drei Tore hineinzudonnern, einhalten kann, wird sich zeigen. Da beginnt das Spiel. Die Mitspieler bringen Paul sofort ins Spiel, damit er die gegnerische Abwehr durchbrechen kann. Tatsächlich, er dribbelt gleich los, weil er einen Gegenspieler umlaufen und mit gleich drei Abwehrspielern wetteifern will …

B Meine Damen und Herren, seien Sie willkommen hier im Schwimmstadion. Ich bin mir sicher, das Publikum wird gleich kopfstehen, wenn das letzte Rennen der Saison ausgetragen wird. Keiner will heimgehen, denn Lena Liebig, unsere Spitzenschwimmerin, wird teilnehmen und gegen die beste internationale Konkurrenz antreten. Wir hoffen alle, dass sie den schnellen Schwimmerinnen aus Asien standhalten kann. Da kommen die Schwimmerinnen. Liebig ist hoch konzentriert. Man glaubt wie immer, dass sie schlafwandelt, wenn sie ihr Maskottchen liebkost und an der Schwimmbrille herumfummelt. Jetzt geht es zum Start. Wir alle wissen, dass Liebig sich hervorragend selbst überwinden kann, doch kann sie sich gegen die anderen durchsetzen? Sie muss eine noch bessere Zeit schwimmen als sonst. Da kommt der Startschuss …

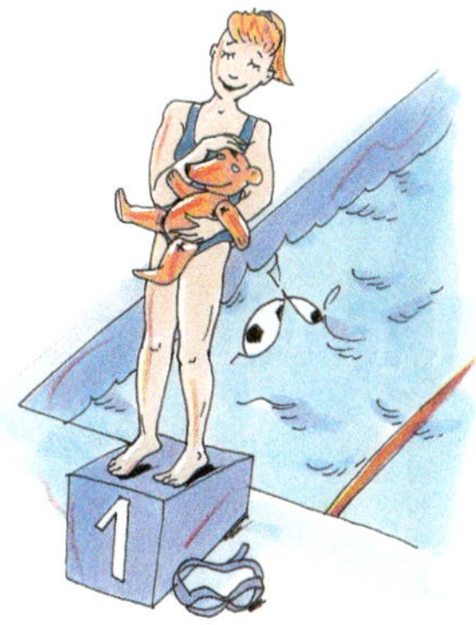

Regel 1: Nomen, Adjektive oder Partikeln können mit Verben untrennbare Zusammensetzungen bilden. Man schreibt sie immer zusammen.

Regel 2: Nomen, Adjektive oder Partikeln können mit Verben trennbare Zusammensetzungen bilden. Man schreibt sie nur im Infinitiv, im Partizip I und II sowie im Nebensatz bei Endstellung des Verbs zusammen.

1. Tragt die Texte laut vor und sammelt dann alle zusammengesetzten Verben an der Tafel oder auf einem Plakat.
2. Prüfe mithilfe der Regeln, ob es sich bei den gesammelten Verben um trennbare oder untrennbare Zusammensetzungen handelt. Dazu kannst du einen Satz mit einer konjugierten Verbform bilden:
   fehlschlagen: Der Spielzug schlägt fehl.
   widerstehen: Die Schwimmerin widersteht ihrer Müdigkeit.
3. Ordne die Verben nach ihrer Schreibung in trennbare und untrennbare Zusammensetzungen.
4. Setze die Reportagen fort und benutze dabei folgende zusammengesetzte Verben: *handhaben, überqueren, hintergehen, durchziehen, stattfinden, kopfrechnen, untergraben.* Mache durch die Verwendung in deinem Text klar, ob es sich um trennbare oder untrennbare Verbindungen handelt.

Partikeln sind unveränderliche Wörter oder Wortteile. Sie können z. B. Präpositionen oder Präfixe sein (*ab – abändern; durch – durchlaufen*).

Rechtschreibung und Zeichensetzung → S. 276 ff. M

Getrennt- und Zusammenschreibung

Becher stapeln ist gut fürs Köpfchen

Wenn die Anhänger des „Sport Stacking" spazieren gehen, sieht man öfter, dass sie kleine Plastikbecher nicht auf dem Boden liegen lassen, sondern mitnehmen. Auch wenn sie einkaufen gehen, können sie die Plastikbecher nicht im Regal stehen lassen. Denn die Anhänger von Sport Stacking kennen nur ein Ziel: aus neun oder zwölf Bechern so schnell wie möglich kleine Pyramiden auf- und abbauen.

Während die Amerikaner die Becher-Hochstapelei schon vor rund 20 Jahren schätzen lernten, blieb die Sportart in Deutschland bis vor einigen Jahren unentdeckt. Viele Deutsche haben die Sportart aber inzwischen kennengelernt, besonders bei Jugendlichen steht das Becherstapeln voll im Trend. Wie viele Menschen letztlich die Becher kreisen lassen, weiß niemand. Denn viele stapeln zu Hause, in Eigenregie, ohne Verein.

Die Becher haben ein Loch an der Unterseite und innen sowie außen unterschiedliche Spezialbeschichtungen, damit sie sich greifen lassen, aber nicht ineinander stecken bleiben. Mit einem Satz Stacking-Becher kann es losgehen.

Durch Becherstapeln kann die Reaktions- und Konzentrationsfähigkeit gefördert werden. Wenn nämlich im Wettkampf die Konzentration flöten geht, passiert es leicht, dass man die Becher fallen lässt – und das kostet wertvolle Zeit.

Besonders Jugendliche wollen häufig stapeln lernen. Die Zehn- bis Vierzehnjährigen sind ohnehin mit großem Vorsprung die besten Hochstapler. In dieser Altersklasse wird auch der Erfolg nicht lange auf sich warten lassen. So hält der zehnjährige Amerikaner Steven Purugganan mit 6,21 Sekunden den Weltrekord in der Königsdisziplin Cycle. Der deutsche Rekordhalter, Yannick Zittlau, ist vierzehn Jahre alt.

Wenn man nur ein paar Minuten stapelt und dabei ständig neue Bestzeiten erreichen will, merkt man gar nicht, dass man ein anstrengendes Konzentrationstraining absolviert. Die Fingerfertigkeit, die man beim Becherstapeln erwirbt, kann so manchen Jongleur und Akrobaten vor Neid erblassen lassen.

Diese Nebeneffekte, die man durch das Sport Stacking erzielen kann, wirken sich auch positiv auf das schulische Lernen der Stapler aus. Also sollen Jugendliche in der Schule nicht nur lesen, schreiben oder rechnen lernen, sondern es werden in immer mehr Schulen Arbeitsgemeinschaften eingerichtet, in denen Interessierte auch stapeln lernen können.

1. Suche im Text alle Verbindungen von Verb und Verb und schreibe sie heraus.
2. Formuliere eine Schreibregel: Wie werden Zusammensetzungen von Verb und Verb geschrieben?
3. Stelle deine Lieblingssportart vor. Versuche, in deinem Text möglichst viele Verbindungen von Verb und Verb zu benutzen.
4. Dein Nachbar liest deinen Text und markiert die Verb-Verb-Verbindungen.

Ausnahme:
kennenlernen und *kennen lernen* – beide Schreibweisen sind möglich.

M Rechtschreibung und Zeichensetzung → S. 276 ff.

Auf die Plätze, fertig, los …

Getrennt- und Zusammenschreibung

Partikeln
ab- ▪ an- ▪ auf- ▪ aus- ▪ bei- ▪ beisammen- ▪ da- ▪ dabei- ▪ daher- ▪ dahin- ▪ dar- ▪ davon- ▪ dazu- ▪ dazwischen- ▪ drauf- ▪ drauflos- ▪ drin- ▪ durch- ▪ ein- ▪ einher- ▪ empor- ▪ entgegen- ▪ entlang- ▪ herüber- ▪ herum- ▪ herunter- ▪ hervor- ▪ hin- ▪ hinauf- ▪ hinaus- ▪ hindurch- ▪ hinein- ▪ hinterher- ▪ hinüber- ▪ hinunter- ▪ hinzu- ▪ los- ▪ mit- ▪ nach- ▪ nieder- ▪ über- ▪ um- ▪ umher- ▪ unter- ▪ vor- ▪ voran- ▪ voraus- ▪ vorbei- ▪ vorher- ▪ vorüber- ▪ vorweg- ▪ weg- ▪ weiter- ▪ wieder- ▪ zu- ▪ zurecht- ▪ zusammen- ▪ zuvor-

Verben
-ändern ▪ -biegen ▪ -laufen ▪ -schalten ▪ -lehnen ▪ -sitzen ▪ -bleiben ▪ -kommen ▪ -stellen ▪ -gehen ▪ -tragen ▪ -bauen ▪ -bieten ▪ -dauern ▪ -nehmen ▪ -holen ▪ -käuen ▪ -sehen ▪ -finden

1. Bildet Mannschaften: Jede Mannschaft muss versuchen, aus den Partikeln und Verben möglichst viele Zusammensetzungen zu bilden, z. B. *auslaufen, durchmachen*. Achtet darauf, dass ihr die Zusammensetzungen auch zusammenschreibt.
   Stoppt die Zeit: Wer hat nach fünf Minuten die meisten Zusammensetzungen?

Zusammensetzungen aus **Partikel** (s. S. 201) und Verb schreibt man in der Regel zusammen.

Hindernisse beim Endspurt?

- Während des Turnwettkampfs darf der Trainer zur Hilfestellung an den Geräten dabeistehen. Wenn ein Trainer an den Geräten Hilfestellung gibt, darf er nicht sitzen, sondern muss meist dabei stehen.
- Mit einem Unentschieden ist die Mannschaft gerade noch einmal davongekommen. Die schlechte Leistung der Mannschaft ist davon gekommen, dass die Spieler nach der langen Anreise noch müde waren.
- Bei der Pressekonferenz musste sich die Sportlerin ständig wiederholen. Bei der Pressekonferenz musste die Sportlerin das Mikrofon wieder holen.
- Für einen Erfolg müssen Sportler und Betreuer gut zusammenarbeiten. Der Sportler möchte gern mit den anderen Sportlern zusammen arbeiten.

2. Lies die Sätze laut vor und achte auf die Betonung der zusammengesetzten Verben.
3. Kläre die Bedeutung der zusammengesetzten Verben.
4. Erkläre mithilfe der Betonung und der Bedeutung die Getrennt- oder Zusammenschreibung.
5. Formuliere mit folgenden Verben Sätze mit Getrennt- und Zusammenschreibung: *wieder?geben – zusammen?sitzen – um?laufen*.

Rechtschreibung und Zeichensetzung → S. 276 ff. M

Getrennt- und Zusammenschreibung

Was Karlchen mag ...

Karlchen hat einen ganz besonderen Geschmack, wie sich in folgenden Äußerungen zeigt:

A Karlchen mag Ski laufen und Schlittschuh laufen, aber er mag nicht eislaufen.

B Karlchen mag Rumba tanzen und Walzer tanzen, aber er mag nicht seiltanzen.

C Karlchen mag Fußball spielen und Rad fahren, aber er mag nicht bergsteigen.

D Karlchen mag Schlange stehen und Schlangenköpfe basteln, aber er mag nicht kopfstehen.

1. Welches Rechtschreibproblem wird in den Äußerungen über Karlchen sichtbar?

Die letzte Rettung: Hilfe aus dem Wörterbuch

Regel: Verbindungen von Nomen und Verb schreibt man in der Regel getrennt. Das Nomen wird großgeschrieben, das Verb klein.

Ausnahmen: Wenn das Nomen verblasst ist und nicht mehr als solches zu erkennen ist, schreibt man die Verbindung von Nomen und Verb zusammen und klein.

Wörterliste:
NOT?LEIDEN – ANGST?HABEN – SONNEN?BADEN – INLINER?FAHREN – HEIM?GEHEN – IRRE?FÜHREN – RAT?SUCHEN – MAß?HALTEN – BAUCH?REDEN – WUNDER?NEHMEN – SCHULD?TRAGEN – SCHLAF?WANDELN – KOPF?RECHNEN – RÜCKEN?SCHWIMMEN – BRUST?SCHWIMMEN – LOB?PREISEN – SORGE?TRAGEN – PLEITE?GEHEN – AUTO?FAHREN – KUCHEN?BACKEN – STAND?HALTEN – SPORT?TREIBEN – KLAVIER?SPIELEN – SCHLUSS?FOLGERN

2. Versuche, mithilfe der Regeln die Schreibung der Wörter zu klären. Notiere deine Vermutungen mit Bleistift.
3. Überprüfe die Schreibung der Wörter im Wörterbuch.
4. Schlage die Zusammensetzungen HALT?MACHEN und MARATHON?LAUFEN im Wörterbuch nach. Was stellst du fest?

M Rechtschreibung und Zeichensetzung → S. 276 ff.

Vancouver 2010: Olympia-News aus dem Nachrichten-Ticker

Getrennt- und Zusammenschreibung

A Man konnte sich kaum **sattsehen** an den Bildern der Siegerehrung in Whistler Mountain. Axel Teichmann, deutscher Medaillengewinner über 50 km Langlauf, hatte sich von allem Druck **freigemacht**, war **locker geblieben** und hatte sich seinen Abschied vom Aktivensport mit seiner zweiten Silbermedaille versüßt. Obwohl er bei seinen letzten Olympischen Spielen zwei Silber-Plaketten in seinen Händen **festhalten** konnte, würde dem Ausnahmelangläufer vermutlich ein Abschied aus der Loipe nicht **schwerfallen.** Doch Teichmann will auch weiterhin noch **aktiv bleiben**, will sich nicht **kaltstellen** lassen und sich auch für weitere Wettkämpfe **bereithalten**.

B Vancouver 2010: Zweimal Gold, einmal Silber, eine Olympiasiegerin, die jeder **liebhat**, und zum Abschluss auch noch Fahnen-Trägerin der deutschen Mannschaft – das ist die Olympiabilanz der Biathletin Magdalena Neuner. Doch auch wenn es den Zuschauern nicht **leichtfällt**, Magdalena Neuner wird **froh sein**, dass sie sich nach dem Ende der Spiele vom Medienrummel **fernhalten** kann, um nicht daran **kaputtzugehen**. Sie wird sich bei ihrer Familie erholen, weil sie den ganzen Rummel um ihre Person ganz schön **satthat**. Nur so kann sie **offen bleiben** und **klar denken** für eine weitere Saison. Das wird ihr sicher keiner der Fans **übelnehmen**.

C Nach 17 Jahren Aktivensport und vielen Medaillen beendet der erfolgreichste Bobfahrer aller Zeiten, André Lange, seine Karriere. Mit Blicken **liebkost** der Ausnahmepilot noch einmal die Bobbahn. Er kann **stolz sein**, scheint innerlich zu **frohlocken**. Seinen Erfolg kann ihm keiner **kleinreden**. Denn am Ende seiner Karriere kann der 36-Jährige noch eine olympische Silbermedaille in Händen halten, bevor er nun **kürzertritt** und vielleicht eine zweite Karriere als Bobtrainer anstrebt.

1. Lies die Texte und vergleiche die fett gedruckten Wörter: Welche Schreibung überwiegt bei Zusammensetzungen aus Adjektiv und Verb?
2. Schlage folgende Zusammensetzungen im Wörterbuch nach. Was stellst du fest?
   FERTIG?STELLEN – KLEIN?SCHNEIDEN – VERLOREN?GEHEN – BLOND?FÄRBEN – WEICH?KLOPFEN – WARM?MACHEN
3. Schlage FREI?SPRECHEN, FERTIG?BRINGEN, KURZ?SCHNEIDEN nach und erkläre die unterschiedliche Schreibung.
4. Formuliere Beispielsätze mit diesen Zusammensetzungen, aus denen die unterschiedliche Schreibung deutlich wird.

Rechtschreibung und Zeichensetzung → S. 276 ff. M

Zeichensetzung

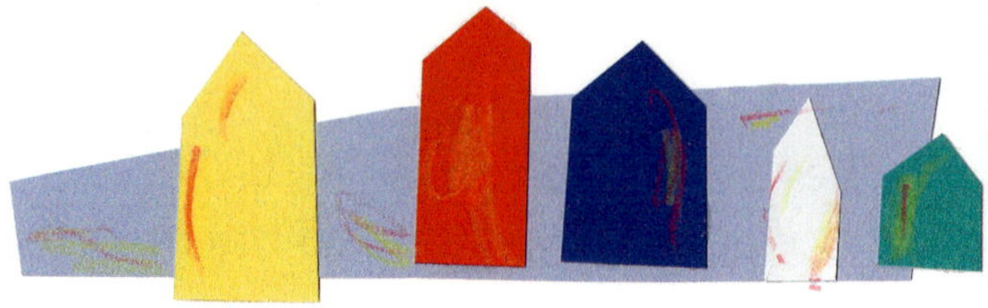

Wer wohnt wo?

In einem Stadtviertel stehen fünf ganz verschiedene Häuser: ein rotes, ein gelbes, ein grünes, ein weißes und ein blaues. Die Bewohner kommen aus unterschiedlichen Ländern, haben unterschiedliche Hobbys oder Lieblingsbeschäftigungen, halten verschiedene Haustiere und haben je ein anderes Lieblingsgetränk. In der Mitte steht ein großes, helles rotes Haus. Dort wohnt eine Französin. Sie lädt ihre Nachbarn zum Essen ein und kocht für sie sehr berühmte französische Spezialitäten. Um herauszufinden, wer wo wohnt, erhältst du nun einige Hinweise:

1 Der Mann aus Afghanistan besitzt einen riesigen grauen Hund.
2 Die Person aus dem grünen Haus trinkt am liebsten starken spanischen Kaffee.
3 Der Spanier trinkt gesüßten schwarzen Tee.
4 Das kleine grüne Haus steht rechts von einem weißen verwinkelten Haus.
5 Die Fußballspielerin züchtet weiße Mäuse im roten Haus oder Garten.
6 Die Person im gelben Haus spielt seit drei oder vier Jahren Handball.
7 Das weiße Haus steht nicht in der Mitte nicht am Rand.
8 Die Person aus dem Haus in der Mitte trinkt warme oder kalte Milch.
9 Der Hundebesitzer hatte einmal eine Katze Probleme mit den Nachbarn und ständig Ärger mit kaputten Möbeln.
10 Eine junge hübsche Italienerin wohnt im ersten Haus.
11 Der Volleyballspieler wohnt neben der Frau mit dem kleinen süßen Hamster.
12 Die Person ganz rechts im Haus ist 35 Jahre alt hat studiert und arbeitet viel.
13 Im Nachbarhaus von der Handballerin lebt ein bunter sprechender Papagei.
14 Der Computerspezialist trinkt frischen naturtrüben Apfelsaft.
15 Der Deutsche mag Lesen oder Musikhören macht aber keinen Sport.
16 Die Italienerin wohnt neben dem alten baufälligen blauen Haus.
17 Die Nachbarn vom Volleyballspieler treiben montags dienstags oder mittwochs Sport.
18 Eine der Frauen trinkt niemals Alkohol immer nur Wasser.
19 Manchmal trinkt ein kleiner knuddeliger Hase auch Kaffee aus Spanien.

Regel 1: Aufzählungen von gleichrangigen Wörtern oder Wortgruppen werden durch Komma getrennt. Vor *und/oder* steht kein Komma (z. B. *ein großes, rotes Haus; er springt, lacht und hüpft*).

Regel 2: Adjektive, die nicht gleichrangig sind, werden nicht durch Komma voneinander getrennt (*die berühmte amerikanische Schauspielerin*).

1. In der Einleitung oben sind die Kommas bei den Aufzählungen schon gesetzt. Erkläre die Kommasetzung mithilfe der nebenstehenden Regeln.
2. Überlege, wie du prüfen kannst, ob es sich um eine Aufzählung von gleichrangigen oder nicht gleichrangigen Adjektiven handelt.
3. Setze in den Hinweisen über die Hausbewohner die fehlenden Kommas. Dazu kannst du eine Folie über das Buch legen und darauf schreiben.

M Rechtschreibung und Zeichensetzung → S. 276 ff.

Echte und unechte Sportlersprüche

Ich war echt am Ende ■ mir war ganz schlecht ■ und ich hatte Bauchschmerzen. Ich war so nervös, dass ich am liebsten abgereist wäre.
Helene Hupf, Turnerin

Ein unheimlich abwechslungsreiches Rennen ■ erst war die eine vorn ■ dann war die andere hinten. *Christian Neureuther, Skirennfahrer*

Da kam dann das Elfmeterschießen ■ wir hatten alle die Hosen voll ■ aber bei mir lief's ganz flüssig. *Paul Breitner, Fußballer*

Die würden nie was sagen ■ die haben absolutes Schweigeverbot.
Niki Lauda, Formel-1-Rennfahrer

Ich habe sehr viel autogenes Training gemacht ■ ich habe viel gelernt ■ und ich kann mich auf den Punkt konzentrieren ■ und ... was war die zweite Frage noch mal? *Annemarie Gerg, Skirennläuferin*

Damit fahre ich nicht ■ das ist ein Fahrrad mit Rücktritt ■ da gehe ich lieber zu Fuß.
Paul Paulsen, Sportpilot

Wir können so was nicht trainieren ■ sondern wir können es nur üben.
Michael Ballack, Fußballer

Der Ball ist rund ■ und das Spiel dauert 90 Minuten.
Sepp Herberger, Fußballtrainer

Sport hält fit ■ man sollte jeden Tag Sport machen ■ ich gehe jetzt mal essen.
Harry Boll, Diskuswerfer

Eine **Satzreihe** ist eine Verknüpfung von zwei oder mehreren Hauptsätzen.
Zwischen zwei Hauptsätzen steht ein Komma; vor *und/oder* muss kein Komma stehen.

1. Setze die fehlenden Kommas.
2. Schreibe ebenfalls kurze Sprüche auf (z. B. SMS-Sprüche), die aus zwei oder mehreren Hauptsätzen bestehen. Achte dabei auf die Kommasetzung.

Sätze und Satzglieder → S. 226 ff.
Rechtschreibung und Zeichensetzung → S. 276 ff. M

Ein **Satzgefüge** besteht aus einem Hauptsatz und einem oder mehreren Nebensätzen. Haupt- und Nebensatz sowie Nebensatz und Nebensatz werden immer durch Kommas voneinder getrennt. Ist ein Nebensatz in den Hauptsatz oder einen anderen Nebensatz eingeschoben, muss er durch Kommas abgetrennt werden.

Die Achillesferse

Man muss schon ein außergewöhnlicher Mann gewesen sein wenn man wegen seiner Ferse in den Wortschatz eingeht. Solch ein Mann war Achilleus der vor Troja unter den Griechen als der Stärkste galt.

Der Sage nach war seine Mutter Thetis die Tochter einer Meeresgöttin die unsterblich war und diesen Zustand auch für ihren Sohn erreichen wollte. Zwei Geschichten werden erzählt wie Thetis ihrem Sohn Unsterblichkeit verleihen wollte. Nach der ersten salbte sie ihn tagsüber mit Ambrosia während sie ihn nachts an der Ferse über eine Flamme hielt damit alles Menschliche aus ihm herausgebrannt werde. Nach der zweiten Geschichte hielt Thetis ihren Sohn an der Ferse fest und tauchte ihn kopfüber in den Fluss Styx der ihm Unverwundbarkeit verleihen sollte. In beiden Fällen gelang ihr Vorhaben somit nicht ganz weil Achilleus an der Ferse verwundbar blieb.

Das Schicksal meinte es außerdem nicht gut mit Achilleus. Thetis wusste von einem Orakelspruch dass Achilleus im Trojanischen Krieg fallen sollte. Sie wollte ihn beschützen indem sie ihn in Mädchenkleider steckte und bei einem befreundeten König versteckte. Achilleus war dort lange Zeit glücklich weil er sich in die Königstochter Deidameia verliebte die er dann auch heiratete. Dem listigen Odysseus gelang es dass Achilleus dennoch am Feldzug der Griechen teilnahm. Er schmuggelte Waffen in die Mädchengruppe in der Achilleus sich aufhielt. Als Achilleus sich darauf stürzte war er entlarvt.

Während des Trojanischen Krieges führte Achilleus die Griechen neun Jahre lang an und half mit dass dreiundzwanzig Städte rund um Troja zerstört wurden. Als sein Freund Patroklos vom Trojaner Hektor getötet wurde nahm Achilleus bitter Rache und schleifte Hektor nachdem er ihn getötet hatte dreimal um die Stadtmauer von Troja. Für Achilleus bedeutete diese grausame Tat gleichfalls den Tod weil ihn ein Pfeil des Trojaners Paris der von Apollo gelenkt wurde genau in die Ferse traf.

Noch heute kennt man den Begriff Achillesferse vor allem beim Sport weil der Begriff eine verwundbare Stelle eines Systems oder einer Taktik bezeichnet. Darüber hinaus wurde die Achillesferse zum Namengeber für die menschliche Achillessehne die am Fersenbein ansetzt und nach oben verläuft. Die Sehne überträgt die Kraft der Muskeln damit der Fuß eine Bewegung in Richtung Fußsohle machen kann die man vor allem beim Laufen braucht. Ein Riss der Achillessehne der meist bei Überbelastung oder Fehlbelastung eintritt ist daher ein Albtraum für jeden Sportler.

TIPP

Lege eine Folie über den Text. Dann kannst du die Kommas direkt setzen.

1. Setze in dem Text die fehlenden Kommas.
   Erläutere jeweils, ob das Komma Haupt- und Nebensatz oder zwei Nebensätze trennt.

Sätze und Satzglieder → S. 226 ff.
M Rechtschreibung und Zeichensetzung → S. 276 ff.

Neue Trendsportarten – kennst du dich aus?

> **Appositionen,** Einschübe und Zusätze sind nachgestellte Erläuterungen, die von Kommas eingeschlossen sind.

A Beim **Skiken** ▪ fährt man mit Kurzbrettern auf Rollen und schiebt sich mit Stöcken an. Außer im Winter kommen die Skiker fast überall durch.

B **Jugger** ist eine neue Sportart, die gefährlich aussieht, aber es nicht ist. Die Jugger schlagen mit Schwertern und Stäben ▪ aufeinander ein und haben dabei richtig viel Spaß.

C **Slacklining** ▪ hat schon viele Anhänger. Man spannt einfach einen Gurt von Baum zu Baum und fertig ist das Slacker-Paradies.

D Die Traceure ▪ wählen den effektivsten Weg von A nach B. Dazu hechten sie mit elegantem Sprung über Bänke und Zäune, rollen unter Gittern hindurch, überwinden fast mühelos meterhohe Mauern, hangeln sich an Gerüsten entlang oder balancieren mit Leichtigkeit über schmale Geländer. Dieser neue Trendsport nennt sich **Parkour.**

E Beim **Base-Jumping** stürzen sich die Springer aus einer Höhe von 120 Metern von Gebäuden, Brücken und Klippen ▪ Jeder Sprung will genauestens vorbereitet sein, sonst war es der letzte.

F Bei **Kubb** ▪ wirft man runde und eckige Hölzer. Es geht darum, den König der Gegner umzulegen …

G **Bossaball** vereint Elemente von Volleyball und Beachvolleyball, Turnen, Akrobatik und Gymnastik und sogar Fußball. Es wird ▪ auf Hüpfburgen gespielt, wo die Spieler meterhohe Sprünge machen.

H **Bikepolo** ▪ erobert zurzeit die Großstädte. Mit links wird das Rad gesteuert und mit dem rechten Arm hält man den Schläger und schlägt den Ball.

> **sehr zum Vergnügen der jüngeren Mitspieler – so nennt man die Hindernisläufer – und zwar mit Waffen aus Kunststoff und dick mit Schaumgummi gepolstert – einer Mischung aus Inlineskaten und Skilanglauf – also Polo hoch zu Rad – der Balanceakt auf dem schwankenden Gummiseil – auch Wikingerschach genannt – und zwar mit einem Fallschirm im Rucksack**

1. Schreibe die Sätze über die neuen Trendsportarten ab und trage die passenden Einschübe ein. Achte dabei auf die Kommasetzung:
   Beachhandball, eine Variante des Feldhandballs, wird am Strand gespielt. Der Ball muss möglichst direkt von Spieler zu Spieler geworfen werden, denn Prellen geht im Sand nicht.
2. Kennst du weitere ungewöhnliche Sportarten? Entwirf dazu eine Werbeanzeige, die eine Apposition oder einen Einschub enthält.

Rechtschreibung und Zeichensetzung → S. 276 ff. M

Nachschlagen

Auszug aus dem Regelteil eines Rechtschreibwörterbuchs

Kennziffer der Regel

Verweise auf Paragrafen und Unterabschnitte der Regeln

Verweis auf Schreibvarianten

Verweis auf Ausnahmen

Verwendungsbeispiele der Regel

K 72 1. Als Substantive gebrauchte Adjektive und Partizipien werden in der Regel großgeschrieben.
2. Häufig zeigen vorangehende Wörter wie „alles", „etwas", „nichts", „viel", „wenig" den substantivischen Gebrauch an.

K 78 1. Als Substantive gebrauchte Grundzahlen schreibt man groß, wenn sie Ziffern bezeichnen ‹§ 57 (4)›.
2. Sonst werden Grundzahlen unter einer Million kleingeschrieben ‹§ 58 (6)›.

K 82 1. Als Substantive gebrauchte Infinitive (Grundformen) schreibt man groß ‹§ 57 (2)›.
2. Infinitive ohne Artikel, Präposition oder nähere Bestimmung können in bestimmten Fällen entweder als Substantiv oder als Verb aufgefasst und demnach groß- oder kleingeschrieben werden ‹§ 57 E_3›.

K 100 Das Komma steht bei Aufzählungen, zwischen gleichrangigen Wörtern und Wortgruppen, wenn sie nicht durch Wörter wie „und" oder „oder" (vgl. K 111 u. 113) verbunden sind ‹§ 71 (2) u. 72›.

2. … weil Geben *oder* geben seliger denn Nehmen *oder* nehmen ist.
- Wir lernen [das] Segeln *oder* [ein Boot] segeln.

K 103 Das Komma trennt den nachgestellten Beisatz (die Apposition) ab; eingeschobene Beisätze werden von Kommas eingeschlossen ‹§ 77 (2)›.

K 105 1. Das Komma trennt nachgestellte Erläuterungen ab. (Solche Erläuterungen werden häufig durch „und zwar", „nämlich", „z. B.", „insbesondere" oder ähnliche Wörter und Fügungen eingeleitet.)

K 118 Das Komma steht zwischen gleichrangigen selbstständigen Teilsätzen, wenn diese nicht durch Wörter wie „und" oder „oder" (vgl. aber K 119) verbunden sind ‹§ 71 (1) u. 72›.

K 121 Das Komma steht zwischen Haupt- und Nebensatz; eingeschobene Nebensätze werden von Kommas eingeschlossen ‹§ 74›.

M Rechtschreibung und Zeichensetzung → S. 276 ff.

K 50 Bei bestimmten Zusammensetzungen aus Adverb oder Präposition + Verb zeigt die Betonung, ob es sich um ein trennbares oder untrennbares Verb handelt ‹§ 33 (3)›.

- durchlaufen (*trennbar:* sie lief vorhin hier durch)
- durchlaufen (*nicht trennbar:* das Projekt durchlief verschiedene Stadien)
- übersetzen (*trennbar:* der Fährmann setzte über)
- übersetzen (*nicht trennbar:* sie übersetzte den Brief ins Deutsche)

K 54 Ist der erste Bestandteil ein [nicht verblasstes] Substantiv, schreibt man in den meisten Fällen getrennt. Ist das Substantiv verblasst oder hat es in Verbindung mit dem Verb seine Eigenständigkeit verloren, schreibt man zusammen ‹§ 34 (3)›.

- Schlittschuh laufen
- Auto fahren
- Rad fahren
- Schlange stehen
- Klavier spielen
- Kuchen backen

Aber:
- eislaufen
- kopfstehen
- teilhaben
- wundernehmen

(*Aber als Substantive:* das Schlittschuhlaufen, das Autofahren usw.)

K 55 Ist der erste Bestandteil ein Verb, wird in der Regel getrennt geschrieben. Verbindungen mit „bleiben" und „lassen" als zweitem Bestandteil dürfen jedoch bei übertragener Bedeutung auch zusammengeschrieben werden ‹§ 34 (4), E_7›. Bei der Verbindung aus „kennen" und „lernen" ist sowohl die Getrennt- als auch die Zusammenschreibung möglich.

- einkaufen gehen
- spazieren fahren
- schreiben lernen
- Er ist auf dem Stuhl sitzen geblieben.
- Er ist in der Schule zweimal sitzen geblieben *oder* sitzengeblieben (nicht versetzt worden).
- Wir haben uns im Urlaub kennen gelernt *oder* kennengelernt.
- Sie haben die Schrecken des Krieges kennen gelernt *oder* kennengelernt.

(*Aber als Substantive nur:* das Spazierengehen, das Sitzenbleiben usw.)

1. Ordne die Ausführungen in den Kästen am Rand von S. 210 den grünen Pfeilen zu.

2. Was kannst du dem Wörterbucheintrag zur Schreibung von Verb und Verb entnehmen?
- Gibt es eine Schreibregel?
- Brauchst du für die Schreibung von Verb und Verb künftig das Wörterbuch?
- Wie verhält es sich mit Ausnahmen?

Die Einsamkeit des Langstreckenläufers Alan Sillitoe

Der siebzehnjährige Colin Smith ist Insasse der Besserungsanstalt Borstal im englischen Essex. Der Direktor der Anstalt, ein strenger Typ **(Komma oder nicht?)** lässt ihn zum Langstreckengeländeläufer ausbilden. Smith soll für die Anstalt an der Landesmeisterschaft in dieser Disziplin **(T/t)**eil**?**nehmen **(zusammen oder getrennt?)** und den **(B/b)**egehrten Pokal gewinnen. Das Training hat auch ein **(G/g)**utes: Der Häftling kommt aus dem Gefängnis heraus in die Natur und er kann das tägliche Lauftraining zum **(N/n)**achdenken über sein Leben nutzen:

„Es könnte euch ein bisschen komisch vorkommen, dass sie in Borstal Langstreckenläufer haben, weil ihr vielleicht denkt, das **(E/e)**rste, was ein Langstreckengeländeläufer macht, wenn sie ihn raus auf die Felder und in die Wälder lassen, ist abhauen, so weit, wie er mit dem Borstalfraß im Bauch nur kommt, aber da habt ihr euch geschnitten, und ich will euch auch verraten, wieso: **(E/e)**rstens sind die Drecksäcke, die über uns stehn, nicht so blöd, wie sie die meiste Zeit aussehn, und dann bin ich auch nicht so blöd, wie ich aussähe, wenn ich beim Langstreckenlauf versuchen würde abzuhauen, denn durchbrennen und sich wieder schnappen**?**lassen **(zusammen oder getrennt?)**, auf das Spiel fallen nur **(D/d)**umme rein."

Während des **(L/l)**aufens erinnert sich Smith auch an die Tat **(Komma oder nicht?)** die ihn in die Besserungsanstalt brachte. Gemeinsam mit seinem Freund Mike hat er eine Geldkassette aus dem Büro einer Bäckerei gestohlen. Beide beschlossen, dass sie das erbeutete Geld nicht sofort ausgeben **(Komma oder nicht?)** damit sie keinen Verdacht auf sich lenken. Die Geldscheine haben sie aus diesem Grund in einem Regenrohr neben der Hintertür von Smiths Haus deponiert. [...] Als der Beamte an einem Regentag zum wiederholten Mal an seiner Hintertür stand und ihm Fragen stellte, wurden die erbeuteten **(Komma oder nicht?)** versteckten Scheine aus dem Regenrohr gespült. Alle Ablenkungsmanöver waren vergebens **(Komma oder nicht?)** und Smith wurde verhaftet.

Am Tag des Rennens stellt der Anstaltsdirektor Smith eine Karriere als Profiläufer in Aussicht. Im Falle eines Sieges soll er einen Trainer erhalten, der ihn zu einem Spitzenläufer ausbildet. Während des Laufes trifft Smith eine wichtige Entscheidung für sein Leben.

„Es ist schwer zu verstehen, aber ich wusste bloß, du musst laufen, laufen, ohne zu wissen, warum, aber du läufst weiter durch Felder, die du nicht verstehst, und rein in Wälder, die dir Angst einjagen **(Komma oder nicht?)** über Hügel, ohne zu wissen, dass es rauf und runter geht, und du flitzt über Flüsse, die dir das Herz aus dem Leibe reißen, wenn du rein**?**fällst **(zusammen oder getrennt?)**."

3. Kläre die Rechtschreib- und Kommasetzungsfragen mithilfe der auf der Vorseite abgedruckten Einträge im Wörterbuch.
4. Vergleiche deine Ergebnisse mit denen deines Nachbarn.

M Rechtschreibung und Zeichensetzung → S. 276 ff.

Zwei Jugendbücher

Martin unter Druck Carolin Philipps

Wer hat noch nicht DAVON?GETRÄUMT, ein richtiger Star zu sein und auf hohem Niveau FUSSBALL?ZU?SPIELEN? Martin ist diesem Ziel schon ein ganzes Stück NÄHER?GEKOMMEN als seine Freunde in der Klasse: Immerhin hat ihn die Lokalzeitung bereits KENNEN?GELERNT, das VIEL?VERSPRECHENDE Fußballtalent, das kurz vor seinem Sprung in die Auswahlmannschaft U15 steht. Aber während der Unterrichtszeit an wichtigen Spielen TEIL?NEHMEN kann man nur, wenn die schulischen Leistungen stimmen – und die kann man bei Martin zurzeit nicht gerade GUT?NENNEN ...

Martin muss entweder beim Fußball KÜRZER?TRETEN oder in der Schule AUF?HOLEN. Seine Situation spitzt sich zu, als er heimlich an der Tasche des Lehrers HERUM?FUMMELT, um die Aufgaben für die nächste Mathearbeit EIN?ZU?SEHEN. Ausgerechnet Mandy, die Anführerin einer Mädchenbande, erwischt ihn dabei und will nicht DICHT?HALTEN. Soll Martin auf Mandys Erpressungen EIN?GEHEN? Oder soll er die Wahrheit sagen, was seine Versetzung und auch seine Fußballkarriere GEFÄHRDEN?KÖNNTE? ...

Hooligan Ulli Schubert, Felix Hoffmann

Eigentlich wollen André und Lukas einander nicht WEH?TUN: Sie sind beide Fußballfans und wollen nur ihren Verein beim Auswärtsspiel zum Sieg AN?FEUERN. Als das Spiel STATT?FINDET, kommt es trotzdem zu Auseinandersetzungen und Lukas kann nicht mehr MASS?HALTEN: Er schlägt plötzlich zu – ohne besonderen Grund, nur weil er FRUSTRIERT?WURDE und sich PROVOZIERT?FÜHLT.

Für André, das Opfer mit dem gebrochenen Kiefer, beginnt eine zweimonatige Leidenszeit: Er kann nichts FESTES?ESSEN und nicht mehr FUSSBALL?SPIELEN. Lukas, der Täter, muss mit den Folgen seiner Handlung zunächst nicht NOT?LEIDEN. Im Gegenteil, er nutzt den Vorfall, um bei der Hooligan-Clique, zu der er gerne GEHÖREN?WÜRDE, zu punkten und seine Aufnahme in die Clique zu VOLL?ENDEN. Erst den Betreuern des Täter-Opfer-Ausgleichs gelingt es, eine Aussprache zwischen André und Lukas HERBEI?ZU?FÜHREN ...

1. Diktiert euch die beiden Texte gegenseitig als Partnerdiktate.
2. Versucht, die Getrennt- oder Zusammenschreibung mit eurem Regelwissen zu lösen. Wenn das Regelwissen nicht weiterhilft, dürft ihr für diese Wörter das Rechtschreibwörterbuch benutzen.

Das hast du in diesem Kapitel gelernt:

Rechtschreibstrategien, Rechtschreibregeln, Zeichensetzung, Nachschlagen

- Rechtschreibstrategien: Silben mitschwingen, Wörter verlängern, Wörter ableiten, mit Merkwörtern arbeiten
- Rechtschreibregeln: Groß- und Kleinschreibung, Getrennt- und Zusammenschreibung
- Zeichensetzung: Komma bei Aufzählungen, in Satzreihen und Satzgefügen, bei Appositionen und Einschüben
- Im Regelteil und Wörterverzeichnis des Wörterbuchs nachschlagen

M Extra: Merkwissen → S. 276 ff.

So kannst du dein Wissen anwenden und deine Fähigkeiten trainieren:

Das Endspiel zur Quidditch-Weltmeisterschaft kannst du nachlesen bei Joanne K. Rowling: Harry Potter und der Feuerkelch, S. 102 ff.

Quidditch – ein Sport der Extreme

Die Zuschauer nehmen ihre Plätze auf Sitzen ein, die sich rings um ein ovales Spielfeld emporranken. Die ganze Szenerie ist in mysteriöses, goldenes Licht getaucht, das aus dem Stadion selbst zu leuchten scheint. Von oben erscheint das Spielfeld weich und glatt wie Samt. Das Ende des Feldes besteht aus säulenartigen Pfosten, an deren Längsseite oben Torringe angebracht sind.

Ein Quidditch-Spieler bewegt sich auf einem Besen über das Spielfeld, dazu sind oft akrobatische Anstrengungen nötig. Als Schikane dienen Bälle, Klatscher genannt, die die Flieger aus der Flugbahn treiben und vom Besen stürzen lassen. Ein Spieler – Jäger oder Fänger – muss also ein athletischer Typ sein, der auch in einer Krisensituation nicht die Nerven verliert und nach einem Angriff flugs weiterkämpft. Sieger ist die Mannschaft, die den „goldenen Schnatz", einen Ball, der winzig und wendig ist, schnappt.

- Lass dir diesen Text diktieren.
- Trage unter die markierten Buchstaben das jeweils passende Strategiezeichen ein, das dir hilft, das Rechtschreibproblem zu lösen.
- Finde für jede Strategie ein weiteres Wort, auf das sie sich anwenden lässt.

Murrjahn – aus dem Leben eines alten Da■es

nach Hermann Löns

Murrjahn, der alte Da■, liegt bäuchlin■ vor seinem Bau und genießt das Leben. Im Allgemeinen hat er Ruhe, denn es gibt Baue genug am Berge und der verfli■te alte Fu■ lebt auch lieber für sich allein. Allmählich gewöhnte sich Murrjahn sogar daran, auch ta■über herumzubummeln, wenn auch unter e■tremer Vorsicht und hö■tens in der Nähe seines Baues. Heute gefällt es ihm ausnehmend über Tage. Die La■e springen, die Schwirrer trillern e■tra laut. Alle Augenblicke kann der Da■ hinterrü■ einen abmur■en und dabei an Bucheggern denken, die fast ebenso schmecken. So sta■t er friedlich umher und stopft in sich hinein, was er lin■ und rechts an Getier antrifft, während er ab und zu seine Ha■e kratzt. Ein gesegneter Tag ist heute: Nicht weniger als se■ schla■ige Blindschleichen und fünf verän■tigte Eide■en findet der Da■ auf dem sonnenbeschienenen Pirschsteig – ein wahrer Glü■fall. Und der gefährliche Lu■ ist weit und breit nirgends zu sehen.

- Schreibe die Wörter mit den passenden x-Lauten heraus und ordne sie nach ihrer Schreibung in eine Tabelle ein.

Schlagzeilen

Neue Sportte■■nologie im Ak■ienpaket!
■■emiekon■ern gibt Herstellung von Dopingmitteln zu: Bankro■■!
Eu■■orie in der Leichtat■letikszene!
Fus■■■ von TG und TSV in TGSV perf■■■!
Profisportler auf der Suche nach profession■■■em Finan■manage■■■■.
Intellektu■■■e Aufgaben wurden gelöst: Hohes Niv■■■ bei ■achtrega■■a.
Sperre als Op■■■■ gegen Regelverstöße?
Fußball-H■■ligans randal■■ren im Stad■■■.
Letzte ■■ase des Olympia-Tr■■nings erfolgreich.
Mehr Diskret■■■ bei Dopingkontrollen bitte!
Trainer-Karu■■e■■ dreht sich ganz fam■■.

- Schreibe den Text ab und setze in die Lücken der Fremdwörter die fehlenden Buchstaben ein.

Ikarus – ein antiker Extremsportler?

Das ■ wird immer einfacher und bequemer. Mit dem Flugzeug dauert die ▲ nach Athen knappe drei Stunden. Beim ■ vergeht die Zeit wie im ▲, denn nette Stewardessen servieren unentwegt Getränke und Essen.

Wenn das der alte Ikarus sehen könnte, der mit seinen ▲ aus Wachs vor langer Zeit der Sonne zu nahe kam, was aber kein angenehmes ■ bedeutete, sondern den Absturz ins Meer.

Heute würde sich Ikarus ein Flugticket kaufen, sich in den Sitz zurücklehnen und sich sicher ● fühlen mit Ohrenstöpseln aus Wachs. Das Wachs hätte heute sein ✚, damit Ikarus von den anderen Passagieren nicht gestört würde. Kurz vor dem ● Start würde er noch denken: „Dieses ✚ beim Losfliegen gefällt mir viel besser als der lästige Absprung von einer Klippe …"

- Setze passend ein: Für die Quadrate nominalisierte Verben, für die Dreiecke Nomen, für die Kreise Adjektive und für die Kreuze nominalisierte Adjektive. Symbole der gleichen Farbe gehören jeweils zu einer Wortfamilie, z. B. *das Abstürzen – der Absturz*; *neu – viel Neues*.
- Begründe jeweils die Großschreibung.

Reiseinformationen zu Athen

A An jedem 1. im Monat Mai sind die Museen geschlossen, denn der 1. Mai ist ein Feiertag.

B Der Reiseführer spricht von 9 empfehlenswerten Buslinien in die Innenstadt; die 1, die 9 und die 100 fahren jeweils zum Nationalmuseum.

C Mehr als 1/3 aller Einwohner Griechenlands wohnen in Athen, jeder 6. Einwohner lebt auf einer Insel.

D Um als 1. an die Reihe zu kommen, muss die Athenerin vor 8 Uhr morgens vor der Ladentür stehen, denn die 1. Läden öffnen um diese Zeit. In den Banken wird der Letzte um 2 Uhr nachmittags bedient.

E Der Preis für eine Nacht in der Jugendherberge in Athen beträgt ca. 20 Euro. Beim teuersten Hotel reicht ein 20er aber längst nicht mehr, denn es kostet einige 100er.

- Schreibe die Reiseinformationen ab. Verwende die Zahlwörter in richtiger Groß- oder Kleinschreibung.

Sportarzt Dr. Machtnix gibt besondere Ratschläge

REPORTER Welchen Rat suchen Eltern und Schüler bei Ihnen?

SPORTARZT Nun, die Jugendlichen fragen, ob sie EIS?KAUFEN oder EIS?LAUFEN sollen. Ich antworte Ihnen: „Kauft! – Kaufen führt zu einer eindrucksvollen Figur.“

REPORTER Sollen die Jugendlichen in der Stadt RAD?FAHREN?

SPORTARZT Ich sage ja, und der Grund ist, dass sie mit Gefahren leben müssen. Wenn die Eltern mit ihnen im AUTO?FAHREN, entgeht ihnen dies.

REPORTER Welches Verhalten befürworten Sie?

SPORTARZT Ich freue mich über alle, die beim Essen für gesunde Kost FEUER?FANGEN. Ich empfehle rohe Kartoffeln und Ziegenmilch, wenn es NOT?TUT abzunehmen. Auch vor Grünkernbratlingen an Schokoladensoße sollte man keine ANGST?HABEN. Dieser Genuss führt automatisch dazu, dass alle DIÄT?HALTEN.

REPORTER Ich stelle mir vor, dass Sie mit solchen Vorschlägen schnell PLEITE?MACHEN.

SPORTARZT Im Gegenteil; ich erlebe, dass in meiner Praxis die Besucher SCHLANGE?STEHEN. Solange Patienten nicht MASS?HALTEN, werde ich niemals NOT?LEIDEN. Ich werde sogar ...

REPORTER Hören Sie, ich breche dieses Interview ab. An der Verbreitung dieser Ratschläge möchte ich keine SCHULD?TRAGEN.

- Schreibe die Wortverbindungen aus Nomen und Verb mit der richtigen Schreibung heraus. Du kannst dazu das Wörterbuch benutzen.
- Ändere die Vorschläge so, dass die Ratschläge von Dr. Machtnix sinnvoll sind. Verwende dabei auch Verbindungen aus Nomen und Verb.

Nichts ist unmöglich ...

1 fest ▬ halten
- an seiner Meinung und sich von niemandem abbringen lassen,
- ein Seil, damit die eigene Mannschaft beim Tauziehen gewinnt

2 gut ▬ machen
- sich bei einer Sache richtig Mühe geben,
- einen Fehler eingestehen und ihn beseitigen

3 frei ▬ sprechen
- vor einer Klasse ohne Notizzettel,
- einen Freund von einem Vorwurf

4 schwarz ▬ fahren
- in der Straßenbahn ohne Fahrkarte,
- der Kaminfeger mit einer Fahrkarte

5 still ▬ stehen
- bei der Bundeswehr in Reih und Glied,
- ganz ruhig sein und sich nicht vom Fleck rühren

6 groß ▬ schreiben
- die Wörter im Diktat, wie sie richtig zu schreiben sind,
- die Wörter an der Tafel, damit sie jeder lesen kann

- Bilde mit den zusammengesetzten Verben Sätze. Achte dabei auf die richtige Schreibung. Die Zusammensetzung muss als infinite Form gebraucht sein. Beispiel: *Man darf nicht alle Wörter im Diktat großschreiben.*

Besondere Menschen
Wortarten

Robinson Christa Reinig

Manchmal weint er wenn die worte
still in seiner kehle stehn
doch er lernt an seinem orte
schweigend mit sich umzugehn

und erfindet alte dinge
halb aus not und halb im spiel
splittert stein zur messerklinge
schnürt die axt an einen stiel

kratzt mit einer muschelkante
seinen namen in die wand
und der allzu oft genannte
wird ihm langsam unbekannt

TIPP
Was ihr nicht herausbekommt, könnt ihr noch klären, wenn ihr die nächsten zwei Seiten bearbeitet habt.

▸ Versucht, die Wörter des Textes nach ihrer Wortartzugehörigkeit zu bestimmen. Arbeitet mit eurem Nachbarn. Folgender Hinweis kann euch dabei als Einstieg helfen: Eine Wortart kommt 13-mal, eine andere 9-mal und eine weitere 4-mal vor. Alle drei sind zentrale Wortarten.

Wiederholung: Wortarten

Der junge Mann Thomas Bernhard

Du findest hier einen kurzen Prosatext zu einem etwas eigenartigen jungen Mann. Im Text sind dreizehn Wörter unterstrichen. Zu diesen sind auf der nächsten Seite die Definitionen der euch bekannten Wortarten formuliert (A–M).

Der junge Mann versucht, einem alten Mann zu beweisen, dass er, *der junge Mann,* allein ist.

Er sagt ihm, er sei in die Stadt gekommen, um Menschen kennenzulernen, aber es sei ihm bis jetzt noch nicht gelungen, auch nur einen Menschen zu finden. Er habe verschiedene Mittel angewendet, um das Vertrauen der Menschen zu gewinnen. Aber er habe sie abgestoßen. Sie ließen ihn zwar ausreden und hörten ihm auch zu, aber sie wollten ihn nicht *verstehen.* Er habe ihnen Geschenke mitgebracht; denn mit Geschenken könne man Menschen zur Freundschaft und zur Anhänglichkeit verführen. Aber sie nähmen die Geschenke nicht an und setzten ihn vor die Tür. Er habe tagelang darüber nachgedacht, warum sie ihn nicht haben wollten. Aber er sei nicht darauf gekommen. Er habe sich sogar *verwandelt,* um Menschen zu gewinnen; er sei bald der und bald jener gewesen, und es sei ihm gelungen, sich zu verstellen, aber auch auf diese Weise habe er nicht einen Menschen gewonnen.

Er redet auf den alten Mann, der neben seiner Haustüre sitzt, mit einer solchen Gewalttätigkeit ein, dass er sich plötzlich schämt. Er tritt einen Schritt zurück und stellt fest, dass in dem alten Mann nichts vorgeht. In dem alten Mann ist nichts, das er wahrnehmen könnte. Jetzt läuft der junge Mann in sein Zimmer und deckt sich zu.

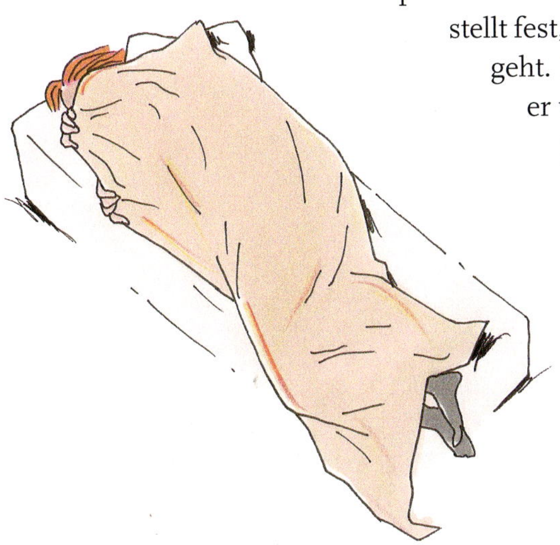

1. Wie denkt ihr über den jungen Mann? Tauscht euch darüber aus.

Wortarten

Nomen

Verb

Artikel

Adjektiv

Adverb

Präposition

Konjunktion

Pronomen (Personal…, Possessiv…, Demonstrativ…, Relativ…, Reflexiv…, Indefinit…)

Definitionen der Wortarten

A Die Wortart ist unveränderlich und zeigt an, unter welchen Umständen etwas geschieht. Sie lässt sich in vier Gruppen einteilen: lokal, temporal, modal, kausal.

B Die Wortart beschreibt Nomen genauer und wird dekliniert sowie gesteigert. Sie wird attributiv und prädikativ gebraucht, kann aber auch die Funktion eines Adverbs haben.

C Die Wortart bezieht sich auf Nomen, Pronomen oder Wortgruppen und leitet einen Nebensatz ein.

D Die Wortart bezeichnet Tätigkeiten, Zustände sowie Vorgänge und wird konjugiert.

E Die Wortart zeigt ein Besitzverhältnis oder eine Zugehörigkeit an und wird dekliniert.

F Die Wortart bezeichnet Dinge und Lebewesen, aber auch Gedanken und Gefühle. Entsprechend teilt man sie in Konkreta und Abstrakta ein. Sie wird dekliniert.

G Die Wortart verbindet Wörter, Wortteile, Wortgruppen und Sätze. Man unterteilt sie in beiordnend und unterordnend.

H Die Wortart bezieht sich auf das Subjekt des Satzes zurück. Bei bestimmten Verben muss sie immer stehen.

I Die Wortart bezeichnet ein Verhältnis zwischen Gegenständen und Lebewesen. Sie bestimmt den Kasus des Bezugswortes und lässt sich in vier Gruppen einteilen: lokal, temporal, modal, kausal.

J Mit der Wortart wird auf Sachverhalte und Lebewesen hingewiesen. Sie wird dekliniert und kann Begleiter oder Stellvertreter eines Nomens sein.

K Die Wortart ist Begleiter eines Nomens und zeigt dessen Genus, Numerus und Kasus an. Sie wird unterschieden in bestimmt und unbestimmt.

L Diese Wortart hat eine hinweisende Funktion. Sie tritt als Stellvertreter oder Begleiter eines Nomens auf und wird dekliniert.

M Die Wortart wird gebraucht, wenn Lebewesen oder Dinge von unbestimmter Art oder Menge sind. Sie kann als Stellvertreter oder Begleiter eines Nomens auftreten und wird z. T. dekliniert.

Als weitere Pronomenart gibt es auch noch das **Interrogativpronomen** (Fragefürwort). Interrogativpronomen leiten Fragesätze ein: *Wann geschah der Unfall? Wer hat ihn verursacht?*

2. Ordnet die Definitionen der Wortarten (A–M) den im Text auf Seite 219 unterstrichenen Wörtern zu.

3. Sucht jeweils mit eurem Nachbarn zu jeder Definition weitere Beispielwörter aus dem Text.

M Wortarten → S. 279

Zentrale Wortarten
Verb, Adjektiv, Adverb, Konjunktion

Verben

Das Verb

Der Weg nach Norden H. C. Nagel

In dem folgenden Auszug aus einem Wildwestroman-Heft ist ein spannender Schusswechsel zwischen der Hauptfigur, dem Treibherdenbesitzer Yank Hammond, und einem Mitglied der Gegenspieler, Pepe Franciosa, wiedergegeben.

In dem Textausschnitt sind einige Verben (1–10) weggelassen.

Geduckt ___1___ Yank Hammond und ___2___ den schlanken Mexikaner. Pepe Franciosa war hinter einem Kistenstapel hervorgesprungen und hielt seine Waffe bereits in der Hand. Sein erster Schuss ___3___, und die Kugel ___4___ an Yanks Jackenärmel. Dann aber flog schon der Knotenstock durch die Luft und ___5___ dicht neben dem Kopf des Mexikaners gegen eine der Kisten. Instinktiv ___6___ Pepe Franciosa zur Seite und ___7___ dabei seinen zweiten Schuss. Dann ___8___ der alte Kavallerierevolver Yank Hammonds. Das harte Krachen ging unter in einem donnernden Getöse. Pepe Franciosa hatte mit der Schulter den Kistenstapel gestreift und dadurch zum Einsturz gebracht. Rings um ihn ___9___ es leere Flaschen. Doch davon nahm der mexikanische Revolverheld schon nichts mehr wahr. Er ___10___ vornüber und wurde unter den stürzenden Kisten begraben.

A

1 sich umdrehen	6 springen
2 sehen	7 verbrauchen
3 losgehen	8 knallen
4 streifen	9 regnen
5 fallen	10 fallen

B

1 herumwirbeln	6 sich werfen
2 erspähen	7 verreißen
3 losdonnern	8 peitschen
4 zerren	9 hageln
5 krachten	10 kippen

1. Setze die Verben aus den Kästen A oder B, die dir passend erscheinen, in konjugierter Form in die Lücken ein.
2. Die Verben eines Kastens wurden vom Autor verwendet. Welcher Kasten könnte es sein? Begründe deine Vermutung.
3. Verfasse selbst eine kurze spannende Szene, wie sie z. B. in Abenteuerfilmen vorkommen. Benutze dabei besonders anschauliche Verben.

Wortarten → S. 279 M

Adjektive

Das Adjektiv

Ein Schatten wie ein Leopard Myron Levoy

Der vierzehnjährige Ramon Santiago möchte ein Macho werden und sich stark fühlen. Er will in eine Jugendgang aufgenommen werden, um sich in den Straßen New Yorks durchzusetzen. Wenn er sein Messer blitzschnell zückt, fühlt er sich groß und stolz. Doch dann verändert der Überfall bei dem alten Maler Glasser sein Leben. Ramon beginnt darüber nachzudenken, wer er wirklich ist.

Ramon schlüpfte zur Tür hinaus und packte die Bilder fester. Im Aufzug betrachtete er eingehend die Leinwände, die so stramm wie Trommelfelle über die hölzernen Keilriemen gespannt waren. Als er mit seinen Fingern über die dicke Farbe strich, konnte er den Schaum der Wellen fühlen, die Ziegelsteine eines orangefarbenen Gebäudes, die weiche Haut der Frau mit der Apfelschale.

Zu Hause schlug er einen Nagel in die Wand, dann hängte er das Bild der Frau mit den Äpfeln über sein Bett, indem er den hölzernen Keilrahmen an dem Nagel einhakte. Er richtete das Bild aus, bis es vollkommen gerade hing. Dann betrachtete er es lange.

Ramon nahm seinen Notizblock heraus und schrieb:

Donnerstag, 4. Oktober
Die Lady auf Glassers Bild hat einen traurigen Mund, wie sie in meinem leeren Haus ohne Licht leben muss. Sie ist nur aus Farbe gemacht, darum ist sie für immer traurig. Wenn ich eine lustige Geschichte erzähle oder ihr Gesicht kitzle oder singe, kann sie nicht lachen. Aber wenn meine Mama heimkommt und singt, ich wette, die Lady würde lächeln. Es wäre ein Wunder.

Funktionsbeschreibungen des Adjektivs

- Mit Adjektiven können Gegenstände, Personen, Sachverhalte und Vorgänge genau und anschaulich beschrieben werden.
- Mit Adjektiven können Gegenstände, Personen, Sachverhalte und Vorgänge bewertet werden.
- Mit Adjektiven können Gegenstände und Vorgänge ausgeschmückt werden.
- Mit Adjektiven können Gegenstände, Personen, Sachverhalte und Vorgänge unterschieden werden.

TIPP

Du kannst selbst einen Tagebucheintrag über ein Erlebnis entwerfen. Verwende dabei Adjektive in verschiedenen Funktionen.

1. Stellt zunächst alle Adjektive in dem Textausschnitt fest. Beachtet: Adjektive können attributiv, prädikativ und adverbial gebraucht werden.
2. Welche Absicht verfolgt der Autor jeweils mit dem Gebrauch des Adjektivs? Wählt dabei unter den vier Funktionsbeschreibungen die für die Textstelle zutreffende aus.
3. Sollte eine Beschreibung fehlen, formuliert einen Satz, in dem sie vorkommt.

M Wortarten → S. 279

Das Adverb

Adverbien

Aus Filmkritiken zu „Krabat“

Der bekannte Fantasyroman Otfried Preußlers ist mehrfach verfilmt worden, u. a. von Marco Kreuzpaintner 2008. Im Folgenden sind einige Äußerungen in Anlehnung an Rezensionen zu dieser Verfilmung wiedergegeben.

Eine geheimnisvolle Atmosphäre ist auf die Leinwand gezaubert worden.

Die Geschichte ist spannend umgesetzt worden.

David Kross ist der Hauptrolle nicht gewachsen.

Blass bleibt auch Robert Stadlober in der Rolle des Bösewichts.

Im Gegensatz dazu überzeugen Daniel Brühl als Altgeselle Tonda und vor allem Christian Redl als Meister, der in einem diabolischen Spiel die Zuschauer bis zum Schluss fesselt.

Es herrscht eine düstere Stimmung vor in einer – technisch gesehen – unsauber gemachten Verfilmung.

Dieser Film baut auf einem genialen Buch auf.

Die Verfilmung kann fesseln.

Es gibt aber immer wieder auch zähe und spannungsarme Minuten.

Gerade am Ende verliert „Krabat“ von seiner anfänglichen Faszination, da hier die langweilige Liebesgeschichte ins Zentrum rückt.

Mir hat der Film gut gefallen.

Die Story ist dicht gepackt und vermittelt eine beängstigende Atmosphäre.

Wer sich aber im Genre des Fantasyfilms wohlfühlt und kein Effektfeuerwerk erwartet, macht mit „Krabat“ nichts verkehrt.

wirklich – sicherlich – sehr – unglaublich – wahnsinnig – extrem – überhaupt – vor allem – außerordentlich – besonders – auffällig – rasant – eher

1. Habt ihr die Verfilmung gesehen? Wie fandet ihr sie? Sprecht darüber.
2. Setze die Wörter aus dem Wörterkasten an eine dir passend erscheinende Stelle der Äußerungen. Wo können sie jeweils stehen?
3. Untersuche, wie die Adverbien an den jeweiligen Stellen wirken.
4. Verfasse selbst eine Filmkritik zu einem Film deiner Wahl. Benutze Adverbien, um deine Wertung zu verdeutlichen.

Wortarten → S. 279 M

Konjunktionen

Die Konjunktion

Gaius Julius Caesar

Die folgenden Informationen zu der berühmten historischen Persönlichkeit des römischen Feldherrn Caesar sind einem Lexikon (A) entnommen. Diese Informationen werden in kurzen Notizen (B) zusammengefasst:

Gaius Julius Caesar geb. in Rom am 13. Juli 100 oder 102, gest. am 15. März 44 v. Chr. Staatsmann, Feldherr und Schriftsteller

A Lexikonartikel

Gaius Julius Caesar wurde 100 v. Chr. geboren. Berühmt wurde er als glänzender Feldherr. Zugleich war er aber auch ein guter Redner und Politiker. Diese Mischung machte ihn vielleicht zur bedeutendsten Gestalt der römischen Geschichte.

Er ist in einer Zeit der Bürgerkriege aufgewachsen. Viele Politiker seiner Zeit waren Anhänger der Volkspartei. Andere Politiker unterstützten den Senat und sahen sich als Vertreter der Senatspartei.

Sein Erfolg als Politiker aufseiten der Volkspartei begann, als er sich mit Crassus, dem reichsten Mann Roms, und Pompeius, einem berühmten Feldherrn, verbündete.

Seine beiden Verbündeten halfen ihm, Statthalter in der Provinz Gallien zu werden. In einem mehrjährigen Krieg eroberte er ganz Gallien. Aber auch Teile Germaniens und Britanniens kamen unter römische Herrschaft.

Die vielen Kriege machten ihn als Feldherrn berühmt. Zugleich stand nun eine treue Armee hinter ihm, mit der er alle Widersacher ausschaltete und Alleinherrscher in Rom wurde.

Auf dem Höhepunkt seiner Macht trieb ihn der Ehrgeiz zu weit. Er wollte König werden.

Anhänger der Republik ermordeten ihn. Die Republik konnten sie damit nicht retten. Auch Caesars Werk wurde nicht ausgelöscht. Sein Name wurde in der Form von „Zar“ oder „Kaiser“ zur Bezeichnung der höchsten staatlichen Würde.

B Notizen

Caesar war sowohl ein glänzender Feldherr als auch ein guter Redner und Politiker.

Die Politiker zur Zeit Caesars waren entweder Anhänger der Volkspartei oder der Senatspartei.

Er hatte insofern Erfolg, als er sich mit Pompeius und Crassus verbündete.

Er hat nicht nur Gallien, sondern auch Teile Britanniens und Germaniens erobert.

Je mehr Kriege er führte, desto mehr stand eine treue Armee hinter ihm.

Er war so ehrgeizig, dass er König werden wollte.

Seine Mörder konnten weder die Republik am Leben halten noch Caesars Werk auslöschen.

1. Vergleiche die Informationen des Lexikonartikels mit den jeweiligen Notizen: Was stellst du fest?
2. Schreibe die in den Notizen verwendeten mehrteiligen Konjunktionen heraus und unterscheide sie in beiordnende und unterordnende (z. B. sowohl … als auch/insofern …, als).

Beiordnende Konjunktionen verbinden Hauptsätze. **Unterordnende Konjunktionen** verbinden Hauptsätze und Nebensätze.

M Wortarten → S. 279

Das hast du in diesem Kapitel gelernt:

Verb, Adjektiv, Adverb, Konjunktion
- Wortarten bestimmen
- Funktion und Wirkung oder Bedeutung der Wortarten beschreiben (Verb, Adjektiv, Adverb, Konjunktion)

M Extra: Merkwissen → S. 279

So kannst du dein Wissen anwenden und deine Fähigkeiten trainieren:

Kleine Familiengeschichten mit Wortarten

1. Mit Verben
- Unser Hund Rex ist ein Bewegungskünstler. Erst tänzelt er um mich herum, dann schraubt er sich plötzlich hoch und überstreckt sich dabei fast, landet aber trotzdem sanft auf allen Vieren.

2. Mit Adjektiven
- Meine Mutter hatte manchmal einen strengen Blick.
- Meine Schwester trägt einen blauen und ich einen roten Pullover.
- Vater hat uns eine tolle Geschichte erzählt.
- Der Vortrag meines Bruders war lebendig, unterhaltsam, witzig, aber auch ernst und informativ.

3. Mit Adverbien
- Während Mutter bei schlechten Noten, die wir nach Hause bringen, ausflippt, ist Vater unwahrscheinlich gelassen.

4. Mit Konjunktionen
- Mein Bruder ist ein guter Turner. Er ist auch ein guter Leichtathlet. – Mein Bruder ist sowohl ein guter Turner als auch ein guter Leichtathlet.
- Mein Vater ist sehr in seinem Beruf engagiert. Er vernachlässigt darüber seine Familie. – Mein Vater ist so in seinem Beruf engagiert, dass er seine Familie vernachlässigt.

- Bestimme in Text 1 „Mit Verben“ alle Wortarten.
- Erkläre, welche Funktion und Wirkung oder Bedeutung die vier Wortarten in den Sätzen jeweils haben. Beachte: Bei den Konjunktionen ist jeweils der umformulierte zweite Satz zu erklären.
- Formuliere ähnliche Sätze zu den vier Wortarten, indem du dich auf Geschichten beziehst, die du mit deinen Klassenkameraden oder Freunden erlebt hast.

Heldinnen und Helden
Sätze und Satzglieder

Was ist ein Held?

Ein Held besitzt herausragende Fähigkeiten oder Eigenschaften und diese führen ihn zu außergewöhnlichen Handlungen.

Es kann sich um eine reale oder fiktive Personen handeln, wie sie im Alltag oder in künstlerischen Werken vorkommen (z. B. im Film).

Die heldischen Fähigkeiten können von körperlicher Art (wie z. B. Kraft, Ausdauer, Schnelligkeit) oder geistiger Natur (wie z. B. Mut, Aufopferungsbereitschaft) sein.

TIPP
Was ihr nicht herausbekommt, könnt ihr noch klären, wenn ihr die nächsten vier Seiten bearbeitet habt.

- Welche Helden aus dem Alltag oder aus künstlerischen Werken kennt ihr? Sprecht über ihre Eigenschaften und Leistungen.
- Versucht die Sätze und Satzglieder des Textes zu bestimmen. Arbeitet mit eurem Nachbarn zusammen.

Wiederholung: Satzreihe und Satzgefüge

Ganz unterschiedliche Heldentypen

Der Begriff des Helden ist weit gefasst. So gibt es z. B. Filmhelden und Alltagshelden. Ein Filmheld ist etwa James Bond. Alltagshelden könnten wir alle sein.

James Bond als Filmheld Christian Lukas

Ian Fleming britischer Schriftsteller; geb. 28. 5. 1908 in London, gest. 12. 8. 1964 in Canterbury. – Bekannt wurde er vor allem mit der von ihm erdachten Roman- und Filmfigur James Bond.

Im Folgenden ist eine Rezension zu dem Bond-Film „In tödlicher Mission“ mit Roger Moore in der Hauptrolle wiedergegeben.

James Bond 007 – In tödlicher Mission ist zweifelsohne einer der ungewöhnlichsten Filme der Serie. Nach den Weltuntergangsszenarien *Der Spion, der mich liebte* und dem Weltraum-Abenteuer *Moonraker,* in denen beide Male vollkommen durchgedrehte Milliardäre die Menschheit versuchten auszurotten um dadurch ihre Vorstellungen menschlicher Perfektion zu realisieren, stellt *James Bond 007 – In tödlicher Mission* die Rückbesinnung auf Ian Flemings Originalfigur dar.

Obwohl auch dieser Film mit einigen netten Spezialeffekten aufwartet, steht im Mittelpunkt die Spannung, die allein aus der Handlung resultiert: James Bond (Roger Moore) soll ein bei einer Schiffsexplosion verloren gegangenes Dechiffriergerät des britischen Geheimdienstes wiederbeschaffen. Helfen soll ihm der griechische Millionär und ehemalige britische Agent Cristatos (Julian Glover), denn das Gerät ist in albanischen Hoheitsgewässern untergegangen, was eine offizielle Suchaktion unmöglich macht. Cristatos verfügt nun über Verbindungen, die den Briten nützlich sein könnten. Das Problem: Das Gerät ist für den sowjetischen Geheimdienst KGB ebenso wertvoll wie für die Regierung Ihrer Majestät und Cristatos arbeitet nicht für die Ehre, sondern ausschließlich fürs Geld.

Italien und Griechenland dienen als Hauptkulissen für den spannenden, gut geschriebenen und äußerst geradlinig inszenierten Thriller. Die für Roger Moore typische Selbstironie, die seine Bond-Filme von denen Sean Connerys unterscheidet, fehlt diesem vollkommen. Stattdessen erlaubt Moore in diesem Film dem Zuschauer einen Blick in die Abgründe seiner Seele, wenn er beispiels-

Sean Connery schottischer Schauspieler – in der Hauptrolle der ersten Bond-Filme

Roger Moore englischer Schauspieler, spielte den James Bond in den 70er- und 80er-Jahren.

Pierce Brosnan irischer Schauspieler, übernahm die Hauptrolle in den Bond-Filmen der 90er-Jahre und bis 2002.

Daniel Craig
Der Brite ist der aktuelle Bond-Darsteller.

weise den Mörder eines britischen Agenten-Kollegen kaltblütig von einer Klippe stürzt. Interessant ist in diesem Zusammenhang seine Partnerin Melina (Carole Bouquet), welche die Tochter eines ermordeten Forschers und Helfers der britischen Regierung ist und den Mord an ihrem Vater rächen will. Indem Bond versucht, dies zu verhindern, schützt er sie davor, eines Tages so wie er zu werden.

1. Was macht James Bond zum Helden? Wenn ihr weitere Bond-Filme kennt, tauscht euch darüber aus. Bezieht euch dabei auch auf Anmerkungen in der Rezension (z. B. „nette Spezialeffekte").
2. Arbeitet mit eurem Partner: Stellt alle im Text gebrauchten Satzreihen und Satzgefüge fest. Beachtet: Manchmal gibt es in einem Satz Satzreihe und Satzgefüge.

Eine junge Frau als Alltagsheldin

Der folgende Bericht ist in Anlehnung an einen Zeitungstext zu einem realen Ereignis verfasst.

Der Bürgermeister lud in der vergangenen Woche den Gemeinderat zu einer Sondersitzung ein. Er überreichte darin einer ortsansässigen 29-jährigen Mutter zweier Kinder die Lebensrettungsmedaille. Anfang Januar hatte sie ein Geschwisterpaar von vier und fünf Jahren aus dem kalten Fluss gerettet. Sie ist Nichtschwimmerin.

Die Eisdecke des zugefrorenen Flusses war noch sehr dünn. Die Kinder hatten dies nicht beachtet. Sie wollten den Fluss überqueren. Dabei brachen sie ein.

Die junge Frau kam gerade vom Einkaufen. Sie entdeckte die Kinder im Wasser. Die Retterin legte sich, ohne zu zögern, aufs dünne Eis. Sie zog die beiden Kinder aus dem kalten Wasser.

Der Bürgermeister dankte vor dem gesamten Gemeinderat der mutigen Frau. Sie hatte ihr eigenes Leben für die beiden Kinder aufs Spiel gesetzt. Unmittelbar nach dieser Rettungsaktion war sie bettlägerig. Sie hatte sich eine Grippe geholt.

Auch die Deutsche Lebensrettungsgesellschaft des Kreises hatte die junge Frau bereits vor einiger Zeit ausgezeichnet. Sie hatte sich selbstlos und mutig für das Leben der beiden Kinder eingesetzt.

3. Gestalte den Text stilistisch abwechslungsreicher: Formuliere ihn so um, dass möglichst viele Satzreihen und Satzgefüge entstehen, z. B. *Sie wollten den Fluss überqueren und brachen dabei ein. – Unmittelbar nach dieser Rettungsaktion war sie bettlägerig, weil sie sich eine Grippe zugezogen hatte.*
4. Klärt die Sätze des Textes *Was ist ein Held?* auf der Eingangsseite, die ihr nicht bestimmen konntet.

Satzreihen sind durch beiordnende Konjunktionen verbundene Hauptsätze.

Satzgefüge bestehen aus Haupt- und Nebensätzen, die durch unterordnende Konjunktionen verbunden werden können, aber auch durch Relativ- und Interrogativpronomen, z. B. *der, die, das, warum.*

M Sätze und Satzglieder → S. 279 ff.

Satzglieder und Gliedsätze

Herakles – ein griechischer Sagenheld

nacherzählt von Karl Friedrich Becker

Um Unsterblichkeit zu erlangen, musste Herakles gemäß dem Delphischen Orakel zwölf Arbeiten bzw. Kämpfe erfolgreich beenden (u. a. mit dem Nemeischen Löwen und der neunköpfigen Hydra).

Im Text sind einige Satzglieder weggelassen, die auf der nächsten Seite in Aufgabe 2 aufgeführt sind.

Delphi griechisches Dorf, 2400 Einwohner, Ausgrabungsstätte. Vor allem das Orakel (Weissagung) machte Delphi zu einer der bedeutendsten Kultstätten der Antike.

Herakles war der Sohn des Zeus und der thebanischen Fürstin Alkmene. Aber Zeus' göttliche Gemahlin Hera hasste den Knaben wie alle Kinder des Zeus, deren Mutter sie nicht selbst war. Kaum war das Kind acht Monate alt, da schickte sie schon zwei ____ Schlangen an seine Wiege. Aber der Knabe streckte die Händchen aus und erdrückte beide. Als rüstiger Jüngling wuchs er heran, und als in einem Kriege Amphitryon erschlagen wurde, rächte ihn der achtzehnjährige Sohn und besiegte die Feinde, sodass die Thebaner ihn zum Herrscher wählten. Aber nach einigen Jahren, als er schon vermählt und Vater von drei Söhnen war, überfiel ihn ein plötzlicher Wahnsinn und er erschlug die eigenen Kinder. Als er wieder zur Besinnung kam, ging er verzweifelnd zum Orakel nach Delphi und bat Apoll, seine Strafe zu bestimmen. Der Gott befahl ihm, zu Eurystheus nach Tiryns zu gehen und ihm zwölf Jahre lang dienstbar zu sein.

Eurystheus fürchtete sich ____ und wäre ihn gern losgeworden. Deshalb gab er ihm die gefährlichsten Arbeiten auf und hoffte, er werde einmal gar nicht zurückkommen. Der erste Auftrag war, den ungeheuren nemeischen Löwen zu töten. ____ hauste bei Nemea und nahm die Herden der Landleute fürchterlich mit. Niemand traute sich mehr, nach seinen Feldfrüchten zu sehen, aus Furcht, ihm zu begegnen. Herakles nahm seine Waffen, dazu eine mächtige Keule, die aus dem Stamm eines jungen Ölbaums bestand, den er einst mit der Wurzel ausgerissen hatte. Eben diese Wurzel, etwas behauen, machte den Kopf der Keule aus. Nach einigen Tagen fand er die Spur des Löwen und abends sah er ihn selbst auf sich zukommen. Schnell legte er einen Pfeil auf den Bogen und traf auch ____, aber der Pfeil vermochte nicht das Fell zu durchbohren. Der Löwe stutzte, und als ein zweiter Pfeil ihn ebenso vergeblich traf, schüttelte er seine Mähne, krümmte sich zusammen und sprang mit gewaltigem Satz auf den Jäger los.

Der aber hatte schon den Bogen fallen lassen und seine schwere Keule erhoben und im Augenblick, als der Löwe noch im Sprung mit den scharfen Krallen über seinem Haupt schwebte, schmetterte er ihm die Ölbaumwurzel mit solcher Gewalt an die Stirn, dass er betäubt zurückstürzte. Schnell sprang nun Herakles hinter ihn, warf sich auf ihn und umklammerte ihm den Hals mit den Händen, bis er erstickt war. Dann zog er ihm das Fell ab und warf es sich als Mantel um die Schultern, um es ____ als Beweis der glücklich vollführten Tat zu zeigen.

Als zweite Arbeit gab Eurystheus dem Herakles auf, eine große Wasserschlange zu töten, die sich in den Sümpfen bei Lerna aufhielt und davon die lernäische Hydra hieß.

Neun Köpfe hatte das Scheusal, von denen einer unsterblich war. Als er nach langem Suchen das Ungeheuer gefunden hatte, wollte die Hydra zuerst nicht aus ihrer Höhle hervorkommen. Da ließ Herakles die Spitzen seiner Pfeile von seinem Waffenträger Jolaos glühend machen und mit diesen feurigen Geschossen ____ er sie endlich hervor. Grauenvoll war es anzusehen, wie sie den ungeheuren Leib daherwälzte und aus den neun emporgestreckten Hälsen zischend die Zungen streckte. Mit vorgehaltenem Schilde und funkelndem Schwerte sprang der Held auf sie ein und mit raschem Hiebe schlug er Kopf auf Kopf herunter, sodass er schon fertig zu sein glaubte, als zu seinem Entsetzen aus jeder Wunde zwei neue Köpfe sichtbar wurden, die noch ärger als die ersten zischten und bei jedem neuen Hiebe sich vervielfältigten.

In dieser Not hatte er den glücklichen Einfall, den Jolaos zu rufen, und der musste mit Feuerbränden jede Wunde gleich ausbrennen, um so die neuen Köpfe im Hervorwachsen zu ersticken und das Abenteuer zu Ende zu bringen. Endlich flog auch der mittelste, unsterbliche Kopf herunter; den vergrub Herakles ____ und wälzte einen schweren Stein darauf. In das Blut der Hydra aber tauchte er seine Pfeile, um sie durch das anklebende Gift noch tödlicher zu machen.

1. Kennt ihr noch weitere Arbeiten oder Kämpfe des Herakles? Erzählt.

2. Füllt die Lücken des Textes mit den passenden Satzgliedern und Satzgliedteilen auf. Sie sind durcheinander wiedergegeben: *Der Löwe, in die Erde, giftige, lockte, seinem Herrn, vor dem riesenstarken Diener, das Tier*

3. Ordnet den folgenden Funktionsbeschreibungen (a–g) das zugehörige Satzglied bzw. Satzgliedteil aus der Randspalte zu:

a) Das ____ ergänzt die Satzaussage und zeigt, wem das Subjekt etwas tut.
b) Das ____ bestimmt die Umstände eines Geschehens näher.
c) Das ____ enthält immer eine Wortart, die man Verhältniswort nennt.
d) Das ____ ergänzt die Satzaussage und zeigt, an wen sich das Subjekt wendet.
e) Das ____ ist eine Beifügung und ergänzt in der Regel ein Nomen.
f) Das ____ sagt, wer der Täter in einem Satz ist.
g) Das ____ zeigt an, was in einem Satz geschieht.

4. Bestimmt weitere Satzgliedteile in dem Text.

Satzglieder:
- **Subjekt**
- **Prädikat**
- **Objekt** (Dativ-, Akkusativ-, Präpositionalobjekt)
- **Adverbial**
- **Attribut** (Satzgliedteil)

M Sätze und Satzglieder → S. 279 ff.

Attribut und Attributsatz

Nationalhelden

Nationalhelden sind Personen, die im Laufe der Geschichte eines Landes wegen ihrer Heldentaten von der Nation gefeiert werden.

Wilhelm Tell war ein **berühmter** Schweizer Freiheitskämpfer.

Der Slowake Juraj Jánošík war ein Räuberhauptmann **mit märchenhaften Eigenschaften**.

Der Germane Arminius, **bekannt als Hermann der Cherusker**, besiegte die Römer in der Varusschlacht.

Die Französin Jeanne d'Arc ist eine Heilige **der katholischen und anglikanischen Kirche**.

Das Bild **rechts** zeigt Andreas Hofer, der in Tirol als Freiheitskämpfer verehrt wird.

1. Ordne die Definitionen aus der Randspalte den passenden Sätzen zu.

El Cid

El Cid, eigentlich Rodrigo Díaz, war ein kastilischer Ritter. Mit zwanzig Jahren trat er in den Dienst des Königs und wurde am Hofe schnell eine wichtige Persönlichkeit. Bald hatte er sich den Beinamen *El Campeador,* der Kämpfer, erworben. Nach dem Tod seines Herrschers wurde er in die Verbannung geschickt. Dort diente der tapfere Ritter dem maurischen König von Zaragoza und kämpfte mit ihm gegen die Christen. Der Ehrentitel „El Cid", der Herr, leitet sich aus der arabischen Sprache ab. Mit dem spanischen König versöhnte sich Rodrigo Díaz später und wechselte auf die christliche Seite. In Spanien ist er ein Symbol für die nationale Einheit. Der *Cantar del Mío Cid* ist das älteste bekannte Heldenlied Spaniens.

2. In diesem Text kannst du 19 Attribute (elf Adjektivattribute, drei Genitivattribute, zwei Präpositionalattribute und drei Appositionen) finden. Schreibe sie heraus und notiere auch, auf welches Wort sie sich beziehen.
3. Verfasse selbst einen Text über einen Nationalhelden, der die verschiedenen Attribute enthält.

Das **Präpositionalattribut** ist ein Attribut, das durch eine Präposition an das Bezugswort angehängt ist.

Die **Apposition** ist eine nachgestellte Beifügung, die vom Bezugswort durch Kommas abgetrennt ist, aber im gleichen Kasus steht.

Das **Adjektivattribut** ist einem Nomen vorangestellt und bestimmt dieses näher.

Das **Genitivattribut** ist ein Nomen, das einem anderen Nomen angehängt ist. Genitivattribute lassen sich mit *wessen?* erfragen.

Das **Adverbattribut** bezieht sich auf ein Nomen oder ein Adjektiv. Es ist unveränderlich, z. B. *dort*, *sehr*.

Attribute (Satzgliedteile) geben genauere Auskunft über das Wort, auf das sie sich beziehen.

Sätze und Satzglieder → S. 279 ff. M

Moderne Helden?

Was macht einen Menschen zum Helden? Wer ist für euch ein Held?

Die Frau **mit dem Handtuch?**

Der indische Anführer **der Unabhängigkeitsbewegung?**

Justin Bieber

Joanne K. Rowling

Ein Bezwinger **des Mount Everests?**

Die **erfolgreiche** Weltfußballerin Birgit Prinz?

Mahatma Ghandi

Barack Obama, **Nobelpreisträger?**

Reinhold Messner

Der **bekannte** Sänger Justin Bieber?

Nelson Mandela, **der erste schwarze Präsident Südafrikas?**

Die Jugendbuchautorin **aus England?**

Lena Meyer-Landrut

1. Bestimme die farbigen Attribute.
2. Formuliere zu den Personen Sätze, in denen du die Attribute zu Attributsätzen umwandelst. Z. B.: *„aus England“ – Joanne K. Rowling ist eine Jugendbuchautorin, die aus England kommt.*
3. Erläutere in einem kurzen Text, wer für dich ein Held oder eine Heldin ist. Nutze dafür verschiedene Attribute und Attributsätze.
4. Tausche mit einem Partner die Texte. Unterscheide und bestimme die von ihm verwendeten Attribute.

M Sätze und Satzglieder → S. 279 ff.

Adverbial und Adverbialsatz

Comic-Helden: Asterix und Obelix

Sicher kennt ihr die Abenteuer von Asterix und Obelix, den beiden unbesiegbaren Galliern. Gelingt es euch, die nachfolgenden Fragen zu beantworten?

Wann war ganz Gallien von den Römern besetzt?

Weshalb streiten Automatix und Verleihnix immer wieder?

Warum sind die Gallier unbesiegbar?

Seit wann gibt es die Abenteuer von Asterix und Obelix?

Wo befindet sich das Dorf der unbeugsamen Gallier?

Wie fangen Asterix und Obelix Wildschweine?

Wohin reist Miraculix zum Treffen der gallischen Druiden?

Womit bewerfen sich die Gallier, wenn sie streiten?

1. Beantworte die Fragen zu den gallischen Helden. Wenn du nicht sicher bist, berate dich mit deinem Nachbarn oder schlage in einem Asterix-Comic nach.
2. Welche Umstände werden in den Sätzen erfragt? Vervollständige die folgende Tabelle:

Adverbial	nähere Umstände	Fragewörter	Beispiele
temporales Adverbial		Wann? Seit wann? Bis wann?	
	Ort		
		Warum? Weshalb?	
			mit bloßen Händen

3. Kennst du weitere Comic-Helden? Wähle eine Figur aus und stelle unter der Verwendung von temporalen, lokalen, kausalen und modalen Adverbialen einige Informationen rund um diese Figur zusammen.

Adverbiale sind Satzglieder, die über die näheren Umstände eines Geschehens Auskunft geben.

Sätze und Satzglieder → S. 279 ff. M

Widrige Umstände

Nicht immer wird im Dorf der unbesiegbaren Gallier gekämpft. Aber auch wenn sich die Römer ruhig verhalten, wird es dort nicht langweilig.

- Miraculix benötigt Misteln für den Zaubertrank.
- Zum großen Ärger der Römer besitzt Obelix dauerhaft übermenschliche Kräfte.
- Bei Feierlichkeiten und Verabschiedungen darf Troubadix nicht singen.
- Zum Mistelschneiden verwendet der Druide eine goldene Sichel.
- Obelix hält sich trotz seiner Leibesfülle nicht für dick.
- Bei Unwetter fürchten die Gallier, dass ihnen der Himmel auf den Kopf fällt.
- Eines Tages verliert Miraculix zum Entsetzen seiner Freunde sein Gedächtnis.
- Trotz vieler Gefahren gehen die Abenteuer der gallischen Helden stets gut aus.

1. Prüfe, welche Umstände die unterstrichenen Adverbiale genauer bestimmen, und ergänze die Tabelle.

Adverbial	nähere Umstände	Fragewörter	Beispiele
finales Adverbial	Zweck	Wozu? Zu welchem Zweck? Wofür?	
konditionales Adverbial	Bedingung	Unter welcher Bedingung?	
konsekutives Adverbial	Folge	Mit welcher Folge?	
konzessives Adverbial	Einräumung	Trotz welcher Umstände?	

2. Gibt es unter den Sätzen Formulierungen, die dir nicht gefallen? Wie würdest du dich ausdrücken?
3. Bilde weitere Sätze zu den gallischen Helden mit den hier vorgestellten Adverbialen.

M Sätze und Satzglieder → S. 279 ff.

Wer war Julius Cäsar?

Julius Cäsar ist das personifizierte Feindbild der gallischen Helden; er kommt in nahezu jedem Asterix-Abenteuer in Bild oder Zitat vor. Was wissen wir aber über den historischen Cäsar? Eine Schülerin hat sich einige Notizen dazu gemacht:

durch politische Bündnisse – wegen prachtvoller Spiele – zur Vergrößerung seiner Macht – zur Vergrößerung seines Ruhms – an der Themse – trotz vieler erfolgreicher Feldzüge – im Falle seiner Rückkehr nach Rom – nach der Ernennung zum Diktator auf Lebenszeit

Sie verfasst mithilfe ihrer Notizen einen kleinen Vortrag:

Julius Cäsar machte früh Karriere, indem er geschickt politische Bündnisse schloss. Er war beim Volk sehr beliebt, weil er prachtvolle Spiele ausrichten ließ. Später ging Cäsar als Prokonsul nach Gallien, damit er seine Macht vergrößern konnte. Er feierte große militärische Erfolge, sodass er seinen Ruhm vergrößern konnte. Während eines Feldzugs nach Britannien besiegte Cäsar dort, wo die Themse fließt, seine Feinde.
Obwohl er viele erfolgreiche Feldzüge vorweisen konnte, war Cäsar im Senat nicht unumstritten. Man forderte von ihm die Auflösung seiner Legionen, falls er nach Rom zurückkehren wolle. Nachdem er zum Diktator auf Lebenszeit ernannt worden war, fiel Cäsar einem Attentat zum Opfer.

1. Wo finden sich die Informationen des Notizzettels im Vortrag der Schülerin wieder? Lege eine Tabelle an und schreibe die Adverbiale und die Adverbialsätze nebeneinander – was stellst du fest?

Umstand	Adverbial	Adverbialsatz
Art und Weise (modal)	durch politische Bündnisse	indem er politische Bündnisse schloss
…		

2. Forme die Adverbiale in den folgenden Sätzen in Adverbialsätze um.

Nach dem Tod Cäsars wurden aufwendige Leichenspiele veranstaltet. Wegen der großen Anteilnahme endete die Totenfeier erst nach mehreren Tagen. Durch die Verfolgung der Cäsarmörder drückte die römische Bevölkerung ihre Wut über den Tod des Diktators aus.

Sätze und Satzglieder → S. 279 ff. M

Helden – unterwegs

Nicht nur bei Asterix, auch in anderen Comics wimmelt es von kleinen und großen Heldinnen und Helden. Behältst du den Überblick?

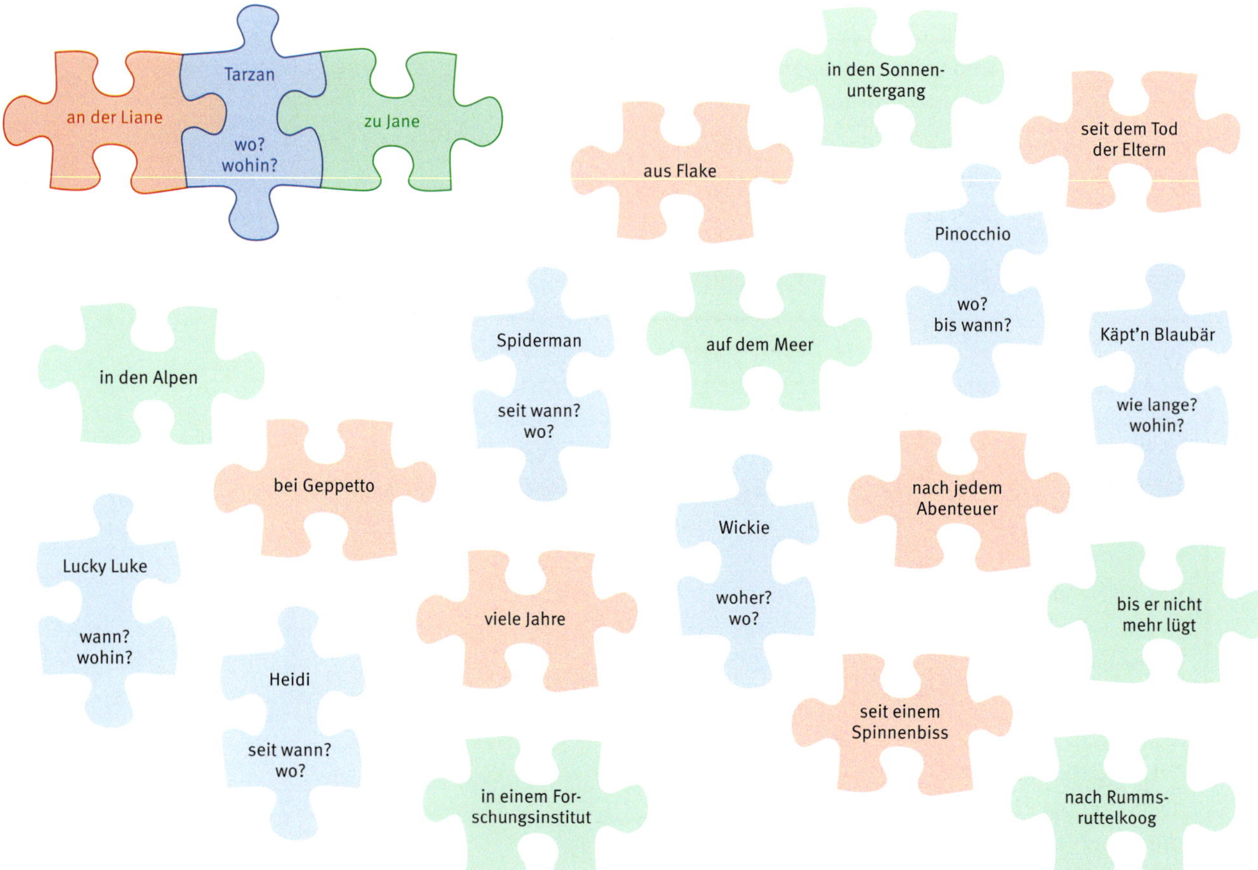

Temporalsätze und temporale Adverbiale geben über Zeit und Dauer eines Geschehens Auskunft.

Lokalsätze und lokale Adverbiale dienen zur Angabe eines Ortes oder einer Richtung.

1. Setze die Puzzleteile wie im Beispiel zusammen.
2. Bilde aus den passenden Puzzleteilen Sätze, in denen jeweils ein Adverbial in einen Adverbialsatz umgewandelt ist, z. B.: *Tarzan hängt an der Liane und schwingt sich dorthin, wo Jane ist.*
3. Vervollständige dann die nachfolgende Tabelle im Heft:

	näherer Umstand	Adverbial	Adverbialsatz	Fragewort
an der Liane	Ort (lokal)	x		wo?
wo Jane ist	Ort (lokal)		x	wohin?
…	…			

4. Entwerft Puzzleteile zu weiteren Comic-Helden, tauscht sie untereinander aus und bildet Sätze nach dem Muster von Aufgabe 2.

M Sätze und Satzglieder → S. 279 ff.

Filmhelden unter sich

Bevor Filmhelden das Happy-End genießen können, haben sie in der Regel eine ganze Menge zu tun und müssen sich mit dem einen oder anderen Problem beschäftigen …

Auf welche Art und Weise soll der Hobbit Frodo einen magischen Ring vernichten?	*indem er die Reichen ausraubt*
Wodurch gelingt es Krabat, die Mühle im Koselbruch zu verlassen?	*weil man nie weiß, was man bekommt*
Wie hilft Robin Hood den Armen?	*indem er ihn in das Magma des Schicksalsberges wirft*
Weshalb will die Mannschaft von Jack Sparrow einen Goldschatz zurückbringen?	*wegen eines auf ihm liegenden Fluches*
Warum vergleicht Forrest Gump das Leben mit einer Schachtel Pralinen?	*weil er Sehnsucht nach einer eigenen Familie hat*
Womit will der mürrische Witwer Carl seiner Abschiebung ins Altersheim entgehen?	*aus Liebe zu Jack*
Wieso springt Rose aus einem Rettungsboot der Titanic?	*mit Hunderten von heliumgefüllten Luftballons*
Weswegen nimmt Sid, das Faultier, drei Dinosauriereier an sich?	*durch die Liebe zur Kantorka*

1. Ordne die Adverbiale und Adverbialsätze den Fragesätzen zu.
2. Schreibe die Antworten auf und unterstreiche in den Antwortsätzen die Adverbiale rot und die Adverbialsätze blau.

Kausalsätze und kausale Adverbiale geben Gründe oder Begründungen an.

Modalsätze und modale Adverbiale machen nähere Angaben über die Art und Weise des Geschehens oder über das Mittel, das zu einer Handlung verwendet wird.

Sätze und Satzglieder → S. 279 ff. M

Einmal ein Held sein ...

Harry Potter muss auch in den gleichnamigen Computerspielen viele Abenteuer mit seinen Freunden bestehen – glücklicherweise findet er auf seinem Weg immer wieder Gegenstände, die ihm beim Lösen der gestellten Aufgaben hilfreich sind:

Zauberstab – zum Zaubern

Bohnen – zum Tausch gegen Schokofrösche

Schokofrösche – als Energiequelle

Kürbispasteten – zum Kauf von Bildkarten

blaue Bohnen – zum Abruf eines Extremzaubers

Kesselkuchen – zum Kauf von Porträtpasswörtern

Zaubertrank – zur Heilung von Furunkeln

Miniwappen – zum Tausch gegen Wappen

rote Bohnen – zum Auffüllen des Energiespeichers

1. Schreibe auf, wofür die Gegenstände und Zaubertechniken nützlich sind. Du hast folgende Möglichkeiten, z. B.:
   Den Zauberstab benötigt Harry Potter zum Zaubern.
   Den Zauberstab braucht Harry Potter, damit er zaubern kann.
   Den Zauberstab benötigt er, um zu zaubern.
2. Unterstreiche die finalen Adverbiale, die Finalsätze und die Infinitivgruppen in unterschiedlichen Farben.

... und zaubern können!

Das Erlernen verschiedener Zaubertechniken hilft dem Computerhelden, immer schwierigere Situationen zu meistern:

Finalsätze und finale Adverbiale drücken ein Ziel, einen Zweck oder eine Absicht aus.

Hindernisse aus dem Weg räumen – Depulso-Zauber

Gegenstände und Lebewesen einfrieren – Glacius-Zauber

Türen öffnen – Alohomora-Zauber

kleine Gegenstände in Kaninchen verwandeln – Lapifors-Zauber

Schutz vor den Dementoren – Expecto-Patronum-Zauber

Gegenstände anziehen / sich zu Gegenständen ziehen lassen – Carpe-Retractum-Zauber

Konditionalsätze und konditionale Adverbiale nennen die Bedingungen, unter denen ein Geschehen stattfinden kann.

3. Notiere, unter welchen Bedingungen der jeweilige Zauber hilfreich ist:
   Wenn man Hindernisse aus dem Weg räumen muss, hilft der Depulso-Zauber. Der Depulso-Zauber hilft bei Hindernissen im Weg.
4. Unterstreiche die konditionalen Adverbiale und die Konditionalsätze in unterschiedlichen Farben.

M Sätze und Satzglieder → S. 279 ff.

Alltagshelden

Samstag, 21. August

13-Jähriger stellt Brandstifter auf Sylt

Die Geistesgegenwart eines Jugendlichen verhinderte Schlimmeres

Sylt. Ein Brandstifter trieb in diesem Sommer sein Unwesen auf der Insel Sylt. Die Feuerwehr musste häufig ausrücken. In fünf Nächten brannte es zwanzig Mal. Über 400 Menschen mussten evakuiert werden. Ein 13-jähriger Schüler war nachts noch wach. Er roch den Rauch im Reetdachhaus. Der Junge verbrachte viel Zeit bei der Jugendfeuerwehr. Er wusste genau, was zu tun war. Er rief sofort die Polizei. Der Brandstifter konnte noch am Tatort gefasst werden.

Konsekutivsätze und konsekutive Adverbiale drücken die Wirkung oder Folge einer Handlung oder eines Ereignisses aus. Sie geben Antwort auf die Frage: *Mit welcher Folge?* Einleitende Konjunktionen sind *dass, sodass.*

1. Verknüpfe immer zwei Sätze zu einem Satzgefüge miteinander, damit die Folgen des Ereignisses erkennbar werden. Nutze die Information in der Randspalte. Unterstreiche den Konsekutivsatz farbig, z. B.: *Ein Brandstifter trieb in diesem Sommer sein Unwesen auf der Insel Sylt, sodass die Feuerwehr häufig ausrücken musste.*
2. Schreibe einen eigenen Text über einen Alltagshelden und verwende dabei Konsekutivsätze.

Donnerstag, 11. September

Jugendlicher vor dem Ertrinken gerettet!

Am Dienstagabend rettete eine 54-Jährige einen 14-jährigen Jungen vor dem Ertrinken im Rhein

Rheinfelden. Am Dienstag gegen 19:00 Uhr ist ein 14-jähriger Jugendlicher trotz eines Absperrgitters von der Alten Rheinbrücke in den Fluss gefallen. Eine 54-jährige Frau hörte die Hilferufe des Jungen und sprang trotz starker Strömung ins Wasser. Sie konnte den Jungen sicher ans gegenüberliegende Ufer bringen, obwohl er wild um sich schlug. Wenngleich es dem Jungen bald wieder besser ging, musste er noch eine Nacht zur Beobachtung im Krankenhaus bleiben. Die Polizei geht, obwohl sie zunächst in alle Richtungen ermittelte, inzwischen von einem Unfall aus. Die couragierte Retterin wollte trotz ihrer mutigen Tat ungenannt bleiben.

Konzessivsätze und konzessive Adverbiale drücken eine Einräumung aus. Sie können mit *trotz welcher Umstände?* erfragt werden. Konzessivsätze können mit den Konjunktionen *obwohl, obgleich, obschon, wenn auch* oder *wenngleich* eingeleitet werden.

3. Suche aus dem Text die Konzessivsätze und die konzessiven Adverbiale heraus. Nutze die Informationen aus der Randspalte.
4. Schreibe den Text um, indem du aus Adverbialsätzen Adverbiale und aus Adverbialen Adverbialsätze machst.

Sätze und Satzglieder → S. 279 ff. M

Das hast du in diesem Kapitel gelernt:

Satzreihe und Satzgefüge;
Satzglieder und Gliedsätze
- Satzreihen und Satzgefüge bestimmen
- Satzglieder bestimmen
- Attribute und Attributsätze unterscheiden
- Adverbiale und Adverbialsätze unterscheiden

M Extra: Merkwissen
→ S. 279 ff.

So kannst du dein Wissen anwenden und deine Fähigkeiten trainieren:

Freitag, der 13.

In Text A wird beschrieben, wie es dazu kommt, dass wir Freitag, den 13., für einen Unglückstag halten. In Text B findest du den Text A anders ausgedrückt.

A Viele Menschen gehen am Freitag, dem 13., nicht aus dem Haus. Sie haben Angst vor möglichen Gefahren. Der Volksmund hat einen festen Glauben. An diesem Tag passieren die meisten Unglücke und die schlimmsten Naturkatastrophen. Diese Auffassung ist jedoch ein Aberglaube. Historisch und statistisch gibt es an solchen Freitagen nicht mehr Katastrophen als an anderen Tagen. Wie kommt es zu diesem Aberglauben? Diese Frage lässt sich aus der Geschichte beantworten.

B Viele Menschen gehen am Freitag, dem 13., nicht aus dem Haus, da sie Angst vor möglichen Gefahren haben. Wenn man dem Volksmund glaubt, passieren an diesem Tag die meisten Unglücke und die schlimmsten Naturkatastrophen. Diese Auffassung ist jedoch ein Aberglaube, weil es historisch und statistisch an solchen Freitagen nicht mehr Katastrophen als an anderen Tagen gibt. Wie es zu diesem Aberglauben kommt, lässt sich aus der Geschichte beantworten.

- Bestimme jeweils die Satzformen zu Text A und B. Worin unterscheiden sie sich?

Historisches

- Wegen seines Machtstrebens wurde Cäsar von Senatoren im römischen Senat ermordet.
- Nach dem Ende der Republik begann mit Augustus die römische Kaiserzeit.
- Im Mittelalter verlieh der Papst dem deutschen König in Rom die Kaiserkrone.

- Bestimme die Satzglieder in den drei Sätzen.

Gesucht wird …

Im folgenden Bild sind verschiedene Personen und Gegenstände abgebildet, die du mithilfe der darunter stehenden Satzteile finden kannst.

1 … eine blonde Person
2 … das Eis des Jungen
3 … Karl Maier, Motorbootbesitzer
4 … ein gestreiftes Kleidungsstück
5 … die Person mit der Armbanduhr
6 … die Frau vorne
7 … der Junge mit dem Drachen
8 … Hans Müller, ein Kettenraucher
9 … der Herr mit dem Buch
10 … eine bärtige Person
11 … das Radio auf der Decke
12 … der Besitzer des Schirms
13 … die Person rechts

- Beschreibe das Bild mithilfe der Attribute, z. B. *Eine blonde Person steht vorne rechts.*
- Übertrage die Tabelle in dein Heft und setze diese Attribute ein.

Adjektivattribut	Genitivattribut	Präpositionalattribut	Apposition	Adverbattribut
eine blonde Person	das Eis des Jungen	…	…	…

Castinghelden

Trotz geringer Chancen bewerben sich viele Tausend Jugendliche bei Castingshows. Die meisten von ihnen wollen **auf der Bühne** stehen. Aber nicht alle treten **zum Gewinnen** an.

Nach Bestehen eines Auswahlverfahrens fängt die Schwerstarbeit an. Die Jugendlichen müssen **für den Erfolg** viele Opfer erbringen. Andere geben **wegen der großen Belastung** auf. **Bei konstanter Leistung** haben sie manchmal Erfolg. **Zum Ärger ihrer Familien** verlieren aber auch viele den Boden unter den Füßen.

- Schreibe den Text um, indem du die fett gedruckten Adverbiale in Adverbialsätze umwandelst.
- Stelle in einer Tabelle die zusammengehörigen Adverbiale und Adverbialsätze gegenüber.

näherer Umstand	Adverbial	Adverbialsatz

Im Rampenlicht
Direkte und indirekte Rede

Popmusik macht heiter
Joachim Mock

SOHN Papa, Papa, Charly hat gesagt, seine Schwester hat gesagt, Rock ist in. *(Es ertönt laute Rockmusik.)*

VATER Muss das sein? – Stell mal sofort das Radio ab, hörst du!

SOHN Ist das kein Rock?

VATER Rock oder Hose, du stellst das Radio ab. Ist das klar?! Die Meiers werden sich bedanken für den Krach.

SOHN Ja doch *(schaltet mürrisch das Radio aus)*.

VATER Na, Gott sei Dank. Von dem blödsinnigen Gekreische kriegt man ja Ohrenschmerzen!

SOHN Du wirst alt, Papa.

VATER Wieso werde ich alt? Weil ich dieses entsetzliche Gebrüll nicht ertragen kann?

SOHN Jetzt brüllst du aber selber.

VATER Ist ja auch kein Wunder, wenn einem bei diesem Krach die Nerven durchgehen.

SOHN Charly sagt, bevor seinem Vater die Nerven durchgehen, trommelt er kräftig auf der Tischplatte herum. Das soll kolossal beruhigen, meint Charly.

VATER Charly, Charly, Charly! Vielleicht sagt dir dein Charly auch, dass man seine Schularbeiten nicht bei dieser Rockmusik macht!

SOHN Warum nicht?

VATER Weil man sich auf seine Arbeit konzentriert!

SOHN Auf welche?

VATER Auf die Schularbeiten selbstverständlich! Auf was denn sonst?! – Ich habe manchmal das Gefühl, du willst einfach nicht verstehen. Oder ist dir diese Musik schon aufs Trommelfell geschlagen?

SOHN Aufs Trommelfell?

VATER Ja, aufs Trommelfell. Davon wird man schwerhörig. Mir summen die Ohren von dem Krach.

SOHN Ist doch gut. Das mag ich.

VATER *(äfft ihn nach)* Das mag ich!? – So fängt es an.

SOHN *(begeistert)* Man muss nur laut genug aufdrehen.

VATER Lass dir einmal was sagen: Laute Popmusik macht krank! Das haben die Ärzte ausführlich bewiesen. [...]

SOHN Aber Charly sagt ...

VATER Dein Charly ist doch gar nicht maßgebend. Der soll erst mal was lernen, studieren, und dann kann er mitreden!

SOHN Unsere neue Lehrerin findet Popmusik auch dufte.

VATER So? – Ich habe sie immer für eine sehr intelligente Frau gehalten.

SOHN Ja, die ist schon in Ordnung. Die mögen wir alle. Du auch, nicht? *(Er lacht verschmitzt.)* Die ganze Klasse weiß, dass du verknallt bist.

VATER Nun komm, komm, komm! Halt mal die Luft an! Wieso weiß das die ganze Klasse – ich meine – wer redet denn so einen Quatsch?!

SOHN Früher hast du dich doch nie nach mir in der Schule erkundigt, aber jetzt kommst du bald jede Woche.

VATER Ich erkundige mich nur nach deiner Leistung. Da müsste ich eigentlich jeden Tag nachfragen.

SOHN Mach's doch.

VATER Hat sie was gesagt?

SOHN Tja, neulich in der Schule, als du da warst, da hat sie gesagt: „Da kommt der Typ ja schon wieder!"

Indirekte Rede
Bei der indirekten Rede wird berichtet, was jemand gesagt hat.

Direkte Rede
In der direkten Rede wird eine Äußerung wörtlich angeführt, d. h. so, wie sie tatsächlich jemand gemacht hat.

1. Klärt, an welcher Stelle die beiden jeweils ihre eigene Meinung sagen und wo sie die Aussagen von anderen wiedergeben.
2. Mit welchen Argumenten kritisiert der Vater Rock- bzw. Popmusik? Gib seine Argumentation auf folgende Weise wieder:

Redeeinleitung	Redeinhalt
Der Vater sagt,	dass er das entsetzliche Gebrüll nicht ertragen kann.

Für die Redeeinleitung lassen sich auch andere Verben aus dem Wortfeld *sagen* benutzen.

Direkte und indirekte Rede → S. 281 f. M

Indirekte Rede

Ein Gespräch mit Folgen

Superstars sind sehr scheu und hassen nichts mehr als Interviews. Bei Justin Bieber ist das nicht anders. Aber die Fans wollen alle Neuigkeiten aus dem Leben ihres Idols erfahren. Eines Tages hören einige Journalisten folgendes Gespräch zwischen zwei Freunden von Justin Bieber mit an:

JACK Ich habe so eine Ahnung. Ich glaube, unser Freund Justin will bald heiraten.

JOHN Na, das ist ja eine Überraschung! Die Neuigkeit wird bei den weiblichen Fans wie eine Bombe einschlagen. Wer ist denn die Glückliche?

JACK Sie soll Jessy heißen und 19 Jahre alt sein.

JOHN Ach, ist das nicht die Blonde, mit der man ihn schon einige Male gesehen hat?

JACK Genau die. Justin ist total verknallt.

JOHN Und was hat es mit der Hochzeit auf sich?

JACK Neulich ging er mit ihr essen und hat ihr dabei, denke ich, einen Antrag gemacht.

JOHN Wissen seine Eltern schon von den Heiratsplänen?

JACK Ich glaube ja.

JOHN Wahrscheinlich wird Justin noch im August heiraten, bevor er auf Tournee geht.

JACK Möglich, doch wie ich ihn kenne, wird er sicherlich niemandem verraten, wo die Hochzeit stattfindet, damit die Medien nichts davon erfahren.

JOHN Hat er dir eigentlich selbst erzählt, dass er heiraten will?

JACK Du kennst Justin doch. Er redet nie über solche Dinge …

1. Fasse das Gespräch zwischen den beiden Freunden zusammen.

Aus dem Leben eines Superstars

Am nächsten Tag wird das Gespräch zwischen Justins Freunden von den Medien auf sehr unterschiedliche Weise wiedergegeben:

1 Radio Ladies First

„Stell dir vor, zwei Freunde von Justin Bieber haben gestern erzählt, dass Justin bald heiraten will. Ja wirklich! Einer der beiden hat angedeutet, dass er total verknallt in eine 19-jährige Blondine namens Jessy ist. Und er sagte auch, dass Justin neulich bei einem Essen um ihre Hand angehalten hat. Ich habe erfahren, dass seine Eltern auch schon Bescheid wissen. Die Freunde denken, dass die Hochzeit noch dieses Jahr im August stattfindet und dass Justin den Ort der Hochzeit wohl vor uns Journalisten geheim halten will. Naja, wir werden trotzdem herausfinden, wo er heiratet …“

2 Weibliche Fans aufgepasst – Justin Bieber wird heiraten!

Gestern platzte in Hollywood die Bombe: Zwei Freunde von Justin Bieber behaupten, von einer baldigen Hochzeit des Superstars zu wissen. Sie glauben außerdem, die Zukünftige zu kennen: eine 19-jährige Blondine namens Jessy, in die Justin sehr verliebt zu sein scheint.

Der Sänger hat die Freunde sogar in seine genauen Zukunftspläne eingeweiht: Die beiden ließen verlauten, genaue Informationen über das Datum (noch in diesem Jahr) und den Ort der Hochzeit zu besitzen, den Justin geheim halten will.

3 Traumhochzeit in Hollywood

Informierte Kreise in Hollywood wollen von einer bevorstehenden Hochzeit des Frauenlieblings Justin Bieber wissen. Die Auserwählte des Sängers soll Jessy heißen. Dabei muss es sich um die 19-jährige Blondine handeln, mit der Justin in letzter Zeit häufiger gesehen wurde. Justin soll bei einem Abendessen um ihre Hand angehalten und bereits seine Eltern in seine Pläne eingeweiht haben. Die Fans dürfen noch vor Justins Tourneestart mit der Hochzeit rechnen. Jedoch soll der Ort der Trauung geheim sein.

4 Neues Traumpaar: Justin und Jessy

Laut Aussage von einigen seiner besten Freunde wird Hollywood noch in diesem Jahr Justin Biebers Hochzeit erleben. Nach Ansicht der Freunde plant der Sänger, seine Freundin Jessy, eine 19-jährige Blondine, zu heiraten. Informierten Kreisen zufolge gab es bei einem gemeinsamen Essen einen sehr romantischen Heiratsantrag des Stars. Nach Meinung der Vertrauten sind auch Justins Eltern schon eingeweiht …

5 Plant Justin Bieber baldige Hochzeit?

Weltweites Entsetzen herrscht unter den weiblichen Fans über die neueste Hollywoodnachricht, Justin Bieber, der Shootingstar der Musik- und Filmszene, wolle heiraten. Freunde von Justin ließen verlauten, der Sänger sei seit Wochen heftig in eine 19-jährige Blondine namens Jessy verliebt. Es heißt, er habe vor einigen Tagen bei einem romantischen Essen um ihre Hand angehalten. Darüber hinaus sagt man in Hollywood, auch Justins Eltern seien bereits in die Heiratspläne eingeweiht. Die Hochzeit solle noch vor Justins Tournee im August an einem geheimen Ort stattfinden.

Arten der Redewiedergabe:

Es gibt verschiedene Möglichkeiten, die direkte Aussage einer Person als **indirekte Rede** wiederzugeben:

Die indirekte Rede kann durch **Quellenangaben mit präpositionalen Ausdrücken** kenntlich gemacht werden.

Sie lässt sich als **Infinitivkonstruktion** wiedergeben.

Sie kann in einem **Nebensatz** stehen, der mit *dass* eingeleitet wird.

Für die indirekte Rede kann der **Konjunktiv** gebraucht werden.

Sie kann durch den Gebrauch von **Modalverben** (*können, müssen, sollen, wollen, dürfen* und *mögen*) deutlich gemacht werden.

2. Teilt eure Klasse in fünf Gruppen. Jede Gruppe untersucht einen der Texte 1–5.
   - Beschreibt und markiert das sprachliche Mittel, das die Journalisten zur Wiedergabe des Gesprächs nutzen. Hilfe findet ihr in der Randspalte.
   - Achtet dabei auf den Satzbau und die verwendeten Wortarten.
   - Fasst eure Ergebnisse zu einem Merksatz zusammen und stellt ihn der Klasse vor.

TIPP

Wenn ihr die Texte auf Folien kopiert, könnt ihr die Markierungen direkt im Text vornehmen und eure Ergebnisse anschaulich präsentieren.

Direkte und indirekte Rede → S. 281 f. M

Keine Angst vor Ribéry und Kroos

Thomas Müller, geb. am 13. 9. 1989, spielt seit der D-Jugend für Bayern München, wurde 2007 Vize-Meister mit den A-Junioren, hatte 2008 seinen ersten Auftritt in der Dritten Liga, 2009 sein Debüt in der Ersten Liga, 2010 wurde er WM-Dritter mit der Nationalmannschaft.

Der Fußballer Thomas Müller war die Überraschung der Fußball-WM 2010 in Südafrika. Mit fünf Treffern ist er zum Torschützenkönig gewählt worden. Außerdem wurde er als bester junger Spieler ausgezeichnet. Einige Monate vor der WM stellte er sich einem Interview:

SPOX Ist es für Sie immer noch etwas Besonderes, mit Spielern wie van Bommel, Ribéry und Robben auf dem Platz zu stehen, oder ist es mittlerweile Normalität geworden?

MÜLLER *Ich* habe *mich* daran gewöhnt, mit diesen außergewöhnlich guten Fußballern zusammenzuspielen. *Ich* sehe sie ja jeden Tag. Man konnte am Anfang der Saison nicht erwarten, dass *ich* so viele Spiele machen werde. *Ich* habe das selbst auch nicht erwartet. *Ich* bin in diese Rolle reingewachsen.

SPOX Was hat sich außerhalb des Platzes für Sie verändert [...]?

MÜLLER Man wird auf der Straße erkannt und auch mal angesprochen. Aber damit habe *ich* kein Problem. Es hat sich alles zum Positiven verändert.

SPOX Nervt das Rampenlicht manchmal?

MÜLLER *Ich* lege Wert auf *meine* Privatsphäre. Die meisten Fans respektieren das und sind sehr höflich. [...]

SPOX Sie haben hohe Ansprüche an sich selbst.

MÜLLER Ja. *Ich* setze *mich* oft sogar zu sehr unter Druck. Es kommt vor, dass *ich mir* auf dem Heimweg denke: „Was hast *du* heute für einen Mist gespielt.“ [...]

SPOX Im Jahrbuch des FC Bayern haben Sie als Lieblings-Website „SPOX“ angegeben. Wie kommen wir zu dieser Ehre?

MÜLLER Die Seite hat *mir* von Anfang an vom Aufbau und vom Inhalt her gut gefallen. *Ich* kann *mich* mit *euren* Analysen gut anfreunden. SPOX ist mein Hotspot. [...]

1. Bestimme die kursiv gedruckten Pronomen.

Liebe SPOX-Redaktion!

Ich habe euer Interview mit Thomas Müller gelesen. Er sagt, dass er sich daran gewöhnt hat, mit außergewöhnlich guten Fußballern zusammenzuspielen. Das kann ich kaum glauben – aber er sieht sie ja jeden Tag. Ich fand es interessant, dass er es nicht erwartet hat, dass er so viele Spiele machen wird. Aber er ist natürlich in die Rolle hineingewachsen. Neu war für mich ...

direkte Rede	indirekte Rede
ich	er
...	...

2. Vergleiche diesen Leserbrief mit dem Interview. Was hat sich verändert?
3. Setze den Leserbrief fort. Lege anschließend eine Tabelle an und fülle sie aus.

M Direkte und indirekte Rede → S. 281 f.

Vor dem Anstoß

Während die Mannschaften sich auf das Spiel vorbereiten, steigt im Stadion die Spannung.

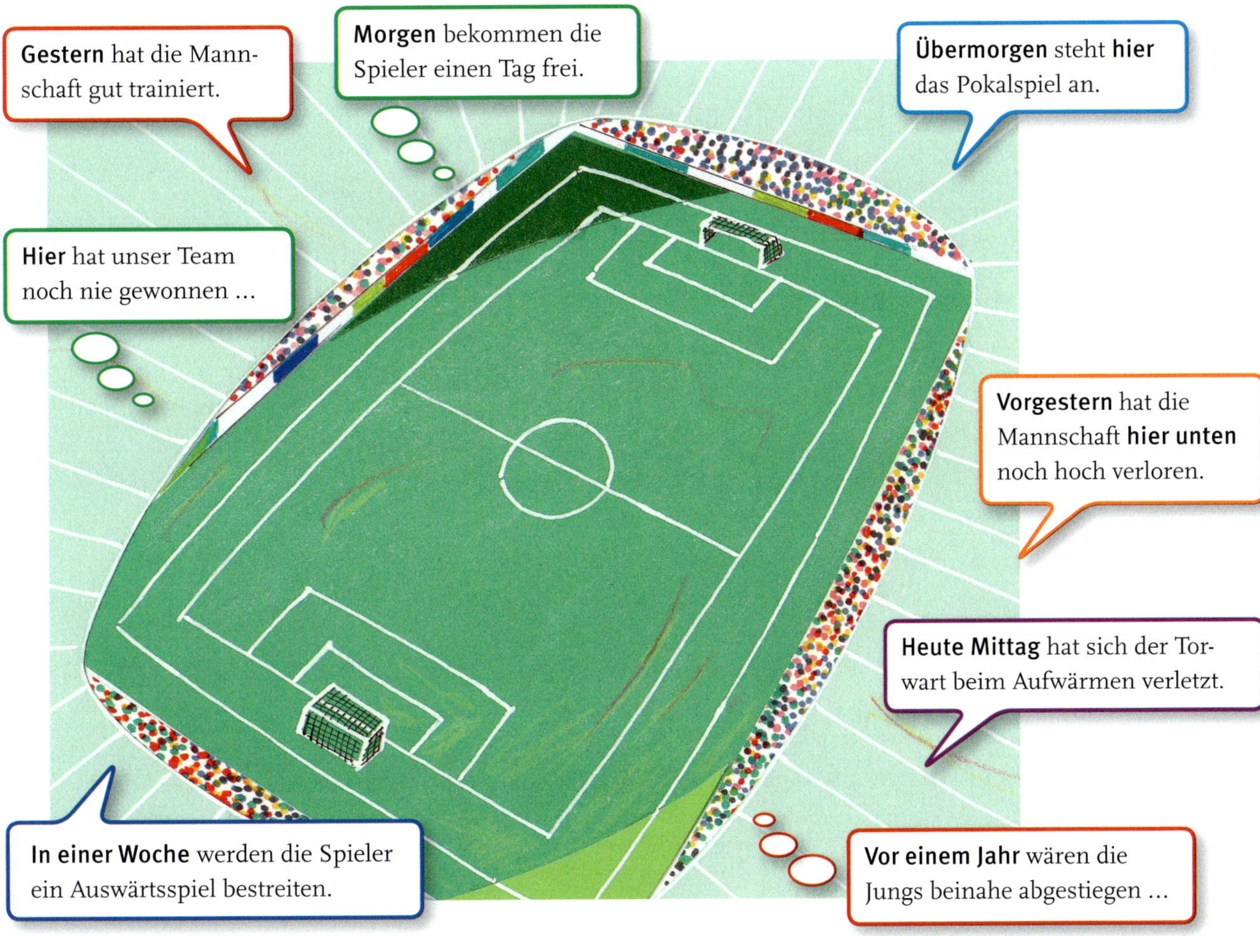

1. Bestimme die fett gedruckten Adverbiale. Wie müssen sie verändert werden, wenn sie in die indirekte Rede gesetzt werden?
Verändere sie und schreibe sie in die Tabelle.

direkte Rede	indirekte Rede
gestern	am Tag zuvor
…	…

2. Formuliere einen kurzen Text, bei dem du die Gedanken und Aussagen der Zuschauer in die indirekte Rede setzt:
Kurz vor dem Anpfiff steigt die Spannung im Stadion. Ein Zuschauer weiß, dass die Mannschaft am Tag zuvor gut trainiert hat. Ein anderer denkt darüber nach, dass …

Direkte und indirekte Rede → S. 281 f. M

Das Runde muss ins Eckige!

Toni Törchen ist der Liebling der Fans, seit er seine Mannschaft auf Platz 1 der Liga geschossen hat. Vor dem Spiel macht er sich stets viele Gedanken.

1. Schreibe die Gedanken Tonis in folgender Weise auf und erfinde weitere Fragen, die er sich stellen könnte:
   Toni fragt sich, ob er wirklich topfit ist.
2. Wie unterscheiden sich diese Fragesätze von den Fragen in den Gedankenblasen?

Nach dem Schlusspfiff

Nach jedem Spiel muss Toni sich den Fragen der Journalisten stellen.

3. Formuliere die Fragen, die die Journalisten Toni Törchen gestellt haben könnten. Schreibe das Gespräch als Dialog auf.
4. Forme dann die Fragen in indirekte Fragesätze um. Du kannst so beginnen:
   Ein Journalist will wissen … Ein anderer fragt … Jemand möchte wissen …

M Direkte und indirekte Rede → S. 281 f.

Redewiedergabe im Konjunktiv

Superstars in den Schlagzeilen

Wer reich und berühmt ist (oder es noch werden will), sucht häufig die Nähe zu den Medien.

Anstiftung zur Falschaussage:

Hohe Strafe für Deutschlands Super-Sänger-Star Manu Machete

DSSS-Star Manu Machete soll eine Freundin zum Lügen vor Gericht angestiftet haben. Nun hat das Gericht sein Urteil gesprochen.

Das Landgericht Oldenburg hat am Freitag das Strafmaß für den Teilnehmer der beliebten Casting-Show auf 10 000 Euro festgelegt. Der Angeklagte **sei** zwar geständig und einsichtig, er **müsse** sich aber nun seiner Vergangenheit stellen.

Die Richter sahen die Schuld des Angeklagten als erwiesen an. Er **habe** sich seiner Verantwortung **entzogen**, indem er eine Freundin zur Falschaussage **angestiftet habe.** Der Sänger **sei** ohne Fahrerlaubnis unterwegs **gewesen**, als er in eine Polizeikontrolle geriet. Später hatte eine Freundin des Friesen ausgesagt, sie **habe** das Auto **gefahren,** nicht Machete.

Der Sänger entschuldigte sich vor Gericht. Er **habe** einen Fehler **gemacht** und **könne** sich sein Verhalten nicht mehr **erklären.** Er **habe** damals nicht die Größe **gehabt**, für seinen Fehler geradezustehen. Inzwischen **sei** er Vater **geworden**, und seit seine 14 Monate alten Zwillinge auf der Welt **seien, sehe** er die Dinge in einem anderen Licht. In Zukunft **werde** er darauf **achten**, mit dem Gesetz nicht mehr in Konflikt zu geraten. Er **werde** seinen Kindern von nun an ein Vorbild **sein.**

1. Ordne die Formen des Konjunktivs I in die folgende Tabelle ein:

Präsens	Perfekt	Futur I
...	...	...

2. Formuliere Regeln zur Bildung des Konjunktivs I. Beachte dabei, dass das Verb *sein* Sonderformen bildet.

3. Versucht zu erklären, warum die Konjunktivformen der 1. und 2. Person so selten verwendet werden.

Durch den **Konjunktiv I** kann ein Sprecher verdeutlichen, dass er eine fremde Meinung wiedergibt.

Direkte und indirekte Rede → S. 281 f. M

Die Newcomer: The Black Pony!

Nadja möchte für die Schülerzeitung einen Bericht über die Newcomer-Band „The Black Pony“ verfassen. Deswegen hat sie einige Mitschülerinnen befragt und folgende Informationen zusammengetragen:

Paula (7a):
- Alle Mädchen in der Klasse finden die Jungs soooo süß!!!
- Die Band hat sich über das Internet gefunden.
- Die Band wird noch ganz groß herauskommen!

Lea (7a):
- Für Kevin sind Ehrlichkeit und viel, viel Humor ein Muss!
- Die Band wird bald auf Tournee gehen.
- Trevor und Ryan hatten sich zuvor in Los Angeles kennengelernt.

Katharina (7c):
- Eugen liebt Extremsport wie Free Running und Akrobatik.
- Trevor hatte Gesangs- und Gitarrenunterricht.
- Die Band hängt viel miteinander herum, die Jungs waren schon immer Freunde.

Charlotte (8a):
- Band lebt in L. A.
- haben ihre Karriere vom Campingplatz aus gestartet
- werden noch für manche Überraschung gut sein

In der **indirekten Rede** wird **Vergangenes** mit dem Konjunktiv I der Hilfsverben *haben / sein* und dem Partizip II ausgedrückt: *Sie sagt, die Band habe sich über das Internet kennengelernt.* **Zukünftiges** wird durch den Konjunktiv I von *werden* und den Infinitiv ausgedrückt: *Paula glaubt, die Band werde noch ganz groß herauskommen.*

1. Führe den unten begonnenen Bericht für die Schülerzeitung fort.
- Verwende den Konjunktiv I, um auszudrücken, dass du nur wiedergibst, was andere dir berichtet haben.
- Achte darauf, auch Vergangenheit und Zukunft im Konjunktiv I richtig auszudrücken. Die Informationen aus der Randspalte können dir dabei helfen.

Liebe Leserinnen, liebe Leser,

kennt ihr schon die Newcomer-Band „The Black Pony“? Ich habe mich für euch auf dem Schulhof umgehört und zusammengetragen, was ich dort über die Band erfahren konnte …

Paula aus der 7a hat mir gestanden, alle Mädchen ihrer Klasse fänden die Jungs richtig süß. Sie sagt, die Band habe sich über das Internet kennengelernt. Außerdem meint sie, die Band werde noch ganz groß herauskommen! …

M Direkte und indirekte Rede → S. 281 f.

Klatsch und Tratsch aus dem Showbiz

Was geht ab hinter den Kulissen? Was gibt's Neues bei den Stars und Sternchen? Wer macht gerade von sich reden? Die Promi-Reporter sind stets am Puls der Zeit!

1 Robbie Wiliams muss für Take That abspecken!

Freunde des Sängers berichten, Robbie rackere sich derzeit täglich bis zu vier Stunden im Fitnessstudio ab. Der Grund: Er wolle nicht als Pummelchen bei Take That auftreten.

Inzwischen habe er dank eines eisenharten Fitnessprogramms bereits 19 Kilo abgenommen. Sein Trainer versicherte, Robbie werde schon bald genauso fit wie die anderen Bandmitglieder sein. Nebenbei deutete er an, Take That könnten bereits im nächsten Sommer wieder durch Europa touren, denn die Jungs hätten bereits genügend neue Songs aufgenommen.

2 Brad Bitt und Angelina Jolie mögen ihren Spitznamen nicht

Aus gewöhnlich gut informierten Kreisen ist zu hören, Pitt und Jolie würden ihren Spitznamen „Brangelina" hassen, weil er sich nach „Frühstückscerealien" anhöre. Als der Leinwandbeau neulich seine Liebste am Set besuchte, sei er verblüfft gewesen, als ein Arbeiter das Pärchen mit dem Spitznamen angeredet habe. Während Pitt zunächst missmutig reagiert habe, habe Jolie die Situation mit einem Lachen gerettet.

3 Tom Felton: Emma Watson ist eine „Lady"

Der Schauspieler, der in den Harry-Potter-Filmen den bösen Zauberlehrling Draco Malfoy spielt, sagte, Watson sei sehr professionell und scheine eine intelligente Lady zu sein. Die britische Presse berichtete, dass insbesondere Watsons unglaublicher Verstand und ihre guten Manieren es dem Mädchenschwarm angetan hätten. Was die „Lady" über ihren Co-Star denkt, ist nicht überliefert.

4 Was machen eigentlich die Jungs von The Black Pony?

Seitdem sich Trevor, Eugen, Ryan und Kevin über das Internet gefunden haben, seien sie unzertrennlich, berichtete uns ein enger Freund der Band. Es kursiert das Gerücht, die Jungs wollten bald auch auf Deutschland-Tournee gehen. Eugen und Kevin hätten ihre alte Heimat nicht vergessen und würden sich bereits sehr auf die Konzerte freuen.

1. Suche aus den Texten 2–4, ähnlich wie bei Text 1, die Konjunktivformen in der indirekten Rede heraus.
2. Prüfe, ob alle diese Verbformen im Konjunktiv I stehen.
3. Versuche zu erklären, warum manche Verbformen nicht im Konjunktiv I stehen.
   Formuliere eine Regel, wie diese Formen (Konjunktiv II) gebildet werden.

Stimmen die Formen von Konjunktiv I und Indikativ überein, benutzt man den **Konjunktiv II** oder die Umschreibung mit *würde*.

Direkte und indirekte Rede → S. 281 f. M

Laute Musik mit schrecklichen Folgen

Sarah hat auf dem Dachboden ihrer Großeltern eine alte Zeitung gefunden. Darin stößt sie auf einen Artikel über die Stars von vorgestern und auf einige merkwürdige Konjunktivformen:

Berlin, im August 1920. Was vernünftige Kreise schon immer vermuteten, hat sich nun bestätigt. Die Musik, die unsere Jugend heutzutage hört, ist gesundheitsschädigend!

Die Ärzte warnen ausdrücklich vor dem Besuch von Konzertveranstaltungen der Rockin' Chairs und Lazy Bones, deren zu laute Musik das Gehör der Zuhörer auf Dauer schädigen könne. Vor allem junge Frauen seien für die schrillen Töne anfällig. Sie steigerten sich allzu leicht in das musikalische Vergnügen hinein, ließen sich gehen, gingen ihren Stimmungen nach und brächen oft zusammen. Dann frören sie rasch und böten bald ein Bild des Jammers. Auch wenn Sanitäter sie mit kaltem Wasser abwüschen und ihnen Riechsalz gäben, bräuchten sie einige Zeit zur körperlichen Erholung.

Auch junge Männer reagierten laut Aussage der Mediziner ungewöhnlich auf die lauten Töne. Sie stünden unter starker Anspannung, höben allerlei Gegenstände auf und trügen sie herum, kämen erst in den Morgenstunden nach Hause und verhielten sich gänzlich merkwürdig. Daher gilt: Hände weg von der modernen Musik, zurück zum Volkslied!

Altertümliche Konjunktivformen lassen sich ebenfalls durch die Umschreibung mit *würde* ersetzen.

4. Findet heraus, was an einigen Konjunktivformen des Zeitungsartikels merkwürdig ist.
5. Überarbeite den Artikel angemessen.
   Wie würde man den Artikel heute schreiben?
   Ein kleiner Tipp: In der Form dieser Frage steckt bereits eine Antwort …

M Direkte und indirekte Rede → S. 281 f.

Das hast du in diesem Kapitel gelernt:

Indirekte Rede; Redewiedergabe im Konjunktiv
- Direkte und indirekte Rede unterscheiden
- Verschiedene Möglichkeiten der Redewiedergabe verwenden
- Formen des Konjunktivs I bilden und verwenden
- Ersatzformen für den Konjunktiv I benutzen

M Extra: Merkwissen → S. 281 f.

So kannst du dein Wissen anwenden und deine Fähigkeiten trainieren:

Ein Besuch im Fernsehstudio: Bei der Quizshow

Eine Dame im Publikum
Ich bin schon lange ein Fan dieser Sendung und schaue regelmäßig am Fernseher zu. Jetzt war ich zum ersten Mal im Studio. Vor lauter Aufregung konnte ich kaum die Sendung mitverfolgen. Aber wie der Kandidat das große Geld gewonnen hat, fand ich klasse. Das nächste Mal werde ich wieder von zu Hause aus mitfiebern.

Der Quizmaster
Zunächst war es eine Sendung wie immer. Ich kann mich meist gut in die Kandidaten hineinversetzen und dieser Kandidat schien mir sehr aufgeregt. Ich habe nicht gedacht, dass er viel gewinnen wird. Doch er hat auf fast alle Fragen souverän geantwortet. Manchmal täuscht man sich eben doch in seinen Kandidaten ...

Der Kandidat
Als ich als Kandidat feststand, konnte ich mein Glück kaum fassen. Normalerweise gehe ich nicht zu Fernsehshows, aber meine Frau hat mich überredet. Bei der letzten Frage wusste ich nicht weiter. Mein Publikumsjoker hat mich gerettet! Vor der nächsten Fernsehshow werde ich Beruhigungspillen nehmen, damit ich nicht so nervös bin.

Ein Herr aus dem Publikum
Beim Publikumsjoker bin ich vor Aufregung aufgesprungen. Dabei kannte ich die Antwort gar nicht. Als ich aufgerufen wurde, rutschte mir das Herz in die Hose. Aber es gab ja kein Zurück – also habe ich einfach geraten. Aber ich verspreche: Das werde ich nie wieder tun!

- Schreibe einen Bericht über den Besuch im Fernsehstudio. Verwende bei der Redewiedergabe den Konjunktiv I oder die entsprechenden Ersatzformen.

Wörter auf Tour
Wort- und Sprachkunde

Fremdwortgeschichten Kaspar H. Spinner

Ich komme aus dem Englischen und man verwendet mich im Deutschen, obschon es hier ein Wort gibt, das mit mir verwandt ist, das fast gleich klingt und mehr oder weniger die gleiche Bedeutung hat. Aber ich bin gerade in letzter Zeit sehr beliebt geworden, vor allem bei Leuten, die auf Kalorien achten. Das Besondere ist, dass man mich oft hinter das Substantiv setzt, so als wenn man sagen würde „Blume blau" oder „Stein schwer". Besonders häufig verwenden mich Hersteller süßer Getränke.

Ich komme aus dem Englischen und bin vor allem bei sportlichen Leuten beliebt. Ich bin ein ganz kurzes Wort: Ich bestehe nur aus drei Buchstaben. Heutzutage kann man mit mir richtig Geld verdienen, jedenfalls gibt es immer häufiger Studios, in denen man gegen Geld auf Sportgeräten das werden kann, was ich bezeichne.

- ▸ Wisst ihr, welche englischen Adjektive hier gesucht werden?
- ▸ Schreibt weitere Produktnamen auf, die englische Wörter beinhalten.

M Lösung → S. 283

Einflüsse anderer Sprachen

English everywhere

In einer Shopping-Mall in Hamburg sind folgende Sätze gefallen:

Wenn ich den Jackpot knacke, hänge ich meinen Job an den Nagel. Dann hole ich mir morgens im Back-Shop einen Coffee-to-go und chille den ganzen Tag.

Am Counter des Ticket-Shops war total viel los. Zum Glück hatte ich mein Ticket schon im Internet gekauft. Ich bin total happy, die Band live zu sehen.

Auf der Party gestern war es echt cool. Da war richtig Power in der Bude. Jetzt will ich über den Touchscreen gleich ein paar Fotos ausdrucken.

Morgen kommt endlich mein neuer Desktop. Dann kann ich wieder online shoppen gehen.

In meinem Shop kaufen vor allem Ladies der High Society ein. Die wollen immer ein Outfit haben, das trendy ist.

Also im Management muss man immer up to date sein. Wenn man da kein Teamplayer ist, kann man die neuesten Trends gar nicht finden.

Wenn ich joggen gehe, gibt mir das richtig Power. Danach brauche ich einen Energydrink, damit ich auch am nächsten Tag richtig fit bin. Heute will ich mich mal nach einem passenden Sportdress umsehen.

Seitdem wir die Shopping-Mall auch im Audio-Guide-System eingeführt haben, kommen immer mehr Teenager in unsere Shops. Vor allem Young-Fashion ist hier gefragt.

Anglizismen sind Wörter englischer Herkunft, die in der deutschen Sprache benutzt werden.

1. Übertragt die Anglizismen in die deutsche Sprache. Wie wirken die Übertragungen auf euch?
2. Sucht in einer Zeitschrift oder einer Tageszeitung nach Anglizismen. Durch welche deutschen Wörter könnte man die Anglizismen jeweils ersetzen?
3. Sucht nach weiteren Anglizismen in der deutschen Sprache und tragt sie in eine Tabelle ein.

Kleidung	Handel / Wirtschaft	Touristik	Sport

TIPP

Gestaltet eine Werbeseite für eure Schule, einen Verein, ein Buch … und verwendet dabei möglichst viele Anglizismen. Erstellt eine deutsche Variante und vergleicht die Wirkung beider Werbeseiten.

Anglizismen – pro oder kontra?

Braucht die deutsche Sprache Anglizismen? Gibt es Alternativen zu Young-Fashion, Trendsetter oder Beauty-Farm? Gibt es sinnvolle Anglizismen wie Airbag oder Manager? Sind Anglizismen nicht einfach griffig und deshalb in der deutschen Umgangssprache etabliert? In den folgenden Texten werden einige Argumente hierzu genannt.

Warum sind so viele Deutsche gegen Anglizismen? Rudolf Hoberg

Sprachwissenschaftler, die den Einfluss des Englischen auf das Deutsche meist gelassen sehen, dürfen nicht übersehen, dass ein Teil der Bevölkerung den Anglizismen kritisch bis ablehnend gegenübersteht. Warum ist das so?

Anglizismengegner sind, ohne dass ihnen das selbst wohl immer klar ist, meist nur gegen neuere englische Ausdrücke im Deutschen. Ältere Anglizismen wie Sport, Team oder o. k. stören sie nicht. Für die ablehnende Einstellung werden hauptsächlich drei Gründe genannt.

a Anglizismen sind überflüssig; es gibt genügend passende deutsche Wörter bzw. es können und sollen neue deutsche Wörter gebildet werden.
b Die Verständigung wird durch Anglizismen erschwert.
c Anglizismengebrauch ist häufig nichts weiter als Angeberei oder Imponiergehabe.

Polizei wegen Verkehrsgefährdung angezeigt

Der Dortmunder Verein Deutsche Sprache e. V. (VDS) hat gegen die NRW-Autobahnpolizei Strafanzeige wegen gefährlichen Eingriffs in den Straßenverkehr erstattet. Im Rahmen einer landesweiten Kampagne zur Erhöhung der Verkehrssicherheit hatte diese über eine Reihe von Autobahnbrücken große Banner mit der Aufschrift „Check your distance“ spannen lassen. „Das ist für die meisten Deutschen unverständlich und lenkt ab“, erklärte der VDS-Vorsitzende Professor Krämer. „Und wenn unsere Polizei ausländische LKW-Fahrer ermahnen will, dann soll sie das besser auf Polnisch, Dänisch oder Spanisch tun.“

M Wort- und Sprachkunde → S. 283

Der Geschäftsführer der Agentur Bates Germany, Uli Veigel, verteidigt den Gebrauch von Anglizismen in der Werbung

FOCUS Ihre Agentur kreiert öfters englischsprachige Slogans für den deutschen Werbemarkt.

VEIGEL Es ist nicht unser Credo, vor allem englische Claims zu entwickeln. Wir kreieren das, was der Markt, die Marke und die Zielgruppe brauchen. Als Agentur haben wir viele deutsche Slogans wie „Beck's – Spitzen-Pilsener von Welt" oder „Liebe ist, wenn es Landliebe ist" entwickelt. Aber auch einige auf Englisch, etwa für Lufthansa Cargo „Thinking in new Directions" oder für First Telecom „You can't beat the First".

FOCUS In welchen Fällen halten Sie Englisch für besser?

VEIGEL Bei internationalen Kampagnen ist es sehr überlegenswert. Der Spirit von Lufthansa Cargo muss weltweit begriffen werden.

FOCUS Warum texten Sie nicht in Deutschland „In neue Richtungen denken", in Frankreich „Nouvelles directions de la pensée" und so weiter?

VEIGEL Das machen wir auch. Wir texten für Seat in der jeweiligen Landessprache. Aber bei Kunden wie Lufthansa Cargo ist Englisch nun mal Geschäftssprache. Wir leben im Zeitalter der Globalisierung, der Mega-Companys. Da müssen wir Länderinteressen zurückschrauben und uns fragen: Was ist im Ganzen das Beste für die einzelne Marke?

FOCUS Es kommt wohl auch auf das Alter der Zielgruppe an?

VEIGEL Ja. Aber selbst für die Zielgruppe „Top- oder gehobenes Management", also auch gestandene Persönlichkeiten, empfiehlt sich oft Englisch. Die Leute leben ja auch in dieser Sprache. Hinzu kommt: Auf Englisch kann man oft präziser formulieren.

FOCUS Man kann damit auch leichter beeindrucken …

VEIGEL Ein wichtiger Job eines Kommunikators ist es, Gefühlswerte rüberzubringen. Nehmen Sie das Beispiel New Beetle, da ist es absolut richtig, die englische Sprache zu benutzen.

FOCUS Können Sie die Kritik an den Anglizismen im Deutschen verstehen?

VEIGEL Ich habe großen Respekt vor dem Verein zur Wahrung der deutschen Sprache. Wir sollten dafür sorgen, dass unsere Kinder das Kulturgut deutsche Sprache verstehen und die deutsche Literatur kennenlernen. Trotzdem sollten sie mindestens vier Sprachen sprechen und kosmopolitisch im Kopf sein.

Direkte und indirekte Rede → S. 281 f. M

Anti-Anglizismen-WG – man spricht deutsch

Birgit Tanner

Shampoo, Chips und Pullover? Diese Dinge kommen in einer Berliner Wohngemeinschaft nicht vor. Sie heißen dort Haarwaschmittel, Kartoffelscheiben und Überzieher. Die drei Mitbewohner haben sich der Sprachpflege verschrieben: Wer Anglizismen gebraucht, zahlt in die Haushaltskasse.

„Kompaktschallplattenspieler“, „Lichtabtaster“ oder „Herrenunterhose mit kurzem Beinteil“: Diese deutschen Übersetzungen der englischen Begriffe „CD-Player“, „Scanner“ oder „Boxer-Shorts“ gebraucht eigentlich niemand. Und doch gehören sie zum täglichen Vokabular der drei WG-Genossen Tim, Fabian und Kiki. Die BWL- und Geografiestudenten leben zusammen in einer Wohngemeinschaft in Berlin-Mitte und haben sich der Pflege der deutschen Sprache verschrieben. Wer sich dennoch verbale Ausrutscher leistet, muss bezahlen. So sieht es der selbst auferlegte Strafenkatalog vor. Für einen sprachlichen Lapsus wie „Ketchup“, „Toast“ oder „Laptop“ müssen 20 Cent abgedrückt werden. Schwere Vergehen wie „gedownloaded“ und „absaven“ werden mit 50 Cent geahndet. Begründung: Denglisch, der krude Mischmasch aus beiden Sprachen, ist besonders übel und muss entsprechend geahndet werden. Unter der Woche wird akribisch eine Strichliste geführt, am Wochenende ist Zahltag.

Trotz aller Vorsicht lassen sich fremdsprachige Begriffe aber nicht immer vermeiden. Vieles rutsche einfach so heraus, ohne dass man sich darüber Gedanken mache, erzählt die 19-jährige Geografiestudentin Kiki, während sie mal wieder im Duden blättert. An anderer Stelle ist Kreativität gefragt, wie etwa zur Vermeidung der Abkürzung „SMS“. Bei den Berliner Sprachpflegern heißt die elektronische Botschaft „KND“ – das steht für „Kurznachrichtendienst“.

Die intensive Beschäftigung mit der eigenen Sprache hat den Blick der drei WG-Bewohner auf ihre Mitmenschen ziemlich verändert. Leute, die fast nur noch mit Anglizismen um sich werfen und deutsche Begriffe nur noch als Füllwörter verwenden, schinden keinen Eindruck mehr – im Gegenteil. Man könne schließlich Sachverhalte ohne Anglizismen auf Deutsch für jedermann unmissverständlich erklären.

4. Lest die Artikel und listet alle Anglizismen auf. Sucht nach deutschen Entsprechungen.
5. Sammelt in einer Umfrage an der Schule möglichst viele Meinungen und Beispiele zu Anglizismen.
6. Legt eine Tabelle mit Pro- und Kontra-Argumenten an. Diskutiert, ob ihr eher für oder gegen Anglizismen in der deutschen Sprache seid.

M Wort- und Sprachkunde → S. 283

Lehn- und Fremdwörter in der deutschen Sprache

Ciao, Adios und Au revoir

Nicht nur englische Wörter haben Einzug in die deutsche Sprache gehalten, sondern auch Wörter aus vielen anderen Ländern. Aus dem europäischen Raum sind viele Wörter mittlerweile in der deutschen Sprache fast nicht mehr wegzudenken.

Cappuccino

Kredit

Krokodil

Mathematik

Jurte

Apotheke

Kiosk

Döner

Kastagnette

Bandit

Risiko

Grammatik

Graffiti

Annonce

Camembert

Dämon

Charakter

Paella

Croissant

Lasso

Bibliothek

Konto

Mozzarella

Makkaroni

Bolero

Bankrott

Tenor

Pascha

Kebab

Jalousie

Torte

Abonnement

Charmeur

Bouillon

Gitarre

Joghurt

Zigarre

Dolmetscher

1. Ordnet die Wörter den jeweiligen Landesflaggen zu.
   Begründet, warum euch bei einigen Wörtern die Zuordnung leichtfiel und ihr bei anderen im Lexikon oder im Internet nachschlagen musstet.
2. Ergänzt die Liste durch weitere bekannte Wörter aus fremden Sprachen. Denkt hier z. B. auch an Gerichte in Restaurants.

Ein **Lehnwort** ist ein Wort, welches aus einer anderen Sprache entlehnt ist. Im Unterschied zum **Fremdwort**, dem der fremdsprachige Ursprung noch anzumerken ist, ist das Lehnwort in Schreibweise und Betonung an den Sprachgebrauch der Zielsprache angepasst.

Wort- und Sprachkunde → S. 283 M

Rot oder blau? – Wenn Sportreporter fragen ...

Nach einem Fußballspiel muss ein Sportreporter einen Bericht schreiben. Folgende Informationen bekommt er von den Spielern:

Wahrscheinlich werden die **Statisten** / **Statistiker** wieder ausrechnen, dass der Gegner überlegen war und unsere Mannschaft nur Glück hatte.

Die Brasilianer sind uns als Einzelspieler überlegen, denn sie sind alle technisch sehr **versiert** / **serviert**.

Nach einer Niederlage schläft man immer schlecht. Man lässt das ganze Spiel noch einmal **Paroli laufen** / **Revue passieren**.

In der Kabine hatte ich Probleme mit dem Kreislauf. Die Sanitäter haben mir dann sofort eine **Invasion** / **Infusion** gelegt.

Wir haben keine Krise in der Mannschaft. Das wird doch alles von den Medien **hochsterilisiert** / **hochstilisiert**.

Ihre Bedenken für das nächste Spiel interessieren mich nicht. Wir müssen gewinnen, alles andere ist **primär** / **sekundär**.

Ich habe die lange Verletzungszeit gut überwunden. Ich bin körperlich und **physisch** / **psychisch** topfit.

Diese Niederlage tut weh. Unser Gegner war uns in allen Belangen überlegen. Das ist eine **Depression** / **Degradierung** ersten Grades.

Die Mannschaft hat sich im Trainingslager toll **arrangiert** / **engagiert**.

Mit dieser Spieleraufstellung mussten wir schnell in die **Bredouille** / **Patrouille** kommen.

1. Rot oder blau? Entscheide dich bei jedem Satz für eine Farbe und erkläre das jeweilige Fremdwort.
2. Bilde Sätze und verwende hierbei jeweils das verbleibende Fremdwort.
3. Untersucht Zeitungsartikel nach Fremdwörtern. Gestaltet ein eigenes Quiz.

M Wort- und Sprachkunde → S. 283

Deutsche Wörter erobern die Welt

Mit der *vaservaga* ist alles im Lot

Jedes Auto kann selbstverständlich nicht nur vorwärts, sondern auch *rikverc* fahren. Aber woher kommt die seltsame Schreibweise? Im Kroatischen oder Serbischen gibt es etwa 300 deutsche Wörter, die bis heute im allgemeinen Sprachgebrauch sind.

So hat jedes Auto einen *anlaser* und auch der *auspuh* muss manchmal repariert werden. Ebenso gibt es eine *dihtung*, eine *felga* und eine *kuplung*. Um kleinere Schäden zu reparieren, braucht man *mirgl papir*, damit die beschädigte Stelle möglichst lange *rostfraj* bleibt.

So sind seit dem 19. Jahrhundert viele Begriffe vor allem aus dem Handwerk aus dem Deutschen oder Österreichischen in das Kroatische oder Serbische übernommen worden. Da das heimische Handwerk zu dieser Zeit noch hinter dem Niveau in Deutschland und Österreich war, wanderten Deutsche und Österreicher in slawische Länder aus und brachten nicht nur ihr Können, sondern auch die deutschen Wörter mit.

So gibt es z. B. noch einen *pekar*, der morgens frisches Brot backt und einen *moler*, der täglich zur *farba* greift und auch ab und zu mal einen *borer* benutzt.

Nach getaner Arbeit gibt es dann eine *pauza*, die er zum *frutuk* nutzt. Dabei kommt natürlich auch das *betek* zum Einsatz.

Aber auch im Kleidungsbereich gibt es einige uns bekannte Wörter. Man packt z. B. den *kofer* oder den *korpa*, zieht sich einen *mantil* oder eine *jakna* an und muss natürlich die *pantofne* ausziehen, um am *gelender* nicht auszurutschen. Wichtig für alle Menschen aber ist, dass alles *glatko* geht.

1. Übersetzt die Begriffe aus den slawischen Sprachen wieder zurück in die deutsche Sprache.
2. Kennt ihr aus dem Urlaub oder aus den Fremdsprachen, die ihr bisher gelernt habt, weitere Wörter, die der deutschen Sprache ähnlich sind?

Aus Sauerkraut wird *choucroute*, *chucrut* oder *crauti*

In Frankreich benutzt man z. B. die deutschen Wörter *gemütlichkeit* und *rollmops*, in Italien die Wörter *tagesmutter* und *kindergarten* und in Spanien die Wörter *kitsch* und *muesli*.

3. Kannst du eine Erklärung dafür finden, warum einige deutsche Wörter auch in anderen Sprachen Einzug gehalten haben?
4. Recherchiert unter dem Begriff „Germanismus" nach weiteren deutschen Wörtern, die in anderen Sprachen verwendet werden.

Wort- und Sprachkunde → S. 283 M

Fachwörter

Jäger beim Wort genommen

Viele Berufsgruppen haben eine besondere Fachsprache. Die Fachsprache der Jäger hat die deutsche Sprache mit vielen Redensarten bereichert, da sie sehr bildhaft ist.

→ auf die Pirsch gehen:

Vorsichtiges, möglichst geräuscharmes Begehen des Reviers, um das Wild zu beobachten, bevor es fliehen kann.

→ durch die Lappen gehen:

Bei Lappjagden im 17. Jahrhundert wurden rings um eine Wiese oder ein Waldstück lange Leinen gezogen, an denen bunte Tücher baumelten. Vor diesen scheute das Wild oft zurück und lief den Schützen vor die Flinte. Wenn das Wild aber unter den Schnüren hindurch entwischte, ging es durch die Lappen.

→ Lunte riechen:

Bei den ersten Gewehren musste das Pulver mit einer Lunte gezündet werden. Dazu benutzten Schützen eine in Salpeter getränkte Schnur, was Tiere manchmal beizeiten rochen.

→ Knall auf Fall:

Vom knallenden Schuss getroffen, fällt das Wild zu Boden. Oft sind Gewehrkugeln deutlich schneller als der Schall. Wer das aus weiter Ferne beobachtet, sieht das Tier zu Boden stürzen, bevor er den Knall auf den Fall hin hört.

→ wachsam wie ein Schießhund sein:

Jagdhunde müssen aufmerksam sein und dürfen erst nach dem Schuss nach der Beute suchen.

→ von etwas Wind bekommen:

Wild kann den Körpergeruch eines Feindes durch Luftzug früh wittern. Deshalb schleichen sich Jäger gegen den Wind an.

→ Federn lassen:

Leicht getroffene Vögel büßen nicht das Leben, sondern nur etwas von ihrem Gefieder ein.

1. Übertrage die Fachsprache der Jäger auf die Bedeutungsebene der Redensart. Wie nah ist die jeweilige Redensart noch an der Fachsprache?

Seemannsgarn – Seeleute erzählen

Seeleute erzählen gerne von ihren Erlebnissen. Sie spinnen ihr Seemannsgarn. Viele Ausdrücke aus der Seemannssprache sind mit der Zeit auch feste Redensarten in der deutschen Sprache geworden.

Aus dem tiefen Süden Deutschlands in den hohen Norden angereist, wollten Mareike und Tobias sofort wissen, wo man am besten in der Nordsee baden könnte. Aber was war das? Das Wasser war weg. Also fragten sie einen älteren Herrn, einen mit Seemannsmütze und Krückstock. Der sah aus wie ein alter Kapitän. Vielleicht konnte der erklären, wo das Wasser geblieben war.

„Also, das ist so“, begann der Mann, „ihr seht doch dort das kleine Boot, da hinten, weit draußen. Ja? Seht ihr das? Auf dem Boot sind zwei Leute, ein Steuermann und ein Froschmann, also ein Taucher. Also, der Steuermann und der Taucher müssen jeden Morgen das Boot flottmachen, sich ordentlich in die Riemen legen und hinausfahren. Dann schnallt sich der Taucher seine Atemluftflaschen auf den Rücken und muss sich über Bord werfen. Dabei muss der Steuermann das Ruder fest in der Hand halten, damit sie nicht vom Kurs abkommen. Dann taucht der Froschmann ab, bis auf den Grund. Wenn der Taucher nun auf dem Meeresgrund angekommen ist, dann zieht er dort unten im Boden des Meeres den Stöpsel raus, so wie ihr in der Badewanne, wenn ihr fertig gebadet habt. Und so wie in der Badewanne läuft auch hier das Wasser durch den Abfluss weg. Und was dann passiert, seht ihr ja jetzt. Das Wasser ist nicht mehr da und das nennt man dann Ebbe und wenn das Wasser wiederkommen soll, braucht man es nur zu rufen und das nennt man dann Flut. Dann fahren sie wieder zur Küste und müssen wieder klar Schiff machen, damit sie bei der nächsten Ausfahrt nicht Schiffbruch erleiden.“

Mareike und Tobias dachten nach dieser Erzählung, dass sie auf dem falschen Dampfer sitzen, denn sie ahnten, dass die Geschichte nur erfunden war, aber einen alten Seebären wollten sie mit ihrer Feststellung auch nicht enttäuschen.

2. Erklärt die unterstrichenen Redensarten aus der Seemannssprache.
3. Formuliert Sätze in Alltagssituationen, in denen ihr die Redensarten einbauen könnt. Was wollt ihr durch die Redensarten ausdrücken?
4. Erklärt, welche Bedeutung die folgenden Redensarten in der Seefahrt haben. Findet Beispiele für Übertragungen der Redensarten in die Alltagswelt.

Anker werfen – auf dem Trockenen sitzen – das Steuer herumreißen – die Lage peilen – die Segel streichen – etwas über den Daumen peilen – Flagge zeigen – jemandem den Wind aus den Segeln nehmen – jemanden auf dem Kieker haben – Leine ziehen – mit allen Wassern gewaschen sein – Schlagseite haben

Wort- und Sprachkunde → S. 283 M

Wörter – ihre Bildung, ihr Verschwinden

Nur ein paar Gramm zu viel!

In der folgenden kurzen Geschichte sind Wörter enthalten, für die es auch eine Kurzform gibt. Die Zahl hinter den Wörtern gibt an, wie viele Buchstaben die Kurzform hat:

Ein Mann fuhr mit einem Automobil (4) die Straße entlang. Es war ein Student, der nach seinem Abitur (3) an der Universität (3) der Stadt Mathematik (5) und Biologie (3) studierte. In den Ferien jobbte er, mal als Oberkellner (4) in einem Café, mal als Discjockey (2) in einer Diskothek (5), mal als Fahrer eines Lastkraftwagens (3).

Mit solch einem Fahrzeug war er augenblicklich unterwegs, also nicht mit einem Kombinationsauto (5) oder einem Personenkraftwagen (3). Privat fuhr der Fahrer gerne mit der Eisenbahn (4), dem Omnibus (3), der Untergrund-Straßenbahn (5), mit dem Motorfahrrad (4) oder mit dem Fahrrad (3). Während der Fahrt hörte er gerne im Radio Ultrakurzwelle (3). Auch schaute er ständig auf seinen Tachometer (5), um nicht zu schnell zu fahren. Leider konnte er heute nicht seine Freundin anrufen, denn der Akkumulator (4) seines Handys war leer. Sie hieß Susanne und er trug immer eine Fotografie (4) von ihr bei sich.

Als er gegen Abend sein Fahrzeug in seiner Firma abstellen wollte, fuhr ein Cabriolet (6) vor. Ein junger Mann stieg aus und sagte: „Ich bin von der Kriminalpolizei (5). Deswegen trage ich keine Uniform. Ihr Fahrzeug ist überladen. Ich muss Ihnen den Führerschein einziehen.“ Der Lastkraftwagenfahrer (9) ahnte, dass es sich bei dem jungen Mann um einen Auszubildenden (5) der Firma handelte, der zu viele Kriminalromane (5) las und ihm einen Streich spielen wollte. Er antwortete schlagfertig: „Meinen Sie, der Lastkraftwagen (3) wird dadurch leichter? Mein Führerschein wiegt doch nicht einmal ein Kilogramm (4).“

1. Schreibe die Kurzformen der Wörter heraus.
   Übernimm die folgende Tabelle in dein Heft und trage die Wörter darin ein.

Kopfwörter (das Ende wird weggelassen)	**Endwörter** (der Anfang wird weggelassen)	**Kurzwörter** (bestehend aus den Anfangsbuchstaben sinntragender Teile)
…	…	…

2. Kennt ihr weitere solche Kurzformen? Sammelt sie in der Tabelle.
3. Recherchiert nach der Langform von *Kat, Kita, Buga, Promi* und *SMS*.

TIPP

Schreibt mit euren Kurzformen einen lustigen Text.

M Wort- und Sprachkunde → S. 283

Wörter kommen – Wörter gehen Bodo Mrozek

Täglich entstehen neue Wörter, sogenannte Neologismen. Doch wie viele alte Wörter verschwinden gleichzeitig aus unserer Sprache? Wort und Unwort des Jahres werden bereits gewählt, auch das „schönste deutsche Wort“ wurde schon prämiert. Warum nicht einmal das schönste bedrohte Wort küren? Gerade aussterbende Wörter verdienen Aufmerksamkeit, denn sie können Geschichte(n) erzählen. Gesucht wurde nach dem schönsten bedrohten Wort. Bei Mehrfachnennungen entschied sich die Jury für die jeweils schönste Begründung und prämierte nur diese Einsendung mit einem Preis.

Es gingen insgesamt 2982 Einsendungen ein, darunter 2000 verschiedene Wörter. Die meist genannten Wörter sind:

- Backfisch *(35 Nennungen)*
- hanebüchen *(28)*
- Sommerfrische *(20)*
- blümerant *(16)*
- Pfennigfuchser *(15)*
- Schutzmann *(14)*
- Lichtspielhaus, Steckenpferd *(13)*
- Fräulein, Groschen, knorke *(12)*
- Schabernack, Gemach *(10)*
- Mumpitz, Obacht, Ratzefummel, wohlfeil *(9)*
- Firlefanz, Stelldichein *(8)*
- Abort, Antlitz, Base, famos, Glückspfennig, hold, Sonnabend *(7)*
- Augenweide, Badeanstalt, flugs, Pampelmuse, Pfennig, Schallplatte *(6)*
- Anmut, danke, Demut, garstig, Labsal, Muckefuck, Münzfernsprecher, nichtsdestoweniger, Rechenschieber, Sendeschluss, Techtelmechtel, Vetter *(5)*

1. Begründe, welches Wort dir am besten gefällt.
2. Das „schönste bedrohte Wort“ wurde im Juni 2007 bekannt gegeben: *Kleinod*. Das Wort stehe für eine Sache, die erst auf den zweiten Blick als etwas Kostbares von hohem persönlichen Wert erkenntlich sei. Beschreibe dein persönliches „schönstes bedrohtes Wort“.
3. Kannst du erklären, was man unter einem *Bandsalat*, einem *Plattenspieler* oder einer *Wählscheibe* versteht? Siehe auch die Notiz in der Randspalte.

TIPP

Wort des Jahres 2010: „Wutbürger“ – Recherchiert!

Geräte von heute sind morgen die Geräte von gestern

Mit der Technik verschwinden die Wörter. Immer weiter entwickelt sich die moderne Technik. Dabei verschwinden mit alten Geräten auch alte Wörter.

Wort- und Sprachkunde → S. 283 M

Das hast du in diesem Kapitel gelernt:

Wort- und Sprachkunde
- Den Einfluss des Englischen in der deutschen Sprache untersuchen
- Lehn- und Fremdwörter erkennen und zuordnen
- Deutsche Wörter in anderen Sprachen erkennen
- Fachsprachen in Redensarten erkennen
- Besondere Wortbildungen erkennen

M Extra: Merkwissen → S. 283

So kannst du dein Wissen anwenden und deine Fähigkeiten trainieren:

Fremdwort oder Lehnwort?

Cappuccino – chillen – Crash – Fan – Zucchini – Date – Fast Food – Meeting – Risotto – netto – Salto

Konzert – Karneval – Dirigent – Bank – Tenor – Training – Sport – Konto – Keks – Torte – Pudding

- Erkläre, woran du erkennst, welcher Wortkasten aus Fremdwörtern bzw. Lehnwörtern besteht. Aus welchen beiden Sprachen stammen die Wörter?

Deutsche Wörter in anderen Sprachen

angst – gedanken experiment – ansichtkaart – fuss – kindergarten

- Wodurch unterscheiden sich die deutschen Wörter in anderen Sprachen von den ursprünglichen deutschen Wörtern?

Fremdwörter verstehen und anwenden

weiblich – traditionsbewusst – freiwillig – nach und nach – haltbar – verpflichtend – kindisch

obligatorisch – fakultativ – sukzessive – konservativ – solide – infantil – feminin

- Finde Paare aus Fremdwort und deutscher Übertragung. Bilde Sätze.

Fachsprachen verstehen

Witterung aufnehmen – in See stechen – alle in einem Boot sitzen – zur Strecke bringen – blinder Passagier sein – auf eine falsche Fährte setzen – Revier abstecken – Platzhirsch sein – sich treiben lassen – mit allen Wassern gewaschen sein

- Ordne die Redewendungen der Jäger- bzw. der Seemannssprache zu. Welche Bedeutung haben die jeweiligen Redewendungen? Finde Alltagsbezüge.

Fremdwörter richtig verwenden

Ein Fachmann, der Kunstwerke wiederherstellt oder repariert, ist ein **Restaurator – Requisiteur – Restaurant.**

Wenn etwas ganz besonders wirksam und wirtschaftlich ist, dann ist es **ergonomisch – effizient – eloquent.**

Wenn man gegenüber einer Person einen besonderen Eindruck hinterlassen hat, dann konnte man dieser **imponieren – importieren – imprägnieren.**

Wenn jemand seine Meinung vehement vertritt, dann tut er dies **heftig – unsicher – arrogant.**

- Welches ist die richtige Bedeutung? Finde zu den anderen Wörtern passende Beispielsätze.

Einfluss des Englischen auf die deutsche Sprache

fly high, pay low ▪ designed to make a difference ▪ there's no better way to fly ▪ every time a good time ▪ buy one, get one free

- Alle englischsprachigen Werbesprüche findest du in Zeitschriften oder an Schaufenstern. Übersetze die Sprüche in die deutsche Sprache. Wie wirkt die Übertragung auf dich?

Sprache verändert sich

Steckenpferd – Gamaschen – Barbier – Kerbholz – Mauerblümchen – Pennäler – Amme – Fersengeld – Kaiserwetter – Junggeselle

- Vor einigen Jahrzehnten gehörten die oben stehenden Begriffe alle noch zum allgemeinen Sprachgebrauch der Deutschen. Welche Bedeutung haben die jeweiligen Wörter? Findest du Übertragungen der Begriffe, die wir heute verwenden würden (z. B. *Dauerlauf – Jogging*)?

M Extra Merkwissen

Methoden lernen

Kapitel „Liebes Publikum ...“
Methoden lernen Seite 10–19

Zur Vorbereitung einer Präsentation helfen kurze **Konzentrations- und Entspannungsübungen.** Diese Übungen tragen dazu bei, das Auftreten vor anderen zu üben und die eigene Nervosität zu bekämpfen. Die Übungen können allein oder in der Gruppe durchgeführt werden.

Um das **Auftreten vor anderen** zu üben, kann man weiterhin gezielt die Körperhaltung und die Sprechweise trainieren. Zu einem gelungenen Vortrag gehört eine aufrechte Körperhaltung. Man sollte sich nicht hinter seinen Aufzeichnungen verstecken und sich möglichst nicht anlehnen oder abstützen (z. B. an die Tafel). Natürlich darf man bei einem Vortrag seine Aufzeichnungen als Gerüst benutzen – man sollte allerdings nicht ablesen, sondern möglichst frei sprechen und den Blick auf die Zuhörer richten. Wenn man begleitendes Anschauungsmaterial nutzt (z. B. Folien, Wandkarten), kann man den Vortrag durch hinweisende Gesten, mit denen man auf die dargestellten Inhalte oder Bilder zeigt, unterstützen. Beim Tageslichtprojektor kann man auch einen Stift benutzen, der auf die Folie gelegt wird. Insgesamt sollten die Gesten allerdings nicht zu übertrieben sein, da durch unnötiges „Herumhampeln“ die Zuhörer abgelenkt werden.

Wenn man zu mehreren in der Gruppe einen Vortrag hält, muss vorher genau abgesprochen werden, wer was sagt und in welcher Reihenfolge die Vortragenden drankommen. Sonst entstehen unnötige und verwirrende Pausen.

Um **einen Vortrag vorzubereiten,** sammelt man zunächst seine Ideen zum Thema. Neben der eigenen Ideensammlung kann man auch umfassender zu dem Vortragsthema recherchieren (z. B. in Schulbüchern, in der Bibliothek, im Internet). Wenn man genügend Informationen zum Thema gesammelt hat, geht es daran, diese zu ordnen und für den Vortrag zu gliedern. Für die Präsentation ist es wichtig, dass man die Informationen auf das Wichtigste beschränkt und für sich übersichtlich anordnet, sodass man während des Vortrags einen Wegweiser hat, an dem man sich entlanghangeln kann. Hier helfen eine **Mindmap** oder ein **Stichwortzettel**, die man z. B. auf Karteikarten anlegt. Darüber hinaus kann man mit Farben und Symbolen arbeiten, um Wesentliches hervorzuheben oder Zusammenhänge darzustellen.

Jeder Vortrag braucht einen Anfang und einen Schluss. Zu Beginn eines Vortrags begrüßt man das Publikum und versucht, dessen Aufmerksamkeit zu wecken (z. B. *durch eine Frage an die Zuhörer, durch Provokation oder durch das Nennen eines bekannten Zitats*). Wichtig ist, dass man zu Beginn eines Vortrags kurz über sein *Thema* und seine *Gliederung* informiert.

Am Ende eines Vortrags bedankt man sich für die Aufmerksamkeit und kann kurz die wesentlichen Ergebnisse zusammenfassen, um dann auf Fragen der Zuhörer einzugehen. Manche Redner schließen ihren Vortrag mit einem Aufruf ans Publikum *(Tut etwas!)*. Häufig schließt sich daran eine Diskussion mit den Zuhörern an.

Zur Untersützung eines Votrags kann man verschiedene **Medien einsetzen,** die die thematischen Inhalte veranschaulichen und verdeutlichen. Möglich ist etwa, Hörbeispiele zu bringen, Gegenstände zu zeigen, auf Fotos, Karten oder anderes Bildmaterial zu verweisen. Häufig werden bei einem Vortrag Folien am Tageslichtprojektor gezeigt. Hierbei sind folgende Faustregeln zu beachten: Das Format der Folie sollte quadratisch sein, also höchstens 16 geschriebene Zeilen enthalten, sonst werden oben und unten bzw. rechts und links Elemente abgeschnitten. Die Schriftgröße muss mindestens 16P (besser 20P) betragen und die Schriftart sollte gut lesbar sein (z. B. Arial). Um zu prüfen, ob eine Folie gelungen ist, kann man sie vor sich auf den Boden legen. Wenn man sie im Stehen lesen kann, können sie auch die Zuhörer beim Vortrag lesen.

Neben den inhaltlichen und medialen Gesichtspunkten gehört zu einem gelungenen Vortrag auch eine klare und deutliche Aussprache. Man sollte nicht zu schnell sprechen, aber auch nicht unnötige Pausen mit Füllwörtern machen (z. B. „äh"). Weiterhin ist es wichtig, lebendig und in vollständigen Sätzen zu sprechen, damit die Zuhörer der Präsentation folgen können. Fremdwörter oder unbekannte Wörter sollten vermieden werden oder, wenn sie für das Thema wichtig sind, kurz erklärt werden.

Beim **Vortrag beobachten und bewerten** die Zuhörer die Präsentation und geben anschließend den Rednern Rückmeldungen. Dies kann in schriftlicher Form (z. B. über einen *Beobachtungsbogen*) oder auch mündlich geschehen. Beim mündlichen Feedback ist darauf zu achten, dass zunächst positive Aspekte vorgebracht werden *(„Das ist dir gut gelungen ...")*. Die Kritik sollte fair sein und so formuliert werden, dass sie für den Redner hilfreich ist und umgesetzt werden kann *(„Beim nächsten Vortrag solltest du darauf achten, dass ...")*.

Kapitel Vom weißen Blatt zum geschriebenen Wort

Schreiben lernen Seite 20–27

Schreiberfahrung, Schreibsituation und Schreibeinstellung

Die Erfahrungen, die man in der Vergangenheit in verschiedenen Schreibsituationen gesammelt hat, prägen die eigene Einstellung zum Schreiben. Diese wiederum beeinflusst die Schreibbereitschaft, die Schreibfreude und den Schreiberfolg in positiver sowie in negativer Hinsicht. Mithilfe verschiedener Schreibübungen kann man sich seiner Einstellung zum Schreiben bewusst werden und gleichzeitig Schreibhindernisse abbauen. Beim *Schreiben über das Schreiben* kommt es zu interessanten, teilweise auch überraschenden Erkenntnissen in Bezug auf die eigene Einstellung zum Schreiben. Es wird z. B. deutlich, in welchen Situationen das Schreiben für den Schreiber selbst wichtig werden kann (z. B. beim Schreiben eines Tagebuchs).

Schreibprozess und Textüberarbeitung

Die einzelnen Phasen des Schreibprozesses – Planen, Entwerfen und Überarbeiten – können durch gezielte Techniken erfolgreicher genutzt werden. Besondere Aufmerksamkeit verdient die Phase der Überarbeitung, wenn sie sich nicht nur auf die Verbesserung von Rechtschreib- und Zeichensetzungsfehlern beschränken soll, sondern auch inhaltliche und stilistische Korrekturen einbezieht. Hier hat es sich als hilfreich erwiesen, von anderen Lesern Rückmeldung (Feedback) zum eigenen Text einzuholen, um so Anregungen für eine umfassende Textüberarbeitung zu erhalten. Diese kann auf mündliche (z. B. Redaktionskonferenz) oder schriftliche (z. B. Textlupe) Weise erfolgen. Man lernt bei dieser gemeinsamen Form des Feedbacks, produktive Kritik zu üben, sich mit der Kritik anderer auseinanderzusetzen und sie für die eigene Arbeit zu nutzen. Durch das kritische Lesen der Texte anderer wird der Blick für eigene Formulierungen geschärft. Der Verfasser des Textes entscheidet aber letztendlich selbst, welche Verbesserungsvorschläge er akzeptiert und welche nicht.

Sprechen, Zuhören, Schreiben

Kapitel **Ich bin da!**
Miteinander sprechen und argumentieren
Seite 28–41

Körpersprache verstehen
Auch unser Körper spricht: Körperhaltung, Gestik und Mimik verraten viel über unsere Stimmung oder unsere Absichten. Ein Gegenüber empfängt durch die Körpersprache wichtige Signale. Diese Verständigung ohne Sprache nennt man *nonverbale Kommunikation.*

Gesprächsregeln
In unterschiedlichen Bereichen des alltäglichen Lebens gibt es Probleme und Streit, z. B. im Elternhaus, in der Schule, im Freundeskreis und im Verein. Streitigkeiten und Konflikte können verschiedene Ursachen haben (z. B. Probleme im Elternhaus). Wichtig ist es, Probleme wahrzunehmen, aufeinander einzugehen und Lösungen zu finden.

Verstehendes oder aktives Zuhören ist eine Methode, mit der Missverständnisse vermieden werden können. Sie kann es dem Gesprächspartner ermöglichen, sein Problem und mögliche Lösungsansätze klarer zu sehen. Die Sprechweise und die Vorgehensweise helfen dabei: *Ermuntern, wiederholen, neu formulieren, Gefühle ansprechen, bündeln.*

Streitschlichter beachten beim Moderieren und Schlichten eines Streitgesprächs verschiedene Phasen: *Einleitung, Sichtweise der Einzelnen, Konflikterhellung, Problemlösung, Vereinbarung.* So gehen auch Lukas und Susanne bei ihrem Schlichtungsversuch vor.

Argumentieren
In vielen alltäglichen Situationen behaupten Sprecher nur etwas. Dies bleibt unbefriedigend, denn der Hörer oder Leser möchte Genaueres wissen. So müssen auch Streitschlichter – wenn sie einen Konflikt zwischen Schülern lösen wollen – u. a. über die Fähigkeit des Argumentierens verfügen. Sicherlich wird es vorkommen, dass man Streitigkeiten nicht durch Begründungen lösen kann (z. B. wenn jemand stur ist). Es ist aber von Vorteil, wenn treffende und überzeugende Argumente vorgebracht werden. Konflikte und Streitigkeiten lassen sich dann leichter lösen.

Es reicht nicht aus, lediglich eine Behauptung in einem Weil-Satz zu begründen. Der Hörer oder Leser des Satzes *Ich finde seine neue Jeans nicht so toll, weil er damit doch nur angeben will* möchte mehr erfahren, nämlich warum Mona Jonas' neue Jeans nicht gut findet. Entsprechend entfaltet Mona auch ihr Argument *(weil …)*, indem sie auf den (hohen) Preis der Jeans hinweist und damit beklagt, dass Jonas offenbar zeigen will, was er sich leisten kann. Es ist also ganz wichtig, ein angeführtes Argument weiter zu entfalten (Beispiele/Belege).

Über viele Alltagsthemen gibt es unterschiedliche Auffassungen. Oft regt man sich über bestimmte Meinungen auf und bezieht eine Gegenposition. Will man diese überzeugend vortragen, muss man einleuchtende Gegenargumente finden, um die Argumente der anderen Seite entkräften zu können. Es werden also Pro- und Kontra-Argumente gegenübergestellt. Die eigene Stellungnahme muss man durch die Entfaltung dieser Gegenargumente begründen.

Wer Argumente überzeugend entfalten will, sollte darauf achten, wie er sie sprachlich miteinander verknüpft. Denn die sprachliche Verknüpfung entscheidet darüber, ob die Darstellung logisch und die Argumentation einleuchtend ist. Wichtige sprachliche Mittel, mit denen die Satzverknüpfungen der Argumentation hergestellt werden, sind vor allem neben- und unterordnende Konjunktionen (z. B. *denn, weil*) sowie bestimmte Bindeadverbien (z. B. *außerdem, also*).

Wenn man sich beschweren will oder wenn man sich entschuldigen muss, ist es hilfreich, nach dem richtigen ersten Satz zu suchen (z. B. *Über die Bewertung meiner Arbeit bin ich enttäuscht* oder *Ich habe mich geirrt*) und dann die eigene Position auszuführen. Auch hier helfen Argumente.

Kapitel Umwelt macht Schule

Berichten und Beschreiben Seite 42–53

Berichten

Der sachliche Bericht stellt Vorgänge oder Ereignisse objektiv und nüchtern dar. Er gibt Antwort auf die W-Fragen *(Wer?, Was?, Wie?, Wann?, Wo?, Warum?, Welche Folgen?)*. Die Zeitstufe ist das Präteritum.

Der persönliche Bericht dagegen hat Ähnlichkeit mit der Erzählung. Er bezieht sich auf ein erlebtes Geschehen und richtet sich an Interessierte, denen nicht nur die objektiven Fakten, sondern auch die subjektive Sicht des Berichtenden mitgeteilt werden. Entsprechend kann auch die sprachliche Darstellung gewählt werden, etwa lebhaft und gefühlsbetont. Die Zeitstufe kann wechseln: Präsens in beschreibenden und kommentierenden Teilen, Perfekt im erzählenden Teil.

Häufig ist es wichtig, auf die **Adressatenorientierung** zu achten: Für wen schreibe ich? Mit welcher Absicht berichte ich? Welches Vorwissen und welches Informationsinteresse hat der Adressat?

Die Reportage bezieht sich auf objektive Geschehnisse, vermittelt aber zugleich subjektive Eindrücke sowie Bewertungen der/s Reporterin/s und lässt die/den Empfänger/in die Ereignisse miterleben. Die vorherrschende Zeitstufe ist das Präsens.

Beschreiben

Das Beschreiben erfordert Genauigkeit und Sachlichkeit. Beschreibungen müssen anschaulich sein. Fachbegriffe sind hilfreich. Die beschriebenen Elemente müssen sinnvoll verknüpft sein.

Die Gegenstandsbeschreibung muss nach einer bestimmten Ordnung vorgehen, z. B. vom gesamten Gegenstand zu einzelnen Teilen.

Die Vorgangsbeschreibung folgt dem Zeitablauf des Vorgangs. Werden die einzelnen Elemente nicht in dieser Reihenfolge erwähnt, kann ein Zuhörer oder Leser den Vorgang nur schwer erfassen.

Die Raumbeschreibung sollte nicht Einzelheiten aufzählen, sondern zuerst den Raum als Ganzes erfassen.

Die (literarische) Personenbeschreibung berücksichtigt die wichtigsten Merkmale und das Aussehen einer Person. Wichtig ist eine sinnvolle Ordnung der Informationen (Gestalt, Gesicht/Augen, Bekleidung, Kennzeichen). Angaben zum Gesamteindruck runden die Beschreibung ab. Eine Charakterisierung der Person kann angeschlossen werden. Entsprechendes gilt, wenn man eine literarische Personenbeschreibung untersucht (z. B. Düischen in Tschingis Aitmatows *Der erste Lehrer*).

Berichte und Beschreibungen sollte man abschließend immer **überarbeiten.** Wichtige Punkte hierbei sind: Aufbau, gedankliche Gliederung, sprachliche Gestaltung, Rechtschreibung, Grammatik (z. B. Satzbau) und Zeichensetzung.

Kapitel Huckleberry Finns Abenteuer

Inhaltsangabe Seite 54–67

Die **Inhaltsangabe** fasst den Inhalt eines Textes zusammen und informiert den Leser in geraffter Form über wichtige Bestandteile des Textes. Das Tempus ist das Präsens.

Um den Text zu verstehen, muss man ihn genau und mehrmals lesen. Dann muss man sich klarmachen, welche Aussageabsicht der Autor verfolgt und in welchen inhaltlichen Textaspekten er diese besonders zum Ausdruck bringt. Dabei können bestimmte Fragen eine Hilfe sein, etwa die Frage nach der Ausgangssituation oder die Frage nach überraschenden Wendungen.

Die Vorbereitung einer Inhaltsangabe verlangt, den Text in **Handlungsschritte zu gliedern** und diese mit einer Überschrift zu versehen. Zudem sollte **Wichtiges** von Unwichtigem unterschieden werden, um somit auch den Text deutlich zu kürzen.
Der Erzähltext erfindet eine spannende, fantasievolle Handlung, um den Leser zu fesseln und zu unterhalten. Die Inhaltsangabe informiert im sachlichen Stil den Leser über einen vorliegenden Text, Film o. Ä. Sie steht grundsätzlich im Präsens.

Wörtliche Rede muss durch eine **geraffte Redewiedergabe** bzw. durch **indirekte Rede** ersetzt werden, da nur so der sachlich informierende Stil erhalten bleibt.

Der **erste Satz** nennt Verfasser, Textsorte und Titel und die Thematik des Textes.

Der **Stil** einer Inhaltsangabe ist nüchtern, sachlich und knapp.

Kapitel **Augenblicke**
Kreatives und gestaltendes Schreiben
Seite 68–83

Kreatives Schreiben
Kreatives Schreiben ist frei, spontan und spielerisch, ohne Vorgaben fester Regeln. Ein Wort, eine Situation oder Zeitungsschnipsel können zum Auslöser werden, um die Fantasie anzuregen. Das kreative Schreiben findet eine gesellige Erweiterung bei den Schreibspielen in der Gruppe. Hier kommt es darauf an, auf bereits gestaltete Passagen von anderen Mitspielern fantasievoll zu reagieren. So wird z. B. ein Satz eines Mitspielers zum Anreiz für einen weiteren Satz des nächsten Spielers. Darüber hinaus können auch Erzählketten die Grundlage eines Schreib-/Erzählspiels bilden.

Gestaltendes Schreiben
Das **gestaltende Schreiben** geschieht überlegt und folgt bestimmten Regeln, z. B. muss beim Schreiben ein Bild oder der Bezugstext genau im Auge behalten werden. Häufig gilt es auch, eine geforderte Textsorte wie innerer Monolog, Dialog oder auch Vorgeschichten sowie Nachgeschichten zu gestalten. Das setzt beim Schreiben voraus, dass durch wiederholtes Lesen der Textvorlage der Zusammenhang mit der eigenen Textgestaltung geleistet wird.

Literarische Texte wie z. B. Kurzgeschichten enthalten **Leerstellen,** in denen der Autor offengelassen hat, wie sie der Leser interpretieren soll, sodass sie auf unterschiedliche Weise, aber immer unter Berücksichtigung des Textzusammenhangs, gefüllt werden können.

Der Leser wird zum Mitautor, indem er z. B. Kurt Martis Erzähltext *Mit Musik im Regenwind fliegen* um das ergänzt, was in einer Person vorgeht **(innerer Monolog)**. Eine rätselhafte Figur wie Pinelli in Horst Bingels Erzähltext *Allez, Pinelli* kann durch ein erfundenes Gespräch zwischen zwei Figuren beleuchtet werden **(Dialog)**.

Die offene Form der Kurzgeschichte, ihr unmittelbarer Beginn und der offene Schluss, regen dazu an, eine **Vorgeschichte** beziehungsweise eine **Nachgeschichte** zu schreiben, die wiederum verlangen, dass man sich eng an die formale und inhaltliche Ebene des literarischen Textes anlehnt.

Kapitel **Theater, Theater**
Szenisches Spiel
Seite 84–95

Nonverbale Ausdrucksformen
Als nonverbale Ausdruckform (nonverbal (lat.) = nicht mithilfe der Sprache) wird eine Form der Verständigung bezeichnet, die sich ohne Worte im Körperverhalten ausdrückt. Dazu gehören Blickkontakt, Mimik, Gestik, Körperhaltung und räumliches Verhalten wie Nähe und Distanz. Bei Übungen zum szenischen Spiel werden diese Ausdrucksformen gezielt trainiert. Die Beherrschung verschiedener Formen des Körperausdrucks ist Voraussetzung, um sicher und wirkungsvoll vor anderen aufzutreten bzw. eine Rolle einzunehmen und zu spielen.

Sprechweisen
Neben der Körpersprache bilden Stimme und Sprechweise weitere „Werkzeuge“ zur Gestaltung von Szenen und Rollen. Spielerische Übungen helfen, die eigene Stimme und ihre Tonhöhe auszuprobieren, Festigkeit zu finden und sie gezielt beim Vortragen von Texten oder beim Vorspielen einer Szene einzusetzen. Kurze Texte und Gedichte eignen sich gut für sprechgestaltende Übungen, denn beim Ausprobieren verschiedener Gestaltungsformen (z. B. flüstern, schreien, im Kanon sprechen) kann die Wirkungsweise eines Textes erprobt werden.

Erzähltext und Spieltext
Einen Erzähltext (z. B. eine Kurzgeschichte) szenisch umzusetzen heißt, aus der Rolle heraus Geschehen und Konflikte in einer Erzählung wahrzunehmen und darzustellen. Die Figuren in Erzähltexten werden im szenischen Spiel zu Rollen. Diese sind durch das Zusammenspiel vorgegebener Bedingungen definiert: Ort der Handlung, konkrete Situation, Handlungsabsichten der beteiligten Personen und Art der Beziehungen zwischen den Personen.

Erzähltexte enthalten oft deutliche Hinweise für eine szenische Gestaltung. Für eine Umwandlung in einen Spieltext bzw. eine Spielfassung muss die Erzählung in einzelne Handlungsschritte aufgeteilt werden; mögliche Ortswechsel, Zeitsprünge sowie Erzählanfang und -ende werden berücksichtigt. Hauptaufgabe ist, den Erzähltext zu dialogisieren, d. h. in wörtliche Rede zu verwandeln und zu entscheiden, welche Person welchen Text spricht.

Lesen – Umgang mit Texten und Medien

Kapitel Wunschbilder und Wirklichkeit
Kurzgeschichten und Kalendergeschichten
Seite 96–113

Kurzgeschichte
Die **Kurzgeschichte** ist eine literarische Form, die in Deutschland nach dem Zweiten Weltkrieg in Anlehnung an die amerikanische *short story* entstanden ist. Ohne Einleitung stellt sie häufig einen Ausschnitt aus dem alltäglichen Leben einer oder weniger Figuren dar. Dieses Ereignis hat für die Figur eine zentrale Bedeutung. Das Ende ist meistens offen und regt zum Nach- und Weiterdenken an. Die besonderen Merkmale der Kurzgeschichte eröffnen unterschiedliche Möglichkeiten des Interpretierens: **analytisch** (z. B. die Untersuchung der Personenkonstellation ‚Daniela – Vater – Mutter' in der Geschichte *Sonntag*) oder **gestaltend** (z. B. die Organisation und Durchführung einer Talkshow zu der Geschichte *Nichts Besseres zu tun*).

Kalendergeschichte
In **Kalendergeschichten** werden heitere oder merkwürdige Begebenheiten erzählt, die vor allem seit dem 18. Jahrhundert in Kalendern für den Hausgebrauch veröffentlicht wurden. Wichtigster Vertreter von Kalendergeschichten ist Johann Peter Hebel (1760–1826), dessen Texte zwar unterhaltend sind, aber häufig eine Lehre enthalten und zum Nachdenken anregen.

Auch in neuerer Zeit werden noch Kalendergeschichten geschrieben. Ein bedeutender Vertreter ist Bertolt Brecht (1898–1956), der mit seinen Kalendergeschichten nicht nur unterhalten, sondern vor allem belehren will. Berühmt sind die *Keuner-Geschichten*, in denen Brecht auf menschliche Schwächen hinweist.

Kapitel Moderne Zeiten
Gedichte Seite 138–149

Formale Merkmale
Viele Gedichte weisen als formale Elemente **Strophen** und **Reime** auf. Die bekanntesten Reimformen sind **Kreuzreim** (abab), **Paarreim** (aabb) und **umarmender Reim** (abba). Doch gibt es auch reimlose Gedichte.

Metrum (Versmaß) nennt man die regelmäßige Abfolge von betonten und unbetonten Silben. Dabei wird zwischen **Jambus** (xx́: *Fabrik*), **Trochäus** (x́x: *Schatten*), **Anapäst** (xxx́: *Paradies*) und **Daktylus** (x́xx: *Königin*) unterschieden.

Als **Rhythmus** bezeichnet man die Sprechmelodie eines Gedichts. Er wird häufig durch das Metrum bestimmt. Alle diese formalen Elemente spielen in Bezug auf den Inhalt eines Gedichts eine Rolle.

Sprachliche Bilder
In der Lyrik werden sprachliche Bilder genutzt, um bestimmte Stimmungen zu erzeugen oder einzelne Aspekte besser zu verdeutlichen, z. B. **Personifikationen** (Vermenschlichungen), **Metaphern** (bildhafte Ausdrücke mit übertragener Bedeutung) und **Vergleiche** (sprachliche Bilder, die mit „wie" eingeleitet werden).

Lyrischer Sprecher
Wie es in einem Erzähltext einen Erzähler gibt, so gibt es in einem Gedicht einen **lyrischen Sprecher**. Dieser kann seine Gefühle, Beobachtungen und Gedanken als „lyrisches Ich" direkt oder als unpersönlicher Sprecher im Text versteckt mitteilen. Manchmal wird der Leser auch direkt mit „du" angesprochen oder durch die Wahl des Personalpronomens „wir" miteinbezogen. Zwischen lyrischem Sprecher und dem Dichter/der Dichterin muss unterschieden werden.

Sprachliche Auffälligkeiten
Viele Gedichte weisen eine besondere **Wortwahl** auf, z. B. durch Häufung bestimmter Wortarten wie Substantive, Adjektive und Verben. Hierdurch wird eine bestimmte Stimmung erzeugt.

Der **Satzbau** eines Gedichts unterscheidet sich häufig von der Alltagssprache, indem Wörter oder Satzglieder bewusst anders als üblich gestellt oder weggelassen werden. Dadurch entsteht eine melodische Sprache, die typisch für das lyrische Sprechen ist.

Gedichtvergleich
Durch den Vergleich von Gedichten erschließt sich die Besonderheit eines jeden Gedichts. Als Vergleichsmomente können dienen: Inhalt, sprachliche Bilder, Wortwahl, Satzbau und lyrische Gestaltungsmittel wie z. B. Reim, Metrum.

Kapitel **Am Meer und im Moor**

Balladen Seite 150–163

Balladen sind dramatische Erzählungen in lyrischer Form. Als Textform enthält die Ballade **epische, dramatische** und **lyrische Elemente**. Sie erzählt von Ereignissen, enthält Dialoge und einen Spannungsaufbau wie ein Drama und besitzt wie ein Gedicht Strophen, Reim und Metrum.

Balladen erzählen von Menschen in außergewöhnlichen, oft sogar lebensbedrohlichen Situationen, z. B. bei der Rettung eines Schiffbrüchigen *(Nis Randers)* oder bei einem Schiffsunglück *(John Maynard)*. Die Menschen können selbstverschuldet in diese Extremsituationen gelangen *(Der Zauberlehrling)*, oft werden sie aber auch Naturgewalten wie Sturm, Nebel oder Feuer *(Nis Randers, Der Knabe im Moor, John Maynard)* ausgesetzt oder geraten in den Bann von naturmagischen Erscheinungen *(Erlkönig, Die Brück' am Tay, Die Geister am Mummelsee)*.

Dabei ist es von Ballade zu Ballade unterschiedlich, ob es den Figuren gelingt, sich aus den lebensbedrohlichen Situationen zu befreien *(Nis Randers)*, oder ob sie in ihnen untergehen *(Erlkönig)*.

Ursprünglich waren Balladen volkstümliche Erzähllieder und für einen (musikalischen) Vortrag gedacht. Viele Balladen sind von bekannten Komponisten vertont worden.

Sie eignen sich daher besonders dazu, einen Vortrag einzuüben. Sinnvoll ist es, zur Vorbereitung eines Vortrags Notationen vorzunehmen (z. B. / = Silbe betonen, — = beschleunigen, ∧ = Pause machen, // = Stimme senken, | = Sinneinheiten, < = lauter werden, > = leiser werden).

Darüber hinaus eignen sich Balladen für weitere Arten der Vortragsbearbeitung (z. B. Vertonung, Rap, Einsatz von Geräuschen oder Bodypercussion) und der Präsentation (z. B. Standbilder, szenisches Spiel, Schattentheater).

Kapitel **Bittersüße Schokolade**

Sachtexte Seite 170–181

Texterschließung

Um einen Text genau zu erfassen, ist es sinnvoll, ihn in **Sinnabschnitte** einzuteilen, **Überschriften** zu formulieren sowie **Schlüsselbegriffe** und **Kernsätze** zu bestimmen. **Fremdwörter** und **Fachbegriffe** müssen geklärt werden.

Schaubilder und Diagrammtypen

Schaubilder und Diagramme sollen den Leser schnell und anschaulich informieren. Sie sind eine grafische Umsetzung von Informationen und machen z. B. Vergleichswerte optisch sichtbar.

Je nach Funktion gibt es verschiedene Diagrammtypen. Das **Fluss- oder Ablaufdiagramm** nutzt man z. B., um einen Prozess oder einen Ablauf von Ereignissen darzustellen. Schritt für Schritt wird die Abfolge zeichnerisch festgehalten. Ein **Tortendiagramm** veranschaulicht die Verteilung bestimmter Inhalte oder Ähnliches. Häufig wird es bei Prozentangaben genutzt. Die Darstellung von Werten im **Balken-** oder **Säulendiagramm** ist hilfreich, um Werte miteinander zu vergleichen, die nicht in Prozenten ausgedrückt werden können. Der Unterschied zwischen diesen beiden Diagrammen liegt nur in der Richtung der Darstellung: horizontal (Balkendiagramm), vertikal (Säulendiagramm).

Wenn man Diagramme und Schaubilder erklärt, bietet es sich an, sie in Sachtexte umzuschreiben. Achten muss man dabei auf das Thema, den Untersuchungsbereich der Darstellung, die Quelle, das Veröffentlichungsdatum, den Bezugszeitraum, den Diagrammtyp, die Bezugsgrößen, die Strukturelemente, den Adressaten und die Informationsabsicht.

Möchte man ein Diagramm erstellen, muss man sich zunächst für einen Diagrammtyp entscheiden – je nachdem, was man veranschaulichen möchte. Danach muss man dem Vorlagentext die für das Diagramm wichtigen Informationen entnehmen und einen Titel formulieren. Wichtig ist es zudem, eine Legende mit der Erklärung der Strukturelemente und Bezugsgrößen zu formulieren und die Quelle, das Veröffentlichungsdatum und den Bezugszeitraum anzugeben.

Kapitel **Informationsflut**

Medien Seite 182–189

Medien in der Freizeit

Verschiedene Studien versuchen herauszufinden, was Kinder und Jugendliche in ihrer Freizeit unternehmen und welche Medien sie regelmäßig nutzen. Die JIM-Studie (= Jugend, Information, (Multi-)Media) ist ein Langzeitprojekt, das das Medienverhalten der 12- bis 19-Jährigen in Deutschland untersucht. Die Studienreihe JIM*plus* Nahaufnahmen erfasst ergänzend Hintergründe, Motive und individuelle Einstellungen. Die Studie ergab unter anderem, dass sich Jugendliche in ihrer Freizeit sehr viel mit Medien beschäftigen.

Besonders auffällig ist die regelmäßige Nutzung von Handy, Internet und Fernseher. Hingegen greifen nur etwas weniger als die Hälfte der Jugendlichen regelmäßig zur Tageszeitung (44 %) und zu Büchern (38 %).

Im Kreise der Familie wird am häufigsten das Fernsehen genutzt, im Zusammensein mit Freunden das Handy und, wenn man allein zu Hause ist, Internet sowie Fernsehen und beim Chillen MP3-Player sowie CDs.

Medien als Informationsquellen

Als Informationsquellen dienen Jugendlichen vor allem das Fernsehen – auch über den Computer – und Zeitschriften; das Internet wird zur Information kaum genutzt. Die Dauer des Fernsehkonsums ist abhängig vom Alter (am längsten sitzen die 14- bis 15-Jährigen vor dem Fernseher) und von der formalen Bildung (Gymnasiasten sehen weniger fern als Realschüler, die Fernsehdauer bei Hauptschülern ist am höchsten). Während sich die Nutzung des Fernsehens bei Jungen und Mädchen (45 % / 44 %) nicht groß unterscheidet, nutzen mehr Mädchen (31 %) als Jungen (25 %) die Tageszeitung und mehr Jungen (22 %) als Mädchen (13 %) das Internet als Informationsquelle. Radio, Zeitschriften und andere Medien werden kaum genutzt.

Wenn man im Internet gezielt nach Informationen suchen möchte, nutzt man am besten Suchmaschinen. Wichtige Kriterien bei der Wahl der Informationsquelle sind Aktualität, Ausführlichkeit, Menge der Informationen, Sachgehalt/Glaubwürdigkeit und Zeitaufwand. Auch Nachrichtensendungen unterscheiden sich hinsichtlich ihres Informationsgehalts, der Sprache und der Adressaten.

Zudem kann man im Internet im Gegensatz zum Fernsehen Nachrichten zeitunabhängig abrufen und sich auch in Foren über die Themen mit anderen austauschen.

Sprache und Sprachgebrauch untersuchen

Kapitel **Sport extrem – Extremsport**
Rechtschreibung und Zeichensetzung
Seite **190–217**

Rechtschreibstrategien

Die Anwendung von Rechtschreibstrategien kann helfen, Rechtschreibprobleme zu lösen. Man unterscheidet vier Strategien:

Bei der Strategie **Silben mitschwingen** spricht man die Wörter laut und deutlich und zerlegt sie in Sprechsilben. Unterstützend kann man unter die Sprechsilben einen Schwungbogen einzeichnen.
Diese Strategie hilft bei folgenden Rechtschreibschwierigkeiten:

- (Doppel-)Konsonanten im Wortinnern (Schärfung), *z. B. Wasser, Katze, Deckel, können*
- Konsonantenhäufung, z. B. *Dampfer, Arzt, dumpfbackig*
- silbentrennendes h, z. B. *gehen, nähen, drehen*
- Silbentrennung am Zeilenende (Ausnahmen: *ck trennt man Da-ckel; einzelne Vokale am Wortanfang werden nicht abgetrennt,* z. B. *Abend, Iris*)

Mit der Strategie **Wörter verlängern** kann man weitere Rechtschreibprobleme lösen. Man verlängert die Wörter und kann dann die Silben mitschwingen bzw. die Schreibung klären. Bei Verben verlängert man in die Grundform, bei Nomen bildet man den Plural, bei Adjektiven den Komparativ.
Diese Strategie hilft bei folgenden Rechtschreibschwierigkeiten:

- gleich- und ähnlich klingende Konsonanten am Wortende, z. B. *k-Laute, p-Laute, t-Laute (krank – karg, plump – lieb, laut – rund)*
- bei Doppelkonsonanten am Wortende und bei drei gleichen Konsonanten, z. B. *Pressspan, still, Einzelfall*
- Unterscheidung der Endungen *-ig* oder *-lich*, z. B. *einig – herzlich*
- Schreibung von konjugierten Verbformen, z. B. *er dreht, ist genannt, sie lobt, du musst, er kann, wir sägten, sie rannten, er sah, sie hat geglaubt*

Bei der Strategie **Wörter ableiten** wird der Wortstamm gesucht, der in verwandten Wörtern einer Wortfamilie immer gleichgeschrieben wird. Dies hilft bei der Klärung folgender Rechtschreibprobleme:

- gleich- und ähnlich klingende Laute e/ä und eu/äu, z. B. *klären – klar, Sträuße – Strauß*
- gleich- und ähnlich klingende Vorsilben bzw. Wortstämme, z. B. *ur-, uhr- (Urwald, Uhrzeit), wider-, wieder- (widersetzen, wiedersehen), statt-, stand- (stattfinden, standhalten), ent-, end- (entfernen, endgültig).* Hier ist es wichtig, die Bedeutung der Wortstämme zu klären und darüber die Schreibung zu ermitteln.

Die vierte Strategie **Mit Merkwörtern arbeiten** benutzt man bei Rechtschreibproblemen, die sich mit den anderen Strategien nicht lösen lassen. Die Schreibung von Merkwörtern muss man sich einprägen. Dies kann geschehen, indem man mit einer **Merkwörterkartei** arbeitet. Dort werden Wörter, deren Schreibung Schwierigkeiten bereitet, auf Karteikarten eingetragen. Mithilfe dieser Karteikarten oder durch ein **Wortlistentraining** kann man sich die Wortbilder einprägen.

Zu den Merkwörtern gehören Wörter aus folgenden Bereichen:

- Wörter mit langem Vokal (ohne Dehnungszeichen, mit Doppelvokal, mit Dehnungs-h, langes i), z. B. *Lager, Saal, Fahne, legen, Beet, kehren, mir, ihr, niesen, Vieh, Brot, Boot, wohnen, Käse, Fähre, dösen, dröhnen, spülen, fühlen*
- gleich- und ähnlich klingende Laute, z. B.:
  - f-Laute *(Fahrrad, Phase, Vogel)*
  - t-Laute *(raten, Stadt, Apotheke)*
  - k-Laute *(komisch, Clown, Chor, meckern)*
  - ü-Laute *(üben, Asyl)*
  - ei-Laute *(klein, Saite, Bayern)*
  - eu-Laute *(heulen, Boykott, träumen)*
  - Die x-Laute sind deshalb besonders schwierig, weil sie auf unterschiedliche Weise geschrieben werden können: -x *(fix, Max)*, -gs *(rings, flugs)*, -ks *(links, Keks)*, -chs *(Dachs, Luchs)*, -cks *(Klecks, knicksen)*. Außerdem bewirkt das Gelenk-s zwischen zwei Wörtern häufig die Aussprache als x-Laut, z. B. *Geburtstagskarte.*

Zu den Merkwörtern gehören auch die **Fremdwörter,** die aus anderen Sprachen ins Deutsche übernommen wurden. Die meisten Fremdwörter stammen aus dem Englischen, Französischen, Lateinischen und Griechischen. Sie weichen in Schreibung und Aussprache von den deutschen Wörtern ab. Daher muss man sich ihre Schreibweise einprägen.

Man erkennt Fremdwörter vor allem an typischen Wortendungen wie: *-ment* in *Abonnement*, *-age* in *Courage*, *-ant* in *Restaurant*, *-eau* in *Plateau*, *-ee* in *Frottee*, *-enz* in *Konkurrenz*, *-ek* in *Bibliothek* usw.

Aus dem Französichen abgeleitete Verben haben oft die Endung -ieren *(trainieren, genieren, insistieren)*. Das lange -ie kommt bei Wörtern aus dem Französischen auch in der Nachsilbe vor (*Genie, Kavalier*). Ansonsten hat das lange i in Fremdwörtern häufig kein Dehnungszeichen *(Apfelsine, Benzin, Motiv)*.

Am Wortanfang und im Wortinnern stehen bei Fremdwörtern häufig folgende im Deutschen ungewöhnliche Lautverbindungen: *ph* in *Philosoph*, *th* in *Theater* oder *Rhythmus*, *rh* in *Rhetorik*, *sk* in *Skelett*, *ch* in *Chance*, *g* in *Gentleman* oder *Image*.

Rechtschreibregeln

Groß- und Kleinschreibung

Gebraucht man Verben und Adjektive als Nomen, werden sie nominalisiert und damit großgeschrieben. Die folgenden Signalwörter weisen auf die Großschreibung hin:

- ein vorausgehender bestimmter oder unbestimmter Artikel *(das Fliegen / das Rote)*, der auch hinzugedacht werden kann *(Fliegen ist schön? das Fliegen / Wie erhält man Blaues? das Blaue)*,
- ein Possessiv- oder Demonstrativpronomen *(sein Schlafen / dieses Rote)*,
- eine Präposition ohne oder mit Artikel *(beim Fliegen / bei Gelb)*,
- vorausgehende Adjektive *(angenehmes Fliegen / leuchtendes Gelb)*.

Adjektive werden außerdem nach Mengenwörtern großgeschrieben *(etwas Warmes, nichts Neues, alles Gute)*. Als Nomen gebrauchte **Zahlwörter** sind wie die anderen Wortarten nominalisiert und werden nach den gleichen Regeln großgeschrieben *(die Eins, ein Zwanziger)*.

Als Adjektive gebrauchte Zahlwörter schreibt man klein *(der erste Mai)*.

Zeitangaben schreibt man klein, wenn sie als Adverbien *(gestern, abends)*, groß, wenn sie als Nomen gebraucht werden *(am Freitagabend, jeder Samstag)*. Zeitangaben, die auf die Adverbien *gestern, vorgestern, heute, morgen, übermorgen* folgen, gelten ebenfalls als Nomen und werden großgeschrieben *(heute Morgen, gestern Mittag)*.

Getrennt- und Zusammenschreibung beim Verb

Bei der Getrennt- und Zusammenschreibung beim Verb sind nur in manchen Bereichen hilfreiche Rechtschreibregeln vorhanden. Wo das Regelwissen nicht zur Klärung des Schreibproblems beiträgt, kann man im Rechtschreibwörterbuch nachschlagen, um die richtige Schreibung zu ermitteln.

Untrennbare Zusammensetzungen sind Verbindungen einzelner Wortarten (Adjektiv, Nomen, Partikel) mit einem Verb. Sie werden immer zusammengeschrieben, weil sie eine begriffliche Einheit bilden und die Reihenfolge ihrer Bestandteile immer gleichbleibt: *Ich will nicht frohlocken. – Ich frohlocke nicht.* (Nicht: *Ich locke nicht froh.*)

Es gibt auch **trennbare Zusammensetzungen** mit Verben, z. B. *Sie will teilnehmen. – Sie nimmt teil.*

Diese Zusammensetzungen schreibt man nur im Infinitiv *(heimgehen)*, im Partizip I *(heimgehend)* und im Partizip II *(heimgegangen)* zusammen. Um zu prüfen, ob es sich um eine trennbare oder untrennbare Zusammensetzung handelt, sollte man das Verb konjugieren.

Zusammensetzungen von **Verb und Verb** schreibt man getrennt, z. B. *stehen lassen, liegen bleiben*. Es gibt nur eine wichtige Ausnahme: Bei der Zusammensetzung von *kennen* und *lernen* ist sowohl Getrennt- als auch Zusammenschreibung möglich *(kennen lernen, kennenlernen)*.

Eine Sonderregel gilt für die Verben *bleiben* und *lassen* als zweitem Bestandteil der Zusammensetzung. In übertragener Bedeutung dürfen diese Verbverbindungen auch zusammengeschrieben werden: *Ich werde hier sitzen bleiben* (= den Platz nicht verlassen) aber *Ich werde sitzenbleiben* (= die Klasse wiederholen müssen).

Partikeln sind unveränderliche Wörter. Sie können Adverbien, Präpositionen oder Präfixe sein und sich an ein Verb heften. Verbindungen von **Partikel und Verb** werden in den meisten Fällen zusammengeschrieben *(dabeisitzen, abändern, zusammenkommen)*.

Nur in wenigen Fällen werden sie getrennt geschrieben, wenn die Wortverbindung eine andere Bedeutung bekommen soll: *Die Sportler sollen zusammenkommen (sich treffen). Die Sportler sollen zusammen kommen (gemeinsam anreisen). Wir sind noch einmal davongekommen (nicht erwischt worden). Das ist davon gekommen, dass wir nicht erwischt worden sind (hat die Ursache).*

Verbindungen von **Nomen und Verb** werden in der Regel getrennt geschrieben, z. B. *Rad fahren, Schlange stehen, Walzer tanzen, Klavier spielen.*

Ist das Nomen in seiner Bedeutung verblasst oder hat es in der Verbindung mit dem Verb seine Eigenständigkeit verloren, schreibt man zusammen, z. B. *eislaufen, kopfstehen, teilhaben, brustschwimmen.* Bei manchen Verbindungen von Nomen und Verb kann man sowohl getrennt schreiben als auch zusammenschreiben, z. B. *Marathon laufen, marathonlaufen.* Wenn man sich bei der Schreibung einer Verbindung von Nomen und Verb nicht sicher ist, sollte man das Wörterbuch benutzen.

Bei Verbindungen von **Adjektiv und Verb** ist es schwierig, eine hilfreiche Schreibregel zu nennen. Häufig ist die Zusammenschreibung gebräuchlich. In vielen Fällen kann aber getrennt geschrieben oder zusammengeschrieben werden. Nur in manchen Fällen ist die Getrenntschreibung verbindlich (bei abgeleiteten oder erweiterten Adjektiven, bei reflexiven Verben). Um die Schreibung von Adjektiv-Verb-Verbindungen zu klären, sollte man ein Rechtschreibwörterbuch benutzen.

Bei manchen Zusammensetzungen von Adjektiv und Verb entscheidet man je nach Bedeutung, ob getrennt oder zusammengeschrieben wird: *Die Sportlerin wurde freigesprochen (für unschuldig erklärt). Die Sportlerin hat frei gesprochen (ohne Manuskript).*

Zeichensetzung

Aufzählungen von gleichrangigen Wörtern oder Wortgruppen werden durch Komma getrennt, wenn sie nicht durch *und/oder* verbunden sind: *Die Person im gelben Haus spielt seit zwei, drei oder vier Jahren Handball.*

Kein Komma steht zwischen nicht gleichrangigen Adjektiven. In dem Satz *Der Mann besitzt einen riesigen grauen Hund* wird *grauer Hund* als Einheit angesehen, die durch *riesig* näher bestimmt wird.

Ob es sich um eine Aufzählung von gleichrangigen oder um nicht gleichrangige Adjektive handelt, lässt sich überprüfen, wenn zwischen die Adjektive *und* eingesetzt wird: *Die junge, hübsche Italienerin wohnt im ersten Haus.* → *Die junge und hübsche Italienerin wohnt im ersten Haus.*

Zwei oder mehrere **Hauptsätze** in **Satzreihen** werden durch Komma voneinander getrennt. Werden die Hauptsätze durch die Konjunktionen *und/oder* verbunden, muss man kein Komma setzen, kann dies aber tun, um die Gliederung des Satzes deutlich zu machen: *Der Fremde war sehr elegant gekleidet, und er sah vornehm aus. – Die Früchte waren sehr süß und ich ließ sie mir gleich schmecken.*

Hauptsatz und **Nebensatz** in einem Satzgefüge müssen stets durch Komma voneinander getrennt werden. Dies gilt auch, wenn der Nebensatz in den Hauptsatz eingeschoben ist oder mehrere Nebensätze in einem Satz stehen: *Einst kehrte ein Mann von einem Jagdausflug zurück, als ein stattlicher Hirsch, der eine herrliche Jagdbeute wäre, plötzlich vor ihm stand.*

Appositionen oder nachgestellte Erläuterungen und Zusätze haben kein Prädikat/Verb, denn sie beziehen sich auf ein vorangegangenes Satzglied/Nomen und dienen lediglich als Ergänzung. Sie werden daher durch Komma vom Hauptsatz abgetrennt. Geht nach dem Einschub der Hauptsatz weiter, muss auch hier ein Komma stehen. *Parkour, eine neue Trendsportart aus den Großstädten, wird immer beliebter.*

Nachschlagen

Die **Arbeit mit dem Wörterbuch** nutzt bei schwierigen Wörtern (z. B. *Fremdwörter*) oder wenn eine Rechtschreibregel nicht hilfreich ist (z. B. *Getrennt- und Zusammenschreibung von Adjektiv und Verb*).

1. Zum Nachschlagen kann man einerseits das **Stichwortverzeichnis** des Wörterbuchs nutzen. Hier sind die Wörter alphabetisch geordnet. Alle Stichwörter sind in ihrer Grundform eingetragen (Verben im Infinitiv, Nomen im Nominativ Singular, Adjektive in der Grundstufe). Neben der richtigen Schreibung eines Wortes erhält man dort auch noch weitere Informationen wie z. B. Herkunft, Aussprache, verschiedene Schreibvarianten usw.

2. Man kann auch den **Regelteil** nutzen, der am Beginn des Wörterbuchs steht. Dort sind Rechtschreibregeln, z. B. zur Groß- und Kleinschreibung oder zur Zeichensetzung, in alphabetischer Reihenfolge verzeichnet. Neben der Regel findet man Beispiele, in denen die Regel angewendet wird, und zusätzliche Erklärungen sowie auch Verweise auf Ausnahmen.

Kapitel Besondere Menschen
Wortarten Seite 218–225

Verben

Sie bezeichnen häufig das, was bei Ereignissen oder Handlungen geschieht. Wenn diese anschaulich und lebendig dargestellt werden sollen, müssen entsprechende Verben gewählt werden. In manchen Texten, etwa in Wildwestgeschichten, sind vom Autor bewusst solche lebendigen, d. h. auch Dynamik ausdrückenden Verben eingesetzt. Sie lassen den Leser unmittelbar an dem spannenden Geschehen teilnehmen: wenn etwa der Westernheld mit seinem Revolver nicht bloß schießt, sondern *losdonnert*, und der Schuss nicht bloß fällt, sondern *kracht*.

Adjektive

Sie dienen verschiedenen Zwecken: der genauen und anschaulichen Beschreibung (z. B. *orangefarben*), der Bewertung (z. B. *traurig*), der Ausschmückung (z. B. *stramm, hölzern*), der Unterscheidung (z. B. *fester*).

Adverbien

Adverbien und adverbial gebrauchte Adjektive zeigen in einem Satz an, unter welchen Umständen etwas geschieht. Dabei können sie an unterschiedlichen Stellen stehen:

- Sie können bei einem Verb stehen.
  (z. B. *Die Verfilmung kann unglaublich fesseln.*)
- Sie können bei einem Adjektiv stehen.
  (z. B. *Dieser Film baut auf einem besonders genialen Buch auf.*)
  An diesen Stellen enthalten die Adverbien eine verstärkende Aussageabsicht, indem sie die Meinung des Sprechers/Schreibers (hier des Rezensenten) zum Ausdruck bringen.

Adverbien können an weiteren Stellen stehen:

- Sie können hinter einem Nomen oder Substantiv stehen und es näher bestimmen.
  (z. B. *In der Mühle dort herrscht der Meister.*)
- Sie können in Spitzenstellung stehen und den ganzen Satz bestimmen.
  (z. B. *Hoffentlich gefällt dir die Verfilmung von Otfrieds Preußlers „Krabat".*)

Konjunktionen

Neben den einfachen bei- und unterordnenden Konjunktionen (z. B. *und/weil*) gibt es auch mehrteilige bei- und unterordnende Konjunktionen (beiordnend: z. B. *sowohl … als auch, entweder … oder, nicht nur … sondern auch, je … desto, weder … noch;* unterordnend: z. B. *insofern … als, so … dass*).

Auch mehrteilige Konjunktionen können Sätze und Texte, die etwa nur in Hauptsätzen abgefasst sind, stilistisch abwechselungsreicher gestalten.

Kapitel Heldinnen und Helden
Sätze und Satzglieder Seite 226–241

Satzreihe und Satzgefüge

Satzreihen sind Verbindungen von zwei oder mehreren Hauptsätzen. Sie werden durch beiordnende Konjunktionen (z. B. *und, oder, doch, denn*) oder durch Bindeadverbien *(deswegen, deshalb, daher)* verbunden.

Satzgefüge sind Verbindungen aus einem Hauptsatz und einem oder mehreren Nebensätzen.

Sie werden durch unterordnende Konjunktionen (z. B. *weil, obwohl*), aber auch durch Relativpronomen *(der, die, das)* und Interrogativpronomen (z. B. *wann, warum*) verknüpft.

Um Texte abwechslungsreicher zu gestalten, bietet es sich an, Satzreihen und Satzgefüge zu benutzen.

Satzglieder und Gliedsätze

Sätze setzen sich aus Satzgliedern zusammen, die man mithilfe der Umstellprobe, der Ersatzprobe und durch Erfragen herausfinden kann.

Man unterscheidet Subjekt, Prädikat, Objekt (Genitiv-, Dativ-, Akkusativ- und Präpositionalobjekt), Adverbial.

Attribute sind nicht-selbstständige Teile von Satzgliedern (z. B. *giftige Schlangen*).

Außer dem Prädikat lassen sich alle Satzglieder und Satzgliedteile in Gliedsätze (Nebensätze) umformen. Man spricht deshalb von Adverbial-, Attribut-, Subjekt- und Objektsatz.

Die beiden letzteren werden in Band 8 vorgestellt.

Attribut und Attributsatz

Attribute (Satzgliedteile) geben genauere Auskunft über das Wort, auf das sie sich beziehen.

Das **Adjektivattribut** ist einem Nomen vorangestellt und bestimmt dieses näher: *ein berühmter Freiheitskämpfer.* Anstelle des Adjektivs kann auch ein Partizip stehen: *ein jubelnder Freiheitskämpfer.*

Das **Präpositionalattribut** ist ein Attribut, welches durch eine Präposition an das Bezugswort angehängt ist: *ein Räuberhauptmann mit märchenhaften Eigenschaften.*

Das **Adverbattribut** bezieht sich auf ein Nomen oder ein Adjektiv. Es ist unveränderlich: *Das Bild rechts zeigt Andreas Hofer.*

Das **Genitivattribut** ist ein Nomen, das einem anderen Nomen angehängt ist. Genitivattribute lassen sich mit *wessen?* erfragen: *eine Heilige der katholischen und anglikanischen Kirche.*

Die **Apposition** ist eine nachgestellte Beifügung, die vom Bezugswort durch Kommas abgetrennt ist, aber im gleichen Kasus steht: Arminius, *bekannt als Hermann der Cherusker, besiegte die Römer.*

Attributsätze sind Gliedsätze, die für ein Attribut (Satzgliedteil) stehen. In der Regel handelt es sich dabei um Sätze, die mit einem Relativpronomen eingeleitet werden und Relativsätze heißen: *Wilhelm Tell war ein berühmter Freiheitskämpfer. (Adjektivattribut)*

► *Wilhelm Tell war ein Freiheitskämpfer, der sehr berühmt war. (Attributsatz)*

Adverbial und Adverbialsatz

Adverbiale sind Satzglieder, die über die näheren Umstände eines Geschehens Auskunft geben. Sie antworten auf die Fragen nach der Zeit **(temporale Adverbiale)**, dem Ort **(lokale Adverbiale)**, dem Grund **(kausale Adverbiale)** und der Art und Weise **(modale Adverbiale)**.

Gliedsätze, die wie Adverbiale gebraucht werden und die Umstände eines Geschehens näher bestimmen, nennt man **Adverbialsätze.** Nach ihrem Inhalt werden sie unterschieden in Temporalsätze, Lokalsätze, Kausalsätze, Modalsätze, Konditionalsätze, Finalsätze, Konsekutivsätze und Konzessivsätze.

Temporalsätze sind Gliedsätze, die über die Zeit und Dauer eines Geschehens Auskunft geben. Man erfragt sie mit *wann?*, *wie lange?*, *seit wann?*. Temporalsätze werden durch unterordnende Konjunktionen *(als, solange, während, bis, seit, bevor, nachdem)* eingeleitet. Diese sagen nicht nur etwas über Zeitpunkt und Dauer eines Geschehens aus, sondern informieren auch über den zeitlichen Zusammenhang zwischen der Aussage des Hauptsatzes und der Aussage des Nebensatzes:

Gleichzeitigkeit zum Hauptsatz
Lucky Luke reitet davon, als die Sonne untergeht.
Vorzeitigkeit zum Hauptsatz
Lucky Luke reitet in den Sonnenuntergang, nachdem sein Abenteuer beendet ist.
Nachzeitigkeit zum Hauptsatz
Lucky Luke beendet sein Abenteuer, bevor die Sonne untergeht.

Ein **Lokalsatz** dient zur Angabe eines Ortes oder einer Richtung. Er antwortet auf die Fragen *wo?*, *woher?* und *wohin?*. Der Lokalsatz wird nicht durch eine Konjunktion, sondern durch die Relativadverbien *wo, woher, wohin* eingeleitet: *Tarzan schwingt sich dorthin, wo Jane ist.*

Ein **Kausalsatz** gibt für die Aussage im Hauptsatz einen Grund oder eine Begründung an. Er antwortet auf die Fragen *warum?* und *weshalb?*. Kausalsätze werden mit den unterordnenden Konjunktionen *weil* oder *da* eingeleitet: *Sid nimmt drei Dinosauriereier an sich, weil er Sehnsucht nach einer eigenen Familie hat.*

Modalsätze machen nähere Angaben über die Art und Weise eines Geschehens oder über das Mittel, das zu einer Handlung verwendet wird (Instrumentalsatz). Sie lassen sich erfragen durch *wie?*, *womit?*, *wodurch?*. Modalsätze können durch die unterordnenden Konjunktionen *indem, (dadurch) dass* eingeleitet werden: *Robin Hood hilft den Armen, indem er die Reichen ausraubt.*

Finalsätze drücken einen Zweck oder eine Absicht aus. Sie werden erfragt mit *wozu?* oder *wofür?*

Finalsätze erkennt man an den Konjunktionen *damit/dass: Den Zauberstab benötigt er, damit er zaubern kann.*

Außerdem können Absichten mit der Infinitivgruppe *um ... zu* ausgedrückt werden: *Den Zauberstab benötigt er, um zu zaubern.*

Die Bedingungen, unter denen ein Geschehen stattfindet, kann man mit **Konditionalsätzen** ausdrücken. Man kann sie mit der Frage *Unter welcher Bedingung?* herausfinden.

Konditionalsätze können durch die Konjunktionen *wenn/falls/sofern* eingeleitet werden: *Wenn man Hindernisse aus dem Weg räumen muss, hilft der Depulso-Zauber.*

Konsekutivsätze drücken die Wirkung oder Folge einer Handlung oder eines Ereignisses aus. Sie geben Antwort auf die Frage *Mit welcher Folge?* Einleitende Konjunktionen sind *dass, sodass: Ein Brandstifter trieb sein Unwesen, sodass die Feuerwehr häufig ausrücken musste.*

Konzessivsätze drücken eine Einräumung aus. Sie können mit *Trotz welcher Umstände?* erfragt werden. Konzessivsätze können mit den Konjunktionen *obwohl, obgleich, obschon, wenn auch* oder *wenngleich* eingeleitet werden: *Ein Jugendlicher ist in den Fluss gefallen, obwohl ein Absperrgitter vorhanden war.*

Kapitel Im Rampenlicht

Direkte und indirekte Rede Seite 242–253

Direkte und indirekte Rede

In der direkten Rede wird eine Äußerung wörtlich angeführt, d. h. so, wie sie tatsächlich gemacht wird. Sie wird in der Regel durch Anführungszeichen gekennzeichnet: *Der Sohn sagt: „Du wirst alt, Papa."*

In dramatischen Texten (Theaterstücken, Hörspielen, Sketchen o. Ä.) wird häufig auf die Anführungszeichen verzichtet und stattdessen die Person benannt, die gerade spricht:

Sohn: Ist das kein Rock?

Vater: Rock oder Hose, du stellst das Radio ab.

Bei der indirekten Rede wird darüber berichtet, was ein anderer gesagt hat. Die Aussage wird nicht wörtlich wiedergegeben. *(Der Vater sagt, dass er das entsetzliche Gebrüll nicht ertragen kann.)*

Indirekte Rede

Es gibt verschiedene Möglichkeiten, die direkte Aussage einer Person als **indirekte Rede** wiederzugeben:

- Die indirekte Rede steht in einem **Nebensatz,** der mit *dass* eingeleitet ist: *Zwei Freunde von Justin Bieber haben gestern erzählt, dass Justin bald heiraten will.*
- Die indirekte Rede wird deutlich durch den Gebrauch von **Modalverben** *(können, müssen, sollen, wollen): Informierte Kreise in Hollywood wollen von einer bevorstehenden Hochzeit des Frauenlieblings Justin Bieber wissen.*
- Die indirekte Rede kann durch eine **Infinitivkonstruktion** wiedergegeben werden: *Zwei Freunde von Justin Bieber behaupten, von einer baldigen Hochzeit des Superstars zu wissen.*
- Die indirekte Rede wird kenntlich gemacht durch **Quellenangabe mit präpositionalen Ausdrücken:** *Laut Aussage von einigen seiner besten Freunde wird Hollywood noch in diesem Jahr Justin Biebers Hochzeit erleben.*
- In der indirekten Rede wird der **Konjunktiv** verwendet: *Freunde von Justin Bieber ließen verlauten, der Sänger sei heftig verliebt.*

Pronomen (Personalpronomen, Possessivpronomen, Reflexivpronomen) werden in der indirekten Rede dem Blickwinkel des Berichtenden angepasst. Aus der 1. und 2. Person (Singular/Plural) in der direkten Rede wird die 3. Person (Singular/Plural) in der indirekten Rede. Die 3. Person bleibt in der indirekten Rede erhalten.

Ich habe mich daran gewöhnt, mit diesen außergewöhnlich guten Fußballern zu spielen.
→ *Er habe sich daran gewöhnt, mit diesen außergewöhnlich guten Fußballern zu spielen.*

Ich lege Wert auf meine Privatsphäre.
→ *Er lege Wert auf seine Privatsphäre.*

Auch **Orts-** und **Zeitangaben** müssen in der indirekten Rede häufig in die Perspektive des Berichtenden verwandelt werden:
Gestern hat die Mannschaft hier gut trainiert.
➔ *Er sagt, am Tag zuvor habe die Mannschaft dort gut trainiert.*

Fragen werden in der **indirekten Rede** als indirekte Fragesätze (Nebensätze) wiedergegeben. Der indirekte Fragesatz wird bei Ergänzungsfragen durch ein Fragewort (*wer, warum, wann, wie, wo* usw.) eingeleitet, bei Entscheidungsfragen durch die Konjunktion *ob*. Am Ende der indirekten Frage steht kein Fragezeichen:

„Darf ich von Beginn an spielen?"
➔ *Er fragt, ob er von Beginn an spielen darf.*

„Woher kam der Ball?"
➔ *Ein Journalist will wissen, woher der Ball kam.*

Redewiedergabe im Konjunktiv
Wenn ein Sprecher deutlich macht, dass er eine fremde Meinung wiedergibt, benutzt er nicht den Indikativ, sondern den Konjunktiv. Die Formen des **Konjunktivs I** werden aus dem Stamm des Infinitivs und besonderen Endungen gebildet. Das Verb *sein* bildet Sonderformen.

fahren		**sein**	
ich	fahr – **e**	ich	sei –
du	fahr – **est**	du	sei – **est**
er, sie, es	fahr – **e**	er, sie, es	sei –
wir	fahr – **en**	wir	sei – **en**
ihr	fahr – **et**	ihr	sei – **et**
sie	fahr – **en**	sie	sei – **en**

Vergangenes wird im Konjunktiv mit den Hilfsverben *haben/sein* sowie dem Partizip Perfekt gebildet:
„Ich habe das Auto gefahren."
➔ *Eine Freundin sagte, sie habe das Auto gefahren.*

Zukünftiges wird aus dem Konjunktiv I von *werden* und dem Infinitiv gebildet:
„Ich werde darauf achten, mit dem Gesetz nicht mehr in Konflikt zu geraten."
➔ *Er sagte, in Zukunft werde er darauf achten, mit dem Gesetz nicht mehr in Konflikt zu geraten.*

Außer bei dem Verb *sein* stimmen in der 1. Person Singular sowie der 1. und 3. Person Plural die Formen des Konjunktivs I mit denen des Indikativs überein.
„Jugendliche sollen bei den Hausaufgaben keine Pop-Musik hören."
➔ *Sie sagen, Jugendliche sollen bei den Hausaufgaben keine Pop-Musik hören.*

Damit der Sprecher trotzdem deutlich machen kann, dass er nur Gesagtes wiedergibt, benutzt er in diesen Fällen den Konjunktiv II als Ersatz. Die Formen des **Konjunktivs II** werden aus dem Präteritum-Stamm mit Umlaut und den Konjunktivendungen gebildet.

haben		**kommen**	
Prät.: ich hatte		Prät.: ich kam	
ich	hätt – **e**	ich	käm – **e**
du	hätt – **est**	du	käm – **est**
er, sie, es	hätt – **e**	er, sie, es	käm – **e**
wir	hätt – **en**	wir	käm – **en**
ihr	hätt – **et**	ihr	käm – **et**
sie	hätt – **en**	sie	käm – **en**

Bei **schwachen** Verben, die keinen Umlaut bilden können, stimmen die Formen des Konjunktivs II mit denen des Indikativs Präteritum überein.

hassen – Präteritum: sie hassten – Konjunktiv II: sie hassten

freuen – Präteritum: sie freuten – Konjunktiv II: sie freuten

Häufig wirken die Konjunktivformen, insbesondere die des Konjunktivs II, veraltet: *frieren – er fröre, heben – sie höbe, waschen – wir wüschen* usw. In diesen Fällen und wenn man bei schwachen Verben nicht zwischen Indikativ und Konjunktiv II unterscheiden kann, benutzt man als Ersatz **würde + Infinitiv:**
Die Ärzte sagten, die Mädchen steigerten sich allzu leicht in das musikalische Vergnügen hinein.
➔ *Die Ärzte sagten, die Mädchen würden sich allzu leicht in das musikalische Vergnügen hineinsteigern.*

Kapitel **Wörter auf Tour**

Wort- und Sprachkunde **Seite 254–267**

Die deutsche Gegenwartssprache wird in vielen Bereichen von Begriffen aus dem Englischen geprägt. Die Ursachen liegen einerseits in bestimmten technischen Entwicklungen in Wirtschaft und Gesellschaft (z. B. Computer), deren **Fachbegriffe** übernommen werden und als Fachwörter gelten, die nicht sinnvoll übersetzt werden können (z. B. *surfen, Internet*). Viele englische Begriffe haben andererseits in der Werbesprache und im Freizeitbereich auch eine psychologische Wirkung, indem sie dem Käufer dieser Waren signalisieren, besonders „in" oder „cool" zu sein. Das geballte oder übertriebene Vorkommen englischer Ausdrücke (**Anglizismen**) kann zu Verstehensproblemen führen.

Auch Wörter aus anderen Sprachregionen haben Einzug in die deutsche Sprache gehalten. Ein **Lehnwort** ist ein Wort, welches aus einer anderen Sprache entlehnt ist (z. B. *murus (lat.) = Mauer*), in Schreibweise und Betonung aber an den Sprachgebrauch der Zielsprache angepasst ist. **Fremdwörtern** hingegen ist der fremdsprachige Ursprung sowohl in der Aussprache als auch in der Schreibweise noch anzumerken (z. B. *Annonce, Fjord*).

Um Fremdwörter richtig zu verstehen und zu verwenden, muss man manchmal in einem Lexikon die Bedeutung nachschlagen (z. B. *physisch – auf der körperlichen Ebene, psychisch – auf der seelischen Ebene*).

In fremden Sprachen haben auch deutsche Wörter ihren Platz gefunden (z. B. in Frankreich das Wort *gemütlichkeit*). Diese Begriffe nennt man Germanismen.

Fachwörter bzw. Fachausdrücke sind Begriffe innerhalb einer Fachsprache (z. B. in einem technischen Beruf oder in der Medizin) mit speziellen Bedeutungen.

Lösungen:

S. 191 A – 2; B – Der Mann gibt den Euro in Kleingeld; C – Der Spieler traf die Latte, dabei fiel das Tor um; D – Er hat Playstation gespielt.

S. 254 *light* und *fit*

Methodenlexikon

Akrostichon Seite 20

Das Akrostichon ist ein antikes Schreibspiel, bei dem die Buchstaben eines Wortes senkrecht untereinander geschrieben werden. Jeder Buchstabe bildet dann den Anfang eines neuen Wortes, Satzes oder Satzteils. Hierbei beinhaltet das vorgegebene Wort das Thema des Gedichtes, zu dem Wörter oder Sätze geschrieben werden müssen. Hier ist ein Beispiel:

So eine Hitze heute!
Ob es wohl noch regnet?
Mir wäre das ganz recht.
Moment mal, ich könnte doch –
Eis, na klar, Schokoeis – drei Kugeln, mindestens!
Rein in die Eisdiele, raus aus der Sonne!

Balladenvortrag Seite 155

Balladen als Erzählgedichte eignen sich besonders für Vorträge, da in der Ballade als Textform sowohl epische, dramatische als auch lyrische Elemente vorkommen. Das Setzen von Betonungszeichen in der Vorbereitungsphase erleichtert das spätere Vortragen (z. B. / = Silbe betonen, — = beschleunigen, ∧ = Pause machen, // = Stimme senken, | = Sinneinheiten, < = lauter werden, > = leiser werden). Auch Überlegungen zur Stellung der Sprecher im Raum und der Einsatz von Requisiten oder Instrumenten können den Vortrag bereichern.

Vom Buch zum Buch Seite 117

In einem Buch zum Buch kann man begleitend zur Lektüre eines Buches unterschiedliche Arbeitsergebnisse sammeln und zu einem Buch zusammenstellen; Beispiele:

- Ein eigenes Cover mit eigenem Klappentext gestalten
- Spannende Textstellen (am Computer) abschreiben und mit Zeichnungen oder Fotos illustrieren
- Ein Wörterbuch mit Erklärungen zu schwierigen Begriffen erstellen
- Eine Buchkritik für Jugendliche schreiben
- Ein Werbeplakat mit einem Werbetext z. B. für die Verfilmung eines Buches gestalten
- Passende Musiktitel oder Texte für einzelne Kapitel aufschreiben
- Einen Brief an die Hauptfigur schreiben, um Fragen zu stellen, die beim Lesen noch offengeblieben sind
- Persönliche Leseeindrücke notieren
- Hintergrundinformationen zum Autor suchen
- Ein selbst geschriebenes Kapitel mit neuen Figuren einfügen
- Eine Figurencollage mit Wörtern und Bildern (z. B. aus einer Zeitschrift) erstellen
- Nach geeigneten Schauspielern für die Besetzung einer Verfilmung des Buches suchen
- Kapitel umschreiben, um Handlungsteile zu verändern
- Eine Fotostory entwickeln
- Eine Figurenkonstellation mit allen Figuren erstellen
- Sich selbst in die Handlung hineinschreiben
- Nach passender Hintergrundmusik für die Verfilmung suchen
- Ein Inhaltsverzeichnis schreiben
- Ein Lesezeichen erstellen

Casting/Rollencasting Seite 100

Der englische Begriff „Casting" beschreibt den Prozess der Auswahl von Schauspielern, Sängern usw. für eine Inszenierung, Verfilmung, Musikgruppe oder für ein Musical. Zuvor hat sich das Casting-Team über sein Verständnis der Figur und über seine Auffassung von der Rolle (ihrer Sprache, Gestik und Bewegung) ausgetauscht und einige Festlegungen getroffen.

Fluss- oder Ablaufdiagramm Seite 175

Mit einem Fluss- oder Ablaufdiagramm können ein Prozess oder ein Ablauf Schritt für Schritt veranschaulicht werden.

Feedback geben Seite 19

Feedback ist eine Rückmeldung, die z. B. nach einer Präsentation dem Vortragenden gegeben wird. Dies kann mündlich oder schriftlich erfolgen.

Wichtig ist, dass dem Vortragenden zunächst seine Stärken aufgezeigt werden („Das ist dir gut gelungen ..."). Wenn Kritik geübt wird, sollte sie nicht verletzend wirken, sondern so formuliert sein, dass der Vortragende Tipps erhält, was er beim nächsten Mal besser machen kann.

Jurtenkreis Seite 10

Eine gerade Anzahl von Spielerinnen und Spielern bildet einen Kreis. Alle schauen nach innen. Fast Schulter an Schulter stehend fassen sich alle an den Händen. Nun wird abgezählt: 1 – 2 – 1 – 2 ... Auf ein Kommando lehnen sich die Spieler 1 nach innen und die Spieler 2 nach außen. Man muss darauf achten, dass der Körper angespannt ist und die Füße fest am Boden stehen bleiben. Jeder sollte dem Nachbarn festen Halt geben. Wenn die „Konstruktion" der Jurte stabil genug ist, kann der Versuch unternommen werden, zurück in die Ausgangslage zu gelangen und die Lage innen/außen zu wechseln, ohne dabei die Hände zu lösen.

Kreatives und gestaltendes Schreiben Seite 68 ff.

Gebrauchsgegenstände einmal anders – Meine sieben Sachen

Beide Methoden sind ein Training im Um- und Neudenken von Gewohntem. Gerade relativ abstrakte Bilder verlangen Fantasie und die Rekonstruktion von Dekonstruiertem (vgl. das Bild von Miró). Entsprechend eignet sich eine Vielzahl von Bildern von Miró sowie von Paul Klee. Das Finden von ungewöhnlichen und witzigen Verwendungszwecken ist ein Experimentieren mit neuen Ideen.

Die zweite Übung variiert die bekannte Frage, was man auf eine einsame Insel mitnehmen würde. Die Erweiterung besteht darin, dass neben Dingen auch Lebewesen mitgenommen werden dürfen und sich daraus Erlebnisse zum Schreiben ergeben.

Klopfwörter

Das beschriebene Verfahren ermöglicht einen raschen Beginn der Schreibpraxis. Die Zufälligkeit der Wortkombinationen erzeugt eine spielerische Haltung zum Schreiben.

Erzählkette

Bei diesem hier vorgestellten Erzählspiel gilt es, Gehörtes weiterzuerzählen. Ein Erlebnis wird in der Klasse erzählt, während drei Personen vor der Tür warten. Nacheinander werden diese hereingerufen, sie hören jeweils die Geschichte und erzählen diese dem Nächsten, der hereingerufen wird, weiter. Die Klasse als Zuhörer kann genau verfolgen, wie ein mündlich erzählter Text „von Mund zu Mund" sich verwandelt, indem er z. B. verkürzt und erweitert wird oder auch einen völlig neuen Höhepunkt erhält. Das ist zugleich unterhaltsam und lehrreich.

5-Schritt-Lesetechnik Seite 97

Die **5-Schritt-Lesetechnik ist eine Lesemethode**, mit der man sich zunächst einen Überblick über den zu lesenden Text verschafft und sich dann dem Inhalt mit Fragen nähert, um schließlich den Text nachzuvollziehen und auswerten zu können.

- 1. Schritt: **Überfliegen**
  Im ersten Schritt verschafft man sich einen Überblick über den Text. Titel, Überschriften und Einleitung geben oft schon wichtige Hinweise auf Ziel und Inhalt eines Textes: Wovon könnte der Text handeln?
- 2. Schritt: **Fragen**
  Nach dem ersten Eindruck vom Text sollte man konkrete Fragen (W-Fragen) an den Text formulieren. Die Fragen hängen vom Leseinteresse ab. Man stellt sich das Gelesene bildlich vor: Was weiß ich schon? Was möchte ich alles noch wissen?
- 3. Schritt: **Lesen**
  Nach der Formulierung der konkreten Fragen an den Text liest man ihn jetzt auf diese Fragen hin durch. Die eigenen Fragen müssen immer im Auge behalten werden. Parallel wird nach Antworten gesucht.
  Ist der Text länger, geht man abschnittsweise vor. Man sollte versuchen unbekannte Wörter aus dem Textzusammenhang zu klären oder man schlägt sie nach.
- 4. Schritt: **Zusammenfassen**
  Nach jedem längeren Abschnitt muss das Textverständnis überprüft werden. In Form von Überschriften wird das Gelesene, das auf die Fragen antwortet, schriftlich (in eigenen Worten) festgehalten. Hier kann man mit Schlüsselbegriffen arbeiten.
- 5. Schritt: **Wiederholen**
  In einem abschließenden Rückblick werden die Notizen, die in Schritt 4 angefertigt wurden, überprüft. Sind die Informationen des Textes, die Aussagen und Sichtweisen richtig wiedergegeben? Wurden die Fragen genau beantwortet?

Mindmap Seite 14

Mit einer **Mindmap** lassen sich wie in einem Ideennetz (Cluster) Einfälle zu einem bestimmten Begriff oder Thema sammeln. Den Ausgangsbegriff schreibt man in die Mitte eines leeren Blattes. Von diesem Mittelpunkt gehen einzelne Äste ab, die jeweils mit einem Begriff beschriftet werden. Diese Äste verzweigen sich und werden möglichst knapp beschriftet. Im Unterschied zum Ideennetz, in dem Begriffe ungeordnet stehen, unterscheidet die Mindmap Ober- und Unterbegriffe bzw. Haupt- und Nebenäste.

Nachschlagen im Wörterbuch Seite 210

Bei Unsicherheiten oder in Zweifelsfällen in der Rechtschreibung hilft das Nachschlagen im Wörterbuch.

Das Stichwortverzeichnis des Wörterbuchs ist alphabetisch aufgebaut. Die Wörter sind in ihrer Grundform eingetragen (Verben stehen im Infinitiv, Nomen im Nominativ Singular, Adjektive in der Grundstufe). Nach der Grundform finden sich noch weitere Informationen, z. B. über Aussprache, Herkunft, Schreibvarianten, aber auch über das Wort in bestimmten Verwendungszusammenhängen, wie z. B. in Zusammensetzungen, feststehenden Ausdrücken usw.

Das Regelverzeichnis steht am Anfang des Wörterbuchs und ist ebenfalls alphabetisch geordnet. Dort findet man die wichtigsten Schreibregeln, z. B. zu Groß- und Kleinschreibung, Getrennt- und Zusammenschreibung, Kommasetzung. Dazu gibt es immer Beispiele für die jeweiligen Regeln, auch Ausnahmen werden genannt und durch Beispiele veranschaulicht.

Präsentation Seite 181

Ziel einer Präsentation ist es, möglichst sachgerecht, anschaulich und übersichtlich andere zu informieren.

Deshalb ist es wichtig, zunächst zu dem gewählten Thema der Präsentation gründlich zu recherchieren, Quellen kritisch auf ihren Wahrheitsgehalt zu hinterfragen und sich einen Überblick zu verschaffen.

Danach sollte man die gefundenen Informationen durcharbeiten, ordnen und gewichten.

Für die Präsentation wählt man die zentralen Informationen aus und veranschaulicht sie. Dies kann durch Plakate, Power-Point-Präsentationen, Schaubilder, Produktregale, Rollenspiele oder einen Vortrag geschehen. Wichtig ist es hierbei, auf ansprechende Gestaltung, Übersichtlichkeit, Klarheit und Verständlichkeit zu achten.

Wenn man eine Ausstellung plant, sollte man zusätzlich auf einem Plakat einen Überblick über die Präsentation (Ansprechpartner, Ziel, Programmpunkte, Stationen) geben.

Redaktionskonferenz Seite 26

In der Redaktionskonferenz wird ein vorliegender Text, der veröffentlicht werden soll, von den verantwortlichen Redakteuren kritisch diskutiert. Es werden Vorschläge zur Verbesserung gemacht und mögliche Kürzungen bzw. Ergänzungen eingebracht. Ziel ist am Ende, dass ein Text, der die Zustimmung aller hat, in der verbesserten Form in den Druck gehen kann. Es kann aber auch sein, dass die Konferenz begründet einen Text ablehnt.

Rollenbiografie Seite 89

Mit dem Schreiben einer Rollenbiografie in Form einer Selbstdarstellung soll die Einfühlung in eine Figur, die in einem Text vorkommt, ermöglicht werden. Vom Schreiber wird verlangt, sich sehr genau mit der Figur auseinanderzusetzen und sich in sie einzufühlen. Er übernimmt also ihre Rolle. Die Rollenbiografie wird in der Ich-Form abgefasst. Der Schreiber sollte versuchen, sich auch in der Schreibweise auf das Wesen und die Eigenart der Figur einzustellen.

Rundgespräch Seite 97

Das Rundgespräch, das Gespräch in der Runde, ist eine der häufigsten und gebräuchlichsten Gesprächsformen. Es kann genau organisiert sein, z. B. als Sitzung, Streitgespräch oder Konferenz, oder es kann spontan gestaltet werden. In einem Rundgespräch sitzen oder stehen die Gesprächspartner so, dass sie Blickkontakt zueinander haben. Sie hören einander zu, gehen mit ihren Beiträgen aufeinander ein und führen so zu einem Thema einen Meinungsaustausch durch. Oft wird das Rundgespräch von einem Gesprächsleiter geführt.

Schattenspiel Seite 157

Beim Schattenspiel wird eine Geschichte erzählt. Für das Schattenspiel braucht man ein großes weißes Tuch, hinter welches eine starke Lampe gestellt wird. Gespielt wird hinter der Schattenwand, sodass das Publikum auf der von der Lichtquelle abgewandten Seite sitzt. Um weitere Effekte zu erzeugen, können auch farbige Leuchtkörper eingesetzt werden. Je nach Abstand der Schauspieler zum Tuch erscheinen die Spielenden scharf oder weniger scharf. Auch der Einsatz von Requisiten kann Effekte erzeugen.

Hören und Sehen können getrennt stattfinden. So kann ein Sprecher die Geschichte erzählen, während die Schauspieler durch Erzeugen von Schatten die Geschichte spielen.

Schaubilder und Diagramme Seite 174 ff., 274

Schreibkonferenz Seite 48

Die Schreibkonferenz dient dazu, den Text einer Mitschülerin/eines Mitschülers gemeinsam in der Gruppe (drei bis fünf Schüler) zu überarbeiten. Die Gruppe liest den Text gemeinsam. Anschließend äußern sich die Mitschüler zum Inhalt und fragen bei Verständnisschwierigkeiten nach. Dann schreibt jeder Einzelne seine Anmerkungen (Kritik, Verbesserungsvorschläge) an den Rand. Bevor der Autor seinen Text überarbeiten kann, wird abschließend die Rechtschreibung überprüft.

Standbild Seite 92, 103

Ein Standbild zeigt eine Situation oder ein Gefühl als Momentaufnahme, bei der die Darsteller in ihrer Bewegung, ihrer Gestik und Mimik für kurze Zeit „einfrieren". Vor dem Aufbauen des Standbildes wird bestimmt, wer Baumeister und wer Modell ist. Die Modelle verhalten sich völlig passiv und werden vom Baumeister in die richtige Position gebracht. Wenn das Bild „steht", verharren alle Spieler für ca. 30 Sekunden starr und geben so den Beobachtern die Möglichkeit, das Bild auf sich einwirken zu lassen.

Stichwortzettel/Notizzettel Seite 14

Um auswendig einen kleinen Vortrag zu halten oder einen längeren Text mündlich zusammenzufassen, hilft oft ein Stichwortzettel. Auf dem Stichwortzettel stehen wichtige Begriffe, Regeln oder Daten.

Um einen Stichwortzettel anzulegen, notiert man zuerst – möglichst gut geordnet – alle wichtigen Informationen. Dann liest man sich die Notizen durch, wählt daraus die wichtigsten Begriffe aus und notiert diese auf einem neuen Zettel. Vielleicht gelingt es, die Anzahl der Notizen noch einmal zu halbieren.

Wie ein Spickzettel ist auch ein Stichwortzettel nur für einen selbst gedacht und sollte möglichst übersichtlich gegliedert sein.

Storyboard Seite 101

Storyboards (engl.) dienen der Planung einzelner Filmszenen mittels skizzenhafter Visualisierungen von Drehbüchern vor dem eigentlichen Drehbeginn. Das Storyboard wird in der Regel nach den Vorgaben des Regisseurs unter Einbezug des Kameramanns von einem mit der Filmsprache vertrauten Illustrator umgesetzt. Anhand dieser Bildabfolge (des Boards) können alle am Film Beteiligten die Intention des Regisseurs in Bezug auf Einstellungsgrößen, Blickwinkel, Perspektiven sowie Ausleuchtung, Farbigkeit usw. verstehen.

Ein Streitgespräch führen Seite 34 f.

Wie Konflikte gehören Streitgespräche zum Alltag. Es gibt Möglichkeiten, im Gespräch Streit zu schlichten. Streitschlichter moderieren Streitgespräche.

Dazu ist es notwendig, Fakten zur Konfliktentstehung zu sammeln. Im Gespräch ist es hilfreich, aktiv zuzuhören und konstruktiv zu fragen. Durch Gefühle aufgebrachte Teilnehmer sollten beruhigt werden. Gesprächsnotizen sind sinnvoll, kritische Punkte sollten festgehalten werden. Streitschlichter treten als Team und selbstbewusst auf. Sie achten darauf, dass Gesprächsregeln eingehalten werden, und arbeiten darauf hin, dass Übereinkünfte erzielt werden. Diese verbalisieren und protokollieren sie.

Die Phasen der Schlichtung

Ein Streitschlichtungsgespräch hat einen strukturierten Aufbau:

1. Einleitung (Vertraulichkeit zusichern, Regeln erklären, Ziel verdeutlichen, Einverständnis einholen);

2. Sichtweisen der einzelnen Konfliktparteien (Standpunkte vortragen, spiegeln und zusammenfassen, Reihenfolge der strittigen Punkte besprechen);
3. Konflikterhellung (Nachfragen klären, Motive herausfinden, Wünsche herausarbeiten);
4. Problemlösung (im Brainstorming Lösungen suchen, diskutieren und bewerten, Konsens ausarbeiten);
5. Vereinbarung (schriftliche Formulierung, Vereinbarung unterschreiben)

Stummes Schreibgespräch Seite **24**
Eine Gruppe von Schülerinnen und Schülern diskutiert über ein ausgewähltes Thema. Aber anders als eine normale Diskussion läuft dieses völlig still ab, denn die Schülerinnen und Schüler sollen nur in schriftlicher Form kommunizieren. Dazu wird an jede Kleingruppe ein großes Papier mit einem oder mehreren Gedanken/Ideen zu einem Thema ausgeteilt. Die Schülerinnen und Schüler sollen nun auf dem Papier ein Gespräch über dieses Thema führen, indem jeder seine Gedanken und Anregungen dazu notiert und auch auf die Notizen anderer Schülerinnen und Schüler reagiert. Anschließend wird das Ergebnis der Klasse vorgestellt.

Talkshow Seite **103**
Eine Talkshow ist im Fernsehen oder Radio eine Unterhaltungssendung in Form eines Gesprächs. Das Gespräch findet dabei ähnlich wie bei einem Interview zwischen dem Gastgeber und den Gesprächsgästen statt oder wird als Diskussion zu einem Thema gestaltet. Für die Talkshow in der Klasse müssen vorher die Rollen der teilnehmenden Personen genau geklärt werden.

Textlupe Seite **27**
Die Textlupe ist eine Form der gegenseitigen Rückmeldung auf geschriebene Textentwürfe. Die Schülerinnen und Schüler kommentieren, wie die einzelnen Texte auf sie gewirkt haben, was ihnen daran gefallen hat, was ihnen unklar geblieben ist. Der Verfasser erhält auf diese Weise Anregungen, wie er seinen Text in der Überarbeitungsphase korrigieren bzw. weiterausgestalten kann. Ablauf: In einer Gruppe von 3 bis 5 Schülerinnen und Schülern geht ein Kommentarzettel zusammen mit jedem Schülertext herum, auf dem die Leser Lob, Kritik und Verbesserungsvorschläge notieren. (Vgl. auch Schreibkonferenz S. 48 und Redaktionskonferenz S. 26)

Textuntersuchung (poetische Texte) Seite **104**
Eine Textuntersuchung orientiert sich an drei wesentlichen Aspekten: 1. Formale Merkmale wie Anfang und Ende, Ort und Zeit der Handlung; 2. die Erzählperspektive, aus der das Geschehen erzählt wird; 3. auffällige sprachliche Merkmale, die auf wesentliche Inhalte verweisen und das Textverständnis erleichtern.

Überarbeiten, Texte Seite **48**
Die inhaltliche und sprachliche Überarbeitung eines Textes ist Teil des Schreibprozesses.

Inhaltliche Überarbeitung
- Logischer Aufbau des Textes, passende Überschrift
- Sinnvolle Ausrichtung der Erzählschritte bzw. Sinnabschnitte

- Keine Nebensächlichkeiten
- Leseerwartung wecken
- Bei Erzählungen auf die Wiedergabe von Gedanken, Gefühlen und Stimmungen achten, Dehnung und Raffung sinnvoll einsetzen, wörtliche Rede gebrauchen ...
- Bei Berichten, Beschreibungen usw. auf die Verwendung wichtiger Fachbegriffe und einen sachlichen Stil achten

Sprachliche Überarbeitung
- Aussagekräftige Verben, Adjektive, Vergleiche ... verwenden
- Wiederholungen im Satzbau und bei der Wortwahl vermeiden
- Auf die richtige Tempusform achten
- Rechtschreibung und Zeichensetzung überprüfen

Einen Vortrag halten Seite 16 f.

Beim Vortragen sollte man aufrecht stehen und dabei die Füße etwa hüftbreit nebeneinanderstellen, um einen festen Stand zu bekommen. Der Blickkontakt zum Publikum und eine verständliche und deutliche Aussprache sind wichtig, damit die Zuhörer dem Vortrag folgen können. Man sollte möglichst frei sprechen und seine Gliederung nur als Gedächtnisstütze heranziehen. Dadurch wird der Vortrag lebendiger. Daneben kann man Anschauungsmaterial (Folien, Tafel, Bilder, Gegenstände) nutzen, um die Inhalte noch besser zu veranschaulichen.

Einen Vortrag vorbereiten Seite 14 ff.

Wenn man ein Thema für einen Vortrag ausgewählt und dazu Informationen zusammengetragen hat, muss der Vortrag noch weiter vorbereitet werden: Zunächst werden die Informationen zum Thema gegliedert und zusammengefasst (z. B. in einer Mindmap, auf einem Stichwortzettel). Diese Gliederung kann als Gedächtnisstütze beim Vortrag dienen und bildet den Kern des Vortrags. Dazu kommen noch eine Begrüßung und ein Schluss.

Wandplakat Seite 108

Wandplakate (auch Wandposter, Wandzeitung oder Collagen) bieten sich in jedem Fach zu jedem Thema an, wenn der Unterrichtsgegenstand verschiedene Aspekte umfasst oder schwierige Sachverhalte beinhaltet, die mithilfe von Bildern oder Visualisierungstechniken besser und deutlicher dargestellt werden können als nur mit Worten. Oftmals sind das die Ergebnisse von Partner- oder Gruppenarbeit, bei dem Material beschafft (z. B. aus Zeitungen, Broschüren, Büchern, dem Internet), gesichtet, geordnet und gegliedert wird. Die Ergebnisse werden als Wandplakat ansprechend zusammengestellt.

In einem ersten Schritt einigen sich die Mitglieder der Gruppe auf die wichtigsten Ergebnisse ihrer Arbeit und legen dann fest, wie man diese knapp, prägnant und strukturiert darstellen kann (Schlüsselbegriffe, Symbole, einfache Zeichnungen ...). Gestaltungskriterien, wie z. B. übersichtlicher Aufbau, farbige Gestaltung (bunte Stifte, buntes Papier), angemessenes Layout (Schlagzeilen, Verhältnis zwischen Text, Zeichnungen und Bildern), sollten beachtet werden. Es muss auch bedacht werden, dass das Plakat aus einiger Entfernung lesbar ist und eine Überschrift braucht. Große Bögen Packpapier, Tapetenrollen oder Flipchart-Papiere können als Material verwendet werden.

Sachregister

Verzeichnis der Textsorten

Anleitungen/Übungen

Balladen

Briefe/E-Mails

Dialogische Texte

Erzählungen/Kurzprosa

Gedichte

Jugendbuch-/Romanauszüge/ Zusammenfassungen

Kalendergeschichten

Kurzgeschichten

Nicht lineare Texte, Schaubilder und Diagramme

Reportagen/Berichte

Sachtexte/Lexikontexte

Schülertexte

Spielvorlagen/Theaterstücke

Artikel/Zeitungs- und Zeitschriftentexte

Textquellen

Alle Texte, die nicht im Textquellenverzeichnis aufgeführt sind, sind Eigentexte der Autorinnen und Autoren.

Aitmatow, Tschingis: Der erste Lehrer; S. 51. Aus: Tschingis Aitmatow: Der erste Lehrer. Aus dem Russischen von Leoni Labas. München: Verlag Antje Kunstmann 2007, S. 9 f.

Becker, Karl Friedrich: Herakles – ein griechischer Sagenheld; S. 229 f. Aus: Karl Friedrich Becker: Weltgeschichte für Kinder und Kinderlehrer.

Bernhard, Thomas: Der junge Mann; S. 219. Aus: Thomas Bernhard: Werke. Hrsg. von Martin Huber und Wendelin Schmidt-Dengler. Band 14: Erzählungen, Kurzprosa. Hrsg. von Hans Höller, Martin Huber und Manfred Mittermayer. Berlin: Suhrkamp Verlag 2003, S. 212.

Biermann, Wolf: Himmelfahrt in Berlin; S. 165. Aus: Deutsche Großstadtlyrik vom Naturalismus bis zur Gegenwart. Hrsg. von Wolfgang Rothe. Stuttgart: Reclam Verlag 1973, S. 425.

Biller, Maxim: Geschäfte; S. 133. Aus: Ruckzuck. Die schnellsten Geschichten der Welt. Hrsg. von Daniel Kampa. Zürich: Diogenes Verlag 2008, S. 82.

Bingel, Horst: Allez, Pinelli; S. 76. Aus: Horst Bingel: Herr Sylvester wohnt unter dem Dach. Erzählungen. München: Deutscher Taschenbuch Verlag 1967, S. 47 f.

Bolliger, Max: Sonntag; S. 98 ff. Aus: Wir leben von der Hoffnung. Gedanken, Gedichte und Erzählungen für junge Menschen unserer Zeit. Hrsg. von Hans Frevert. Baden-Baden: Signal Verlag 1985, S. 54–56.

Brecht, Bertolt: Das Wiedersehen; S. 109. Aus: Bertolt Brecht: Gesammelte Werke. Prosa II. Geschichten 2. Frankfurt am Main: Suhrkamp Verlag 1965, S. 114. Der hilflose Knabe; S. 133. Aus: Bertolt Brecht. Gesammelte Werke [20-bändige Werkausgabe; edition suhrkamp]. Band 12. Prosa 2. Frankfurt am Main: Suhrkamp Verlag 1967, S. 297.

Bröger, Achim: Ihr dürft mir nichts tun; S. 90 f. Aus: Achim Bröger: Schön, dass es dich gibt. Erzählungen. 4. Aufl. Würzburg: Arena Verlag 1998, S. 123.

Busta, Christine: Merkverse; S. 139. Aus: Christine Busta: Wenn du das Wappen der Liebe malst. Gedichte. Salzburg: Otto Müller Verlag 1981.

Dehmel, Richard: Die stille Stadt; S. 147. Aus: Richard Dehmel: Gesammelte Werke [in 3 Bänden]. Band 1. Berlin: S. Fischer Verlag 1913, S. 158.

Droste-Hülshoff, Annette von: Der Knabe im Moor; S. 156. Aus: Annette von Droste-Hülshoff. Sämtliche Werke. Hrsg. von Günther Weydt und Winfrid Woesler. Band 1. München: Winkler Verlag 1973.

Düker, Ronald: Mark Twain, der Weltenbummler; S. 54. Aus: Ronald Düker: Mark Twain, der Amerikaner. In: Literaturen. Heft 2. März/April 2010, S. 36.

Einzmann, Nadja: Schwimmen; S. 96. Aus: Nadja Einzmann: Da kann ich nicht nein sagen. Geschichten von der Liebe. Frankfurt am Main: Fischer Taschenbuch Verlag 2001, S. 105.

Engelke, Gerrit: Auf der Straßenbahn; S. 164. Aus: Deutsche Großstadtlyrik vom Naturalismus bis zur Gegenwart. Hrsg. von Wolfgang Rothe. Stuttgart: Reclam Verlag 1973, S. 186 f. Die Fabrik; S. 144. Aus: Gerrit Engelke: Das Gesamtwerk. Rhythmus des neuen Europa. Hrsg. von Hermann Blome. München: List Verlag 1960.

Ernst, Otto: Nis Randers; S. 158. Aus: Das große deutsche Balladenbuch. Hrsg. von Beate Pinkerneil. Weinheim: Beltz Athenäum Verlag 1995, S. 478.

Fontane, Theodor: Die Brück' am Tay; S. 166. John Maynard; S. 160 f. Aus: Theodor Fontane: Werke, Schriften und Briefe. Hrsg. von Walter Keitel und Helmuth Nürnberger. Abteilung 1: Sämtliche Romane, Erzählungen, Gedichte, Nachgelassenes. Band 6: Balladen, Lieder, Sprüche. Gelegenheitsgedichte. Frühe Gedichte. Versuche und Fragmente. 2. rev. und erw. Aufl. München: Carl Hanser Verlag 1978.

Franck, Julia: Streuselschnecke; S. 106 f. Aus: Julia Franck: Bauchlandung. Geschichten zum Anfassen. München: Deutscher Taschenbuch Verlag 2002, S. 55.

Fritz, Walter Helmut: Bäume; S. 139. Aus: Walter Helmut Fritz. Gesammelte Gedichte 1979–1994. Hamburg: Hoffmann und Campe Verlag 1994. Ein Morgen, an dem frischer Schnee fällt; S. 165. Aus: Deutsche Großstadtlyrik vom Naturalismus bis zur Gegenwart. Hrsg. von Wolfgang Rothe. Stuttgart: Reclam Verlag 1973, S. 399 f. Was ich kenne; S. 143. Aus: Walter Helmut Fritz. Gesammelte Gedichte 1979–1994. Hamburg: Hoffmann und Campe Verlag 1994.

Goethe, Johann Wolfgang: Der Fischer; S. 154. Der Zauberlehrling; S. 168 f. Erlkönig; S. 152. Johanna Sebus; S. 162 f. Aus: Johann Wolfgang von Goethe: Werke. Hamburger Ausgabe in 14 Bänden. Hrsg. von Erich Trunz. Band 1: Gedichte und Epen I. 14., durchges. Aufl. München: C. H. Beck Verlag 1989, S. 153, 276, 154, 284.

Graf, Lore: Nichts Besseres zu tun; S. 102 f. Aus: Geschichten zum Nachdenken. Ein Lesebuch für Schule, Gruppe und Familie. Hrsg. von Lore Graf, Martin Lienhard und Reinhard Pertsch. München: Chr. Kaiser Verlag/Mainz: Matthias-Grünewald-Verlag 1977, S. 129 f.

Greßmann, Uwe: Moderne Landschaft; S. 141. Aus: Uwe Greßmann: Der Vogel Frühling. Gedichte. 2. Aufl. Halle (Saale): Mitteldeutscher Verlag 1967.

Gülich, Martin: Bagatelle Nr. 8; S. 113. Bagatelle Nr. 43; S. 109. Aus: Martin Gülich: Bagatellen. Wien: edition selene 2003, S. 12 f., 47.

Hebel, Johann Peter: Dankbarkeit; S. 108. Das wohlfeile Mittagessen; S. 112. Der Barbierjunge von Segringen; S. 110 f. Die Ohrfeige; S. 109. Aus: Johann Peter Hebel: Werke. 2 Bände. Hrsg. von Eberhard Meckel. Bd. 1: Erzählungen des Rheinländischen Hausfreundes. Frankfurt am Main: Insel Verlag 1968, S. 101, 204, 60 f., 243.

Heneghan, James: Declan Doyle – abgeschoben; S. 114, 116 f. Declans Ersatzfamilie – Ana, Thomas, Kate und Matthew; S. 123 ff. Flieg, junger Adler; S. 126. „Mit Gewalt lassen sich Probleme nicht lösen. Declan sagte nichts."; S. 120 ff. Aus: James Heneghan: Declan Doyle – abgeschoben. Aus dem Amerikanischen von Hans-Georg Noack. 6. Aufl. München: Deutscher Taschenbuch Verlag 2002, S. 97, 5 ff., 109 ff., 27, 53, 124, 148, 94 ff.

Hennig von Lange, Alexa: Familienstreit; S. 80 f. Aus: Alexa Hennig von Lange: Ich habe einfach Glück. Hannover: Schroedel Verlag 2010, S. 188–190. © Rowohlt, Reinbek bei Hamburg 2004.

Hoberg, Rudolf: Warum sind so viele Deutsche gegen Anglizismen?; S. 256. Aus: http://lesesaal.faz.net/limbach/leser_forum_comment.php?rid=17&tid=209. (gekürzt/bearbeitet)

Kahlau, Heinz: Und allein; S. 139. Aus: Über die großen Städte. Gedichte 1885–1967. Hrsg. von Fritz Hofmann, Joachim Schreck und Manfred Wolter. Berlin/Weimar: Aufbau Verlag 1968.

Kaléko, Mascha: Sonntagmorgen; S. 141. Spät nachts; S. 140. Aus: Mascha Kaléko: Das lyrische Stenogrammheft. Kleines Lesebuch für Große. © 1956 Rowohlt Taschenbuch Verlag, Reinbek.

Kästner, Erich: Die Zeit fährt Auto; S. 143. Aus: Heiterkeit in Dur und Moll. Deutscher Humor der Gegenwart in Wort und Bild. Hrsg. von Erich Kästner. 7. Aufl. Hannover: Fackelträger-Verlag 1963, S. 305. © Atrium Verlag AG, Zürich.

Kleist, Heinrich von: Der verlegene Magistrat; S. 111. Aus: Heinrich von Kleist: Sämtliche Werke und Briefe. Hrsg. von Helmut Sembdner. Band 2. München: Carl Hanser Verlag 1970, S. 52.

Kunert, Günter: Straßen; S. 164. Aus: Günter Kunert: Warnung vor Spiegeln. Gedichte. München: Carl Hanser Verlag 1970, S. 52.

Kunze, Reiner: Düsseldorfer impromptu; S. 139. Aus: Reiner Kunze. Die wunderbaren Jahre. Lyrik, Prosa, Dokumente. Hrsg. von Karl Corino. Stuttgart/Hamburg/München: Deutscher Bücherbund 1978 (Frankfurt am Main: S. Fischer Verlag 1977). Fünfzehn; S. 131 f. Aus: Reiner Kunze. Die wunderbaren Jahre. Prosa. Frankfurt am Main: S. Fischer Verlag 1976, S. 27 f.

Levoy, Myron: Ein Schatten wie ein Leopard; S. 222. Aus: Myron Levoy: Ein Schatten wie ein Leopard. Aus dem Amerikanischen von Elisabeth Epple. 11. Aufl. München: Deutscher Taschenbuch Verlag 2000, S. 72 f.

Liliencron, Detlev von: Der Blitzzug; S. 148 f. Aus: Detlev von Liliencron: Gedichte. Hrsg. von Günter Heintz. Stuttgart: Reclam Verlag 1981.

Löns, Hermann: Murrjahn – aus dem Leben eines alten Dachses; S. 215. Aus: Hermann Löns: Ausgewählte Tiergeschichten. Stuttgart: Reclam Verlag 1980. (bearbeitet)

Lukas, Christian: James Bond als Filmheld; S. 227 f. Aus: http://www.amazon.de/James-Bond-007-t%C3%B6dlicher-Mission/dp/B00005lWCX (bearbeitet)

Marti, Kurt: Mit Musik im Regenwind fliegen; S. 74 f. Aus: Kurt Marti: Dorfgeschichten. Erzählungen. Darmstadt/Neuwied: Luchterhand Verlag 1983.

Miegel, Agnes: Die Frauen von Nidden; S. 167. Aus: Agnes Miegel: Die Frauen von Nidden. Gesammelte Gedichte von unserer „Mutter Ostpreußen“. Würzburg: Stürtz Verlag 2002.

Mock, Joachim: Popmusik macht heiter; S. 242 f. Aus: Joachim Mock: Papa, Charly hat gesagt ... Ausgewählte Gespräche zwischen Vater und Sohn mit Übungen zum Deutschunterricht für Ausländer. Berlin: Langenscheidt Verlag 1984, S. 65 f. (gekürzt)

Mörike, Eduard: Die Geister am Mummelsee; S. 169. Aus: Eduard Mörike: Sämtliche Werke, Briefe. Ausgabe in drei Bänden. Hrsg. von Gerhart Baumann und Siegfried Grosse. Stuttgart: Cotta'sche Buchhandlung 1961.

Mrozek, Bodo: Wörter kommen – Wörter gehen; S. 265. Aus: http://www.bedrohte-woerter.de/wettbewerb/ (gekürzt)

Mrożek, Sławomir: Heldentat eines Hundes; S. 133. Aus: Mein unbekannter Freund. Aus dem Polnischen von Klaus Staemmler. Zürich: Diogenes Verlag 2008, S. 124.

Nagel, H. C.: Der Weg nach Norden; S. 221. Aus: H. C. Nagel: Der Weg nach Norden. Mit Materialien zusammengestellt von Günter Graf. Stuttgart: Klett Verlag 1980.

Nolde, Emil: Zitate; S. 150. Aus: Werner Haftmann: Emil Nolde – Ungemalte Bilder. Aquarelle und „Worte am Rande“. Köln: DuMont Literatur und Kunst Verlag 2002.

Paulsen, Gary: Allein in der Wildnis; S. 134. Aus: Gary Paulsen: Allein in der Wildnis. Aus dem Amerikanischen von Thomas Lindquist. Hamburg: Carlsen Verlag 2008, S. 9 ff.

Reding, Josef: Meine Stadt; S. 146. Aus: Josef Reding: Gutentagtexte. Balve (Sauerland): Engelbert Verlag 1974. © Josef Reding, Dortmund.

Rees, Celia: Klassenspiel; S. 115. Aus: http://www.carlsen.de/web/kinder-und-jugendbuch/buch?tn=135344. Klassenspiel; S. 137. Aus: Celia Rees: Klassenspiel. Aus dem Englischen von Cornelia Krutz-Arnold. Hamburg: Carlsen Verlag 2009, S. 7.

Reinig, Christa: Robinson; S. 218. Aus: Christa Reinig: Sämtliche Gedichte. Düsseldorf: Eremiten-Presse 1984.

Sachar, Louis: Bradley – letzte Reihe, letzter Platz; S. 115. Aus: http://www.dtv.de/buecher/bradley_-_letzte_reihe_letzter_platz_62212.html (gekürzt/bearbeitet)

Schwitters, Kurt: Zwölf; S. 87. Aus: Kurt Schwitters: Das literarische Werk [in fünf Bänden]. Hrsg. von Friedhelm Lach. Band 1: Lyrik. Köln: DuMont Buchverlag 1973, S. 204.

Sillitoe, Alan: Die Einsamkeit des Langstreckenläufers; S. 212. Aus dem Englischen von Günther Klotz. Copyright der deutschsprachigen Ausgabe © 1967/2007 Diogenes Verlag AG Zürich. (bearbeitet)

Spinner, Kaspar H.: Fremdwortgeschichten; S. 254. Aus: Kaspar H. Spinner: Wie sich fremde Wörter in der deutschen Sprache zurechtfinden. Praxis Deutsch 139. Velber: Friedrich Verlag 1996, S. 46.

Steenfatt, Margret: Im Spiegel; S. 104 f. Aus: Augenaufmachen. Erzählungen, Gedichte, Märchen, Rätsel, Zukunftsgeschichten, Wörterzoo, Friedenstexte, Bilder und vieles mehr. Hrsg. von Hans-Joachim Gelberg. Weinheim/Basel: Beltz & Gelberg 1984, S. 218 f.

Storm, Theodor: Die Stadt; S. 146. Aus: Theodor Storm: Werke [in einem Band]. [4. Aufl.] München/Zürich: Droemer/Knaur o. J. [1959], S. 979.

Stormer, Carsten: Stadt der verlorenen Kinder; S. 53. Aus: FOCUS Magazin Nr. 15 (2010). Aus: http://www.focus.de/panorama/reportage/tid-18117/focus-reportage-stadt-der-verlorenen-kinder_aid_497435.html, S. 1.

Strittmatter, Erwin: Matthes' Rückkehr; S. 109. Aus: Erwin Strittmatter: Geschichten ohne Heimat. Hrsg. von Eva Strittmatter. Berlin: Aufbau Verlag 2002, S. 50.

Tanner, Birgit: Anti-Anglizismen-WG – man spricht deutsch; S. 258. Aus: http://www.spiegel.de/unispiegel/wunderbar/0,1518,336842,00.html (gekürzt)

Thor, Annika: Ich hätte Nein sagen können; S. 135 f. Aus: Annika Thor: Ich hätte Nein sagen können. Aus dem Schwedischen von Angelika Kutsch. Weinheim: Beltz Verlag 1998, S. 6.

Tucholsky, Kurt: Augen in der Großstadt; S. 145. Aus: Kurt Tucholsky: Gesammelte Werke [in 10 Bänden]. Hrsg. von Mary Gerold-Tucholsky und Fritz J. Raddatz. Band 8: 1930. Reinbek bei Hamburg: Rowohlt Taschenbuch Verlag 1975. Luftveränderung; S. 149. Aus: Kurt Tucholsky: Gesammelte Werke [in 10 Bänden]. Hrsg. von Mary Gerold-Tucholsky und Fritz J. Raddatz. Band 3: 1921–1924. Reinbek bei Hamburg: Rowohlt Taschenbuch Verlag 1975, S. 534.

Twain, Mark: Huck findet den entflohenen Sklaven Jim; S. 61. Huck legt die Sklavenjäger rein; S. 66 f. Huck rettet das Leben der Witwe; S. 56 f. Hucks Vater taucht auf; S. 65. Aus: Mark Twain: Tom Sawyer & Huckleberry Finn. Hrsg. und neu übersetzt von Andreas Nohl. München: Carl Hanser Verlag 2010, S. 311 f., 366–371, 207–211, 285 f.

Wehren, Hans K.: Stadt am Abend; S. 138. Aus: Unter Tage, über Tage. Gedichte aus der Arbeitswelt unserer Tage. Hrsg. von Walter Köpping. Frankfurt am Main: Europäische Verlagsanstalt 1966.

Wohmann, Gabriele: Grün ist schöner; S. 130 f. Aus: Gabriele Wohmann: Sieg über die Dämmerung. Erzählungen. München: Piper Verlag 1960.

Zech, Paul: Die nüchterne Stadt; S. 147. Aus: http://deutschsprachigedichtung.blogspot.com/2009/04/paul-zech-die-nuchterne-stadt.html

Zimmermann, Tanja: Eifersucht; S. 97. Aus: Total verknallt. Ein Liebeslesebuch. Hrsg. von Marion Bolte. Reinbek bei Hamburg: Rowohlt Taschenbuch Verlag 1984.

Ungenannte Verfasserinnen und Verfasser

Auszug aus dem Regelteil eines Rechtschreibwörterbuchs; S. 210 f. Aus: Der Duden in zwölf Bänden. Das Standardwerk zur deutschen Sprache. Hrsg. vom Wissenschaftlichen Rat der Dudenredaktion. Band 1: Duden. Die deutsche Rechtschreibung. Auf der Grundlage der aktuellen amtlichen Rechtschreibregeln. Hrsg. von der Dudenredaktion. 25., völlig neu bearb. und erw. Aufl. Mannheim/Wien/Zürich: Dudenverlag 2009, S. 58, 60 f., 70 f., 78 f., 50–52.

Bananen im Handel; S. 178 f. Aus: Bananen. Materialien für Bildungsarbeit und Aktionen. Hrsg. von Misereor (Aachen) und Brot für die Welt (Stuttgart) für TransFair (Köln). 2. überarb. Aufl. Aachen 2002, S. 13.

Der Geschäftsführer der Agentur Bates Germany, Uli Veigel, verteidigt den Gebrauch von Anglizismen in der Werbung; S. 257. Aus: FOCUS Magazin Nr. 14 (1999). Aus: http://www.focus.de/kultur/leben/pro-englisch-ist-geschaeftssprache_aid_175666.html (gekürzt)

Der Vitamin-Cocktail; S. 179. Aus: Globus Infografik Nr. 0381 [Datenquelle: ZMP, BMELV].

Die volle Kraft der Tropensonne; S. 172 f. Aus: Schokoladenseiten. Über die Natur eines Genusses. Info-Zentrum Schokolade. Aus: http://www.infozentrum-schoko.de/schoko-schule.html?file=tl_files/schoko/dokumente/schobro.pdf

Die wichtigsten Bananen-Exportländer 2004; S. 179. Aus: FAOSTAT [Statistiken der Welternährungsorganisation] 2006.

Einen Bumerang selbst bauen; S. 192. Aus: http://www.bumerang-sport.de/bauanleitung/bauanleitung.htm (bearbeitet)

Einst Opfergegenstand und Zahlungsmittel …; S. 175. Aus: Eberhard Menzel und Hans Riediger: Von der Kakaobohne zum Fertigfabrikat. Frankfurt am Main/Berlin/Bonn: Diesterweg Verlag 1966.

Extrem-Läufe – die härtesten Marathons der Welt; S. 195. Aus: http://www.rp-online.de/region-duesseldorf/duesseldorf/nachrichten/marathon/das-sind-die-haertesten-marathons-der-welt-1.762731 (bearbeitet)

Herkunft des Kakaos und Verbrauch; S. 176. Aus: DIE ZEIT Nr. 51 (10. Dezember 2009).

Ich informiere mich zum Thema „Aktuelles“ am häufigsten …; S. 185. Aus: JIM 2009. Jugend, Information, (Multi-)Media. Basisstudie zum Medienumgang 12- bis 19-Jähriger in Deutschland. Hrsg. vom Medienpädagogischen Forschungsverbund Südwest. Stuttgart 2009.

Jugendliche sehen auch im Internetzeitalter fern – JIM-Studie 2009; S. 184. Aus: JIM 2009. Jugend, Information, (Multi-)Media. Basisstudie zum Medienumgang 12- bis 19-Jähriger in Deutschland. Hrsg. vom Medienpädagogischen Forschungsverbund Südwest. Stuttgart 2009.

Kakaoalltag in Afrika; S. 171. Aus: DGB-Bildungswerk e. V., Nord-Süd-Netz, Entwicklungspolitik 20, Multis im „süßen Geschäft“, Kakaobohne und Schokoriegel. Düsseldorf 1993, S. 15.

Keine Angst vor Ribéry und Kroos; S. 246. Aus: http://www.spox.com/de/sport/fussball/bundesliga/1001/Artikel/thomas-mueller-interview-bayern-muenchen-franck-ribery-louis-van-gaal-nationalmannschaft.html

Medienbeschäftigung in der Freizeit 2010; S. 183. Aus: JIM 2010. Jugend, Information, (Multi-)Media. Basisstudie zum Medienumgang 12- bis 19-Jähriger in Deutschland. Hrsg. vom Medienpädagogischen Forschungsverbund Südwest. Stuttgart 2010.

Nachrichtensendungen; S. 187 f. Aus: Tagesschau (ARD), heute (ZDF) und logo! (KI.KA) vom 30.11.2009 (Mitschrift von Thomas Rudel).

Polizei wegen Verkehrsgefährdung angezeigt; S. 256. Aus: http://www.vds-ev.de/presse/pressemitteilungen/857-anzeige-gegen-autobahnpolizei-in-nrw

Pro-Kopf-Verbrauch an Kakaobohnen; S. 176. Aus: Alles Schoko – oder was? Praxisbuch zum Globalen Lernen mit Kindern am Beispiel des Fairen Handels. Hrsg. von Fair Trade e. V. Wuppertal 2008, S. 10.

Regen; S. 87. Aus: Alexander Bertsch und Hartmut Merkt: Verseschmiede. Spielerischer Umgang mit Gedichten. Stuttgart: Klett Verlag 1986.

Wichtigkeit der Medien in der Freizeit; S. 183. Aus: JIM*plus* Nahaufnahmen 2009. Einstellungen und Hintergründe zum Medienumgang der 12- bis 19-Jährigen. Qualitative Zusatzbefragung zur JIM-Studie 2009. Jugend, Information, (Multi-)Media. Hrsg. vom Medienpädagogischen Forschungsverbund Südwest. Stuttgart 2010.

Wörter kommen – Wörter gehen; S. 265. Aus: http://www.bedrohte-woerter.de/wettbewerb/ (gekürzt)

Zahlen und Konzerne; S. 177. Aus: Holger in 't Veld: Schokoladenrebellen. Der Sound der neuen Kakaokultur. Frankfurt am Main: Eichborn Verlag 2010, S. 81.

Zwei Bücher – vier Klappentexte; S. 55.
Text 1: Mark Twain: Tom Sawyer & Huckleberry Finn. Hrsg. und neu übersetzt von Andreas Nohl. München: Carl Hanser Verlag 2010.
Text 2: Mark Twain: Tom Sawyer und Huckleberry Finn. Deutsche Bearbeitung von Susanne Bestmann und Karl Heinz Berger. München: Bassermann Verlag 2009.
Text 3: Mark Twain: Die Abenteuer des Tom Sawyer. Deutsch von Ulrich Johannsen. Hamburg: Cecilie Dressler Verlag 1999.
Text 4: Mark Twain: Huckleberry Finn. Deutsche Bearbeitung von Karl Heinz Berger. München: cbj (Random House) 2005.

(Aufrufdatum der Internetseiten: 24. August 2011)

Bildquellen

10 o.: mauritiusimages GmbH, Mittenwald (Imagebroker/Stefan Auth); **10 u.:** Köcher, Ulrike, Hannover; **11:** Rassmus, Jens, Kiel; **12:** Köcher, Ulrike, Hannover; **16 o.:** Weltladen-Dachverband e.V., Mainz; **16 u.:** APA-PictureDesk GmbH, Wien (Herrgott Ricardo/Verlagsgruppe News); **20:** Trithemius Bild&Text, Hannover; **21:** Verlagsarchiv, Braunschweig (Tara Wintersdorff); **22 l.:** Caro Fotoagentur GmbH, Berlin (Kaiser); **22 r.:** Köcher, Ulrike, Hannover; **23:** Corbis, Düsseldorf (© Christie's Images); **24 u. l.:** Verlagsarchiv, Braunschweig (Tara Wintersdorff); **24 u. r.:** Picture-Alliance GmbH, Frankfurt/Main (Design Pics); **28:** VG BILD-KUNST r.V., Bonn (© 2011); **29:** Köcher, Ulrike, Hannover; **33, 36 u., 38:** Gehrmann, Katja, Hamburg; **36 o.:** Köcher, Ulrike, Hannover; **42:** varioimages, Bonn (McPhoto); **43, 50, 52:** Evangelische Gesamtschule Gelsenkirchen – Bismarck, Gelsenkirchen (Cornelia Suhan); **46 l.:** Visum Foto GmbH, Hamburg (Hoffmann/buchcover.com); **46 r.:** varioimages, Bonn (Image Source); **48:** Frauenwaldschule Nieder-Mörlen; **49 o.:** fotolia.com, New York (© arahan); **49 u.:** fotolia .com, New York (© egm); **51:** Antje Kunstmann Verlag, München; **54 o.:** Bridgeman Art Library Ltd., Berlin (Private Collection/Peter Newark American Pictures); **54 u.:** Picture-Alliance GmbH, Frankfurt/Main (maxppp); **55:** Süddeutscher Verlag GmbH, München; **56, 60, 64:** Gehrmann, Katja, Hamburg; **68:** Solomon R. Guggenheim Museum, New York (Joan Miró: The Tilled Field (La Terrelabourée), 1923–24. Oil on canvas. 26×36½ inches (66×92,7cm). 72.2020/©Successió Miró/VG Bild-Kunst, Bonn 2011); **71:** Gehrmann, Katja, Hamburg; **72:** Yeter, Hanefi, Berlin (Kinderwünsche (1979). Ölfarbe auf Leinwand 80×120cm, Privatsammlung); **74:** Muggenthaler, Eva, Hamburg; **76, 78:** Gehrmann, Katja, Hamburg; **82:** Bridgeman Art Library Ltd., Berlin (State Russian Museum, St. Petersburg, Russia); **83 o. l.:** akg-images GmbH, Berlin (©VG Bild-Kunst, Bonn 2011); **83 u. r.:** Bridgeman Art Library Ltd., Berlin (Peter Willi); **84, 85:** Köcher, Ulrike, Hannover; **87:** Gehrmann, Katja, Hamburg; **91:** Rassmus, Jens, Kiel; **93, 95:** Gehrmann, Katja, Hamburg; **96:** Corbis, Düsseldorf (© BursteinCollection/© VG Bild-Kunst, Bonn 2011); **99:** Rassmus, Jens, Kiel; **102, 104:** Pawle, Margit, München; **108 2.v.l.:** akg-images GmbH, Berlin; **108 3.v.l.:** Schöffling&Co. Verlagsbuchhandlung GmbH, Frankfurt am Main; **108 l.:** akg-images GmbH, Berlin; **108 r.:** akg-images GmbH, Berlin; **110 l.:** akg-images GmbH, Berlin; **110 r.:** Pawle, Margit, München; **111:** ullsteinbild, Berlin (GrangerCollection); **114 groß:** images.de digital photo GmbH, Berlin (©PhotoAlto/Odilon Dimier); **114 klein:** photothek.net GbR, Radevormwald (Ute Grabowsky); **115 m.:** Deutscher Taschenbuch Verlag GmbH&Co.KG, München (Nicky Singer: Norbert Nobody); **115 o.:** Carlsen Verlag GmbH, München (Celia Rees, Klassenspiel © der Deutschen Ausgabe Carlsen Verlag GmbH, Hamburg 2004); **115 u.:** Deutscher Taschenbuch Verlag GmbH&Co.KG, München (Louis Sachar: Bradley – letzte Reihe, letzter Platz); **116 o.:** Heneghan, James, Canada; **116 u.:** Deutscher Taschenbuch Verlag GmbH&Co.KG, München (Declan Doyle: James Henneghan – abgeschoben); **118:** Westermann, Technisch-Grafische Abteilung; **120, 121, 122, 123, 124:** Pawle, Margit, München; **129:** VividVoices, Lübeck (Martin Büttner, Dinslaken); **130 o.:** Picture-Alliance GmbH, Frankfurt/Main (akg-images/Binder); **130 u.:** Pawle, Margit, München; **134:** Carlsen Verlag GmbH, München (Gary Paulsen, Allein in der Wildnis. Coverillustration von Doris Künster© der Deutschen Ausgabe Carlsen Verlag GmbH, Hamburg 2003); **135:** Verlagsgruppe Beltz, Weinheim (Annika Thor: Ich hätte NEIN sagen können); **136:** Pawle, Margit, München; **138:** plainpicture GmbH&Co.KG, Hamburg (go-Zooma/Jörg Dickmann); **140:** Hensmann, Sarah M., Hamburg (Anna Baumgart); **142:** Corbis, Düsseldorf (© David Clapp); **144:** VG BILD-KUNST r.V., Bonn (©2011); **146:** Theodor-Storm-Gesellschaft, Husum; **147:** akg-images GmbH, Berlin (Erich Lessing); **150:** Albertina, Wien (Sammlung Batliner/© Nolde Stiftung Seebüll); **152:** ullsteinbild, Berlin; **153:** ddpimages GmbH, Hamburg; **156:** akg-images GmbH, Berlin; **157:** Bildarchiv Preußischer Kulturbesitz, Berlin (Hans Malek); **158:** ullsteinbild, Berlin (Rudolf Duehrkoop); **160 m.:** akg-images GmbH, Berlin; **160 o.:** akg-images GmbH, Berlin; **160 u.:** Westermann, Technisch-Grafische Abteilung; **164:** Bildagentur Schapowalow GmbH, Hamburg (SIME); **167, 169:** Pawle, Margit, München; **170:** Food Centrale Hamburg GmbH (© Seiffe); **172 u.l.:** Info-Zentrum Schokolade, Leverkusen; **u.r.:** Jahreszeiten Verlag GmbH, Hamburg (Herbert Lehmann); **173:** picture-alliance, Frankfurt/Main (akg-images/Cameraphoto); **174:** Gehrmann, Katja, Hamburg; **176:** DIE ZEIT, Hamburg; **179:** mauritiusimages GmbH, Mittenwald (ROSENFELD); **181 2.v.l.:** GEPA – The Fair Trade Company GmbH, Wuppertal; **181 3.v.l.:** BanaFair e.V., Gelnhausen; **181 r.:** TransFair, Köln; **182:** Köcher, Ulrike, Hannover; **186 l.:** Picture-Alliance GmbH, Frankfurt/Main (dieKLEINERT.de/Peter Maltz); **186 r.:** Picture-Alliance GmbH, Frankfurt/Main (Christa Eder/CHROMORANGE); **187 o.:** Public Address Presseagentur, Hamburg; **187 u.:** Picture-Alliance GmbH, Frankfurt/Main (DB ZDF/Carmen Sauerbrei); **190:** Pawle, Margit, München; **192:** Westermann, Technisch-Grafische Abteilung; **198 o.:** imagosportfotodienst GmbH, Berlin (Sommer); **198 u.:** Picture-Alliance GmbH, Frankfurt/Main (dpa © epa-Bildfunk); **200:** Heilbronner Stimme GmbH&Co.KG, Heilbronn (Alexander Bertok); **201, 204, 206:** Pawle, Margit, München; **211:** Farnschläder&Mahlstedt, Hamburg; **216:** Blau, Alyoscha, Berlin; **218, 219:** Pawle, Margit, München; **221:** aus: (H.C. Nagel. Der Weg nach Norden. Mit Materialien zusammengestellt von Günter Graf. Stuttgart: Klett 1980); **222:** Deutscher Taschenbuch Verlag GmbH&Co.KG, München (Myron Levoy: Ein Schatten wie ein Leopard, dtvpocket); **226:** Pawle, Margit, München; **227 m.:** Picture-Alliance GmbH, Frankfurt/Main; **227 o.:** Picture-Alliance GmbH, Frankfurt/Main; **227 u.:** Cinetext Bildarchiv, Frankfurt am Main; **228:** Picture-Alliance GmbH, Frankfurt/Main (epa Handout © dpa); **229:** Pawle, Margit, München; **231:** wiki media.commons; **232:** J. Bieber: Getty Images, München (WireImage/2011 Marc Grimwade); **232:** J.K. Rowling: ddpimages GmbH, Hamburg (Capital Pictures); **232:** Lena: picture-alliance, Frankfurt/Main/Becker & Bredel; **232:** M. Ghandi: Picture-Alliance GmbH, Frankfurt/Main; **232:** R. Messner: Picture-Alliance GmbH, Frankfurt/Main (Udo Bernhart/dpa-Bildarchiv); **233:** © Les Editions Albert René/Uderzo-Goscinny, Paris (Asterix-Werkedition Erster Band: Asterix Der Gallier. Asterix und Kleopatra. Ungekürzte Buchgemeinschaftsausgabe für den Bertelsmann Club GmbH, Gütersloh, der Buchgemeinschaft Donauland Kremayr&Scheriau, Wien und die angeschlossenen Buchgemeinschaften mit Genehmigung der Delta Verlagsgesellschaft mbH, Stuttgart, o.J., S.10.); **234:** © Les Editions Albert René/Uderzo-Goscinny, Paris (Goscinny, Uderzo: Der grosse Graben. Nachdruck Berlin 2009, S.10. (Asterix Bd.25)); **235:** ©Les Editions Albert René/Uderzo-Goscinny, Paris (aus: Obelix GmbH&Co.KG (Bd.XXIII), S.12); **238:** ddpimages GmbH, Hamburg; **241:** Goedelt, Marion, Berlin; **242, 247, 248:** Pawle, Margit, München; **250:** Picture-Alliance GmbH, Frankfurt/Main (Eventpress/Chr. Adolph); **252, 254:** Pawle, Margit, München; **256:** Polizeipräsidium Dortmund; **259, 263, 265:** Pawle, Margit, München; **285:** Gehrmann, Katja, Hamburg; **286:** Rassmus, Jens, Kiel; **287, 288 u., 288 r.:** Gehrmann, Katja, Hamburg; **288 o.:** Rassmus, Jens, Kiel.